easy Office 2007

Office 2007

Word, Excel, Outlook, PowerPoint

GÜNTER BORN

→leicht →klar →sofort

Bibliografische Information Der Deutschen Bibliothek
Die Deutsche Bibliothek verzeichnet diese Publikation in der
Deutschen Nationalbibliografie; detaillierte bibliografische Daten
sind im Internet über http://dnb.ddb.de abrufbar.

Die Informationen in diesem Produkt werden ohne Rücksicht auf einen
eventuellen Patentschutz veröffentlicht.
Warennamen werden ohne Gewährleistung der freien Verwendbarkeit benutzt.
Bei der Zusammenstellung von Texten und Abbildungen wurde mit größter
Sorgfalt vorgegangen.
Trotzdem können Fehler nicht vollständig ausgeschlossen werden.
Verlag, Herausgeber und Autoren können für fehlerhafte Angaben
und deren Folgen weder eine juristische Verantwortung noch
irgendeine Haftung übernehmen.
Für Verbesserungsvorschläge und Hinweise auf Fehler sind Verlag und
Herausgeber dankbar.

Fast alle Hardware- und Softwarebezeichnungen und weitere Stichworte und sonstige
Angaben, die in diesem Buch verwendet werden, sind als eingetragene Marken geschützt.
Da es nicht möglich ist, in allen Fällen zeitnah zu ermitteln, ob ein Markenschutz besteht,
wird das ® Symbol in diesem Buch nicht verwendet.

Umwelthinweis:
Dieses Buch wurde auf chlorfrei gebleichtem Papier gedruckt.

10 9 8 7 6 5 4 3 2

09

ISBN 978-3-8272-4147-4

© 2007 by Markt+Technik Verlag,
ein Imprint der Pearson Education Deutschland GmbH,
Martin-Kollar-Straße 10–12, D-81829 München/Germany
Alle Rechte vorbehalten
Coverkonzept: independent Medien-Design, Widenmayerstraße 16, 80538 München
Covergestaltung: Thomas Arlt, tarlt@adesso21.net
Titelfoto: Jupiter Images
Lektorat: Birgit Ellissen, bellissen@pearson.de
Korrektorat: Marita Böhm
Herstellung: Monika Weiher, mweiher@pearson.de
Satz: Ulrich Borstelmann, Dortmund (www.borstelmann.de)
Druck und Verarbeitung: Kösel, Krugzell (www.KoeselBuch.de)
Printed in Germany

Inhaltsverzeichnis

Liebe Leserin, lieber Leser

2007 Microsoft Office System lässt sich zum Schreiben, Rechnen, Präsentieren und vielem mehr nutzen. Allerdings hat Microsoft die Bedienung gegenüber früheren Office-Versionen stark geändert. Dieses Buch hilft Ihnen, die benötigten Funktionen schnell und sicher zu nutzen. Mit etwas Windows-Grundwissen und den nachfolgenden Anleitungen ist der Einstieg in 2007 Microsoft Office System gar nicht so schwer – denn die Bedienung vieler Programmfunktionen ist weitestgehend identisch.

Bereits nach wenigen Schritten können Sie Ihren ersten Brief verfassen oder eine Excel-Tabelle erstellen. Schnell lernen Sie, wie einfach der Umgang mit Word, Excel, PowerPoint etc. sein kann. Detaillierte Anleitungen mit Abbildungen zeigen Ihnen, *wie etwas geht*, und eine Hilfe rettet Sie bei kleinen Problemen. Sie können dabei das Buch komplett lesen oder bei Bedarf in den benötigten Kapiteln zu den Funktionen eines bestimmten Programms nachschlagen. Neben den Funktionen der jeweiligen Programme wird Ihnen auch Hintergrundwissen (beispielsweise zur Briefgestaltung, zum Erstellen von Präsentationen usw.) vermittelt. Nun wünsche ich Ihnen viel Spaß mit Office 2007 und diesem Buch.

G. Born

Die Tastatur

*Auf den folgenden drei Seiten sehen Sie, wie Ihre Computer-
tastatur aufgebaut ist. Damit es für Sie übersichtlich ist, werden
Ihnen immer nur bestimmte Tastenblöcke auf einmal vorgestellt.
Ein großer Teil der Computertasten funktioniert wie bei der
Schreibmaschine. Es gibt aber noch einige zusätzliche Tasten,
die auf Besonderheiten der Computerarbeit zugeschnitten sind.
Sehen Sie selbst ...*

Schreibmaschinen-Tastenblock

Diese Tasten bedienen Sie genauso wie bei der Schreibmaschine.
Mit der Eingabetaste schicken Sie außerdem Befehle an den Computer ab.

Rücktaste

Eingabetaste

Umschalttaste

Leertaste

Tabulatortaste

Feststelltaste

Umschalttaste

Sondertasten, Funktionstasten, Kontrollleuchten, Zahlenblock

Sondertasten und Funktionstasten werden für besondere Aufgaben bei der Computerbedienung eingesetzt. Strg-, Alt- und AltGr-Taste meist in Kombination mit anderen Tasten. Mit der Esc-Taste können Sie Befehle abbrechen, mit Einfügen und Entfernen u.a. Text einfügen oder löschen.

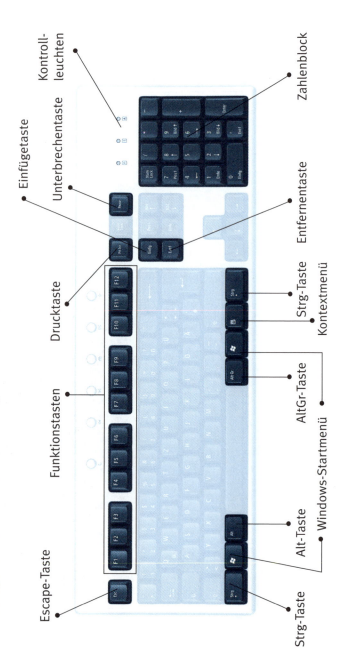

Navigationstasten

Mit diesen Tasten bewegen Sie sich auf dem Bildschirm.

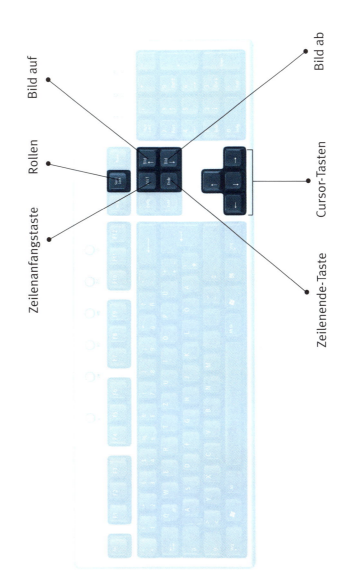

Bild auf

Rollen

Zeilenanfangstaste

Bild ab

Cursor-Tasten

Zeilenende-Taste

Die Maus

»Klicken Sie ...«

heißt: einmal kurz
auf eine Taste drücken.

Mit der
linken Maustaste
klicken ...

Mit der
rechten Maustaste
klicken ...

»Doppelklicken Sie ...«

heißt: die linke Taste zweimal
schnell hintereinander
ganz kurz drücken.

Doppelklicken

»Ziehen Sie ...«

heißt: auf bestimmte Bildschirmelemente
mit der linken (oder sehr selten rechten)
Maustaste klicken, die Taste gedrückt halten,
die Maus bewegen und dabei das Element
auf eine andere Position ziehen.

Ziehen

Das lernen Sie neu

Kapitel 1

Erste Schritte

Microsoft Office besitzt viele Funktionen, die in allen Programmen identisch sind. Dieses Kapitel vermittelt Ihnen die Grundlagen, um die Einzelprogramme von Microsoft Office zu starten, zu beenden und mit den Anwendungen umzugehen. Außerdem erfahren Sie, wie sich neue Office-Dokumente erstellen lassen und wie Sie die Programmhilfe nutzen können.

Microsoft Office, was ist das?

Microsoft hat eine Sammlung verschiedener Programme unter dem Begriff Microsoft Office zusammengestellt. Diese Programme bieten Funktionen, die häufig im Bürobereich benötigt werden. Hier ein Überblick über die wichtigsten Office-Programme:

Microsoft Word	Word stellt Funktionen zur **Textverarbeitung** in Office zur Verfügung und ist in allen Paketen enthalten. Das Programm lässt sich also als erweiterte Schreibmaschine mit Komfortfunktionen zur Erstellung von Textdokumenten verwenden. Eine Einführung in die Funktionen erhalten Sie ab *Kapitel 2*.
Microsoft Excel	Bei Excel handelt es sich um ein so genanntes **Tabellenkalkulationsprogramm**, welches ebenfalls in allen Paketen enthalten ist. Das Programm stellt Ihnen Arbeitsblätter in Form von Tabellen zur Verfügung. In diese Tabellen lassen sich Zahlen eintragen, Berechnungen durchführen oder Grafiken auswerten. Die Excel-Funktionen werden ab *Kapitel 5* besprochen.
Microsoft Access	Dieses Programm stellt Funktionen zum Anlegen und zur Bearbeitung einer **Datenbank** zur Verfügung. In einer Datenbank lassen sich Daten in Form von Tabellen hinterlegen. Weiterhin können in Access Formulare zur Dateneingabe sowie Berichte zur Auswertung angefertigt werden. Das Programm Microsoft Access ist nicht in allen Office-Paketen enthalten und wird deshalb in diesem Buch nicht besprochen.
Microsoft PowerPoint	Hierbei handelt es sich um ein Programm zum Anfertigen von **Präsentationsgrafiken**. Wenn Sie Vorträge oder Präsentationen erstellen müssen, liefert das Programm genau die richtigen Funktionen, um Folien oder Dias anzufertigen. Alternativ lassen sich auch Diashows auf dem Computer mit PowerPoint präsentieren. Dieses Programm wird in *Kapitel 7* besprochen, ist aber in der Basic-Version von Office System nicht enthalten.

Microsoft Outlook	Microsoft Outlook dient zur Bearbeitung der elektronischen **Post** (E-Mail) und ist in fast allen Office-Paketen enthalten. Zusätzlich bietet das Programm einen **Kalender**, eine Art **Notizblock**, Funktionen zur Verwaltung von **Aufgabenlisten** oder zur Pflege von **Adressen** bzw. Kontakten. Eine Einführung in die Funktionen von Microsoft Outlook erfolgt in *Kapitel 10*.
Microsoft Publisher	Dieses Programm dient zum Erstellen von Broschüren, Magazinen, Handzetteln, Postkarten, Marketingmaterial und anderen hochwertigen Publikationen, die anschließend in Druckereien gedruckt werden. Dieses Programm ist nicht in allen Office-Paketen enthalten und wird deshalb in diesem Buch nicht besprochen.

Welche Programme bei Ihrem Microsoft Office (nachfolgend auch als **2007 Microsoft Office System** oder **2007 Microsoft Office** bezeichnet) vorhanden sind, hängt vom gewählten Office-Paket und vom Installationsumfang ab. In der Ausgabe für Privatanwender und Studenten fehlt beispielsweise das Programm Microsoft Outlook. Dafür ist **Microsoft OneNote**, ein kleines Programm zur Verwaltung von Notizen, vorhanden.

Welche Microsoft Office-Versionen gibt es?

Ähnlich wie Sie T-Shirts in diversen Größen (S, M, L, XXL) kaufen können, bietet Microsoft Office-Pakete mit verschiedenen Leistungsumfängen an. Je nach Paket sind dann unterschiedliche Programme enthalten.

- *Office Home and Student 2007:* Die »kleinste Version« des Office-Pakets für Schüler, Studenten und Heimanwender, die **Word**, **Excel**, **PowerPoint** und **OneNote** enthält.

- *Office Standard 2007:* Dieses Paket ist für Kleinunternehmen und Privatanwender gedacht, die mit **Word, Excel, PowerPoint** und **Outlook** arbeiten möchten. Gegenüber der Small Business-Version fehlt zum Beispiel der Microsoft Publisher.

- *Office Small Business 2007:* Die Lösung für kleine Firmen und Freiberufler, die das Arbeiten mit **Word**, **Excel**, **PowerPoint**, dem **Publisher** und **Outlook** mit **Business Contact Manager** unterstützt.

- *Office Professional 2007:* Dieses Paket enthält gegenüber der Small Business-Version noch das Datenbankprogramm **Access**.

Zusätzlich bietet Microsoft noch *Office Professional Plus 2007*, *Office Ultimate 2007*, *Office Enterprise 2007* für Unternehmenskunden sowie ein auf Word, Excel und Outlook reduziertes *Office Basic 2007* an. Informationen zum genauen Umfang dieser Office-Pakete liefert Microsoft auf seinen Internetseiten (`office.microsoft.com/de-de/suites/`).

> **Hinweis**
>
> Microsoft hat in den letzten Jahren verschiedene Versionen von Microsoft Office (Office 97, Office 2000, Office XP, Office 2003) herausgebracht. In diesem Buch geht es um die Version *2007 Microsoft Office System*, wobei, wie oben erwähnt, lediglich die wichtigsten und in fast allen Office-Paketen enthaltenen Programme behandelt werden.

Ein (Office-)Programm starten

Office-Programme lassen sich über das Windows-**Startmenü** aufrufen. Die Abläufe sind für alle Programme gleich. Deshalb soll das Starten eines Office-Programms exemplarisch am Beispiel von Microsoft Word gezeigt werden.

> **Hinweis**
>
> In diesem Buch wird vorausgesetzt, dass Sie zumindest über grundlegende Kenntnisse im Umgang mit Microsoft Windows verfügen. Techniken zum Arbeiten mit der Maus, zum Umgang mit Fenstern, Menüs, Dateien usw. werden daher als bekannt vorausgesetzt. Falls Sie sich noch unsicher sind, empfehle ich Ihnen einen der im Markt+Technik-Verlag erschienenen Easy-Titel zu Microsoft Windows. Diese werden für alle aktuellen Windows-Versionen angeboten und vermitteln die zum Arbeiten mit Microsoft Office benötigten Windows-Grundlagen. 2007 Microsoft Office System benötigt Windows XP (ab SP2) oder eine neuere Betriebssystemversion. Zum Erstellen der Bildschirmfotos wurde in diesem Buch durchgängig Windows Vista verwendet.

1 Klicken Sie in der Windows-Taskleiste auf die Schaltfläche *Start*.

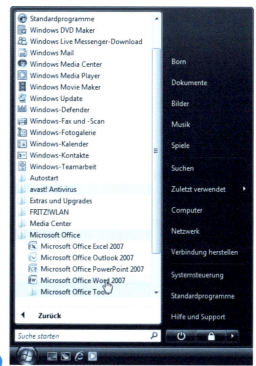

2 Klicken Sie im Windows-**Startmenü** auf den Eintrag *Alle Programme*, und wählen Sie ggf. das Untermenü *Microsoft Office*.

Windows öffnet ein Untermenü, welches auch die Symbole der Office-Programme wie *Microsoft Office Word 2007* oder *Microsoft Office Excel 2007* enthält.

3 Klicken Sie im Untermenü auf den Eintrag *Microsoft Office Word 2007*.

Windows startet anschließend das Programm *Microsoft Word*. Das zugehörige Fenster wird auf dem **Desktop** geöffnet. Wie Sie mit diesem Programm arbeiten, erfahren Sie in *Kapitel 2*. Auf die gleiche Weise können Sie Microsoft Excel, Microsoft PowerPoint usw. starten.

> **Hinweis**
>
> Weiterhin können Sie sich die Symbole für Word, Excel etc. auch auf dem Desktop einrichten (das Programmsymbol bei gedrückter rechter Maustaste aus dem Startmenü zum Desktop ziehen, die Maustaste loslassen und im Kontextmenü den Befehl *Hierher kopieren* wählen). Sobald die Symbole für Office-Programme auf dem Desktop sichtbar sind, lassen sich die betreffenden Programme durch einen Doppelklick auf dieses Symbol starten.

Office-Anwendungen beenden

Wenn Sie mit einer Office-Anwendung gearbeitet haben, diese aber nicht mehr benötigen, können Sie das Programm beenden und das zugehörige Dokumentfenster schließen. Dies funktioniert genauso, wie Sie es bereits von anderen Windows-Anwendungen her kennen.

1 Klicken Sie in der rechten oberen Ecke des Programmfensters auf die Schaltfläche *Schließen*.

Windows wird das Programmfenster schließen. Enthält das Programmfenster noch ein Dokument mit nicht gesicherten Änderungen, erscheint aber ein Dialogfeld mit einer Warnung.

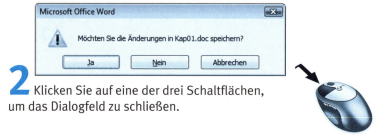

2 Klicken Sie auf eine der drei Schaltflächen, um das Dialogfeld zu schließen.

Die Schaltfläche *Ja* bewirkt, dass das Programm das ungespeicherte Dokument in einer Datei sichert. Mit der Schaltfläche *Nein* wird das Programm beendet, ohne die Änderungen zu sichern. Mit der Schaltfläche *Abbrechen* kehren Sie ohne weitere Aktion zur Anwendung zurück und können anschließend am momentan geöffneten Dokument weiterarbeiten.

> **Fachwort**
>
> **Dialogfeld** ist die Bezeichnung für die bei vielen Windows-Programmen geöffneten kleinen Zusatzfenster, in denen Sie weitere Optionen abrufen können. Die Elemente innerhalb der Dialogfelder werden als **Steuerelemente** bezeichnet, und die viereckigen Knöpfe mit Bezeichnungen wie *OK, Abbrechen* etc. sind **Schaltflächen**. Manchmal reicht der Platz in einem Dialogfeld nicht, um alles unterzubringen. Dann werden die Steuerelemente auf mehrere **Registerkarten** aufgeteilt, die sich wie bei einem Karteikasten hintereinander anordnen und über Registerreiter anwählen lassen.

Programmfenster im Überblick

Sobald Sie eines der Programme aus 2007 Microsoft Office starten, öffnet dieses das Anwendungsfenster. Vieles in diesem Fenster wird Ihnen aus anderen Windows-Programmen bekannt sein. Anderes ist neu, da Microsoft den in Office 2007 enthaltenen Programmen eine neue Bedienoberfläche verpasst hat. So gibt es z. B. die aus anderen Programmen bekannten Menü- und Symbolleisten in 2007 Microsoft Office nicht mehr. Schauen wir uns einmal die Elemente eines (hier am Beispiel von Word 2007 gezeigten) Programmfensters an.

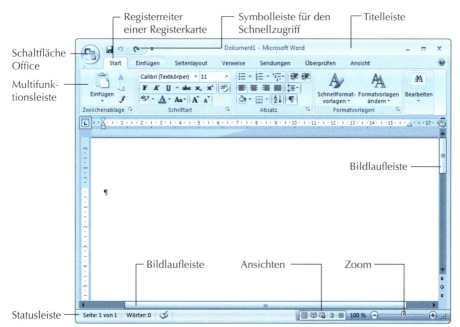

■ Am oberen Fensterrand befindet sich die **Titelleiste**, in deren Mitte der Dokumentname aufgeführt ist. Am rechten Rand der Titelleiste finden Sie zudem die drei Schaltflächen, um das Programmfenster zu minimieren, zwischen Fenster- und Vollbildmodus umzuschalten (maximieren/ verkleinern) sowie zu schließen.

■ Die **Symbolleiste für den Schnellzugriff** befindet sich am linken Rand der Titelleiste und enthält Schaltflächen, über die Sie schnell auf häufig benötigte Funktionen zugreifen können. Den Inhalt der Leiste können Sie Ihren Anforderungen entsprechend anpassen.

■ In der linken oberen Ecke findet sich die **Schaltfläche Office** (nachfolgend auch als *Office*-Schaltfläche bezeichnet), über die sich ein Menü mit verschiedenen Befehlen öffnen lässt (siehe folgende Seiten).

■ Die bei anderen Fenstern üblichen Menü- und Symbolleisten wurden in 2007 Microsoft Office durch die so genannte **Multifunktionsleiste** ersetzt. Diese befindet sich oberhalb des Dokumentbereichs und besteht aus mehreren **Registerkarten** (*Start*, *Einfügen*, *Seitenlayout* etc.). Auf der gewählten Registerkarte finden Sie in der Leiste die thematisch in **Gruppen** geordneten Steuerelemente (z. B. Schaltflächen), über die Sie auf die zugehörigen Funktionen zugreifen können.

■ Am unteren Fensterrand findet sich die **Statusleiste**, die im linken Teil spezielle Informationen zum betreffenden Dokument (z. B. die Seitenzahlen) enthält. Der Schieberegler am rechten Rand der Statusleiste ermöglicht es, den Zoomfaktor für die Dokumentanzeige stufenlos anzupassen. Links neben dem Regler findet sich noch eine Schaltflächengruppe, über die zwischen den für das jeweilige Programm verfügbaren Dokumentdarstellungen umgeschaltet werden kann.

Am rechten und unteren Rand kann das Programmfenster noch Bildlaufleisten aufweisen, die in einem umfangreicheren Dokument das horizontale und vertikale Blättern ermöglichen. Die rechte untere Ecke enthält zudem noch eine geriffelte Fläche, über die sich die Fenstergröße per Maus verändern lässt. Diese Elemente sollten Sie bereits von anderen Windows-Fenstern her kennen.

Achtung

Die Multifunktionsleiste setzt eine Bildschirmauflösung von 1.024 x 768 Pixel und ein genügend großes Programmfenster voraus, um alle Elemente anzuzeigen. Verwenden Sie eine geringere Bildschirmauflösung oder ein in der Größe reduziertes Programmfenster, fasst die Multifunktionsleiste Schaltflächengruppen zu »Gruppensymbolen« zusammen. Erst beim Anklicken des Gruppensymbols werden dann die entsprechenden Einzelelemente gezeigt (siehe die folgenden Seiten). Falls bei Ihnen also im Buch besprochene Schaltflächen oder Elemente nicht sichtbar sind, denken Sie ggf. daran, mit einer genügend hohen Bildschirmauflösung und einem entsprechend vergrößerten Fenster zu arbeiten.

Das Menü der Office-Schaltfläche

Klicken Sie auf die in der linken oberen Ecke des Programmfensters sichtbare *Office*-Schaltfläche, öffnet die betreffende Office-Anwendung ein Menü. Hier sehen Sie zwei Ansichten dieses in zwei Rubriken unterteilten Menüs.

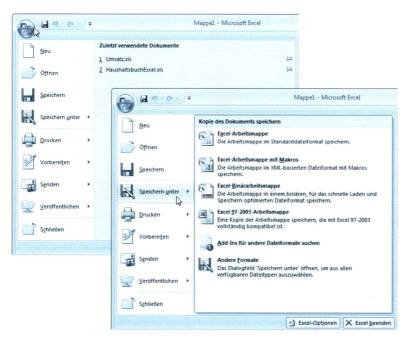

■ Die Darstellung im Hintergrund zeigt das Menü beim Anklicken der *Office*-Schaltfläche. In der linken Spalte finden Sie dann die im Menü verfügbaren Befehle. Durch Anklicken dieser Befehle bzw. angezeigten Symbole können Sie die gewünschten Funktionen (z. B. Dokument speichern) abrufen. Die rechte Spalte zeigt dagegen die Namen der zuletzt im Programm angesehenen Dokumente – Sie können also durch Anklicken eines solchen Eintrags das gewünschte Dokument sehr schnell laden.

■ Manche Menübefehle weisen am rechten Rand ein kleines Dreieck auf. Dies signalisiert, dass ein Untermenü zum Befehl gehört. Statt in der linken Spalte des Menüs auf den Befehl zu klicken und diesen sofort auszuführen, können Sie auch per Maus auf den Befehl zeigen. Dann wird der Inhalt des Untermenüs in der rechten Rubrik eingeblendet (hier im Vordergrund dargestellt) und Sie können dessen Befehle durch Anklicken des betreffenden Eintrags wählen.

Am unteren rechten Rand zeigt das geöffnete Menü noch die beiden Schaltflächen *...-Optionen* und *... beenden*. Die Pünktchen stehen hier für den Namen des jeweiligen Programms. Über die rechte Schaltfläche lässt sich das Programm beenden, während die linke Schaltfläche (z. B. *Excel-Optionen*) ein Fenster zum Anpassen verschiedener Einstellungen öffnet (siehe *Kapitel 11*).

Hinweis

Auch wenn das Fenster von Word 2007, Excel 2007 etc. doch etwas anders als andere Windows-Anwendungen aussieht, erkennen Sie vielleicht schon, dass vieles doch irgendwie bekannt ist. Manches ist halt nur versteckt. Die *Office*-Schaltfläche öffnet ein Menü, dessen Befehle dem *Datei*-Menü älterer Office- und Windows-Programme entsprechen. Auch das Aufrufen des Menüs oder die Anwahl der Elemente der Multifunktionsleiste über die Tastatur ist weiterhin möglich. Drücken Sie kurzzeitig die ⒜Alt⒝-Taste, blendet Office die Abkürzungstasten in der Multifunktionsleiste bzw. im Menü *Microsoft Office* als QuickInfos ein.

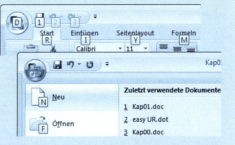

Drücken Sie dann den angezeigten Buchstaben auf der Tastatur, wird die betreffende Funktion aufgerufen. Mit der ⒜Alt⒝-Taste und der Taste ⒟ können Sie also das Menü der *Office*-Schaltfläche öffnen. Drücken Sie anschließend die Taste ⒩, wird der Befehl *Neu* und anschließend das zugehörige Dialogfeld aufgerufen, über das Sie dann ein neues Dokument anlegen können.

Arbeiten mit der Multifunktionsleiste

Die Multifunktionsleiste ist Microsofts Ansatz, die in älteren Programmen vorhandenen Menüs und Symbolleisten durch ein einfaches und übersichtliches Bedienkonzept zu ersetzen. Am oberen Rand der Multifunktionsleiste sehen Sie Registerreiter mit Bezeichnungen wie *Start*, *Einfügen*, *Seitenlayout*, die zu den betreffenden Registerkarten gehören.

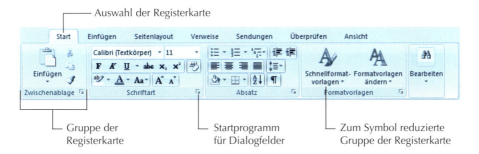

— Auswahl der Registerkarte

— Gruppe der Registerkarte   — Startprogramm für Dialogfelder   — Zum Symbol reduzierte Gruppe der Registerkarte

■ Klicken Sie auf einen **Registerreiter**, wird die zugehörige Registerkarte (hier *Start*) in der Multifunktionsleiste angezeigt. Dies ermöglicht es Ihnen, bei Bedarf die Registerkarte mit den jeweils benötigten Funktionen in der Anzeige abzurufen.

■ Die Schaltflächen und Steuerelemente der jeweiligen Registerkarte werden dabei in **Gruppen** zusammengefasst. Der Name der Gruppe ist am unteren Gruppenrand zu sehen. Beispielsweise finden Sie auf der Registerkarte *Start* in der zweiten Gruppe *Schriftart* alle Elemente, um die Zeichen im Dokument mit einem so genannten Format (fett, farbig etc.) zu versehen.

■ **Um** eine **Funktion abzurufen**, genügt es, das betreffende **Element** der Gruppe mit der Maus **anzuklicken** (doch dazu später mehr).

Manchmal reicht der Platz im Fenster nicht mehr, damit Word, Excel oder die anderen Office-Anwendungen die Gruppen der Multifunktionsleiste komplett darstellen können. Das Programm behilft sich dann damit, die am rechten Rand der Multifunktionsleiste angeordneten **Gruppen zu** einem **Gruppensymbol** zu **verkleinern**. Sobald Sie das Fenster in der Breite vergrößern, erscheint die Gruppe wieder in der Anzeige.

Erkennbar ist eine ver- kleinerte Gruppe am Symbol, dessen Sym- boltitel ein kleines Drei- eck aufweist. Klicken Sie auf die Schaltfläche der reduzierten Gruppe, zeigt Office den **Gruppen- inhalt** entweder als **Menü** oder als **Katalog** an. Hier sehen Sie zwei der benutzten Varianten (links Katalog, rechts Menü).

Am unteren Rand einer Gruppe zeigt die Multifunktionsleiste nicht nur den Gruppennamen an. Bei manchen Gruppen finden Sie zusätzlich am rechten unteren Rand das Symbol **Startprogramm für Dialogfelder** vor.

Zeigen Sie mit der Maus auf dieses Symbol, er- scheint eine Miniatur- ansicht des betreffenden Dialogfelds in einer an- gezeigten QuickInfo. Ein Mausklick auf das Sym- bol des Startprogramms für Dialogfelder bringt dann das Dialogfeld in die Anzeige.

Die beim Start eines Office-Programms bereits vorhandenen Registerkar- ten *Start*, *Einfügen*, *Seitenlayout* etc. bezeichnet Microsoft als »Programm- registerkarten«, weil diese fest zum jeweiligen Programm gehören. Microsoft Office kennt aber noch so genannte **Kontexttools**, die nur in bestimmten Situationen vorhanden sind. Wählen Sie beispielsweise eine Tabelle oder eine Grafik an, werden die Registerreiter der zusätzlichen Kontexttools in der Multifunktionsleiste eingeblendet. Zudem erscheint für jedes Kontexttool ein Eintrag in der Titelleiste des Programmfensters.

Hier sehen Sie die Kontexttools *Tabellentools* und *Bildtools*.

Tabellentools		Bildtools	– ☐ ✕
Entwurf	Layout	Format	☺

Ein Mausklick auf einen solchen Eintrag holt die zugehörige Registerkarte in den Vordergrund.

Hinweis

Klicken Sie mit der rechten Maustaste auf die Multifunktionsleiste, können Sie den Kontextmenübefehl *Multifunktionsleiste minimieren* wählen. Dann verschwindet die Registerkarte mit den Elementen der Multifunktionsleiste, und Sie sehen nur noch die Zeile mit den Registerkarten oberhalb des Dokumentbereichs. Klicken Sie auf den Namen einer Registerkarte, blendet das Programm die Multifunktionsleiste mit den zugehörigen Registerkarten im Fenster ein. Wählen Sie den Dokumentbereich erneut per Mausklick an, verschwindet die Multifunktionsleiste wieder. Der Vorteil dieses Ansatzes besteht darin, dass der freigegebene Bereich zusätzlich zur Dokumentanzeige zur Verfügung steht. Um die Multifunktionsleiste wieder permanent anzuzeigen, klicken Sie den Kontextmenübefehl *Multifunktionsleiste minimieren* erneut an. Sie können auch die Tastenkombination Strg+F1 zum Ein-/Ausblenden der Multifunktionsleiste verwenden.

Die Symbolleiste für den Schnellzugriff

Die Schaltflächen häufig benötigter Funktionen ordnet Office im Programmfenster in der, links in der Titelleiste des Programmfensters gezeigten, Symbolleiste für den Schnellzugriff an. Standardmäßig finden Sie in dieser Liste nur die Schaltfläche mit dem Diskettensymbol zum Speichern des Dokuments sowie die beiden Schaltflächen, um Befehle rückgängig zu machen oder zu wiederholen. Sie können aber die *Schnellzugriff*-Symbolleiste mit wenigen Mausklicks anpassen.

1 Klicken Sie auf die rechts neben der Leiste eingeblendete Schaltfläche *Symbolleiste für den Schnellzugriff anpassen*.

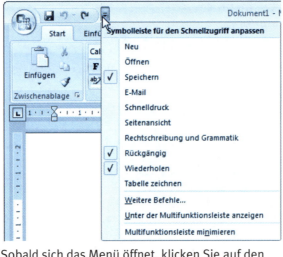

2 Sobald sich das Menü öffnet, klicken Sie auf den jeweiligen Befehl, dessen Symbol in der Leiste ein- oder ausgeblendet werden soll.

Die mit einem Häkchen versehenen Befehle des Menüs signalisieren eingeblendete Symbolleistenelemente. Durch Anklicken lassen sich die Häkchen jeweils setzen oder löschen.

> **Hinweis**
>
> Hilfreich sind neben den Schaltflächen *Neu, Öffnen* und *Speichern* auch die Befehle *Schnelldruck* und *Seitenansicht*, mit denen sich das Dokument direkt drucken oder in einer Vorschau anzeigen lässt. Über die je nach Anordnung angezeigten Befehle *Unter der Multifunktionsleiste anzeigen* und *Über der Multifunktionsleiste anzeigen* lässt sich die Leiste ober- und unterhalb der Multifunktionsleiste anordnen. Wie Sie die Reihenfolge der Schaltflächen anpassen oder weitere Änderungen vornehmen, erfahren Sie in *Kapitel 11*.

Statusleiste anpassen

In Microsoft Office 2007 zeigen die einzelnen Anwendungen bestimmte Informationen in der Statusleiste an (siehe die folgenden Kapitel). Sie können aber, abhängig von der Anwendung, die Anzeige der Statusleiste individuell anpassen.

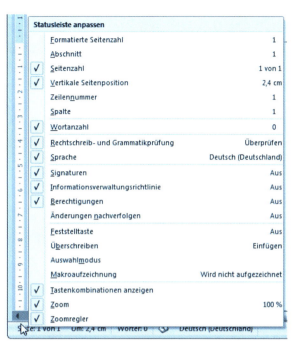

1 Klicken Sie einen freien Bereich der Statusleiste mit der rechten Maustaste an.

2 Anschließend wählen Sie im Kontextmenü den gewünschten Befehl mit der linken Maustaste an.

Bei der ersten Anwahl des Befehls wird die Option eingeschaltet. Eine erneute Auswahl des Befehls blendet die Option wieder aus. Ein stilisiertes Häkchen vor dem betreffenden Kontextmenübefehl signalisiert, dass die Option aktiv ist.

Mit Dokumenten arbeiten

Wenn Sie eine Office-Anwendung aufrufen, legt diese automatisch ein **neues Dokument** an. Sie können diese Dokumente anschließend als Dateien in Ordnern (z. B. im Ordner *Dokumente* bei Vista bzw. *Eigene Dateien* bei Windows XP) speichern. Nachfolgend finden Sie noch einige Hinweise, wie Sie mit diesen Dateien arbeiten bzw. wie Sie leere Office-Dokumente erstellen können.

Office-Dokumente öffnen

Beim Arbeiten mit den Microsoft Office-Programmen werden Sie auf Ihrer Festplatte oder auf anderen Datenträgern (USB-Sticks, Speicherkarten) entsprechende Dokumentdateien wie Briefe usw. ablegen. Weitere Office-Dokumente erhalten Sie vielleicht auf CDs/DVDs, per E-Mail und so weiter. Microsoft Windows erkennt anhand der Erweiterung im Dateinamen, um welchen Dokumenttyp es sich handelt.

Daher werden für die verschiedenen Office-Dokumente auch unterschiedliche Symbole in der Anzeige der Ordnerfenster verwendet. Zum Öffnen dieser Dokumente mit dem zugehörigen Office-Programm genügt ein Doppelklick auf das betreffende Dokumentsymbol.

Text_u_Grafik.doc   Budget.xlsx

Brief an Müller.docx   Vertriebsziele.pptx

> **Hinweis**
>
> 2007 Microsoft Office benutzt unterschiedliche Symbole und Dateinamenerweiterungen für die Dokumente. Einmal gibt es die Dateinamenerweiterungen *.doc* für Word, *.xls* für Excel und *.ppt* für PowerPoint. Diese Dateinamenerweiterungen weisen auf die von früheren Office-Versionen (Office 97 bis 2003) benutzten Dokumentformate hin. 2007 Microsoft Office verwendet standardmäßig ein neues Dokumentformat, welches eigene Symbole sowie die Buchstaben *x* (*.docx*, *.xlsx*, *.pptx*) oder *m* (*.docm*, *.xlsm*, *.pptm*) in der Dateinamenerweiterung benutzt. Dateinamenerweiterungen mit dem letzten Buchstaben *m* deuten an, dass im Dokument so genannte Makros – also kleine Programme – hinterlegt sind. Sie können mit 2007 Microsoft Office sowohl die älteren Dokumentformate speichern und lesen als auch mit den neuen Formaten arbeiten. Sind ältere Dokumente geladen, wird dies durch den in der Titelleiste eingeblendeten Text »[Kompatibilitätsmodus]« angezeigt.

Die Alternative besteht darin, die Dokumente direkt in der betreffenden Office-Anwendung zu laden.

1 Öffnen Sie das Menü der *Office*-Schaltfläche, und wählen Sie den gewünschten Befehl.

Taucht das Dokument in der rechten Spalte des Menüs in der Liste *Zuletzt verwendete Dokumente* auf, können Sie es durch Anklicken des betreffenden Befehls direkt öffnen.

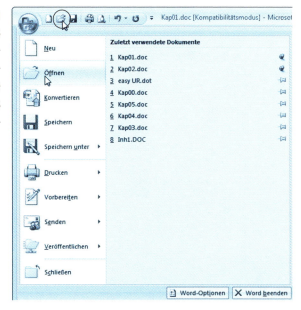

Hinweis

Die Office-Programme merken sich die Namen und Speicherorte der zuletzt bearbeiteten Dokumente und zeigen diese in der rechten Spalte des Menüs der *Office*-Schaltfläche an. Benötigen Sie ein Dokument besonders häufig und möchten Sie vermeiden, dass dessen Eintrag durch andere bearbeitete Dokumente in der Dokumentliste verschwindet? Dann klicken Sie die in der Dokumentliste am rechten Rand angezeigte stilisierte Pinn-Nadel an. Sobald diese grün angezeigt wird, behält das Office-Programm den Eintrag dauerhaft bei. Durch erneutes Klicken auf die grüne Pinn-Nadel wird der Listeneintrag wieder freigegeben und darf durch andere Dokumentnamen ersetzt werden.

Ist das Dokument nicht in der Liste *Zuletzt verwendete Dokumente* aufgeführt, wählen Sie in der linken Spalte den Befehl *Öffnen*. Wurde die *Symbolleiste für den Schnellzugriff* erweitert (siehe oben), können Sie auch das Symbol *Öffnen* wählen. Oder Sie drücken die Tastenkombination Strg+O.

Das Programm zeigt dann das Dialogfeld *Öffnen* zur Auswahl der Dokumentdatei an.

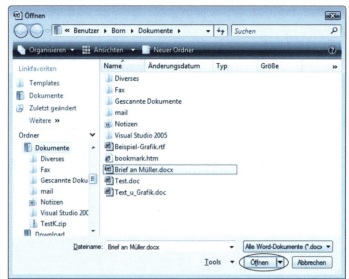

2 Navigieren Sie zum Dokumentordner, markieren Sie die Dokumentdatei mit einem Mausklick und verwenden Sie die Schaltfläche *Öffnen* zum Laden des Dokuments.

Dokumentdateien werden in Windows Vista standardmäßig im Ordner *Dokumente* bzw. in Unterordnern abgelegt. Sie können über die Navigationsleiste des Dialogfelds *Öffnen* zu den betreffenden Dokumentordnern wechseln.

Hinweis

Die im Dialogfeld angezeigten Dokumentdateien hängen einmal von der gewählten Office-Anwendung ab. Zudem lässt sich im Dialogfeld das Listenfeld für den Dateityp öffnen. Dort können Sie den Filter zur Anzeige der gewünschten Dateitypen einstellen.

Klicken Sie auf das Dreieck am rechten Rand der Schaltfläche, öffnet sich die Liste der unterstützten Dateiformate. Je nach Anwendung können Sie dann zwischen den Formaten wählen.

Der Eintrag »Alle Word-Dokumente« listet z. B. sämtliche von Microsoft Word unterstützten Dokumentformate auf. Über weitere Einträge können Sie nur Dokumente im neuen Word 2007-Format (*.docx* oder *.docm*) wählen oder Dateien im älteren Format für Word 97-2003 laden.

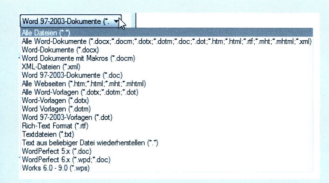

Klicken Sie auf das Dreieck am rechten Rand der Schaltfläche *Öffnen*, öffnet sich das hier gezeigte Menü. Dort finden Sie Befehle, um ein Dokument schreibgeschützt zu öffnen oder beim Laden zu reparieren.

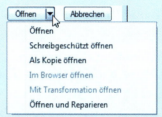

Weiterhin gibt es unterhalb des Textfelds *Dateiname* noch die Menüschaltfläche *Tools*. Diese stellt Ihnen den Befehl zum Verbinden mit einem Netzlaufwerk bereit. Bei anderen Dialogfeldern (z. B. *Speichern unter*) finden Sie weitere Befehle im *Tools*-Menü.

Sollten Sie 2007 Microsoft Office System unter Microsoft Windows XP ausführen, sind noch einige Besonderheiten zu beachten. Einmal werden Dokumentdateien in Windows XP im Ordner *Eigene Dateien* bzw. in dessen Unterordnern abgelegt. Zusätzlich benutzen die Office-Anwendungen in Windows XP ein etwas anderes Dialogfelddesign zum Öffnen, Speichern und Drucken.

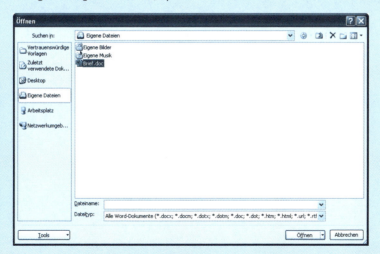

Über das Listenfeld *Suchen in* am oberen Dialogfeldrand sowie über die Symbole in der linken Spalte können Sie zu den jeweiligen Speicherorten navigieren. Am oberen Rand des Dialogfelds finden Sie zudem Schaltflächen, um die Darstellung anzupassen oder einen neuen Ordner anzulegen. Beim Vista-Pendant sind diese Schaltflächen in einer eigenen Symbolleiste enthalten. Sie können aber auch das Kontextmenü öffnen (indem Sie im Dialogfeld mit der rechten Maustaste auf den Dateibereich klicken). Dann finden Sie dort Befehle, um neue Ordner anzulegen oder markierte Ordner bzw. Dokumente zu löschen bzw. umzubenennen. Dies funktioniert nicht nur im Dialogfeld *Öffnen*, sondern auch im Dialogfeld *Speichern unter* (siehe *Kapitel 2*).

Eine neue Dokumentdatei anlegen

Beim Starten eines Office-Programms legt dieses automatisch ein neues Dokument im Anwendungsfenster an. Sie können aber, während Sie vielleicht noch an einem Dokument arbeiten, bereits ein zweites, neues Dokument anlegen.

Die Symbolleiste für den Schnellzugriff lässt sich um eine Schaltfläche *Neu* erweitern. Klicken Sie diese Schaltfläche an, wird ein neues leeres Dokument erzeugt. Die gleiche Wirkung hat die Tastenkombination Strg+N.

Häufig möchte man statt eines leeren Dokuments eine bestehende Vorlage (z. B. mit einem Briefkopf) verwenden. 2007 Microsoft Office ermöglicht Ihnen mit folgenden Schritten das Erzeugen von Dokumenten aus verschiedenen Vorlagen.

1 Öffnen Sie das Menü der *Office*-Schaltfläche, und wählen Sie den Befehl *Neu*.

2 Wählen Sie im Dialogfeld *Neues Dokument* die gewünschte Dokumentvorlage aus, und klicken Sie auf die Schaltfläche *Erstellen*.

Welche Dokumentvorlagen angezeigt werden, hängt von der jeweiligen Anwendung ab. In der Spalte *Vorlagen* können Sie zwischen verschiedenen Dokumentvorlagenkategorien wählen. Bei Anwahl eines Eintrags listet das Programm die in der Kategorie enthaltenen Vorlagen in der mittleren Spalte auf. Klicken Sie auf einen Eintrag der mittleren Spalte, erscheint eine Vorschau im rechten Vorschaufeld. Die *Erstellen*-Schaltfläche schließt das Dialogfeld und stellt die gewählte Vorlage als Dokument im Anwendungsfenster dar.

> **Hinweis**
>
> Wie Sie Dokumente speichern, wird in den Kapiteln zu den einzelnen Anwendungen erläutert.

Hier gibt es Hilfe

Auch wer täglich mit Office arbeitet, wird nicht alles sofort wissen. Oder beim Umstieg von älteren Office-Versionen sucht man gelegentlich bestimmte Funktionen. Die Programmhilfe von Microsoft Office greift Ihnen dann auf Wunsch unter die Arme.

So rufen Sie die Hilfe auf

Wenn Sie etwas in einem Office-Programm tun möchten, aber nicht weiterwissen, können Sie die Hilfe aufrufen.

1 Klicken Sie rechts oben im Programmfenster auf die Schaltfläche *Microsoft Office ...-Hilfe*, oder drücken Sie die Funktionstaste [F1].

Office öffnet das Fenster der Programmhilfe (hier die Hilfe von Word). Über die im Formular sichtbaren Hyperlinks sowie über die Schaltflächen können Sie die Seiten zu den angebotenen Themen abrufen und in der Hilfe navigieren.

Abrufen von Hilfethemen

Die Hilfe von 2007 Microsoft Office System ermöglicht Ihnen auf verschiedenen Wegen, auf die gewünschten Hilfethemen zuzugreifen.

Standardmäßig wird die hier im Hintergrund gezeigte Darstellung benutzt, bei der die Hilfethemen als so genannte Hyperlinks im Fenster aufgeführt sind. Durch einfache Mausklicks auf die Hyperlinks können Sie die Folgeseiten im Fenster abrufen.

Möchten Sie lieber über ein Inhaltsverzeichnis mit Überschriften auf die Hilfe zugreifen? Dann müssen Sie in der Symbolleiste des Hilfefensters auf die Schaltfläche *Inhaltsverzeichnis anzeigen* klicken. Das Hilfefenster wird dann am linken Rand um eine Spalte mit einem Inhaltsverzeichnis erweitert. Stilisierte Buchsymbole zeigen die Themen an. Durch Anklicken eines Buchsymbols lässt sich dieses auf- und zuklappen. Bei einem aufgeklappten Buch werden die zugehörigen Unterthemen eingeblendet. Klicken Sie auf den Eintrag einer Hilfeseite (runder Kreis mit Fragezeichen), erscheint die zugehörige Hilfeseite im rechten Teil des Fensters. Zudem lassen sich die Schaltflächen der Symbolleisten nutzen, um Hilfefunktionen abzurufen.

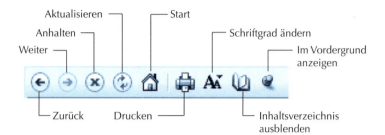

- Über die Schaltflächen *Zurück* und *Weiter* können Sie zwischen bereits angesehenen Hilfeseiten blättern.

- Über die Schaltfläche *Anhalten* können Sie das Abrufen einer Seite abbrechen und mit *Aktualisieren* lässt sich die Anzeige auffrischen.

- Mit der Schaltfläche *Start* gelangen Sie zur beim Hilfeaufruf gezeigten Seite mit der Übersicht zurück.

- Die Schaltfläche *Drucken* ermöglicht Ihnen, den Inhalt der Hilfeseite über das Dialogfeld *Drucken* auf Papier zu bringen.

- Haben Sie Probleme mit der Größe des angezeigten Textes, lässt sich über die Schaltfläche *Schriftgrad ändern* ein Menü mit Befehlen zur Auswahl der Schriftgröße öffnen.

- Die mit *Inhaltsverzeichnis einblenden* bzw. *Inhaltsverzeichnis ausblenden* beschriftete Schaltfläche ermöglicht Ihnen, die Spalte mit dem Inhaltsverzeichnis am linken Fensterrand ein- oder auszublenden.

Standardmäßig ist das Fenster der Hilfe immer im Vordergrund verankert. Sie können die Verankerung bzw. den Anzeigemodus aber über die mit *Im Vordergrund anzeigen* bzw. *Nicht im Vordergrund anzeigen* beschriftete Schaltfläche lösen bzw. wieder einschalten.

Suchen in der Hilfe

Steigen Sie von einer älteren Office-Version um oder wissen Sie bereits, was Sie tun möchten? Manchmal ist es einfacher, direkt in der Hilfe nach einem bestimmten Begriff oder Thema suchen zu lassen.

1 Klicken Sie auf das in der linken oberen Ecke sichtbare Textfeld und tippen Sie den gewünschten Suchbegriff ein.

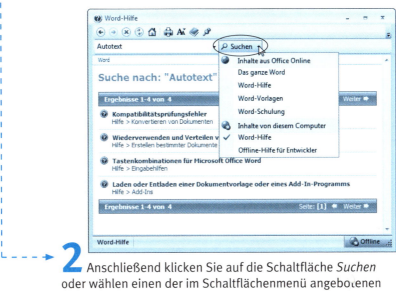

2 Anschließend klicken Sie auf die Schaltfläche *Suchen* oder wählen einen der im Schaltflächenmenü angebotenen Befehle aus.

3 Sobald die Ergebnisliste erscheint, können Sie die Themen durch Anklicken der Hyperlinks abrufen.

Das Menü der Schaltfläche *Suchen* lässt sich öffnen, indem Sie auf das Dreieck am rechten Schaltflächenrand klicken. Bei einer bestehenden Internetverbindung kann die Hilfe auch im Internet im Microsoft Office-Online-Angebot nachschlagen. Das Fenster lässt sich jederzeit über die *Schließen*-Schaltfläche am oberen rechten Fensterrand beenden.

Fachwort

Der Begriff **Hyperlink** stammt aus dem Internet. Ein Hyperlink kennzeichnet einen Verweis aus einem bestehenden Text auf eine Folgeseite. Klicken Sie auf einen Hyperlink, ruft das betreffende Programm automatisch das Folgedokument auf. Hyperlinks werden häufig mit blauer Schrift und unterstrichen dargestellt. Microsoft hat diese Technik der Hyperlinks auch in seine Hilfe und in die Office-Programme eingebaut. Ein **Textfeld** ist ein viereckiger Bereich in einem Dialogfeld, in das Sie einen Text eingeben können.

An dieser Stelle möchte ich die kurze Einführung beenden. Sie haben die wichtigsten Grundlagen kennengelernt und sollten für die Arbeit mit Microsoft Office bereit sein. In den folgenden Kapiteln lernen Sie den konkreten Umgang mit den jeweiligen Office-Anwendungen kennen.

Testen Sie Ihr Wissen

Zur Überprüfung Ihrer Kenntnisse können Sie die folgenden Fragen beantworten (die Lösungen finden Sie in Klammern).

■ **Nennen Sie verschiedene Office-Anwendungen.**

(Microsoft Word, Microsoft Excel, Microsoft PowerPoint, Microsoft Outlook.)

■ **Wie lässt sich ein Office-Programm starten?**

(Indem Sie z. B. auf eine entsprechende Dokumentdatei doppelklicken. Oder Sie öffnen das Startmenü und wählen in der Programmgruppe *Alle Programme/Microsoft Office* das betreffende Programm aus.)

■ **Wie öffnen Sie ein Dokument in einem Office-Programm?**

(Indem Sie die *Office*-Schaltfläche anklicken und den Befehl *Öffnen* im eingeblendeten Menü wählen. Danach lässt sich die Dokumentdatei im Dialogfeld *Öffnen* auswählen und mittels der *Öffnen*-Schaltfläche laden.)

■ **Wie erhalten Sie Hilfe zu den Office-Funktionen?**

(Klicken Sie in der rechten oberen Ecke des Fensters auf die *Hilfe*-Schaltfläche, oder drücken Sie die Funktionstaste [F1].)

Das können Sie schon

Das lernen Sie neu

Kapitel 2

Word – das erste Mal

Word ist mehr als ein »Schreibmaschinenersatz«, mit dem Sie einfache Texte erfassen, drucken und zur späteren Verwendung in Dateien speichern können. Bereits mit wenigen Grundkenntnissen können Sie Ihre Texte (Briefe, Einladungen etc.) ansprechend gestalten und mit einer persönlichen Note versehen. Wie einfach der Umgang mit Word ist, zeigt Ihnen dieses Kapitel. Sie lernen Word und seine wichtigsten Funktionen kennen. So ganz nebenbei absolvieren Sie die ersten Schritte zum Erstellen von Textdokumenten.

Die ersten Schritte

Wenn Sie Word zum Erstellen Ihrer Texte verwenden, lassen sich diese speichern, bei Bedarf wieder laden und jederzeit ändern. Weiterhin können Sie problemlos mehrere Kopien eines solchen Dokuments ausdrucken. Bevor Sie Ihren ersten Text eintippen, sollten Sie aber einige Grundlagen zum Umgang mit Word kennenlernen. Einiges haben Sie bereits im vorherigen Kapitel erfahren. Jetzt geht es in die Details.

Word im Überblick

Wenn Sie Microsoft Word starten (siehe *Kapitel 1*), öffnet das Programm automatisch ein neues Dokumentfenster, welches (meist) noch keinen Text enthält. Der Name des gerade bearbeiteten Dokuments (in diesem Fall *Dokument2*) erscheint dabei, wie hier gezeigt, in der Titelleiste des Word-Fensters.

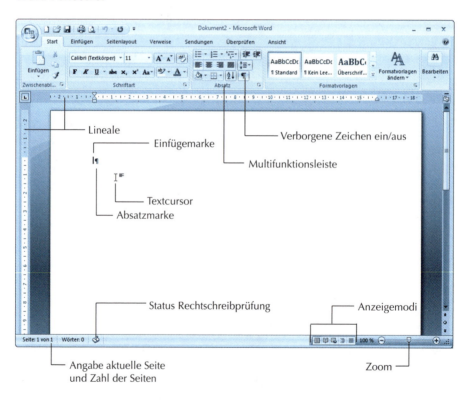

■ Im **Dokumentbereich** (der weißen Fläche im Fensterinneren) finden Sie den (ggf. eingegebenen) **Text**. In der linken oberen Ecke des Dokumentbereichs sehen Sie bei einem neuen Dokument die **Einfügemarke** und den **Textcursor**. Sobald Sie ein Zeichen per Tastatur eingeben, bewegt sich die Einfügemarke um eine Position nach rechts.

Hinweis

Die **Einfügemarke** (auch als **Schreibmarke** bezeichnet) wird als senkrechter, blinkender schwarzer Strich dargestellt. Diese Marke zeigt an, wo das nächste eingegebene Zeichen auf dem Bildschirm eingefügt wird. Einfügemarken werden in Windows überall dort verwendet, wo Texte einzugeben sind. Zeigen Sie per Maus auf den Textbereich, erscheint anstelle des Mauszeigers ein so genannter **Textcursor**. Dieser lässt sich genauso wie der Mauszeiger handhaben. Sie können mit dem Textcursor auf ein Wort zeigen, etwas markieren oder anklicken. Beim Klicken auf eine Textstelle verschiebt Word die Einfügemarke zu dieser Stelle. Sie können dort anschließend Text eingeben oder bestehenden Text bearbeiten.

■ Oberhalb des Dokumentbereichs findet sich die **Multifunktionsleiste**. Die auf den jeweiligen Registerkarten der Multifunktionsleiste enthaltenen Schaltflächen und Elemente ermöglichen Ihnen, den Text mit Auszeichnungen (Formaten) zu versehen.

■ Je nach eingeschaltetem Anzeigemodus kann das Fenster noch ein horizontales bzw. vertikales Lineal aufweisen.

■ In der **Statusleiste** zeigt Word Ihnen am unteren Fensterrand, in welchem Teil des Dokuments Sie sich befinden. Neben der Seitennummer sowie der Gesamtseitenzahl des Dokuments gibt Word auch die Zahl der Wörter im Dokument an. In weiteren kleinen Kästchen, auch als Felder bezeichnet, zeigt Word Ihnen den Status der Rechtschreibprüfung oder ermöglicht Ihnen, die Dokumentdarstellung sowie den Zoom zu verändern.

Beachten Sie aber, dass sich der Inhalt und die Darstellung der Statusleiste bei den Office-Anwendungen anpassen können.

Hinweis

Klicken Sie die Statusleiste des Word-Fensters mit der rechten Maustaste an, erscheint ein Kontextmenü, über dessen Befehle Sie bestimmte Elemente (z. B. Anzeige des Überschreibmodus) in der Statusleiste ein- bzw. ausblenden können (siehe *Kapitel 1*).

	Feststelltaste	Aus
✓	Überschreiben	Einfügen
	Auswahlmodus	
	Makroaufzeichnung	Wird nicht aufgezeichnet
✓	Tastenkombinationen anzeigen	
✓	Zoom	100 %
✓	Zoomregler	
	Einfügen	

Den ersten Text eingeben

Nach dem Starten hat Word ein neues Dokument angelegt (oder ein bestehendes Dokument geladen) und wartet auf Ihre Eingaben.

1 Klicken Sie auf den Dokumentbereich – die Einfügemarke sollte jetzt in der ersten Zeile des Dokumentbereichs stehen.

2 Tippen Sie den gewünschten Text per Tastatur ein.

Hier sehen Sie ein Beispiel für einen Text, der im Word-Fenster eingegeben wurde. Vielleicht versuchen Sie, diesen oder einen anderen Text (einschließlich verschiedener Schreibfehler) einzugeben.

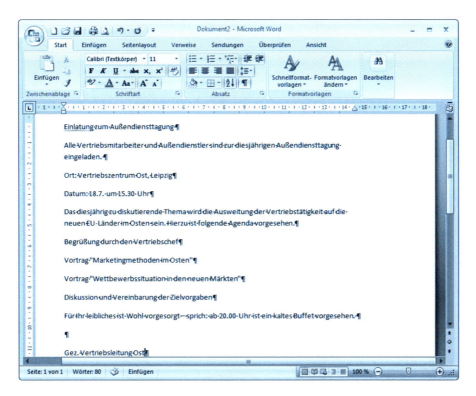

Lassen Sie sich nicht stören, wenn die im Text dargestellten Anführungszeichen bei Ihnen etwas anders aussehen. Dies lässt sich in Word einstellen (siehe *Kapitel 11*). Sofern Sie sich mit der Bedienung der Tastatur noch nicht auskennen, hier ein paar Tipps zur Eingabe des Textes:

■ Tippen Sie einfach die Zeichen ein, um die betreffenden Wörter zu schreiben. Der Zwischenraum zwischen den Wörtern wird durch die ⎵Leer⎵-Taste am unteren Rand der Tastatur eingefügt.

■ Normalerweise erscheinen beim Drücken der Buchstabentasten kleine Buchstaben. Um einen Großbuchstaben einzugeben, halten Sie die ⇧-Taste fest und drücken anschließend die Taste mit dem gewünschten Zeichen.

■ Möchten Sie Sonderzeichen über die oberste Tastenreihe eintippen, müssen Sie ebenfalls die ⇧-Taste gedrückt halten.

Hinweis

Drücken Sie die ⬙-Taste, stellt sich die Tastatur auf Großschreibung um. Alle eingetippten Zeichen erscheinen als Großbuchstaben. Nur wenn Sie gleichzeitig die ⬙-Taste drücken, erscheinen Kleinbuchstaben. Um den Modus aufzuheben, tippen Sie die ⬙-Taste erneut kurz an.

Zahlen lassen sich auch über den rechten Ziffernblock der Tastatur eingeben. Dieser Ziffernblock besitzt aber eine Doppelfunktion, er lässt sich auch zur Cursorsteuerung im Textfenster verwenden. Die Umschaltung erfolgt durch einmaliges Drücken der Num-Taste (links oben im Ziffernblock). Bei einigen Tastaturen leuchtet die Anzeige *Num* und lassen sich Ziffern eingeben. Bei Funktastaturen fehlt diese Anzeige und der *Num*-Status wird kurzzeitig auf dem Bildschirm eingeblendet.

■ Wenn Sie eine Taste länger gedrückt halten, schaltet der Computer in den Wiederholmodus. In diesem Fall wird das Zeichen automatisch bei der Eingabe wiederholt.

Hinweis

Ein irrtümlich eingegebenes Zeichen lässt sich sofort durch Drücken der ⬅-Taste löschen.

■ Manche Tasten sind mit mehreren Zeichen belegt. Das zweite Zeichen erreichen Sie, indem Sie die ⬙-Taste beim Tippen gedrückt halten. Um auch an das dritte Zeichen zu gelangen, müssen Sie die ⬙-Taste zusammen mit der AltGr-Taste drücken. Mit AltGr+E erzeugen Sie das Eurozeichen und mit AltGr+Q wird das in E-Mail-Adressen benutzte @-Zeichen eingegeben.

■ Um eine Zeile an einer bestimmten Stelle zu beenden und zum nächsten Absatz weiterzuschalten, drücken Sie die ⏎-Taste. Diese Taste fügt einen so genannten Absatzwechsel in den Text ein. Wer von der Schreibmaschine umsteigt, sollte aber darauf achten, nicht aus Gewohnheit am rechten Zeilenrand immer die ⏎-Taste zu drücken. Schreiben Sie stattdessen einfach am rechten Seitenrand weiter. Word erkennt dies und gibt den Text automatisch in der Folgezeile aus. Mehrere Zeilen werden aber zu einem Absatzblock zusammengefasst. Benutzen Sie dagegen die ⏎-Taste am Zeilenende, besteht der Text aus lauter Absätzen. Spätestens beim Formatieren des Textes oder beim Verändern der Breite bekommen Sie dann Probleme.

Haben Sie noch etwas Schwierigkeiten, die richtigen Tasten zu finden? Eine Übersicht über die Tastatur finden Sie am Anfang dieses Buches. Sind bei Ihnen mit einer geschlängelten roten Linie unterstrichene Wörter im Dokument zu sehen? Die Word-Rechtschreibprüfung zeigt Ihnen Stellen mit Schreibfehlern an. Auf dieses Thema wird später noch genauer eingegangen.

> **Hinweis**
>
> Word besitzt eine Funktion, mit der Sie verborgene Zeichen wie die Leerräume zwischen Wörtern oder Absatzwechsel auf dem Bildschirm sichtbar machen können.
>
> Klicken Sie auf der Registerkarte *Start* der Multifunktionsleiste auf die Schaltfläche *Alle anzeigen*, oder drücken Sie die Tastenkombination Strg+*, um die unsichtbaren Zeichen anzuzeigen.
>
> Ein zweiter Mausklick auf die Schaltfläche blendet die verborgenen Zeichen wieder aus. Beim Ausdruck eines Dokuments sind diese verborgenen Zeichen nicht mehr sichtbar.

Text bearbeiten

Bei der Eingabe von Texten geht es selten ohne Fehler ab. Schnell wird ein Wort vergessen, ein Buchstabe ist zu viel oder es sind Ergänzungen erforderlich. Vermutlich stellen Sie beim späteren Lesen des Textes fest, dass dieser korrigiert werden muss. Und gerade die nachträgliche Bearbeitung eines Textes ist eine der Stärken von Word. Daher soll im Folgenden kurz auf die betreffenden Techniken eingegangen werden. Sie können den bereits eingegebenen Text zum Üben verwenden.

Text einfügen und korrigieren

Möchten Sie ein neues Wort an eine bestimmte Stelle im Text einfügen? Ich habe hier einmal eine Textstelle mit zusätzlichen Fehlern genommen, die jetzt schrittweise verbessert werden soll. Zuerst ist das Wort »unsere« in den Satz einzufügen.

1 Alle|Vertriebsmitarbeiter·
Klicken Sie an die Textstelle,
an der das Wort einzufügen ist.

2 Alle·unsere|Vertriebsmitarbeiter·
Tippen Sie den gewünschten Text ein.

Word fügt die neu eingetippten Buchstaben an die Position der Textmarke im Dokument ein. Der rechts von der Textmarke stehende Text wird in Richtung Zeilenende verschoben. Muss der rechts von der Textmarke stehende Text durch die neu eingetippten Buchstaben ersetzt werden? Dies ist mit folgenden Schritten möglich.

1 Einla|ung:
Klicken Sie an die Textstelle,
an der ein Text zu korrigieren ist.

Mit der geschlängelten Linie unterhalb des Worts signalisiert Word Ihnen übrigens, dass es im betreffenden Wort einen Schreibfehler gefunden hat.

2 Einlad|ung:
Tippen Sie das neue Zeichen
oder den neuen Text ein.

Der Text wird durch den oder die neu eingetippten Buchstaben ergänzt. Jetzt gilt es noch, die überzähligen Buchstaben im Text (hier der Buchstabe »t«) zu löschen.

3 Einlad|ung·
Drücken Sie
die ⎡Entf⎤-Taste.

Word entfernt beim Drücken der ⎡Entf⎤-Taste das rechts von der Einfügemarke stehende Zeichen. Im aktuellen Beispiel verschwindet dabei auch die geschlängelte Linie, mit der Word ein fehlerhaft geschriebenes Wort markiert. Durch mehrfaches Drücken dieser Taste lässt sich beliebig viel Text rechts von der Einfügemarke löschen. Möchten Sie Text links von der

Einfügemarke löschen, verwenden Sie einfach die ← -Taste. Mit dieser Technik können Sie sehr leicht Schreibfehler korrigieren. Wie Sie die Rechtschreibprüfung nutzen, wird weiter unten erläutert.

Hinweis

Erfahrene Anwender kennen vielleicht den Überschreibmodus anderer Textbearbeitungsprogramme. Microsoft hat diesen Modus in Word 2007 abgeschaltet. Sie können aber die Statusleiste mit der rechten Maustaste anklicken und den Kontextmenübefehl *Überschreiben* wählen.

Dann wird das hier gezeigte Feld »Einfügen« in der Statusleiste eingeblendet. | Einfügen

Klicken Sie das Feld per Maus an, können Sie dessen Beschriftung zwischen »Einfügen« und »Überschreiben« umstellen. Im Modus »Überschreiben« überschreibt Word 2007 den rechts von der Schreibmarke stehenden Text durch die eingetippten Zeichen. Um die Taste Einfg zum Umschalten zwischen den Modi »Überschreiben« und »Einfügen« zu nutzen, müssen Sie die Word-Einstellungen anpassen. Klicken Sie auf die *Office*-Schaltfläche, und wählen Sie im Menü die am unteren Rand sichtbare Schaltfläche *Word-Optionen*. Im gleichnamigen Dialogfeld wählen Sie in der linken Spalte die Kategorie *Erweitert*. Dann müssen Sie das Kontrollkästchen *EINFG-Taste zum Steuern des Überschreibmodus verwenden* markieren.

Haben Sie irrtümlich etwas gelöscht oder sonst etwas am Text verändert, das nicht hätte sein sollen? Wenn Sie die Tastenkombination Strg + Z drücken oder auf die Schaltfläche *Rückgängig: ...* in der Symbolleiste für den Schnellzugriff klicken, wird die letzte Änderung rückgängig gemacht. Dies funktioniert übrigens bei allen Office-Anwendungen, und es lassen sich sogar mehrere Befehle schrittweise rückgängig machen.

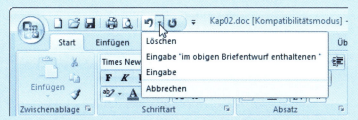

Sie können auch das Menü der Schaltfläche *Rückgängig: ...* öffnen und dann gezielt den zurückzunehmenden Befehl wählen. Die rechts daneben angeordnete Schaltfläche *Wiederholen* ermöglicht es, den zuletzt gewählten Befehl erneut auszuführen.

Positionieren im Text

Um etwas in einem Textdokument zu ändern, können Sie die Einfügemarke mit einem Mausklick an der betreffenden Textstelle positionieren. Allerdings ist die Feinpositionierung der Schreibmarke per Maus manchmal etwas schwierig. Zudem nervt es Vielschreiber, wenn die Hand ständig zwischen Maus und Tastatur wechseln muss. Sie können alternativ zur Maus die so genannten Cursortasten zur Positionierung der Einfügemarke im Text benutzen. Nachfolgend finden Sie eine Aufstellung der wichtigsten Tasten und Tastenkombinationen, um die Einfügemarke im Text zu bewegen.

Tasten	Bemerkung
↑	Verschiebt die Einfügemarke im Text eine Zeile nach oben.
↓	Verschiebt die Einfügemarke im Text eine Zeile *nach* unten.
←	Verschiebt die Einfügemarke im Text ein Zeichen nach links in Richtung Textanfang.
→	Verschiebt die Einfügemarke im Text ein Zeichen nach rechts in Richtung Textende.
Strg + ←	Verschiebt die Einfügemarke im Text um ein Wort nach links.
Strg + →	Verschiebt die Einfügemarke im Text um ein Wort nach rechts.
Pos1	*Drücken Sie diese Taste*, springt die Einfügemarke an den Zeilenanfang.
Ende	Mit dieser Taste verschieben Sie die Einfügemarke an das Zeilenende.

Markieren von Texten

Bei bestehenden Texten kommt es häufiger vor, dass ganze Sätze oder Textteile gelöscht oder formatiert werden müssen. Zum Löschen könnten

Sie die Einfügemarke an den Anfang des Textbereichs setzen und dann die Entf-Taste so lange drücken, bis alle Zeichen gelöscht sind. Ähnlich ließe sich die ←-Taste verwenden, um Zeichen links von der Schreibmarke zu entfernen. Eleganter klappt das Löschen aber, wenn Sie den Text vorher markieren.

> **Fachwort**
>
> Der Begriff »markieren« kommt in Windows und in den zugehörigen Programmen häufiger vor. Sie können Dateien, Symbole, Ordner, Textbereiche oder Bildausschnitte mit der Maus markieren. Je nach Programm zeigt Windows den markierten Bereich mit einem farbigen Hintergrund oder durch eine gestrichelte Linie an.

Das Markieren lässt sich mit dem farbigen Kennzeichnen eines Textes auf einem Blatt Papier vergleichen. In Word benutzen Sie hierzu den Textcursor, den Sie über den zu markierenden Text ziehen.

1 Klicken Sie mit der Maus an den Anfang des zu markierenden Textbereichs.

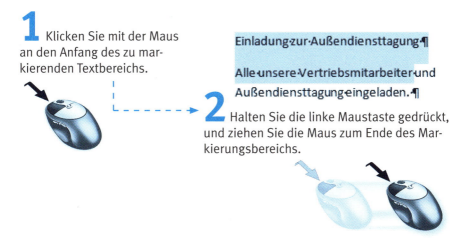

Einladung·zur·Außendiensttagung·¶

Alle·unsere·Vertriebsmitarbeiter·und
Außendiensttagung·eingeladen.·¶

2 Halten Sie die linke Maustaste gedrückt, und ziehen Sie die Maus zum Ende des Markierungsbereichs.

Der markierte Textbereich wird farbig hervorgehoben. Haben Sie einen Textbereich markiert, wirken alle Befehle auf den Inhalt der Markierung. Wenn Sie jetzt zum Beispiel die Entf-Taste drücken, wird der gesamte markierte Textbereich gelöscht. Tippen Sie dagegen einen neuen Text ein, wird der markierte Bereich durch den neuen Text ersetzt. Weisen Sie ein Format zu (siehe unten), wird dieses auf den markierten Textbereich bezogen. Zum Aufheben einer Markierung klicken Sie auf eine Stelle außerhalb des markierten Bereichs.

> **Hinweis**
>
> Sie können Texte auch mit der Tastatur markieren. Verschieben Sie die Einfüge-
> marke an den Anfang des zu markierenden Bereichs. Anschließend halten Sie
> die ⌂-Taste gedrückt und verschieben die Einfügemarke mit den oben beschrie-
> benen Cursortasten im Text. Word markiert die jeweiligen Zeichen.
>
> Und hier noch ein paar Tipps zum Markieren von Text mit der Maus: Doppelkli-
> cken Sie auf ein Wort, wird dieses markiert. Ein Mausklick vor eine Zeile markiert
> die komplette Zeile. Ein Dreifachklick auf ein Wort markiert den Absatz. Drücken
> Sie die Tastenkombination Strg+A, wird das gesamte Dokument markiert.

An dieser Stelle soll es mit den ersten Übungen genügen. Sie können jetzt einen einfachen Text eingeben, Textstellen markieren und auch korrigieren.

Textbereiche verschieben ...

Manchmal ist es erforderlich, Textbereiche innerhalb eines Dokuments zu verschieben. Dies ist vor allem beim Anpassen bereits bestehender Doku-mente hilfreich.

Im Textauszug aus dem obigen Beispiel soll die Reihenfolge der Vorträge in der Agenda umgestellt werden.

Begrüßung·durch·den·Vertriebschef¶

Vortrag·"Marketingmethoden·im·Osten"¶

Vortrag·"Wettbewerbssituation·in·den·neuen·Märkten"¶

Diskussion·und·Vereinbarung·der·Zielvorgaben¶

Anstatt jetzt die betreffen-den Zeilen zu löschen und neu einzutippen, können Sie die Funktionen zum Ausschneiden und Einfügen von Textstellen in Word verwenden. Hier die Schritte, um die zweite Zeile der Agenda unter die dritte Zeile zu versetzen.

Begrüßung·durch·den·Vertriebschef¶

Vortrag·"Marketingmethoden·im·Osten"¶

Vortrag·"Wettbewerbssituation·in·den·neuen·Märkten"¶

Diskussion·und·Vereinbarung·der·Zielvorgaben¶

1 Markieren Sie die gewünschte Zeile
(hier einschließlich der Absatzmarke).

2 Klicken Sie auf der Registerkarte *Start* der Multifunktionsleiste
auf die Schaltfläche *Ausschneiden*.

Der Text verschwindet
jetzt im Dokumentfens-
ter.

Windows hat den mar-
kierten Text in die so genannte Zwischenablage übernommen.

> Begrüßung·durch·den·Vertriebschef¶
>
> |Vortrag·"Wettbewerbssituation·in·den·neuen·Märkten"¶
>
> Diskussion·und·Vereinbarung·der·Zielvorgaben¶

> Begrüßung·durch·den·Vertriebschef¶
>
> Vortrag·"Wettbewerbssituation·in·den·neuen·Märkten"¶
>
> |Diskussion·und·Vereinbarung·der·Zielvorgaben¶

3 Klicken Sie im Text an die
Stelle, an die der ausgeschnitte-
ne Text einzufügen ist.

4 Klicken Sie auf der Registerkarte *Start* der Multifunktionsleiste auf die Schaltfläche *Einfügen*.

Word fügt jetzt den Text
aus der Zwischenablage
an die Einfügemarke im
Dokument ein.

> Begrüßung·durch·den·Vertriebschef¶
>
> Vortrag·"Wettbewerbssituation·in·den·neuen·Märkten"¶
>
> Vortrag·"Marketingmethoden·im·Osten"¶
>
> |Diskussion·und·Vereinbarung·der·Zielvorgaben¶

Sie haben mit diesen Schritten quasi den vorher markierten Text an die neue Position verschoben. Da vor dem Ausschneiden die Absatzmarke mit markiert wurde, erfolgt ein automatischer Zeilenumbruch beim Einfügen aus der Zwischenablage.

Fachwort

Windows besitzt einen bestimmten Speicherbereich, der als **Zwischenablage** bezeichnet wird. Wählen Sie die Befehle *Ausschneiden* oder *Kopieren*, übernimmt Windows den markierten Bereich (Text, Bildbereiche, Dateinamen etc.) in die Zwischenablage. Mit dem Befehl *Einfügen* wird der Inhalt der Zwischenablage in das aktuelle Fenster eingefügt. Der Inhalt der Zwischenablage geht beim Ausschalten des Computers verloren.

Hinweis

Die Schaltfläche *Einfügen* besitzt in Office noch einige Besonderheiten. Klicken Sie auf die Schaltfläche, fügt die Anwendung den Inhalt der Zwischenablage in das Dokument ein. Der eingefügte Inhalt kann ein Text, ein formatierter Textausschnitt, eine Grafik etc. sein.

Um die Übernahme zu steuern, können Sie den Bereich unterhalb der Schaltfläche *Einfügen* anklicken. Dann erscheint das hier gezeigte Menü. Der Befehl *Einfügen* fügt den kompletten Inhalt der Zwischenablage in den Dokumentbereich ein. Über den Befehl *Inhalte einfügen* öffnen Sie dagegen ein Dialogfeld, in dem Sie das Übernahmeformat wählen können. In die Zwischenablage übertragene Texte lassen sich  z. B. im HTML-Format, formatiert oder unformatiert sowie als Grafik bzw. Bild in das Dokument einfügen.

Die im Dialogfeld *Inhalte einfügen* angebotenen Optionen hängen aber vom Inhalt der Zwischenablage ab. Und es gibt noch eine Option bei der Übernahme von Inhalten der Zwischenablage, die erwähnt werden sollte.

Nach dem Einfügen erscheint die Schaltfläche *Einfügeoptionen* im Dokument. Klicken Sie auf das Dreieck neben der Schaltfläche, öffnet sich ein Menü, über dessen Befehle Sie die Optionen beim Einfügen ebenfalls wählen können.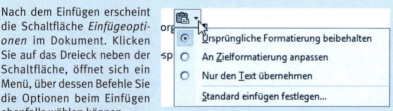

> Über den Befehl *Nur den Text übernehmen* erreichen Sie, dass formatierte Textausschnitte bei der Übernahme aus der Zwischenablage von den Formaten befreit werden.

... oder kopieren

Möchten Sie eine Textstelle lediglich kopieren (d. h. der markierte Bereich soll erhalten bleiben), lassen sich ähnliche Schritte verwenden:

1 Markieren Sie den zu kopierenden Textbereich.

2 Klicken Sie auf der Register-karte *Start* der Multifunktionsleiste auf die Schaltfläche *Kopieren*.

Word überträgt jetzt eine Kopie der markierten Textstelle in die Zwischen-ablage. Der markierte Text bleibt aber im Dokument erhalten.

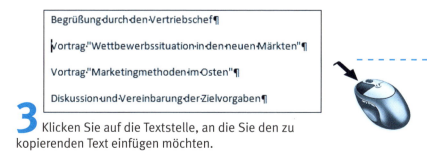

3 Klicken Sie auf die Textstelle, an die Sie den zu kopierenden Text einfügen möchten.

4 Klicken Sie auf der Registerkarte *Start* der Multifunktionsleiste auf die Schaltfläche *Einfügen*.

Word fügt den Text aus der
Zwischenablage an die ak-
tuelle Position der Einfügemarke ein.

> Begrüßung·durch·den·Vertriebschef¶
>
> Begrüßung·durch·den·Vertriebschef¶
>
> Vortrag·"Wettbewerbssituation·in·den·neuen·Märkten"¶
>
> Vortrag·"Marketingmethoden·im·Osten"¶
>
> Diskussion·und·Vereinbarung·der·Zielvorgaben¶

Der vorher markierte Textbereich bleibt bei der Funktion *Kopieren* erhalten. In
obiger Abbildung sehen
Sie zweimal den Text »Begrüßung durch den Vertriebschef«. Sie könnten
jetzt den zweiten Text anpassen (z. B. »Begrüßung durch den Marketing-
leiter«).

Frage: Wissen Sie noch, wie sich der letzte Schritt rückgängig machen
lässt? Richtig, Sie brauchen nur die Tastenkombination `Strg`+`Z` zu drücken. Schon entfernt Word den letzten, aus der Zwischenablage eingefügten Satz.

Sie können übrigens nicht nur Texte per Zwischenablage handhaben. Auch
Bilder oder andere Elemente lassen sich in anderen Programmen markieren, mit den obigen Funktionen in die Zwischenablage übertragen und
wieder in das Dokument einfügen.

Hinweis

Sie können nicht nur einzelne Sätze markieren, sondern auch ganze Abschnitte
und diese in die Zwischenablage übernehmen. Anschließend lässt sich der Inhalt der Zwischenablage beliebig oft in das Dokument einfügen. Markieren Sie
auch das Zeichen der Absatzmarke mit, wird dieses beim Kopieren über die Zwischenablage mit übertragen. Natürlich können Sie nach dem Kopieren auch die

oben erwähnten Befehle der Schaltfläche *Einfügeoptionen* oder des Menüs der Schaltfläche *Einfügen* nutzen, um den Inhalt der Zwischenablage als reinen Text einzufügen. Der Datenaustausch über die Zwischenablage funktioniert zudem auch zwischen verschiedenen Fenstern. Sie können zum Beispiel Word zweimal starten. Markieren Sie in einem Fenster den Text, und übernehmen Sie diesen in die Zwischenablage. Dann wechseln Sie zum zweiten Dokumentfenster und fügen den Text aus der Zwischenablage wieder ein.

Benutzen Sie die Funktionen zum Ausschneiden, Kopieren oder Einfügen markierter Textbereiche häufiger? Vielschreiber können auch die Tastenkombinationen Strg+X (Ausschneiden), Strg+C (Kopieren) und Strg+V (Einfügen) verwenden, um die betreffenden Funktionen abzurufen. Diese Tastenkombinationen lassen sich übrigens auch in den anderen Office-Programmen und in vielen Windows-Anwendungen nutzen

Und es gibt noch einen Trick: Sie können beispielsweise einen markierten Textbereich auch per Maus (bei gedrückter linker Maustaste) zu einer anderen Stelle im Dokument ziehen. Sobald Sie die Maustaste loslassen, verschiebt Word den markierten Bereich. Halten Sie beim Ziehen die rechte Maustaste gedrückt, öffnet Word zusätzlich ein Kontextmenü. In diesem Menü lässt sich wählen, ob der Text verschoben oder kopiert werden soll. Da viele Benutzer aber erfahrungsgemäß Probleme mit dieser als Drag&Drop bezeichneten Technik haben, empfehle ich Ihnen, nach der oben gezeigten Methode vorzugehen.

Suchen und Ersetzen im Text

Bei längeren Texten ist es mitunter schwierig, bestimmte Textstellen durch Blättern im Dokument und Lesen des Textes zu finden. Zu diesem Zweck bietet Word eine Funktion zur Textsuche. Weiterhin können Sie die Funktion *Ersetzen* aufrufen, um nach Textstellen zu suchen und diese durch einen anderen Text ersetzen zu lassen.

1 Klicken Sie auf den Anfang des zu durchsuchenden bzw. mit der *Ersetzen*-Funktion zu korrigierenden Dokuments.

2 Klicken Sie, sofern erforderlich, auf der Registerkarte *Start* der Multifunktionsleiste auf die Menüschaltfläche *Bearbeiten*.

3 Wählen Sie im Menü (oder in der Gruppe *Bearbeiten*) eine der Befehls-schaltflächen *Suchen* oder *Ersetzen*.

Alternativ können Sie auch die Tastenkombination [Strg]+[F] drücken. In allen Fällen erscheint das Dialogfeld *Suchen und Ersetzen*, wobei je nach gewähltem Befehl die Registerkarte *Suchen* oder *Ersetzen* im Vordergrund zu sehen ist. Sie können aber jederzeit die betreffenden Registerreiter im Dialogfeld anklicken, um zwischen den Funktionen Suchen und Ersetzen zu wechseln.

4 Tippen Sie in das Feld *Suchen nach* den Suchbegriff ein. Möchten Sie Textstellen ersetzen, geben Sie den Ersetzungstext in das Feld *Ersetzen durch* auf der Registerkarte *Ersetzen* ein.

5 Klicken Sie auf die im Dialogfeld eingeblendete Schaltfläche *Weitersuchen*.

Word durchsucht den Text ab der aktuellen Position der Schreibmarke nach dem Suchtext. Wird eine Textstelle gefunden, wird diese, wie hier gezeigt, blau hinterlegt und somit markiert.

6 Möchten Sie den Inhalt einer so gefundenen Textstelle mit dem neuen Text ersetzen, klicken Sie auf der Registerkarte *Ersetzen* auf die Schaltfläche *Ersetzen*.

Durch wiederholtes Anklicken der Schaltfläche *Weitersuchen* und *Ersetzen* können Sie verschiedene Textstellen finden bzw. bearbeiten. Sie sehen also, über die Funktionen Suchen und Ersetzen unterstützt Word Sie bei der Korrektur von Textdokumenten. Mit der Schaltfläche *Alle ersetzen* auf der Registerkarte *Ersetzen* lassen sich alle Textstellen im Dokument, die mit dem Suchbegriff übereinstimmen, auf den im Feld *Ersetzen durch* enthaltenen Text umsetzen. Diese Option sollten Sie aber, wegen der Gefahr, Textstellen ungewollt zu ändern, nur mit Vorsicht anwenden.

> **Hinweis**
>
> Die Funktionen Suchen und Ersetzen stehen Ihnen nicht nur in Word 2007, sondern auch in den anderen Office-Anwendungen wie Excel oder Power-Point zur Verfügung.

AutoKorrektur und Rechtschreibprüfung

Bei der Texterfassung unterlaufen Ihnen vermutlich Fehler. Und spätestens beim Durchlesen des ausgedruckten Dokuments stoßen Sie auf weitere Fehler. Word unterstützt Sie daher beim Verfassen von Texten durch eine automatische Korrektur und Rechtschreibprüfung. In diesem Lernschritt werden Ihnen die Grundfunktionen zur automatischen Fehlerkorrektur und zur Rechtschreibprüfung näher erläutert.

AutoKorrektur, die bei der Eingabe hilft

Eine beliebte Fehlerquelle sind verdrehte Buchstaben, vergessene Großschreibung am Satzanfang etc. Hier greift Word bereits beim Eintippen des Textes helfend und korrigierend ein:

1 Öffnen Sie ein neues Word-Dokument über den Befehl *Neu* des Menüs der *Office*-Schaltfläche (siehe *Kapitel 1*). - - - - ▶ **2** Tippen Sie jetzt versuchsweise Wörter wie »dei«, »edr«, »enu« und »Erflg« ein.

Wenn alles geklappt hat, sehen Sie im Word-Fenster plötzlich die Wörter »Die«, »der«, »neu« und »Erfolg«.

> Die·der·neu·Erfolg·|

Das erste Wort der Zeile wird sogar automatisch mit einem Großbuchstaben eingeleitet. Wenn Sie ein Wort mit doppelten Anführungszeichen ("...") einfassen, macht Word daraus automatisch so genannte typographische Anführungszeichen („...“). Was passiert denn da?

Word und viele Office-Programme besitzen die Funktion *AutoKorrektur*, die automatisch Ihre Eingaben überwacht und bestimmte, häufiger vorkommende Fehler automatisch korrigiert. Dies ist auch der Grund, warum das erste Wort im Satz mit einem Großbuchstaben beginnt oder Anführungszeichen angepasst werden. Bei der Eingabe der Zahlenkombination 1/2 setzt Word diese automatisch in ½ um.

Hinweis

Geht bei der automatischen Korrektur etwas schief, hilft die erneute Eingabe des Begriffs leider nicht weiter. Word setzt konsequent die Eingabe um. Aber Sie müssen nicht gleich verzweifeln. Drücken Sie einfach die Tastenkombination Strg+Z, um die letzte Änderung rückgängig zu machen. Word hebt dann die AutoKorrektur für die Eingabe auf und zeigt den Text in der von Ihnen eingetippten Form an. Welche Wörter von der AutoKorrektur überwacht werden, lässt sich in Office einstellen. Sie können sich also Ihr eigenes Office anpassen. Näheres zu diesem Thema finden Sie in *Kapitel 11*.

Leider löst die AutoKorrektur nicht alle Probleme, da diese Funktion lediglich typische Eingabefehler korrigiert. Beim Arbeiten mit den diversen Office-Anwendungen werden Sie daher feststellen, dass die AutoKorrektur viele Eingabefehler ignoriert. Solche Fehler lassen sich durch die Rechtschreibprüfung erkennen und korrigieren.

Hinweis

Beim Eintippen bestimmter Begriffe zeigt Word Ihnen nach wenigen Buchstaben bereits einen Textvorschlag als QuickInfo an.

Drücken Sie die ⏎-Taste, wird das Wort von der Funktion *AutoVervollständigen* in den Text eingefügt. Die Wörter lassen sich auf der Registerkarte *AutoKorrektur* festlegen. Aufrufen lässt sich die Registerkarte über die Schaltfläche *Word-Optionen* im Menü der *Office*-Schaltfläche (siehe *Kapitel 11*). Oder Sie klicken mit der rechten Maustaste auf ein als falsch geschrieben markiertes Wort, um das Kontextmenü zu öffnen, und wählen die Befehle *AutoKorrektur/AutoKorrektur-Optionen*.

Rechtschreibprüfung bei der Texteingabe

Alle Tippfehler, die die AutoKorrektur nicht verbessert, kann Word bereits während der Texteingabe mittels der Rechtschreibprüfung analysieren und als fehlerhaft anzeigen.

1 Laden Sie den Text mit der Einladung, oder erstellen Sie ein Textdokument.

2 Bauen Sie in den Text kleine Schreibfehler wie hier in der Abbildung gezeigt ein.

Wenn alles glattgeht, sehen Sie im Text jetzt die durch Word mit einer geschlängelten Linie markierten Textstellen.

Einladdung·zur·Außendiensttagu

Alle·unsere·Vertriebsmitarbeiter

Aeußendiensttagung·eingeladen

 Zusätzlich zeigt Word in der Statusleiste das Symbol der (aktiven) Rechtschreibprüfung an. Ein rotes X weist auf gefundene Schreibfehler hin.

Hinweis

Wird das Symbol der Rechtschreibprüfung bei der Eingabe nicht angezeigt, ist die automatische Prüfung abgeschaltet. Sie können diese über die Word-Optionen einschalten (siehe *Kapitel 11*). Oder Sie führen die Prüfung auf Rechtschreibfehler direkt für das Dokument durch (siehe unten).

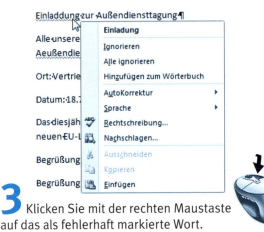

3 Klicken Sie mit der rechten Maustaste auf das als fehlerhaft markierte Wort.

Word öffnet ein Kontextmenü, in dem Sie die gewünschte Option wählen.

4 Klicken Sie im Kontextmenü auf den Eintrag *Einladung*.

Der Kontextmenüeintrag *Einladung* stellt die von Word als richtig erkannte Schreibweise dar. Manchmal schlägt Word mehrere Begriffe vor, die durch eine horizontale Linie von den restlichen Befehlen getrennt werden. Bei Anwahl eines dieser Einträge korrigiert Word daher den betreffenden Begriff gemäß der vorgeschlagenen Schreibweise.

Gelegentlich kommt es aber vor, dass ein korrekt geschriebener Begriff als fehlerhaft angezeigt wird. Dann ist der betreffende Begriff in dem von der Rechtschreibprüfung benutzten Wörterbuch nicht enthalten. Sobald die korrekte Schreibweise des Worts nicht ermittelt werden kann, markiert das Programm die Textstelle vorsorglich als falsch.

1 In diesem Fall klicken Sie mit der rechten Maustaste auf das fehlerhaft ausgewiesene Wort.

2 Wählen Sie im Kontextmenü den Befehl *Ignorieren* oder *Alle ignorieren*.

Der Befehl *Ignorieren* hebt die Markierung der Rechtschreibprüfung an der aktuellen Stelle auf. Mit *Alle ignorieren* wird das Wort im aktuellen Dokument zukünftig als richtig geschrieben erkannt, auch wenn die Rechtschreibprüfung keinen Vorschlag machen kann. Benutzen Sie dieses Wort in einem zweiten Dokument, wird es wieder als fehlerhaft markiert.

Hinweis

Bei häufiger vorkommenden Wörtern sollten Sie den Befehl *Hinzufügen zum Wörterbuch* im Kontextmenü wählen. Word übernimmt dann das betreffende Wort in der vorgegebenen Schreibweise in ein benutzerdefiniertes Wörterbuch. Diese Wörterbücher werden ebenfalls zur Rechtschreibprüfung herangezogen.

Fremdsprachliche Textstellen prüfen

Ein anderer Fall sind Fremdwörter im Text. Die Rechtschreibprüfung unterstützt neben Deutsch verschiedene Sprachen. Kann die Rechtschreibprüfung den fremdsprachlichen Begriff nicht zuordnen und diesen mit dem betreffenden Rechtschreibmodul überprüfen? Gehen Sie dann folgendermaßen vor:

1 Klicken Sie mit der rechten Maustaste auf das fehlerhaft ausgewiesene Wort.

2 Wählen Sie im Kontextmenü den Befehl *Sprache*, und klicken Sie im Untermenü auf eine der angegebenen Sprachen.

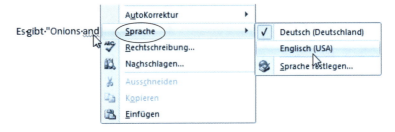

Die Rechtschreibprüfung wird dann auf das Wörterbuch der betreffenden Sprache zugreifen. Ist die benötigte Sprache im Untermenü nicht verfügbar?

3 Klicken Sie im Untermenü auf den Befehl *Sprache festlegen*.

Die Rechtschreibprüfung öffnet ein Dialogfeld *Sprache*, in dem Sie die gewünschte Sprache interaktiv festlegen können.

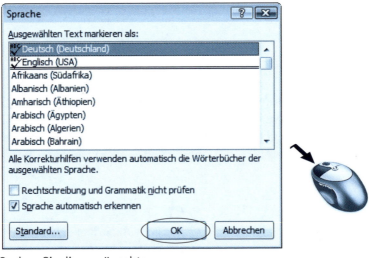

4 Suchen Sie die gewünschte Sprache in der Liste, und markieren Sie diese durch einen Mausklick.

5 Schließen Sie das Dialogfeld über die *OK*-Schaltfläche.

Word verwendet zukünftig die Wörterbücher der gewählten Sprache zur
Überprüfung der Textstelle.

Hinweis

Nach der Office-Installation ist in Word die Rechtschreibprüfung während der
Eingabe automatisch eingeschaltet. Laden Sie ein bestehendes, ungeprüftes Do-
kument, wird die Fehlerkorrektur ggf. sehr viele fehlerhafte Textstellen anzeigen.
Sie können die Rechtschreibprüfung während der Eingabe wahlweise über die
Word-Optionen ein- oder abschalten (siehe *Kapitel 11*).

Die Rechtschreibprüfung gezielt aufrufen

Haben Sie die Rechtschreibprüfung während der Eingabe abgeschaltet?
Dann bietet Word Ihnen die Möglichkeit, den Dokumenttext jederzeit durch
die Rechtschreibprüfung analysieren zu lassen.

1 Wählen Sie in der Multifunktionsleiste
den Registerreiter *Überprüfen,* und klicken
Sie dann auf die in der Registerkarte gezeigte
Schaltfläche *Rechtschreibung und Grammatik.*

Word startet die Rechtschreibprüfung, die sich mit einem Dialogfeld meldet und dann den Text analysiert. Gefundene Schreibfehler werden im
Dialogfeld rot hervorgehoben angezeigt. Zur Korrektur gehen Sie folgendermaßen vor:

Rechtschreibung und Grammatik: Deutsch (Deutschland)   [?] [X]

Nicht im Wörterbuch:

Für·Ihr·leibliches·ist·Wohl·vorgesorgt—sprich:·ab·
20.00·Uhr·ist·ein·kaltes·Buffet·vorgesehen.·

	Einmal ignorieren
	Alle ignorieren
	Zum Wörterbuch hinzufügen

Vorschläge:

Ihr
Ihrer
Irr
Ihrs
Ihro
Ihrz

	Ändern
	Alle ändern
	AutoKorrektur

☑ Grammatik überprüfen

| Optionen... | Rückgängig | | Abbrechen |

2 Falls nicht bereits markiert, klicken Sie in der Liste *Vorschläge* auf den korrekten Begriff.

Alternativ können Sie das falsch geschriebene Wort direkt im Textfeld *Nicht im Wörterbuch* korrigieren.

3 Klicken Sie auf die Schaltfläche *Ändern*, um das falsch geschriebene Wort durch die Rechtschreibprüfung korrigieren zu lassen.

- - - - →

4 Ist das Wort richtig geschrieben, wählen Sie die Schaltfläche *Einmal ignorieren*.

Daraufhin wird das als fehlerhaft angezeigte Wort übergangen.

Hinweis

Neben einer einfachen Fehlerkorrektur ermöglicht die Rechtschreibprüfung die Einstellung diverser Optionen, die Sie über die Schaltflächen des Dialogfelds abrufen. Mit der Schaltfläche *Alle ändern* erreichen Sie, dass die Rechtschreibprüfung ein mehrfach im Text vorkommendes Wort automatisch korrigiert.

Um alle Textstellen mit dem Begriff im Dokument zu ignorieren, wählen Sie die Schaltfläche *Alle ignorieren*. Möchten Sie den Begriff in das Benutzerwörterbuch aufnehmen, klicken Sie auf die Schaltfläche *Zum Wörterbuch hinzufügen*. Ist Ihnen ein Schreibfehler häufiger unterlaufen, klicken Sie auf die Schaltfläche *AutoKorrektur*. Dann werden der fehlerhafte und der korrekte Begriff zur Tabelle mit den automatisch zu korrigierenden Wörtern hinzugefügt. Word korrigiert solche Begriffe anschließend direkt bei der Eingabe. Über die Schaltfläche *Optionen* gelangen Sie zum Dialogfeld *Word-Optionen*, in dem Sie die Optionen der Rechtschreibprüfung anpassen können (siehe *Kapitel 11*).

Ist Ihnen bei der Korrektur ein Fehler unterlaufen und haben Sie bereits mit *Ändern* bestätigt, klicken Sie auf die Schaltfläche *Rückgängig*. Die Rechtschreibprüfung geht zur letzten Korrekturstelle im Dokument zurück und stellt den alten Zustand wieder her. Sie können die Schaltfläche *Rückgängig* mehrfach benutzen, um unterschiedliche Textkorrekturen rückgängig zu machen.

Grammatikprüfung, wenn's perfekt sein soll

Mit der Rechtschreibprüfung lassen sich offensichtlich falsche Schreibweisen in Wörtern aufdecken. Allerdings kann diese Funktion keine fehlenden Wörter oder anderen sinnentstellenden Fehler feststellen. Eine der Optionen der Rechtschreibprüfung ermöglicht es, die Grammatik der einzelnen Sätze nach bestimmten Kriterien zu analysieren.

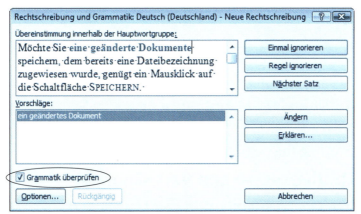

1 Für diesen Zweck markieren Sie das Kontrollkästchen *Grammatik überprüfen* im Dialogfeld *Rechtschreibung und Grammatik*.

In diesem Fall wird Ihnen das Ergebnis der grammatikalischen Analyse
während der Rechtschreibprüfung mit angezeigt. Sie erhalten zusätzlich
Korrekturvorschläge. Im Gegensatz zu den rot angezeigten Rechtschreib-
fehlern werden Grammatikfehler mit grüner Farbe markiert.

2 Korrigieren Sie die bemängelten - - - - ➤ **3** Klicken Sie auf die Schalt-
Textstellen im Dialogfeld, oder mar-
kieren Sie den Vorschlag der Grammatikprüfung.

fläche *Ändern*, um die Korrektur
vorzunehmen.

Über die restlichen Schaltflächen können Sie die Korrektur ignorieren, die
Grammatikregel übergehen oder den nächsten Satz überprüfen.

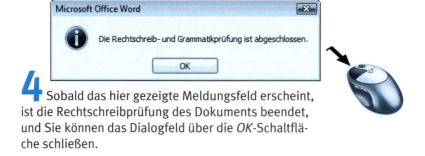

4 Sobald das hier gezeigte Meldungsfeld erscheint,
ist die Rechtschreibprüfung des Dokuments beendet,
und Sie können das Dialogfeld über die *OK*-Schaltflä-
che schließen.

Beachten Sie aber, dass die Rechtschreibkorrektur niemals alle Schreibfehler und grammatikalischen Ausrutscher finden kann. Weitere Details
zur Rechtschreib- und Grammatikprüfung entnehmen Sie bitte der Programmhilfe.

Ganz nett: Übersetzen und Nachschlagen

Müssen Sie gelegentlich Texte in andere Sprachen übersetzen, oder stehen
Sie vor dem Problem, Texte auch sprachlich zurechtzufeilen? Dann bietet
Ihnen Word mit der integrierten Übersetzungsfunktion und dem Synonym-
wörterbuch (Thesaurus) zwei nette Funktionen. Nehmen wir einmal an,
Sie möchten sich über die Bedeutung eines Worts oder dessen Synonyme
(sinnverwandte Wörter) schlau machen.

1 Klicken Sie mit der rechten
Maustaste auf das Wort, dessen
Synonyme Sie abrufen möchten.

Im Kontextmenü erscheint jetzt die Liste der möglichen Befehle.

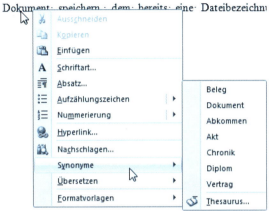

2 Wählen Sie den Befehl *Synonyme*, erscheint die
Liste der im Synonymwörterbuch zum Begriff gefundenen Einträge.

Über den Eintrag *Thesaurus* im Untermenü können Sie das Synonymwörterbuch im Aufgabenbereich einblenden.

Benötigen Sie die fremdsprachliche Übersetzung für ein Wort? Auch hier
kann Word Ihnen helfend unter die Arme greifen.

1 Klicken Sie mit der
rechten Maustaste auf das
zu übersetzende Wort.

2 Wählen Sie im Kontextmenü
den Befehl *Übersetzen*, und klicken
Sie im Untermenü ebenfalls auf den
Befehl *Übersetzen*.

Dann wird das Übersetzungsformular im Aufgabenbereich des Word-Fensters eingeblendet.

3 Ändern Sie in der Rubrik *Übersetzung* über die Listenfelder bei Bedarf noch die Ursprungssprache und die Zielsprache.

Existiert der Begriff, wird die Übersetzung im Aufgabenbereich eingeblendet.

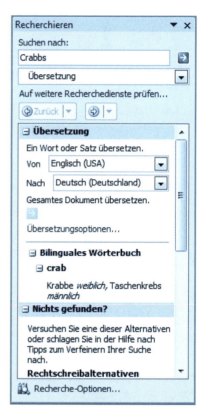

> **Hinweis**
>
> Über den Hyperlink *Übersetzungsoptionen* des Aufgabenbereichs lässt sich noch ein Dialogfeld zur Auswahl der einzubeziehenden Wörterbücher Deutsch/Englisch, Französisch/Englisch etc. öffnen. Voraussetzung zur Übersetzung ist, dass die betreffenden (meist kostenpflichtigen) Wörterbücher installiert sind.

Speichern und Drucken

Word kann die mit den obigen Schritten erstellten Texte in eine Dokumentdatei speichern. Zudem können Sie Dokumente drucken. Die Techniken zum Speichern und Drucken werden nachfolgend vorgestellt.

Textdokumente speichern

Haben Sie die Einladung gemäß den obigen Anweisungen gestaltet? Dann sollten Sie dieses Dokument zur späteren Verwendung in einer Datei speichern. Eine solche Datei lässt sich später erneut laden, anpassen und ausdrucken. Die entsprechenden Schritte lernen Sie jetzt kennen. Das Speichern eines neuen Dokuments ist in Word ganz einfach:

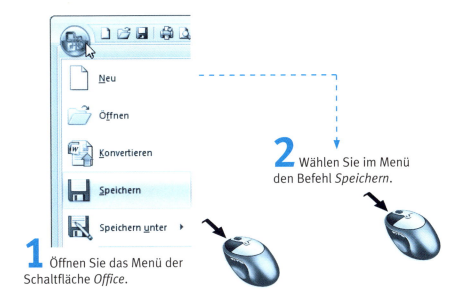

2 Wählen Sie im Menü den Befehl *Speichern*.

1 Öffnen Sie das Menü der Schaltfläche *Office*.

Der Befehl *Speichern* sichert ein vorher geladenes Dokument ohne Nachfrage in der zugehörigen Datei. Bei einem neu erstellten Dokument, das bisher noch nicht gespeichert wurde, erscheint das Dialogfeld *Speichern unter*.

Das Dialogfeld *Speichern unter* ermöglicht Ihnen, den Zielordner zum Speichern der Datei, den Dateinamen und auch den Dateityp auszuwählen. Da der Aufbau des Dialogfelds *Speichern unter* bei allen Office-Anwendungsprogrammen identisch ist, möchte ich an dieser Stelle etwas detaillierter auf die betreffenden Aspekte beim Speichern eingehen.

> **Hinweis**
>
> Die Microsoft Office 2007-Anwendungen besitzen in der Standardeinstellung zudem die Schaltfläche *Speichern* in der Symbolleiste für den Schnellzugriff. Klicken Sie auf diese Schaltfläche oder drücken die Tastenkombination [Strg]+[S], wird die Speichern-Funktion ebenfalls aufgerufen.

Dokumente lassen sich auf der Festplatte oder auf einem Wechseldatenträger (Diskette, USB-Stick, Speicherkarte etc.) speichern. Ordner ermöglichen die strukturierte Ablage von Dateien auf dem Speichermedium (siehe ggf. auch die entsprechenden Windows-Titel der Easy-Reihe aus dem

Markt+Technik-Verlag). Standardmäßig schlagen die meisten Programme den Ordner *Eigene Dateien* (in Windows XP) bzw. *Dokumente* (in Windows Vista) zum Speichern von Dokumentdateien vor. Sie können aber jeden beliebigen Speicherort auf einem Datenträger zum Ablegen des Dokuments wählen.

Hinweis

Der Aufbau des Dialogfelds *Speichern unter* hängt etwas von der verwendeten Betriebssystemversion ab (siehe auch *Kapitel 1*). Die in diesem Buch erstellten Abbildungen von Dialogfeldern sind unter Windows Vista entstanden. Über die in der linken unteren Ecke sichtbare Schaltfläche *Ordner ausblenden* können Sie das Dialogfeld zwischen einer kompakten und der hier gezeigten erweiterten Darstellung umschalten.

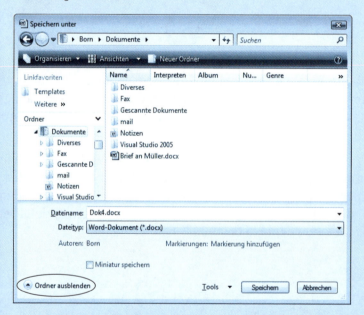

In der erweiterten Darstellung enthält das Dialogfeld in der linken Spalte eine Navigationsleiste mit den Symbolen der verschiedenen Speicherorte. Wählen Sie bei Bedarf das Symbol des gewünschten Speicherorts. Enthält der angewählte Speicherort bereits Ordner und Dateien, werden deren Symbole rechts im Anzeigebereich eingeblendet.

Durch einen Doppelklick auf ein Ordnersymbol lässt sich zu diesem Ordner wechseln. Die Schaltfläche *Neuer Ordner* am oberen Rand des Dialogfelds ermöglicht Ihnen, einen neuen Ordner anzulegen.

3 Wechseln Sie über die Navigationsleiste des Dialogfelds zum Ordner, in dem
die Datei abgelegt werden soll.

4 Tippen Sie den Dateinamen in das Feld *Dateiname* ein, und
klicken Sie auf die Schaltfläche *Speichern*.

Word schließt das Dialogfeld und legt das Dokument in einer Datei im gewählten Ordner ab. Die Datei erhält den von Ihnen gewählten Namen und
die Dateinamenerweiterung *.docx*.

Hinweis

Im Feld *Dateityp* lassen sich die Dateiformate zum Speichern des Textes wählen (die Standardeinstellung für Word 2007-Dokumente ist *.docx*). Sie können
Textdokumente aber auch im *.doc*-Format der älteren Word 97-2003-Versionen
sichern. Wählen Sie dagegen den Typ *.txt*, speichert Word das Dokument als
einfache Textdatei. Allerdings geht die Formatierung beim Speichern in eine *.txt*-
Datei verloren. Das Format *.rtf* (Rich Text Format) ermöglicht den Dokumentaus-
tausch mit Textverarbeitungsprogrammen von Drittherstellern.

Beachten Sie aber, dass diese Dateinamenerweiterungen je nach Windows-Ein-
stellung ein- oder ausgeblendet werden. Wenn Sie in einem Ordnerfenster den
Befehl *Ordneroptionen* im Menü *Extras* wählen, lassen sich die Dateinamenerweiterungen auf der Registerkarte *Ansicht* über die Option *Dateinamenerweiterungen bei bekannten Dateitypen ausblenden* beeinflussen (löschen Sie die
Markierung des Kontrollkästchens, um die Erweiterung anzuzeigen).

Möchten Sie ein geändertes Dokument, das bereits in einer Datei gespeichert oder aus einer Datei geladen wurde, unter einem anderen Dateinamen speichern?

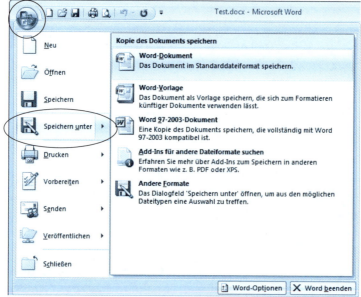

1 Öffnen Sie das Menü der *Office*-Schaltfläche.

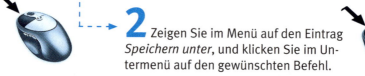

2 Zeigen Sie im Menü auf den Eintrag *Speichern unter*, und klicken Sie im Untermenü auf den gewünschten Befehl.

Das Untermenü zum Befehl *Speichern unter* ermöglicht Ihnen, das Dateiformat zum Speichern bereits vorzuwählen (z. B. als *.docx*-Word 2007-Dokument oder als *.doc*-Format der älteren Word-Versionen). Abhängig von der Auswahl wird dann der Wert *Dateityp* im Dialogfeld *Speichern unter* vorgewählt.

Alternativ können Sie auch die Funktionstaste F12 drücken, um direkt das Dialogfeld *Speichern unter* zu öffnen. In allen Fällen können Sie wie oben beschrieben vorgehen und den Speicherort sowie den Dateinamen im Dialogfeld *Speichern unter* vorgeben.

Hinweis

In *Kapitel 1* ist beschrieben, wie sich gespeicherte Dokumente wieder öffnen lassen und was es dabei zu beachten gibt.

Danach lässt sich das Dokument über die Schaltfläche *Speichern* des Dialogfelds sichern.

Ein Dokument drucken

Das Drucken eines Dokuments ist in Word und in den anderen Office-Anwendungen sehr einfach.

1 Laden Sie bei Bedarf das zu druckende Dokument in Word.

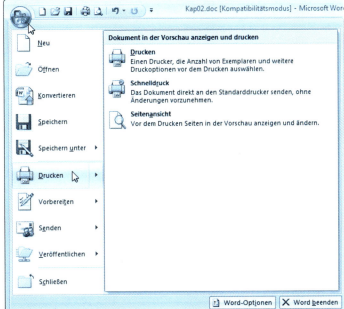

2 Öffnen Sie das Menü der Schaltfläche *Office*, und zeigen Sie mit der Maus auf den Befehl *Drucken*.

3 Klicken Sie im Untermenü auf *Drucken* oder *Schnelldruck*.

Hinweis

Alternativ können Sie auch die Tastenkombination ⌈Strg⌉+⌈P⌉ drücken, um den Druckvorgang zu starten. Haben Sie die Symbolleiste zum Schnellzugriff um ein Druckersymbol erweitert (siehe *Kapitel 1*), lässt sich der Schnelldruck auch durch einen Mausklick auf diese Schaltfläche ausführen.

Der Ablauf bzw. die weiteren Schritte hängen von der gewählten Druck-variante ab. Beim Schnelldruck erfolgt die Ausgabe direkt an den Standard-drucker. Haben Sie dagegen die Tastenkombination $\boxed{\text{Strg}}$+$\boxed{\text{P}}$ gedrückt oder den Befehl *Drucken* im *Office*-Menü gewählt, öffnet die betreffende Office-Anwendung das Dialogfeld *Drucken*. In diesem Dialogfeld können Sie zusätzliche Druckoptionen wählen.

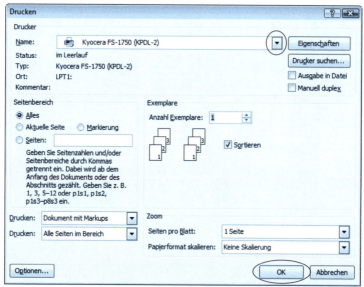

4 Wählen Sie im Feld *Name* ggf. den gewünschten Drucker aus, und passen Sie die gewünschten Druckoptionen an.

5 Schließen Sie danach das Dialogfeld über die *OK*-Schaltfläche.

Um gezielt einzelne Seiten auszudrucken, klicken Sie auf das Options-feld *Seiten* der Gruppe *Seitenbereich*. Dann geben Sie die zu druckenden Seitenzahlen in das zugehörige Feld ein. Die Seitenzahlen können durch Semikola getrennt werden (z. B. 5;7;8 druckt die Seiten 5, 7 und 8). Oder Sie geben ein Seitenintervall in der Form 2–4 in das Feld *Seiten* ein, um die fortlaufenden Seiten 2, 3 und 4 zu drucken. Um lediglich die aktuelle Seite zu drucken, markieren Sie das Optionsfeld *Aktuelle Seite*. Hatten

Sie einen Dokumentbereich vor dem Aufruf des Dialogfelds *Drucken* markiert, wird automatisch das Optionsfeld *Markierung* freigegeben und lässt sich verwenden. Möchten Sie mehr als eine Kopie drucken? Stellen Sie im Drehfeld *Anzahl Exemplare* die gewünschte Kopienzahl ein.

Fachwort

Ein **Drehfeld** ist ein spezielles Bedienelement mit zwei Schaltflächen zur Eingabe von Werten. Über die beiden Schaltflächen lässt sich der Wert des Felds schrittweise erhöhen oder verringern.

Möchten Sie ein mehrseitiges Dokument in mehreren Kopien ausdrucken? Dann sollten Sie das Kontrollkästchen *Sortieren* in der Gruppe *Exemplare* markieren. Word druckt die einzelnen Blätter so aus, dass immer ein zusammengehörendes Dokument entsteht. Sie brauchen die ausgedruckten Kopien nicht mehr selbst zu sortieren. Allerdings kann der Zeitvorteil insbesondere bei Seiten mit Grafiken schnell wieder zunichtegemacht werden, weil die jeweiligen Seiten einzeln in den Druckerspeicher geladen werden müssen.

Word kann aber noch mit einer weiteren Komfortfunktion aufwarten. In der Gruppe *Zoom* können Sie im Feld *Seiten pro Blatt* angeben, dass Sie beispielsweise zwei Seiten pro Blatt ausdrucken möchten. Word verkleinert dann den Ausdruck auf A5 und gibt jeweils zwei Seiten auf einem DIN-A4-Blatt aus.

Hinweis

Weitere Einstellungen lassen sich über die Schaltflächen *Eigenschaften* und *Optionen* abrufen. Verwenden Sie ggf. die Schaltfläche der Direkthilfe (erst auf die Schaltfläche mit dem Fragezeichen in der Titelleiste des Dialogfelds und dann auf das interessierende Element klicken), um mehr über die Optionen herauszufinden.

Sobald der (Schnell-)Druck angestoßen wurde, bereitet Word die Ausgabe an den gewählten bzw. den Standarddrucker vor. Während des Aufbereitens sehen Sie eine Fortschrittsanzeige in der Statusleiste des Programmfensters.

Kap02.doc wird gedruckt (2 Seiten abgeschlossen):

Bei einem mehrseitigen Dokument erkennen Sie auch, wie viele Seiten bereits zum Drucken aufbereitet wurden.

Hinweis

Haben Sie die Druckfunktion angewählt? Bei längeren Dokumenten dauert die Druckaufbereitung einige Sekunden. Sie können in der Statusleiste die *Abbrechen*-Schaltfläche anklicken, um den Druck abzubrechen. Wurde der Druckauftrag bereits an Windows übergeben, können Sie die Ausgabe nur noch im Windows-Druckmanager abbrechen. Das Fenster des Druckmanagers lässt sich z. B. aufrufen, indem Sie das im Infobereich der Windows-Taskleiste sichtbare Druckersymbol per Doppelklick wählen. Oder Sie öffnen das Ordnerfenster *Drucker* (z. B. über die Systemsteuerung) und wählen das Druckersymbol per Doppelklick an. Im Fenster des Druckmanagers sehen Sie die Druckerwarteschlange mit den anstehenden Druckaufträgen. Klicken Sie mit der rechten Maustaste auf den Namen des Druckauftrags, und wählen Sie im Kontextmenü den Befehl zum Abbrechen des Druckauftrags. Treten beim Ausdruck Probleme auf, lesen Sie bitte im Anhang dieses Buches nach. Dort finden Sie einige Tipps zum Beheben von Druckerstörungen.

Die Seitenansicht abrufen

Die Seitenansicht ermöglicht Ihnen, das Dokumentlayout bereits vor dem Ausdruck anzusehen und so ggf. die Anzahl der Probeausdrucke zu reduzieren.

1 Gehen Sie wie beim Ausdrucken vor, wählen aber im Menü zur *Office*-Schaltfläche die Befehle *Drucken*/*Seitenansicht*.

Word öffnet ein Vorschaufenster mit der Anzeige des Seitenlayouts (hier im Hintergrund sichtbar). Über die Schaltflächen der Gruppe *Zoom* können Sie dann eine Seite bzw. zwei oder mehr Seiten in der Anzeige abrufen.

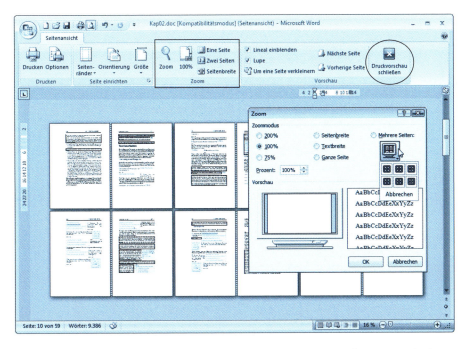

Um die hier im Hintergrund gezeigte mehrseitige Darstellung zu erhalten, klicken Sie in der Multifunktionsleiste auf die Schaltfläche *Zoom* und markieren dann im gleichnamigen Dialogfeld das Optionsfeld *Mehrere Seiten*. Anschließend lässt sich über die Schaltfläche mit dem stilisierten Bildschirm eine Palette zur Auswahl der Seitenanzahl wählen. Sobald Sie das Dialogfeld über die *OK*-Schaltfläche schließen, übernimmt Word die Darstellung in der Seitenansicht.

2 Zum Schließen der Vorschau klicken Sie auf die in der Multifunktionsleiste eingeblendete Schaltfläche *Druckvorschau schließen*.

Word wechselt dann zur vorherigen Darstellung des Dokuments (z. B. Normalansicht oder Seitenlayoutansicht) zurück.

Hinweis

Den von **Word** benutzten **Anzeigemodus** können Sie über 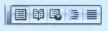 die in der Statusleiste eingeblendeten Schaltflächen anpassen.

Die linke Schaltfläche *Seitenlayout* zeigt das Dokument z. B. mit Seitenrändern. Die zweite Schaltfläche *Vollbild-Lesemodus* blendet die Multifunktionsleiste aus, schaltet in einen Vollbildmodus und zeigt die Seite ebenfalls im Layout. Der Lesemodus verhält sich ähnlich wie die Seitenansicht. Der Text der Seite wird aber automatisch so angepasst, dass er sich lesen lässt. Dies ist z. B. zum Korrekturlesen von Schriftstücken am Bildschirm hilfreich, erlaubt aber ebenfalls die Beurteilung des Seitenlayouts. Über die im *Vollbild-Lesemodus* in der rechten oberen Fensterecke sichtbare Schaltfläche *Schließen* gelangen Sie zum vorherigen Anzeigemodus zurück. Die rechte Schaltfläche *Entwurf* zeigt das Textdokument in der Form, wie es eingegeben wird (ohne Seitenränder und Seitenwechsel). Zeigen Sie per Maus auf die Schaltflächen, erscheint eine QuickInfo mit dem Namen des betreffenden Modus.

Text formatieren

Häufig erhält man im Schriftverkehr Briefe oder Textdokumente, die optisch ansprechend gestaltet sind. Das reicht von fett oder unterstrichen hervorgehobenen Textteilen über vergrößerte Buchstaben bis hin zu in der Zeilenmitte ausgerichteten Überschriften. Die Gestaltung eines Textdokuments mit verschiedenen Schrifteffekten wie Fettschrift, Einrückungen, größeren Buchstaben usw. bezeichnet man auch als Formatieren. Word bietet Ihnen zahlreiche Funktionen zum Formatieren des Textdokuments, deren Anwendung Sie jetzt kennenlernen werden.

Text horizontal ausrichten

Sie kennen dies von vielen Texten: Alle Zeilen beginnen am linken Rand. Aber dies muss nicht zwangsläufig so sein. Manchmal soll eine Überschrift in der Zeilenmitte ausgerichtet werden. Dies ist in Word mit wenigen Schritten möglich.

1 Laden Sie einen Beispieltext wie die weiter oben erstellte Einladung, und klicken – – – – – – – – ➤ Sie auf die erste Zeile des Textes.

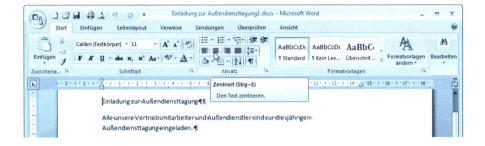

2 Wählen Sie auf der Registerkarte *Start*
der Multifunktionsleiste die Schaltfläche
Zentriert in der Gruppe *Absatz*.

Word setzt die erste Zeile in die Zeilenmitte und richtet sie exakt zwischen
dem rechten und dem linken Rand aus. Man sagt auch, dass die Zeile zentriert ausgerichtet wurde.

Hinweis

Das Ausrichten bezieht sich auf den aktuellen Absatz oder auf den markierten
Textbereich. Falls Sie also bei der Texteingabe jede Zeile am Ende mittels der
⏎-Taste umbrechen, entstehen viele Absätze und das Ausrichten wird recht
aufwändig. Blocksatz funktioniert bei einzelnen Zeilen überhaupt nicht. Daher
zahlt es sich aus, den Text gemäß den Empfehlungen am Kapitelanfang in Absätzen zu schreiben.

Varianten zum Ausrichten

Benötigen Sie eine andere Ausrichtung der markierte(n) Zeile(n)? Auch
dies ist kein Problem. Word enthält in der Gruppe *Absatz* der Registerkarte
Start der Multifunktionsleiste verschiedene Schaltflächen, die die horizontale Ausrichtung einzelner Absätze regeln.

Die Schaltfläche *Linksbündig* sorgt dafür, dass die Zeilen am linken Rand ausgerichtet werden. Erreicht der Text den rechten Rand, wird das nächste Wort automatisch in die Folgezeile übernommen (umbrochen). Weil die Zeilen am rechten Rand unterschiedlich lang sind, bezeichnet man dies auch als »Flatterrand«. Eine linksbündige Ausrichtung ist die übliche Art der Texterfassung.

Text linksbündig ausrichten, Text linksbündig ausrichten,
Text linksbündig ausrichten, Text linksbündig ausrichten, Text linksbündig ausrichten

 Verwenden Sie die Schaltfläche *Zentriert*, um Texte zwischen dem linken und rechten Rand zu zentrieren. Diese Anordnung eignet sich zum Beispiel zur Gestaltung von Überschriften.

Text zentriert ausrichten, Text zentriert ausrichten

 Über die Schaltfläche *Rechtsbündig* enden die Textzeilen am rechten Seitenrand, während der »Flatterrand« links auftritt. Diese Schaltfläche ist beim rechtsbündigen Ausrichten einer Datumszeile in Briefen recht hilfreich. Ein Mausklick – und die Datumszeile erscheint am rechten Rand des Briefs.

Text rechtsbündig ausrichten, Text rechtsbündig ausrichten,
Text rechtsbündig ausrichten, Text rechtsbündig ausrichten, Text rechtsbündig ausrichten

 Verwenden Sie die Schaltfläche *Blocksatz*, richtet Word den Text am linken und am rechten Rand bündig aus. Notfalls wird der Wortzwischenraum etwas erweitert, damit alle Zeilen eines Absatzes die gleiche Breite aufweisen.

Text mit Blocksatz, Text mit Blocksatz, Text mit Blocksatz, Text mit Blocksatz, Text mit Blocksatz.

So ändern Sie die Zeichengröße ...

Beim Verfassen von Texten benötigen Sie vermutlich recht bald unterschiedliche Schriftgrößen. In der Beispieleinladung soll jetzt die Zeile mit der Überschrift noch mit etwas größeren Buchstaben hervorgehoben werden.

1 Markieren Sie den Text der ersten Zeile.

2 Klicken Sie in der Multifunktionsleiste auf den Pfeil neben dem Kombinationsfeld *Schriftgrad* in der Gruppe *Schriftart* der Registerkarte *Start*.

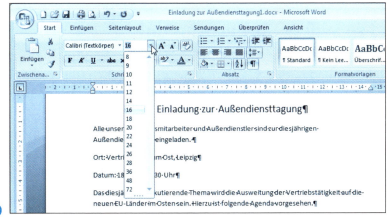

3 Klicken Sie in der geöffneten Liste auf den Wert 16.

4 Klicken Sie auf eine Stelle neben dem Text, um die Markierung aufzuheben.

Die Überschrift der Einladung erscheint vergrößert.

> Einladung·zur·Außendiensttagung¶
>
> Alle·unsere·Vertriebsmitarbeiter·und·Außendienstler·sind·zur·diesjährigen· Außendiensttagung·eingeladen.¶

Fachwort

Kombinationsfelder und **Listenfelder** werden Ihnen in Windows häufiger begegnen. Diese Felder haben am rechten Rand eine Schaltfläche, bei deren Anwahl eine Liste mit wählbaren Optionen geöffnet wird. Sie können dann eine Option durch Anwahl des Listeneintrags abrufen. Bei einem Kombinationsfeld kann der Textbereich mit dem angezeigten Wert per Maus angeklickt werden. Dann besteht die Möglichkeit, den Wert per Tastatur zu überschreiben. Ein Listenfeld erlaubt dagegen nur die Auswahl der vorgegebenen Werte.

Bei der Formatierung von Texten werden verschiedene Fachbegriffe benutzt. Die Größe der Zeichen nennt man nicht Zeichengröße oder Zeichenhöhe, der korrekte Fachausdruck lautet **Schriftgrad**. Die Zahlen geben dabei den Schriftgrad in Punkt an. Punkt ist eine Maßeinheit, ähnlich wie mm. Je größer der Wert, umso größer erscheinen die Buchstaben. Normalerweise arbeiten Sie mit einem Schriftgrad von 10 oder 11 Punkt.

... und so ändern Sie die Schriftart

Zur Darstellung von Texten werden so genannte Schriftarten benutzt. Diese beschreiben die Form der einzelnen Buchstaben. Die Schrift einer Zeitung sieht sicherlich anders aus als das Werbeplakat Ihres Lebensmittelhändlers.

Hinweis

Es gibt eine Unmenge verschiedener **Schriftarten**, die mit Namen wie Times, Courier, Helvetica usw. bezeichnet werden und für unterschiedliche Stile stehen. Solche Schriftarten unterliegen dem Copyrightschutz. Daher wurden die von Microsoft entwickelten und unter Windows bzw. Office verfügbaren Schriftarten mit geringfügig anderen Namen versehen.

⊤⊤ Arial
⊤⊤ **Arial Black**
⊤⊤ *Harlow Solid Italic*
⊒ Helvetica
⊒ Times
⊤⊤ Times New Roman

Üblicherweise verfasst man einfache Schriftstücke in der Schriftart Times, die unter Windows als »Times New Roman« auftritt. Bei Überschriften kommt häufiger die Schriftart Helvetica (eine serifenlose Schriftart, die keine Querstriche an den Enden von Buchstaben aufweist) – in Windows als »Arial« bezeichnet – zum Einsatz. Courier-Schriftarten entsprechen in ihrem Schriftbild dem einer Schreibmaschine, da die Buchstaben alle die gleiche Breite besitzen.

Die Schriftart lässt sich ähnlich wie der Schriftgrad direkt über ein Listenfeld der Multifunktionsleiste abrufen.

1 Stellen Sie sicher, dass der zu formatierende Text markiert ist, - - - - → und wählen Sie in der Multifunktionsleiste die Registerkarte *Start*.

2 Klicken Sie in der Gruppe *Schriftart* auf das kleine Dreieck neben dem Feld *Schriftart*, suchen Sie die gewünschte Schriftart in der Liste aus, und klicken Sie auf den Eintrag.

War ein Text markiert, weist Word diesem die neue Schriftart zu. Ist nichts markiert, merkt sich Word die eingestellte Schriftart. Tippen Sie einen Text ein, wird dieser in der soeben gewählten Schriftart dargestellt.

> **Hinweis**
>
> Sie sollten aber vorsichtig bei der Verwendung mehrerer Schriftarten in einem Dokument sein. Die Verwendung gemischter Schriftarten sieht nicht immer gut aus, und die Lesbarkeit des Dokuments leidet dadurch.

Zeichen im Text formatieren, so geht's

Neben der Variation des Schriftgrads und der Schriftart können Sie Textstellen auch fett, kursiv, unterstrichen etc. formatieren. Da sich diese Formate auf einzelne Zeichen bzw. markierte Textauszüge beziehen, spricht man auch von **Zeichenformaten**. Word bietet Ihnen in der Multifunktionsleiste verschiedene Schaltflächen zur Zeichenformatierung in der Gruppe *Schriftart* der Registerkarte *Start*.

 Diese Schaltfläche formatiert den markierten Text mit **fetten** Buchstaben.

 Klicken Sie auf diese Schaltfläche, erscheint der markierte Text mit schräg gestellten Buchstaben. Man bezeichnet dies auch als *kursiv* formatieren.

 Um einen markierten Text zu unterstreichen, klicken Sie auf diese Schaltfläche.

 Über diese Schaltfläche lässt sich ein markierter Text durchstreichen.

 Diese beiden Schaltflächen ermöglichen Ihnen, markierte Buchstaben gegenüber dem restlichen Text tief- oder hochzustellen (z. B. 10 m^3 H$_2$O).

Die Gruppe *Schriftart* enthält darüber hinaus noch einige geteilte Schaltflächen mit einem kleinen Dreieck am rechten Rand. Klicken Sie auf dieses Dreieck, öffnet sich ein Menü oder ein Katalog zur Auswahl weiterer Optionen.

Öffnen Sie das Menü der Schaltfläche *Unterstreichen*, können Sie über die nebenstehend angezeigten Optionen die Art der Unterstreichung (einfach, doppelt, punktiert, strichpunktiert etc.) wählen. Bei Bedarf können Sie sogar die Unterstreichungsfarbe über den am unteren Menürand sichtbaren Befehl wählen.

Die Menüschaltfläche *Hervorheben* öffnet eine
Farbpalette, über dessen Farbfelder Sie eine Her-
vorhebungsfarbe wählen können. Beim Anklicken
der Schaltfläche wird der markierte Text in der
entsprechenden Farbe (ähnlich wie bei einem
Farbmarker) hervorgehoben. Mit *Keine Farbe* bzw.
dem Befehl *Hervorheben beenden* lässt sich der
Modus aufheben.

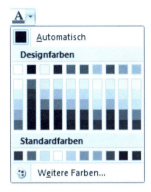

Über die Farbpalette der Schaltfläche *Schriftfarbe*
lässt sich ein Farbfeld wählen. Die Farbe wird dem
markierten oder anschließend eingetippten Text
zugewiesen. Die Farbe *Automatisch* färbt den Text
in der vom Betriebssystem vorgesehenen Farbe
(meist Schwarz) ein. Über den Befehl *Weitere Farben* öffnen Sie einen Zusatzdialog zur benutzer-
spezifischen Auswahl der Schriftfarbe.

Drei weitere Schaltflächen der Gruppe *Schriftart*
ermöglichen Ihnen, die Schrift zu vergrößern bzw.
zu verkleinern sowie Texte zwischen Groß-/Kleinschreibung umzuschalten.

Bei Bedarf können Sie die **Formate kombinieren** und einen markierten
Textabschnitt beispielsweise fett, kursiv und unterstrichen darstellen. Um
Texte mit den obigen Schaltflächen zu formatieren, wenden Sie folgende
Schritte an.

1 Markieren Sie die
gewünschte Textstelle
(z. B. im Beispieldoku-
ment die Ortsangabe).

2 Wählen Sie in der Multifunktionsleiste die Registerkarte *Start*,
um die Schaltflächen der Gruppe
Schriftart anzuzeigen.

3 Klicken Sie auf die Schaltfläche(n), deren Format Sie zuweisen möchten (z. B. Schaltfläche *Fett* und/oder *Kursiv*). Bei den Menüschaltflächen klicken Sie auf das kleine Dreieck am rechten Schaltflächenrand und wählen dann im Menü bzw. in der Palette die gewünschte Option.

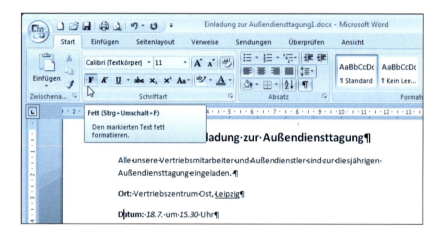

Hier sehen Sie einen Ausschnitt aus dem Beispieldokument, in dem die Überschrift sowie die Begriffe »Ort« und »Datum« fett, die Datums- und Zeitangaben kursiv und die Ortsangabe unterstrichen formatiert wurden.

Im hier gezeigten Beispiel steht die Textmarke auf dem Wort »Datum«. In der Multifunktionsleiste hebt Word die Schaltfläche *Fett* farbig hervor. Klicken Sie also auf einen markierten Text, lässt sich an den Schaltflächen erkennen, ob dieser fett, kursiv und/oder unterstrichen ausgezeichnet wurde. Zeigen Sie auf eine der Schaltflächen, blendet Word zudem eine QuickInfo mit dem Namen der betreffenden Schaltfläche sowie ggf. der Tastenkombination zum Abrufen der Funktion ein. Fettformatierung lässt sich also auch durch Drücken der Tastenkombination Strg+⇧+F ein- oder ausschalten.

Um die Formatierung einer Textstelle aufzuheben, markieren Sie diese und wählen die Schaltfläche zum Formatieren erneut an. Wenn die Schaltfläche nicht mehr »markiert« dargestellt wird, ist das Format aufgehoben.

Hinweis

Markieren Sie einen Textabschnitt, wirkt das Format auf den gesamten Text. Steht die Einfügemarke in einem Wort, wird das gesamte Wort mit dem entsprechenden Format versehen. Vielschreiber kommen schneller mit den folgenden Tastenkombinationen voran:

Strg + ⇧ + F	Fett
Strg + ⇧ + K	Kursiv
Strg + ⇧ + U	Unterstrichen
Strg + ⇧ + D	Doppelt unterstrichen
Strg + +	Hochgestellt ein-/ausschalten
Strg + #	Tiefgestellt ein-/ausschalten

Möchten Sie beim Eingeben des Textes das Format zuweisen? Dann klicken Sie auf die gewünschte Schaltfläche und tippen den Text ein. Welche Formate gerade benutzt werden, sehen Sie ebenfalls an den »gedrückt« dargestellten Schaltflächen.

Markieren Sie einen Textabschnitt und drücken dann die Tastenkombination Strg + Leer, werden alle Zeichenformate aufgehoben und Word weist das Standardformat zu.

Den gleichen Effekt erhalten Sie, wenn Sie bei einem markierten Text in der Multifunktionsleiste die Schaltfläche *Formatierung löschen* in der Gruppe *Schriftart* der Registerkarte *Start* anklicken.

Zeichenformate gezielt zuweisen

Reichen Ihnen die Schaltflächen der Gruppe *Schriftart* auf der Registerkarte *Start* der Multifunktionsleiste nicht? Word (und auch die restlichen Office-Anwendungen) stellt Ihnen das Dialogfeld *Schriftart* zum Zugriff auf alle Zeichenformate zur Verfügung. Zum Aufrufen haben Sie mehrere Möglichkeiten.

■ Klicken Sie in der Gruppe *Schriftart* auf die Schaltfläche *Startprogramm für Dialogfelder*, oder drücken Sie die Tastenkombination Strg + D.

■ Klicken Sie den markierten Textbereich mit der rechten Maustaste an, und wählen Sie den Kontextmenübefehl *Schriftart*.

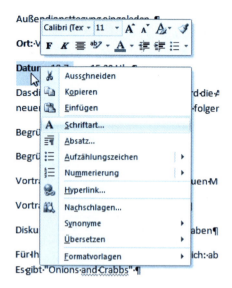

Word zeigt dann das Dialogfeld *Schriftart* mit den beiden Registerkarten
Schriftart und *Zeichenabstand*.

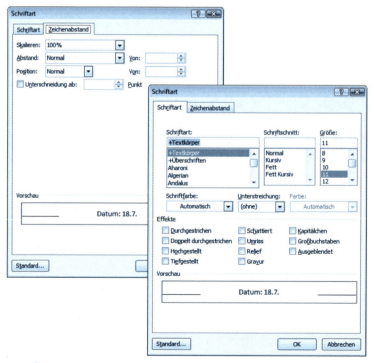

Über deren Steuerelemente können Sie jedes in Word verfügbare Zeichenformat anpassen und durch Anklicken der *OK*-Schaltfläche zuweisen (siehe auch »Textformatierung für Könner« in *Kapitel 3*).

Einrücken in Spalten

Bei der Gestaltung von Listen (z. B. Telefonlisten) oder bei eingerückten Absätzen haben manche Anwender ein Problem.

Hier ist ein Ausschnitt aus einer Telefonliste als Beispiel. Die einzelnen Einträge wurden durch eingefügte Leerzeichen spaltenweise ausgerichtet. Ein Ansatz, den die meisten Anwender bevorzugt verwenden.

```
Name······Vorname······Telefon¶
Born······Klaus············346¶
Braun······Dieter············458¶
Daum······Willi············192¶
Eigner······Angnes········374¶
Immer······Inge············111¶
```

Obwohl ich mir Mühe gegeben habe, sind die Einträge in den Spalten leicht gegeneinander verschoben. Die eingerückten Zeilen erscheinen beim Ausdruck nicht sauber in einer Spalte, sondern leicht verrutscht.

> **Hinweis**
>
> Das saubere Einrücken von Listen ist mit Leerzeichen nahezu unmöglich, da die Buchstaben der einzelnen Schriften meist unterschiedliche Breiten aufweisen. Dadurch kommt es zu einem geringen Versatz innerhalb der Spalten, der sich besonders beim Drucken auswirkt. Bei einer Schreibmaschine wird dagegen häufig die Schriftart Courier benutzt, deren Typen (das sind die Buchstaben der Schreibmaschine) gleiche Zeichenbreiten für alle Buchstaben aufweisen. Benutzen Sie daher die nachfolgend besprochenen Tabulatoren oder die im folgenden Kapitel erwähnten Tabellen zum Gestalten von Listen.

Das saubere Einrücken von Absätzen oder das Erstellen von Listen ist mit wenig Aufwand möglich. Dies soll jetzt am bereits vorliegenden Beispiel demonstriert werden – die Ortsangabe sowie Zeit- und Datumsangabe sollen etwas eingezogen und als Spalte untereinander angeordnet werden.

1 Klicken Sie hinter das Wort »Ort:«, und drücken Sie einmal die ⇥-Taste.

2 Klicken Sie hinter das Wort »Datum:«, und drücken Sie einmal die ⇥-Taste.

Word fügt jetzt bei diesen Schritten Tabulatorzeichen in das Dokument ein. Dies bewirkt, dass der rechts stehende Text eingerückt wird.

Hier sehen Sie das Ergebnis, die Tabulatorzeichen erscheinen im Dokument als kleine Pfeile (sofern die Anzeige ver-

Ort:· →	Vertriebszentrum·Ost,·Leipzig¶
Datum:· →	18.7.·um·15.30·Uhr¶

borgener Zeichen eingeschaltet ist). Durch die Verwendung der ⇥-Taste sparen Sie sich den Aufwand, viele Leerzeichen einzutippen. Gleichzeitig stellen die Tabulatoren sicher, dass der Text immer in der gleichen Spalte beginnt.

Allerdings gibt es noch ein kleines Problem: Die Tabulatorstopps sind (wie bei einer Schreibmaschine) auf festen Positionen vordefiniert. Im aktuellen Beispiel führt dies dazu, dass der eingerückte Text der obersten Zeile um eine Tabulatorposition nach links verschoben ist. Sie könnten dies korrigieren, indem Sie in der ersten Zeile mit der Ortsangabe die ⇥-Taste zweimal drücken. Bei umfangreicheren Listen ist es aber besser, wenn Sie die Positionen der Tabulatorstopps – wie nachfolgend gezeigt – manuell setzen. Dann lässt sich später die Spaltenbreite für die komplette Liste anpassen.

Setzen und Löschen von Tabstopps

Die vordefinierten Tabstopps erfordern häufig, dass Sie mehrere Tabulatorzeichen eingeben müssen, um Texte in Listenform zu gestalten. Meist benötigt man aber die Tabstopps an definierten Positionen in der Zeile. Word ermöglicht Ihnen, die Tabstopps gezielt zu setzen.

1 Markieren Sie die Zeilen/Absätze, für die die neuen Tabulatorstopp-Positionen gelten sollen. – – – – – – – – – – ➤

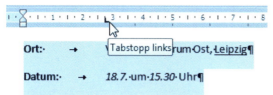

2 Klicken Sie an der gewünschten Position auf den unteren Rand des Lineals.

Word markiert die neue Tabstopp-Position durch eine Marke. Die Form des Zeichens gibt Ihnen einen Hinweis auf die Art des Tabulators (linksbündig, rechtsbündig, zentriert etc.).

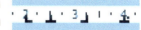

Den Tabstopp-Typ wechseln Sie durch einen Mausklick auf das Symbol links neben dem horizontalen Lineal, bevor der Tabstopp im Lineal gesetzt wird.

Zum Verschieben eines Tabstopps zeigen Sie mit der Maus auf das Symbol, halten die linke Maustaste gedrückt und ziehen das Tabstopp-Symbol nach links oder rechts.

3 Ziehen Sie das Tabstopp-Symbol nach oben oder unten aus dem Lineal heraus, wird der Tabstopp entfernt.

Tabstopps verwenden Sie in den folgenden Kapiteln zum Ausrichten von Tabellenspalten.

Aufzählungen und Nummerierungen gefällig?

Jetzt fehlen Ihnen noch zwei häufig in Dokumenten benutzte Formatauszeichnungen im Text: Aufzählungen und Nummerierungen. Im bisher benutzten Beispiel sollen die Punkte der Agenda mit einer Nummerierung versehen werden.

1 Markieren Sie die Zeilen - - - - - - - - - ⌐
bzw. Absätze, die als Numme-
rierung erscheinen sollen.

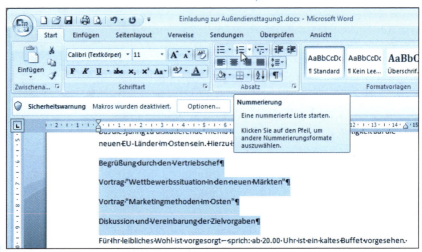

2 Klicken Sie auf der Registerkarte *Start* der Multifunktionsleiste auf die Schaltfläche *Nummerierung* der Gruppe *Absatz*.

Word versieht nun
die betreffenden Zei-
len mit einer voran-
gestellten Nummer.

1.→ Begrüßung·durch·den·Vertriebschef¶
2.→ Vortrag·"Wettbewerbssituation·in·den·neuen·Märkten"¶
3.→ Vortrag·"Marketingmethoden·im·Osten"¶
4.→ Diskussion·und·Vereinbarung·der·Zielvorgaben¶

3 Klicken Sie auf eine Textstelle neben der Markierung,
um diese aufzuheben.

Hinweis

Um gegebenenfalls eine Aufzählung oder Nummerierung aufzuheben, markieren
Sie den betreffenden Bereich und klicken erneut auf die jeweilige Schaltfläche
Aufzählung oder *Nummerierung*. Ähnlich wie bei Fettschrift etc. setzt Word das
aktuelle Format zurück.

Möchten Sie dagegen die Punkte der Agenda mit einer **Aufzählung** versehen, sind folgende Schritte durchzuführen:

1 Markieren Sie die Zeilen bzw. Absätze, die als Aufzählung erscheinen sollen.

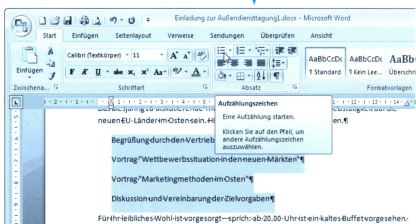

2 Klicken Sie auf der Registerkarte *Start* der Multifunktionsleiste auf die Schaltfläche *Aufzählungszeichen* der Gruppe *Absatz*.

3 Klicken Sie auf eine Textstelle neben der Markierung, um diese aufzuheben.

Word setzt nun vor die betreffenden ersten Zeilen der Absätze einen kleinen Punkt (auch Schmuckpunkt oder Aufzählungszeichen genannt).

Der Text der betreffenden Absätze wird durch die vorangestellten Numme-
rierungen oder Schmuckpunkte etwas nach rechts verschoben. Enthält ein
Absatz mehrere Zeilen, werden die Folgezeilen an den Anfang der ersten
Zeile angepasst. Man sagt dazu auch, dass die Folgezeilen zur gleichen
Spalte der ersten Zeile eingezogen werden.

Hinweis

Bei den Schaltflächen *Numme-*
rierung und *Aufzählungszeichen*
können Sie einen Katalog zur Auswahl des Aufzählungszeichens
oder des Nummerierungsschemas
öffnen. Das zuletzt per Mausklick
gewählte Symbol bleibt während
der Sitzung erhalten und lässt sich
später markierten Dokumentbe-
reichen durch einfaches Anklicken
der betreffenden Schaltfläche zuweisen.

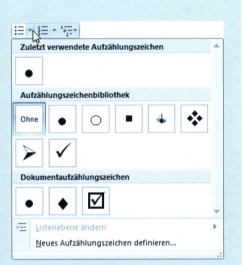

Word besitzt in der Gruppe *Absatz* der Multifunktionsleiste die
beiden nebenstehenden Schaltflächen, mit denen Sie markierte
Absätze ebenfalls nach links oder rechts einziehen können. Dies
ist beispielsweise hilfreich, wenn Sie Absätze ohne Nummerierungssymbol oder
Schmuckpunkt etwas nach rechts einrücken möchten. Markieren Sie die betrof-
fenen Absätze, und erhöhen bzw. reduzieren Sie den Einzug über die beiden hier
gezeigten Schaltflächen.

Die Zeilenlänge anpassen

Eine weitere Option zur Gestaltung eines Schriftstücks bietet die Zeilenlän-
ge für den Text. Word beginnt mit der Zeile am linken Rand und sorgt dafür,
dass der Text am Zeilenende in der nächsten Zeile fortgesetzt wird.

Die Ränder der Seite werden am rechten und linken
Rand des vertikalen Lineals als dunkler Teil angezeigt.

In der Seitenlayoutansicht können Sie mit der Maus auf den Übergang zeigen und den Seitenrand verschieben. Neben der Verstellung des Seitenrands lassen sich auch die Einzüge für die einzelnen Textzeilen eines Absatzes rechts bzw. links definiert setzen.

Im vertikalen Lineal sehen Sie am linken und rechten Rand kleine Dreiecke.

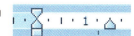

Diese Dreiecke werden auch **Randsteller** genannt. Sie können mit dem linken und dem rechten unteren Randsteller den Einzug für den Zeilenanfang und das Zeilenende festlegen. Der Randsteller links oben legt bei Absätzen mit mehreren Zeilen den Anfang der ersten Zeile fest. Man sagt auch, dass dieser Randsteller den Erstzeileneinzug (d. h. den Einzug der ersten Zeile eines Absatzes) festlegt. Dies soll jetzt verwendet werden, um den rechten Rand des Textes etwas nach links einzuziehen.

1 Markieren Sie den gesamten Text des Dokuments.

> **Hinweis**
>
> Sie können den Text durch Ziehen mit der Maus markieren. Schneller geht es aber, wenn Sie die Tastenkombination ⌷Strg⌷+⌷A⌷ drücken.

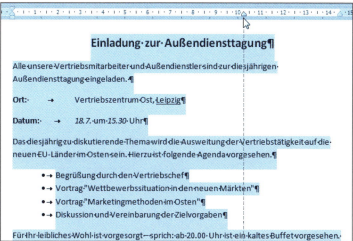

2 Zeigen Sie auf den rechten Randsteller, und ziehen Sie diesen nach links.

Word zeigt die Position im Dokument durch eine vertikale gestrichelte Linie an.

Durch das Ziehen des rechten Randstellers nach links wird die Zeilenbreite etwas reduziert. Word rückt den Text am rechten Rand entsprechend ein und sorgt auch für den Zeilenumbruch. Als Ergebnis erhalten Sie einen etwas schmäleren Absatztext. Auf diese Weise können Sie zum Beispiel den linken oder rechten Textrand festlegen.

> **Achtung**
>
> Die Randsteller wirken sich nur auf den aktuellen Absatz (oder auf einen markierten Bereich) aus. Soll der Textrand für ein Dokument neu gesetzt werden, müssen Sie das gesamte Dokument wie hier gezeigt vorher markieren.

Absatzabstände anpassen

Als Letztes kommen wir auf das Thema Absatzabstände zu sprechen. Viele Benutzer drücken beim Schreiben zweimal die ⏎-Taste. Dies sorgt dafür, dass die Zeilen einen genügend großen vertikalen Abstand erhalten. Ich benutze dies selbst gelegentlich, wenn ich zu faul zum Anpassen der vertikalen Absatzabstände bin. Beim Schreiben von Briefen ist dies auch so akzeptabel. Bei längeren Dokumenten sollten Sie aber auf diese Technik verzichten.

Sehr·geehrter·Herr·Bach,¶
¶
heute·möchte·ich·Ihnen·...¶
    Das zweimalige Drücken der ⏎-Taste erzeugt eine Leerzeile bzw. einen leeren Absatz.

Fällt diese Leerzeile später auf einen Seitenwechsel, beginnt die Folgeseite u. U. mit einer Leerzeile, was nicht erwünscht ist.

Besser ist es, wenn Sie die Absätze bei solchen Dokumenten nur durch eine Absatzmarke trennen und den vertikalen Absatzabstand zum vorhergehenden bzw. nachfolgenden Text über das **Absatzformat** anpassen.
Sehr·geehrter·Herr·Bach,¶
heute·möchte·ich·Ihnen·...¶

Wie dies funktioniert, soll Ihnen das folgende Beispiel erläutern. In der Einladung folgen die einzelnen Absätze recht eng aufeinander.

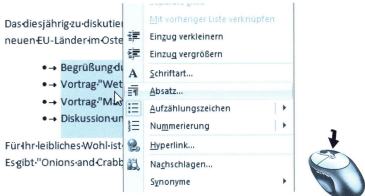

1 Klicken Sie mit der rechten Maustaste auf einen Absatz oder einen markierten Bereich, dessen Abstand anzupassen ist.

2 Wählen Sie im Kontextmenü den Befehl *Absatz*.

Auf der Registerkarte *Einzüge und Abstände* des Dialogfelds *Absatz* gibt Ihnen Word die Möglichkeit, die vertikalen Absatzabstände in der Gruppe *Abstand* anzupassen.

3 Setzen Sie den Wert des Drehfelds *Vor* beispielsweise auf 6 pt.

4 Setzen Sie den Wert des Drehfelds *Nach* bei Bedarf ebenfalls.

Die beiden Felder *Vor* und *Nach* legen fest, wie groß der Abstand vor und nach dem Absatz zum restlichen Text sein soll.

5 Schließen Sie die Regis-
terkarte *Einzüge und Abstände* über die *OK*-Schaltfläche.

Nach dem Schließen der Registerkarte passt Word die Absatzabstände an.

Hinweis

Das Abstandsmaß *pt* steht dabei für die Maßeinheit Punkt. Sie können den Wert für den gewünschten Abstand direkt in das Feld eintragen, indem Sie dieses durch Anklicken markieren und dann den Wert eintippen. Alternativ lassen sich die kleinen Schaltflächen mit den Dreiecken des zugehörigen Drehfelds verwenden, um den Wert des Felds schrittweise zu verstellen. Beim Wert *Auto* legt Word den vertikalen Absatzabstand automatisch in Abhängigkeit vom Schriftgrad fest.

Beim Korrekturlesen längerer Dokumentausdrucke (z. B. Buchmanuskripte) müssen häufig handschriftliche Anmerkungen eingefügt werden. Für diesen Zweck arbeitet man mit einem vergrößerten **Zeilenabstand**. Mit den folgenden Tastenkombinationen können Sie den Zeilenabstand in einem Absatz oder in einem markierten Bereich schnell anpassen:

Strg+1	Zeilenabstand einfach
Strg+2	Zeilenabstand doppelt
Strg+5	Zeilenabstand eineinhalbfach

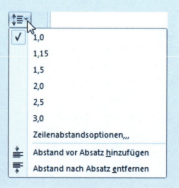

Alternativ können Sie in der Gruppe *Absatz* der Registerkarte *Start* der Multifunktionsleiste auf die Schaltfläche *Zeilenabstand* klicken. Öffnen Sie das Menü der Schaltfläche, lassen sich verschiedene Zeilenabstände wählen.

Weiterhin finden Sie auf der Registerkarte *Einzüge und Abstände* des Dialogfelds *Absatz* (siehe oben) ebenfalls das Listenfeld *Zeilenabstand*, über welches Sie den Wert anpassen können.

In den vorhergehenden Lernschritten haben Sie die wichtigsten Funktionen zum Erstellen einfacher Textdokumente und zum Formatieren eines Dokuments kennengelernt. Word besitzt noch weitere Funktionen zur Formatierung. Näheres entnehmen Sie bitte der Programmhilfe.

Testen Sie Ihr Wissen

Zur Überprüfung Ihrer Kenntnisse können Sie die folgenden Fragen beantworten (die Lösungen finden Sie in Klammern).

- **Wie speichern Sie ein Dokument unter einem neuen Namen?**

  (Öffnen Sie das Menü der *Office*-Schaltfläche, und wählen Sie den Befehl *Speichern unter*. Anschließend können Sie das Dokument im Dialogfeld unter einem neuen Namen sichern.)

- **Wie lässt sich ein Text zentriert ausrichten?**

  (Markieren Sie den oder die betreffenden Absätze, und wählen Sie in der Multifunktionsleiste die Schaltfläche *Zentriert* in der Gruppe *Absatz* der Registerkarte *Start*.)

- **Wie lässt sich ein Text mit vergrößerter Schrift versehen?**

  (Markieren Sie den betreffenden Textabschnitt, und wählen Sie in der Multifunktionsleiste den gewünschten Schriftgrad über das gleichnamige Listenfeld in der Gruppe *Schriftart* der Registerkarte *Start*.)

- **Was ist bei der Texteingabe am rechten Rand zu beachten?**

  (Wird der rechte Seitenrand beim Eingeben des Textes erreicht, dürfen Sie keinesfalls die ↵-Taste drücken, da dies einen Absatzwechsel auslöst. Schreiben Sie einfach weiter, da Word den Text automatisch umbricht.)

- **Wie lässt sich ein Text im Dokument verschieben?**

  (Markieren Sie den Text, und drücken Sie die Tastenkombination Strg + X , um den Bereich auszuschneiden. Klicken Sie auf die Einfügestelle, und drücken Sie die Tastenkombination Strg + V .)

In den Folgekapiteln lernen Sie weitere Funktionen zum Arbeiten mit Word kennen.

Das können Sie schon

Das lernen Sie neu

Kapitel 3

Briefe und sonstige Word-Dokumente

Nach dem Einstieg in Microsoft Word ist es nun an der Zeit, dieses Programm als »Arbeitsmittel« für den täglichen Bedarf zum Schreiben von Briefen oder Rechnungen zu benutzen. Mit der richtigen Anleitung ist dies kein großes Problem, und Ihre Dokumente bekommen eine persönliche Note. Hier erfahren Sie, was es bei diesen Dokumenten zu beachten gilt. So ganz nebenbei lernen Sie auch, wie Briefe richtig gestaltet und auf Word abgestimmt werden.

So schreiben Sie einen Brief

Die häufigste Tätigkeit mit Word wird wohl das Verfassen von Briefen sein. In Firmen werden hierzu typischerweise Briefformulare benutzt. Der Nachteil dabei ist: Sobald sich eine Angabe wie die Adresse oder die Telefonnummer im Briefformular ändert, müssen Sie die Formulare wegwerfen. Dank Word lassen sich Briefformulare selbst gestalten. Nachfolgend erfahren Sie, wie sich mit Word Briefe erstellen und ggf. auf Briefformulare abstimmen lassen.

Arbeiten mit Word-Dokumentvorlagen

Um einen neuen Brief zu schreiben, benötigen Sie ein neues Blatt. Dieses wird beim Start von Word automatisch angelegt. Sie können ein neues Dokument auch über das Menü der *Office*-Schaltfläche abrufen (siehe *Kapitel 1*). Anschließend müssen Sie den Brieftext eintippen und das Schriftstück entsprechend gestalten. Eleganter geht es jedoch, wenn Sie einen Briefkopf als Vorlage verwenden. Dann brauchen Sie nur noch die Änderungen einzutragen und erhalten schneller den fertigen Brief. An dieser Stelle sollen kurz die Schritte skizziert werden, um eventuell ein in Word **vorgefertigtes Briefformular** zu **verwenden**.

1 Starten Sie Microsoft Word (z. B. über den Eintrag im Startmenü).

2 Öffnen Sie das Menü der *Office*-Schaltfläche, und wählen Sie den Befehl *Neu*.

Word öffnet anschließend das Dialogfeld *Neues Dokument*, in dem die in Word vordefinierten Dokumentvorlagen abrufbar sind.

3 Klicken Sie in der linken Spalte des Dialogfelds auf eine Kategorie, die die gewünschten Dokumentvorlagen enthält (z. B. *Installierte Vorlagen* oder *Briefe*).

4 Navigieren Sie in der mittleren Spalte des Dialogfelds zum gewünschten Katalogsymbol, und markieren Sie die Dokument-vorlage (z. B. *Rhea-Brief*) mit einem Mausklick.

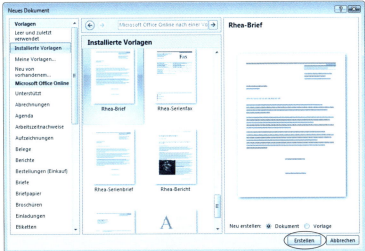

5 Klicken Sie auf die im Dialogfeld ange-zeigte Schaltfläche *Erstellen* (bzw. *Download* bei Webvorlagen).

Das Dialogfeld wird geschlossen, und Microsoft Word legt eine neue Seite an, welche bereits einen fertig vorbe-reiteten Briefbogen enthält.

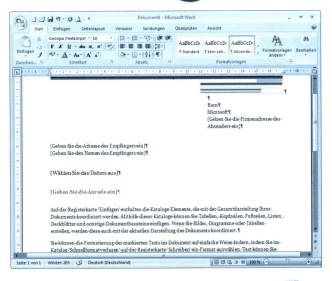

Sie brauchen jetzt nur noch diesen Briefbogen mit den notwendigen Angaben für Adresse und Absender zu versehen (einfach auf die Platzhalter klicken und den Inhalt ergänzen) sowie Ihren Brieftext hinzuzufügen. Fertig ist das Dokument.

> **Hinweis**
>
> Sie können **Dokumentvorlagen** nutzen, um standardisierte Briefe, Faxnachrichten, Lebensläufe, Berichte und andere Schriftstücke anzulegen. Der Vorteil dieser Dokumentvorlagen: Sie müssen dann nur noch das Schriftstück an Ihre Bedürfnisse anpassen (indem Sie beispielsweise den Text hinzufügen). Der Nachteil: Die von Microsoft mitgelieferten Dokumentvorlagen sind nicht unbedingt optimal für den täglichen Gebrauch geeignet. Geschäftsbriefe entsprechen zum Beispiel nicht den in Deutschland gebräuchlichen Vorgaben. Daher wird nachfolgend ein Ansatz gezeigt, wie Sie eigene Vorlagen erzeugen können.

Eine eigene Briefvorlage erstellen

Um professionell und rationell mit Word zu arbeiten, sollten Sie Ihre eigenen Briefvorlagen (bzw. Vorlagen für andere Dokumente) erstellen. Dann können Sie die Vorlagen an Ihre Anforderungen anpassen (indem z. B. der Absender bereits im Briefkopf vorgegeben wird). Auf diese Weise habe ich mir Vorlagen für Privat- und Geschäftsbriefe, Faxe, Rechnungen usw. erstellt. Dies ist nicht sonderlich schwierig, und auf den Folgeseiten lernen Sie zudem weitere Arbeitstechniken zum Umgang mit Word 2007.

> **Hinweis**
>
> Bei privaten Briefen sind Sie in der Gestaltung der Vorlage weitgehend frei. Im Geschäftsverkehr sollten Briefe nach DIN 5008 (Schreib- und Gestaltungsregeln für die Textverarbeitung) und DIN 676 (Gestaltung/Abstände Geschäftsbrief) gestaltet werden. Ein nach diesen DIN-Regeln gestalteter Brief entspricht im Aufbau dem nachfolgend gezeigten Schema. Allerdings musste der Briefbogen aus Platzgründen etwas in der Höhe gekürzt werden.
>
> Ein DIN-A4-Blatt ist 21 cm breit und 29,7 cm lang, wobei die ersten 4,5 cm im DIN-Brief zur freien Gestaltung des Briefkopfes reserviert sind. Die DIN legt den Rand für den Brief mit mindestens 2,4 cm links und 0,81 cm rechts fest. Als Schriftgrad ist ein Wert von mindestens 10 Punkt vorgegeben. Häufig beginnt man bereits bei 1,67 cm vom oberen Rand mit dem Firmenkopf. Eine Ortsangabe mit Datumszeile wird dann in der gleichen Zeile mit einem Tabulatorabstand von 10,16 cm bezo-

gen auf den linken Blattrand angeordnet. Das Anschriftenfeld mit der Empfänger-adresse beginnt 5,08 cm vom oberen sowie 2,41 cm vom linken Rand und weist neun Zeilen auf. Die ersten drei Zeilen sind für Versandart (z. B. Einschreiben) reserviert. Die achte Zeile ist der (übrigens nicht mehr fett oder unterstrichen hervorgehobenen) Ortsangabe vorbehalten. Weitere Bestandteile des Briefs sind Bezugs- und Betreffzeilen, die Anrede, die Grußformel, Unterschriftenfeld und die Anlagen. Diese Bestandteile werden durch eine vorgegebene Anzahl an Leerzeilen getrennt. Die Fußzeile am unteren Rand ist nach DIN frei gestaltbar. Eine gute Einführung in die DIN 5008 samt den Revisionen von 2005 findet sich unter `www.wintotal.de/Artikel/dinbrief/dinbrief.php` bzw. unter `www.din-5008-richtlinien.de`.

Maria·Müller·~·Im·Haingraben·19·~·60143·Frankfurt↵

Tel.·069-1234-567·~·E-Mail:·M_Mueller@gmx.de¶

¶
¶
¶

Maria·Müller·~·Im·Haingraben·19·~·60143·Frankfurt¶
1·¶
2·Persönlich¶
3·Einschreiben¶
4·Firma·Gehe·&·Sohn¶
5·~·z.Hd.·Herrn·Sonne·~·¶
6·Straße¶
7·60000·Ort¶
8¶
9¶
¶

Ihr·Zeichen,·Ihre·Nachricht◻	Unser·Zeichen,·unsere·Nachricht◻	Telefon,·Name◻	Datum◻	◻
◻	M-M◻	-567,·Müller◻	24.·April·2007◻	◻

¶
¶
Betreff·(ohne·den·Text·Betreff)·¶
¶
¶
Sehr·geehrte·Damen·und·Herren,¶
¶
¶
¶
Mit·freundlichen·Grüßen¶
¶
¶
Anlage¶

Bankverbindung◻	Kto.·1234567◻	BLZ·500·000·00◻	Commerzbank·Frankfurt◻
◻	◻	◻	◻

¶

Benötigen Sie eine abweichende Vorlage, lassen Sie die entsprechenden Elemente einfach weg. Drucken Sie beispielsweise auf Briefbogen mit fertigem Firmenkopf, entfallen die Schritte zur Definition des Briefkopfes. Benötigen Sie keine Bankverbindung, lassen Sie die Fußzeile weg. Weiterhin können Sie die Bezugszeile mit dem Text »Ihre Zeichen« entfallen lassen. Setzen Sie stattdessen am rechten Rand den Text »Ort, Datum« in die betreffende Zeile ein. Auf diese Weise können Sie sich sehr schnell individuelle Vorlagen schaffen.

Führen Sie die folgenden Schritte aus, um einen eigenen Briefkopf als Vorlage anzufertigen:

1 Legen Sie im Word-Fenster ein neues leeres Dokument zur Gestaltung der Vorlage an (siehe auch *Kapitel 1*).

2 Klicken Sie auf der Registerkarte *Start* der Multifunktionsleiste auf diese Schaltfläche.

Dies sorgt für die Anzeige der verborgenen Zeichen der Absatzmarken.

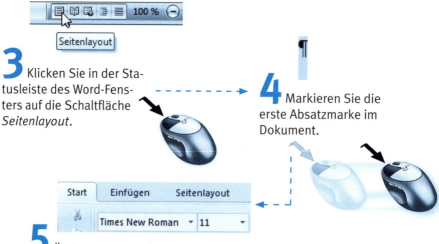

3 Klicken Sie in der Statusleiste des Word-Fensters auf die Schaltfläche *Seitenlayout*.

4 Markieren Sie die erste Absatzmarke im Dokument.

5 Ändern Sie die Schriftart über das Listenfeld der Gruppe *Schriftart* der Registerkarte *Start* auf »Times New Roman«, und wählen Sie als Wert für den Schriftgrad 11 Punkt.

Diese Vorbereitungen helfen Ihnen bei den nachfolgenden Schritten. Die Umschaltung zur Ansicht *Seitenlayout* bewirkt beispielsweise die Anzeige des horizontalen und vertikalen Lineals. Mit der Umsetzung der Schriftart und des Schriftgrads stellen Sie sicher, dass die Brieftexte in einer vernünftigen Buchstabengröße ausgedruckt werden. Bei Bedarf können Sie ja den Schriftgrad auf 10 Punkt reduzieren.

> **Hinweis**
>
> Fehlt bei Ihnen das Lineal? Dann wechseln Sie in der Multifunktionsleiste zur Registerkarte *Ansicht* und markieren in der Gruppe *Einblenden/Ausblenden* das Kontrollkästchen *Lineal*. Fehlt lediglich das vertikale Lineal? Öffnen Sie das Menü der *Office*-Schaltfläche, und klicken Sie auf die am unteren Menürand eingeblendete Schaltfläche *Word-Optionen*. Wählen Sie im Dialogfeld *Word-Optionen* die Kategorie *Erweitert*. Anschließend blättern Sie im rechten Teil des Dialogfelds nach unten und markieren das Kontrollkästchen *Vertikales Lineal im Seitenlayout anzeigen*. Möchten Sie die Ränder der Vorlage durch eine gestrichelte Linie hervorheben? Dann markieren Sie in der Gruppe *Dokumentinhalt anzeigen* des Dialogfelds das Kontrollkästchen *Textbegrenzungen anzeigen*. Sobald Sie das Dialogfeld über die *OK*-Schaltfläche schließen, sollte das Lineal bzw. die Textbegrenzungen angezeigt werden.

Die Seitenränder kontrollieren

Word setzt die Seitenränder zwar standardmäßig so, dass diese in den DIN-Vorgaben liegen. Bevor Sie mit der Gestaltung des Briefbogens beginnen, sollten Sie diese Einstellung aber zur Sicherheit kontrollieren.

1 Wählen Sie in der Multifunktionsleiste die Registerkarte *Seitenlayout,* und klicken Sie in der dann angezeigten Gruppe *Seite einrichten* auf die Menüschaltfläche *Größe*.

2 Wählen Sie im eingeblendeten Menü den untersten Eintrag *Weitere Papierformate*.

3 Wechseln Sie im angezeigten Eigenschaftenfenster *Seite einrichten* zur Registerkarte *Seitenränder*.

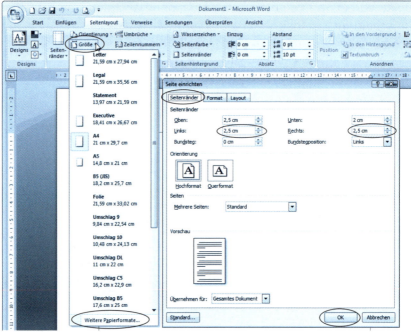

4 Setzen Sie ggf. auf der Registerkarte *Seitenränder* die Einstellungen für *Links* und *Rechts* so, dass diese DIN-konform sind.

5 Schließen Sie die Registerkarte über die *OK*-Schaltfläche.

Hinweis

Die hier gezeigten Einstellungen entsprechen der DIN 5008. Mit einem linken Rand von 2,5 cm liegt auch die Fluchtlinie so, dass die Texte im Anschriftenfeld im Fenster des Kuverts (linker Rand 2,41 cm) erscheinen.

So können Sie den Briefkopf anlegen ...

Ein Brief enthält meist Elemente (z. B. die Absenderangabe), die niemals oder nur selten geändert werden. Diese **Teile** des Briefes sollten Sie **vor einer unbeabsichtigten Veränderung schützen**. Hierzu können Sie in Word **Kopf- und Fußzeilen nutzen**.

1 Wählen Sie in der Multifunktionsleiste die Registerkarte *Einfügen,* und
klicken Sie in der Gruppe *Kopf- und
Fußzeile* auf die Menüschaltfläche
Kopfzeile.

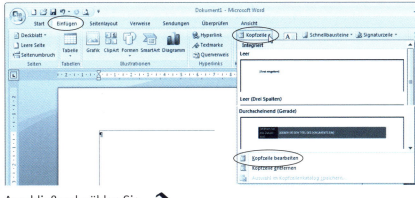

2 Anschließend wählen Sie
im eingeblendeten Menü den
Befehl *Kopfzeile bearbeiten* aus.

Word fügt eine Markierung für die Kopfzeile in der Dokumentseite ein.
Sie können anschließend den Briefkopf mit Firmenname und Absender
gestalten. Da die DIN 5008 nichts über die Kopfzeile sagt, dürfen Sie Ihre
Adresse linksbündig oder zentriert anordnen. Bei einem privaten Brief
können Sie die Absenderangabe linksbündig anordnen und in der ersten
Zeile bei der Tabulatorposition 10,16 cm von links noch die Datumsangabe
(der Art »Ort, den Datum«) hinzufügen. In diesem Beispiel soll die Adresse
am rechten oberen Rand stehen. Der Text für die Absenderangabe beginnt
üblicherweise bei 1,67 cm vom oberen Rand (das können Sie ggf. über den
Absatzabstand der ersten Zeile anpassen).

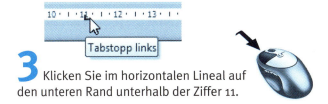

3 Klicken Sie im horizontalen Lineal auf
den unteren Rand unterhalb der Ziffer 11.

Dies erzeugt einen Tabulatorstopp an dieser Position. Drücken Sie jetzt die ⬅-Taste, damit der Textcursor an die vordefinierten Tabulatorstopps springt. Dies ist hilfreich, wenn Sie beispielsweise Texte am rechten oberen Rand des Briefkopfes anordnen möchten.

4 Geben Sie jetzt den Text für den Briefkopf gemäß der hier benutzten Darstellung ein.

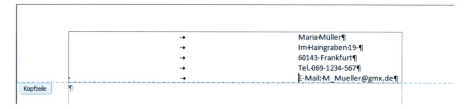

Die Zeilen werden jeweils durch Drücken der ⬅-Taste nach rechts eingerückt.

5 Markieren Sie die Zeilen, und weisen Sie ihnen ggf. ein Format zu.

Der Briefkopf könnte dann folgendermaßen aussehen.

Hier wurde die Adressangabe durch die Telefonnummer und die E-Mail-Adresse ergänzt. Weiterhin wurden die Zeilen mit unterschiedlichen Schriftgraden und Formaten versehen. Bei Bedarf können Sie Grafiken einfügen und mit größeren Absatzabständen arbeiten (es lassen sich auch Leerzeilen zum Absetzen der Zeilen nutzen).

> **Hinweis**
>
> Word passt die Höhe der Kopfzeile automatisch bei der Texteingabe an. Bei der Gestaltung der Kopfzeile sollten Sie aber beachten, dass diese nach DIN 5008 eine Höhe von 4,5 cm besitzt.

... und so das Anschriftenfeld gestalten

Jetzt gilt es das **Anschriftenfeld** samt Absender- und Empfängerangabe im Fenster des Briefumschlags zu **positionieren**. Gemäß DIN 5008 ist der linke Rand bei 2,41 cm und der rechte Rand bei 10,03 cm zu setzen. Der Abstand der ersten Zeile zum oberen Rand muss 5,08 cm betragen.

Der linke Rand der Briefvorlage ist bei einem leeren Word-Dokument mit 2,5 cm bereits korrekt eingerichtet. Über einige Leerzeilen lässt sich die Absenderangabe an den oberen Rand des Anschriftenfelds verschieben. Da sich diese Zeile kaum ändert, wird diese auch in der Kopfzeile untergebracht.

Hinweis

Sie können sich genau an die DIN 5008 halten und die Position des Anschriftenfelds per Positionsrahmen millimetergenau bei 5,08 cm über den Absatzabstand ausrichten (siehe *Kapitel 2*). Aus praktischen Erwägungen benutze ich hier jedoch eine Technik, die lediglich sicherstellt, dass die Adressangaben (auch bei ungenauer Faltung) im Fensterkuvert erscheinen, aber ggf. einige Millimeter von den DIN-Regeln abweichen. Weiterhin wird hier auch eine (nach DIN 5008 nicht vorgeschriebene) Absenderangabe im Fenster positioniert.

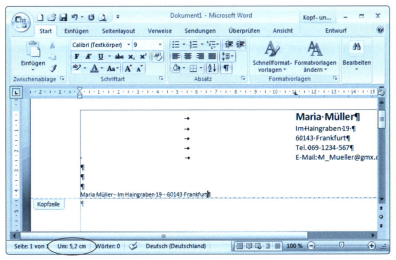

1 Drücken Sie mehrfach die Taste , bis in der Statusleiste ungefähr die Maßangabe »Um 5,2 cm« erscheint.

Die vertikale Abstandsangabe kann je nach gewähltem Schriftgrad etwas schwanken. Wichtig ist lediglich, dass der Mindestabstand zum oberen Rand erreicht wird.

2 Tippen Sie jetzt die Absenderangabe ein, und formatieren Sie diese mit einem Schriftgrad von 9 Punkt und unterstrichen.

Mit diesen drei Schritten haben Sie die Absenderangabe so im Briefkopf angeordnet, dass diese später im Fensterumschlag zu sehen ist. Sie sparen sich folglich das Beschriften der Briefumschläge mit der Adresse. Sofern Sie Briefumschläge mit aufgedruckter Absenderangabe verwenden, lassen Sie die Zeile mit der Absenderangabe einfach leer.

> **Hinweis**
>
> Die restlichen Zeilen für die Adressangabe bleiben hier noch unberücksichtigt, da diese Zeilen in der Dokumentebene liegen müssen. Durch die Eingabe der Absenderadresse im Dokumentkopf haben wir aber erreicht, dass diese vor einer unbeabsichtigten Änderung geschützt ist.
>
> Fehlt bei Ihnen die vertikale Abstandsangabe »Um 5,2 cm« in der Statusleiste des Word-Fensters? Dann müssen Sie diese Information über den Kontextmenübefehl *Vertikale Seitenposition* der Statusleiste einblenden (siehe auch *Kapitel 1*).

... sowie die Fußzeile ergänzen

Die Fußzeile eines Briefes wird häufig zur Ablage der Daten für Bankverbindungen oder andere Angaben genutzt. Geschäftliche Korrespondenz muss beispielsweise bestimmte Mindestangaben (z. B. zur Geschäftsführung und zum Handelsregistereintrag, siehe `www.download-cards.de/bb/pflichangb.shtml`) enthalten. Solche Angaben lassen sich in der Fußzeile unterbringen. Um die Fußzeile zu gestalten, führen Sie jetzt die folgenden Schritte aus:

1 Holen Sie in der Multifunktionsleiste die Registerkarte *Einfügen* in den Vordergrund.

2 Klicken Sie in der Gruppe *Kopf- und Fußzeilen* auf die Menüschaltfläche *Fußzeile*, und wählen Sie im Menü den Befehl *Fußzeile bearbeiten*.

Word zeigt jetzt den Bereich der Fußzeile an. Um den Inhalt der Fußzeile besser pflegen und anordnen zu können, soll eine Tabelle eingefügt werden. Eine Tabelle besteht dabei aus Zeilen und Spalten. In jede Tabellenzelle können Sie einen Text einfügen. Dadurch lassen sich sehr einfach Texte spaltenweise anordnen. Um eine Tabelle einzufügen, sind die folgenden Schritte auszuführen:

3 Klicken Sie auf die Schaltfläche *Tabelle* der Registerkarte *Einfügen* in der Multifunktionsleiste.

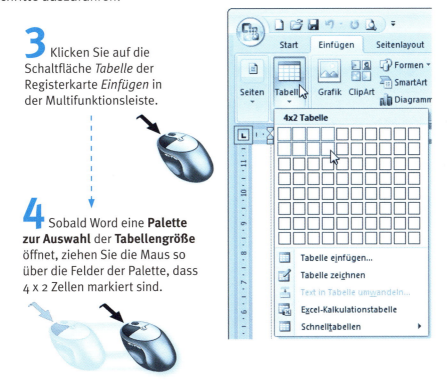

4 Sobald Word eine **Palette zur Auswahl** der **Tabellengröße** öffnet, ziehen Sie die Maus so über die Felder der Palette, dass 4 x 2 Zellen markiert sind.

Sobald Sie die Maustaste loslassen, legt Word in der Fußzeile eine Tabelle an. Was stört, ist allerdings die Rahmenlinie, mit der die Tabelle ausgestattet ist. Diese Linie soll jetzt entfernt werden.

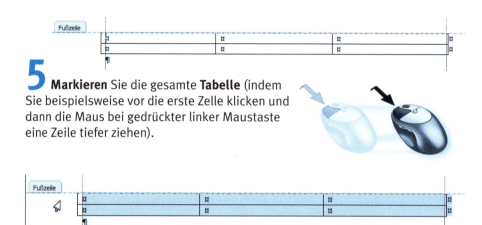

5 **Markieren** Sie die gesamte **Tabelle** (indem Sie beispielsweise vor die erste Zelle klicken und dann die Maus bei gedrückter linker Maustaste eine Zeile tiefer ziehen).

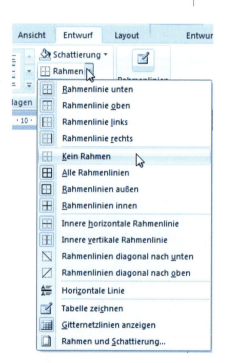

6 Öffnen Sie auf der in der Multifunktionsleiste eingeblendeten Registerkarte *Entwurf* das Menü der Schaltfläche *Rahmen*, und wählen Sie den Menübefehl *Kein Rahmen*.

7 Klicken Sie auf den Fußbereich unterhalb der Tabelle, um die Markierung aufzuheben.

Hinweis

Die Menüschaltfläche zum **Setzen der Rahmenlinien** behält die zuletzt gewählte Rahmenart bei (erkennbar am stilisierten Symbol der Schaltfläche). Dann reicht in späteren Schritten ein Mausklick auf die Schaltfläche, um den Linienstil zuzuweisen.

Windows entfernt jetzt die schwarzen Linien aus der Tabelle und zeigt stattdessen blaue Linien (auch als **Gitternetzlinien** bezeichnet). Diese geben lediglich einen Hinweis auf die Tabellenstruktur und werden nicht mit ausgedruckt.

> **Hinweis**
>
> Sind die blauen Gitternetzlinien zur Anzeige der Tabellenstruktur nicht zu sehen? Klicken Sie auf eine Zelle der Tabelle, und holen Sie in der Multifunktionsleiste die Registerkarte *Entwurf* in den Vordergrund. Über den Befehl *Gitternetzlinien anzeigen* im Menü der Schaltfläche *Rahmen* lassen sich die Gitternetzlinien wahlweise ein- oder ausblenden. Lassen sich die Gitternetzlinien nicht ausblenden? Dann ist die Option *Textbegrenzungen anzeigen* aktiviert (abrufbar über die Schaltfläche *Word-Optionen* im Menü der *Office*-Schaltfläche, dann im Dialogfeld auf die Kategorie *Erweitert* klicken und zur Rubrik *Dokumentinhalt anzeigen* blättern, dort die Markierung des betreffenden Kontrollkästchens aufheben).

8 Klicken Sie jetzt in die einzelnen Zellen der Tabelle, geben Sie den gewünschten Text für die Fußzeile ein und formatieren Sie ihn (z. B. mit einer 11-Punkt-Schrift).

Fußzeile				
Geschäftsführer¤	Maria·Müller¤	HR·xxxx¤	¤	¤
Bankverbindung¤	Konto·47·11¤	BLZ·300·200·00¤	Stadtsparkasse·Frankfurt¤	¤
¶				

9 Ist die Fußzeile des Dokuments fertig, schließen Sie die Anzeige des Kopf-/Fußzeilenbereichs, indem Sie auf der Registerkarte *Entwurf* der Multifunktionsleiste auf die Schaltfläche *Kopf- und Fußzeile schließen* klicken.

Word zeigt Ihnen jetzt wieder das Dokumentfenster mit dem Bereich zur Texteingabe an. Der von Ihnen im Kopf-/Fußbereich eingetragene Text wird grau abgeblendet dargestellt, d. h., er wird durch Word geschützt. Nur wenn der Benutzer die Kopf-/Fußzeile per Doppelklick anwählt oder die Anzeige dieser Zeilen einschaltet, lässt sich der Text verändern.

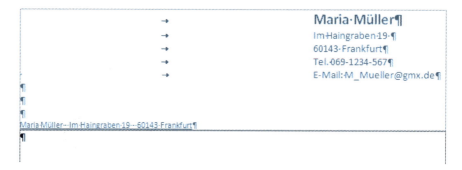

Loch- und Falzmarken gefällig?

Vorgedruckte Formulare und Briefköpfe zeichnen sich durch eingedruckte Knick- und Falzmarken aus. Dies erleichtert das Kuvertieren der Briefe sowie das Lochen zum Einheften. Wäre es nicht super, wenn Ihre Briefvorlage mit solchen Marken versehen wäre? Falls Sie diese Marken wünschen, führen Sie zusätzlich die folgenden Schritte aus.

1 Doppelklicken Sie im Dokumentkopf auf den abgeblendeten Text der Kopfzeile.

Mit diesem Trick wechselt Word direkt zur Bearbeitung der Kopf-/Fußzeile. Dies funktioniert aber nur, wenn bereits eine Kopfzeile existiert.

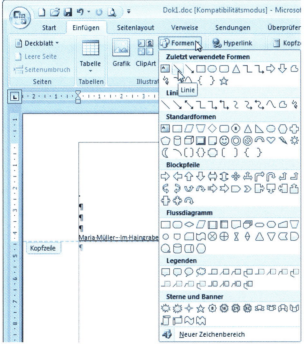

2 Wechseln Sie in der Multifunktionsleiste zur Registerkarte *Einfügen*, und öffnen Sie in der Gruppe *Illustrationen* das Menü der Schaltfläche *Formen*.

3 Klicken Sie in der Formenpalette auf die Schaltfläche *Linie*.

Anschließend können Sie **Linien im Dokument ziehen**.

4 Klicken Sie mit der Maus am äußersten linken Blattrand auf die vertikale Position bei ca. 10,5 cm (bezogen auf den oberen Blattrand).

5 Halten Sie die Maustaste gedrückt, und ziehen Sie eine kurze horizontale Linie.

Sobald Sie die linke Maustaste loslassen, fügt Word eine kurze schwarze Linie am linken Blattrand an. Dies ist die Position der Falzmarke, d. h., hier muss der spätere Brief zum Kuvertieren gefaltet werden.

Die Feinpositionierung dieser Marke per Maus auf die vorgeschriebenen Abstände ist fast unmöglich. Deshalb führen Sie anschließend die folgenden Zusatzschritte aus.

1 Klicken Sie mit der rechten Maustaste auf die Linie.

Gruppierung	▶
Reihenfolge	▶
Hyperlink...	
Als Standard für AutoForm festlegen	
AutoForm formatieren...	

2 Wählen Sie im Kontextmenü den Befehl *AutoForm formatieren*.

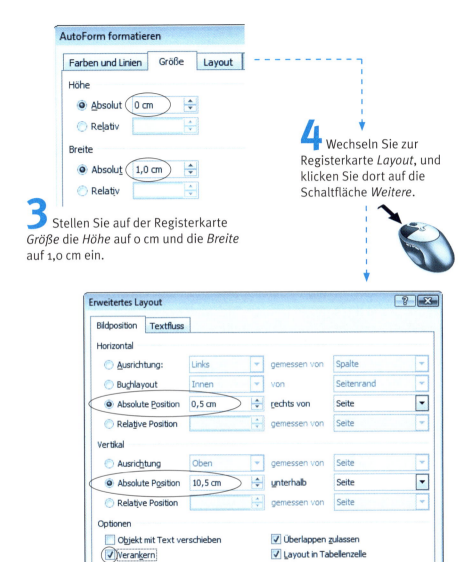

3 Stellen Sie auf der Registerkarte *Größe* die *Höhe* auf 0 cm und die *Breite* auf 1,0 cm ein.

4 Wechseln Sie zur Registerkarte *Layout*, und klicken Sie dort auf die Schaltfläche *Weitere*.

5 In der Gruppe *Horizontal* der Registerkarte *Bildposition* des angezeigten Dialogfelds markieren Sie das Optionsfeld *Absolute Position* und stellen die Position auf »0,5 cm rechts von Seite« ein.

6 Markieren Sie in der Gruppe *Vertikal* das Optionsfeld *Absolute Position*, und stellen Sie die Position auf »10,5 cm unterhalb Seite« ein.

- - - - - → **7** Markieren Sie das Kontrollkästchen *Verankern*, und schließen Sie alle geöffneten Dialogfelder über die *OK*-Schaltfläche.

Mit dieser Technik haben Sie die obere Falzmarke am linken Rand positioniert. Wichtig ist dabei Schritt 7, der die Linie an der absoluten Position verankert.

1 Um die **Knickmarke** zum Lochen der Blätter zu setzen, wiederholen Sie die obigen Schritte.

Dieser Strich muss auf der vertikalen Position 14,85 cm bezogen auf den oberen Blattrand angeordnet werden. Sie brauchen dabei nicht unbedingt über die Registerkarte *Einfügen* der Multifunktionsleiste zu gehen. Sobald Sie im Menü der Schaltfläche *Formen* eine Schaltfläche gewählt und eine Form gezeichnet haben, wird in der Multifunktionsleiste die Registerkarte *Format* in den Vordergrund geholt. Dort finden Sie in der Gruppe *Formen einfügen* ebenfalls eine Schaltfläche *Linie*.

2 Anschließend fügen Sie noch eine zweite Falzmarke 21 cm vom oberen Rand ein.

- - - - - → **3** Anschließend beenden Sie die Bearbeitung der Kopf- und Fußzeile (z. B. indem Sie auf den Dokumentbereich doppelklicken).

Word blendet die Kopf-/Fußzeile grau ab und kehrt zur Bearbeitung des Dokumentbereichs zurück.

> **Hinweis**
>
> Macht Word 2007 Probleme bei der Ausrichtung der Knick- und Falzmarken? Gelegentlich verankert Word die Zeichenobjekte nicht an der Kopf-, sondern an der Fußzeile. Wurde die Linie (bzw. das Zeichenobjekt) per Mausklick markiert, zeigt Word einen stilisierten Anker im Dokumentfenster an. Befindet sich dieses Ankersymbol in der Nähe der Fußleiste, ziehen Sie den Anker per Maus einfach zur Kopfzeile. Dann sollte die Ausrichtung gemäß obigen Angaben klappen.

Das Anschriftenfeld in den Briefkopf einfügen

Das Anschriftenfeld besteht aus neun Zeilen und gehört zu den Briefteilen, die sich ständig ändern. Daher muss dieses in den normalen Dokumentteil eingefügt werden. Für die nächsten Schritte ist daher wichtig, dass der Bearbeitungsmodus für die Kopf-/Fußzeile beendet ist. Falls nein, führen Sie den letzten Schritt im vorherigen Abschnitt aus.

> **Hinweis**
>
> Nach DIN 5008 sind für das **Anschriftenfeld** neun Zeilen vorgesehen (wobei die ersten drei Zeilen für Versandangaben und besondere Verfügungsformen wie Persönlich, Einschreiben etc. reserviert sind). Die restlichen Zeilen sind für Firmennamen bzw. die Anrede, den Empfängernamen sowie für die Straßen- und Ortsangaben vorgesehen. Die früher übliche Trennung des Straßen- und Ortsnamens durch eine Leerzeile ist seit 2005 in der DIN 5008 nicht mehr vorgesehen.

Durch die Gestaltung der Absenderangabe im Kopfbereich des Briefentwurfs beginnt die erste Zeile des Dokumentbereichs bereits an der richtigen Position im Anschriftenfeld. Da die Absenderangabe bereits vorhanden ist, verbleiben noch acht Zeilen für die Empfängerangabe.

¶
Maria·Müller--Im·Haingraben·19--·60143·Frankfurt¶
¶
¶
¶
Firma¶
Hausmann¶
·z.·Hd.·Frau·Linde--¶
Straße·Nr.¶
PLZ·Ort¶
¶

1 Drücken Sie mehrere Male die ⏎-Taste, um eine entsprechende Anzahl an Leerzeilen in das Anschriftenfeld einzufügen.

2 Geben Sie am besten eine Beispieladresse gemäß nebenstehender Darstellung in die betreffenden Zeilen ein.

> **Hinweis**
>
> Wenn Sie eine Empfängerangabe in der Vorlage eintragen, ist bei der späteren Verwendung sofort klar, was in welche Zeile soll. Der Briefschreiber braucht nur noch auf die Textzeile zu klicken und den Text zu ersetzen bzw. zu überschreiben, die Formatierung bleibt dabei erhalten. Die DIN und der Duden sehen keine Hervorhebung des Ortsnamens bzw. eine Unterstreichung vor. Auch die Voranstellung des Länderkennzeichens (D, A, CH) ist bei Adressen innerhalb des Landes nicht mehr vorgesehen. Wohnt der Empfänger im Ausland, werden der Ortsname sowie das Empfängerland (in deutscher Sprache) in Großbuchstaben geschrieben. Dafür entfällt der Länderbuchstabe vor der Postleitzahl. Wenn Sie die Positionierung der Empfängerangaben auf den Millimeter bevorzugen, können Sie das Empfängerfeld mittels eines Textfelds in den Brief einfügen. Da dies aber in der Regel überflüssig ist, möchte ich auf die Diskussion der betreffenden Technik an dieser Stelle verzichten.

Bezugszeile und Betreff eingeben

Geschäftsbriefe weisen in der Regel eine Bezugszeile auf, in der Sachbearbeiterzeichen für den Schriftwechsel, Telefonnummern, Ansprechpartner etc. angegeben werden. Zur **Gestaltung** dieser **Bezugszeile** sind folgende Schritte auszuführen.

1 Fügen Sie vier Leerzeilen unterhalb der Ortsangabe des Anschriftenfelds ein.

2 Klicken Sie auf die dritte Absatzmarke.

3 Fügen Sie jetzt eine Tabelle mit vier Spalten und zwei Zeilen in das Dokument ein. Blenden Sie außerdem – wie weiter oben gezeigt – die Gitternetzlinien der Tabelle aus.

4 Tragen Sie in die Tabelle die Texte gemäß der folgenden Darstellung ein.

PLZ·Ort¶				
¶				
¶				
¶				
Ihr·Zeichen,·Ihre·Nachricht¤	Unser·Zeichen,·Unsere·Nachricht¤	Telefon,·Name¤	Datum¤	¤
¤	M-M¤	-002;·Müller¤	25.04.2007¤	¤
¶				

> **Hinweis**
>
> Beim Einfügen einer Tabelle sollten Sie immer dafür sorgen, dass unterhalb der Tabelle eine Absatzmarke existiert. Dies ermöglicht Ihnen, auch Text hinter die Tabelle zu schreiben. Die Techniken zum Arbeiten mit Tabellen haben Sie bei der Gestaltung der Fußzeile kennengelernt. Um einen Eintrag in der Tabelle vorzunehmen, klicken Sie lediglich die betreffende Zelle an. Die Breite einer Tabellenspalte lässt sich korrigieren, indem Sie die Trennlinie zwischen den beiden benachbarten Zellen per Maus horizontal verschieben.
>
> Die Texte der oberen Spalte sollten Sie nach der Eingabe markieren und mit einem Schriftgrad von 9 oder 10 Punkt versehen. Die untere Textzeile behält dagegen einen Schriftgrad von 10 Punkt bei. Sie können beim Gestalten der Tabelle bereits alles eintragen, was sich nicht oder selten ändert (z. B. die Angabe der Spalte »Unser Zeichen« oder Telefonnummer und Name).
>
> Die DIN 5008 kennt eine Kurzform sowie die hier gezeigte Langform für die Bezugszeile. Die Spalten besitzen folgende Abstände vom linken Seitenrand: 2,41; 7,49; 12,57 und 17,65 cm. Sie sollten daher die Zellbreiten über das horizontale Lineal kontrollieren und ggf. anpassen. Viele Anwender verwenden zum Aufbau der Bezugszeile keine Tabelle, sondern Tabstopps. Ich bevorzuge aber Tabellen, da diese recht problemlos zweizeilige Einträge in einem Feld zulassen.

Eine Besonderheit stellt noch die **Datumsangabe** ganz rechts dar. Die DIN sieht die amerikanische Schreibweise (Jahr, Monat, Tag) in der Art 2007-07-06 vor. Diese Schreibweise hat sich aber in Deutschland nicht durchgesetzt. Im Entwurf wird die »klassische« Schreibweise mit Tag, Monat, Jahr benutzt. Sie können die Datumsangabe fest im Briefbogen vorgeben bzw. weglassen. Dann müssen Sie das Datum beim Schreiben eines Briefes nachtragen. Es besteht aber auch die Möglichkeit, die Datumsangabe als Feld einzufügen und automatisch durch Word beim Anlegen des neuen Dokuments aktualisieren zu lassen.

Hinweis

Beim privaten Briefbogen können Sie die Datumsangabe, wie oben erwähnt, in der Kopfzeile angeben. Um das Datum besser aktualisieren zu können, bevorzuge ich es jedoch, die Orts- und Datumsangabe unterhalb der letzten Zeile des Empfängerfelds rechtsbündig eingerückt anzuordnen. Dann gehört die Zeile zum Brief und kann ohne Umschaltung zur Kopfzeile verändert werden.

Um sich das manuelle Eintippen des Datums zu sparen, können Sie in der Multifunktionsleiste zur Registerkarte *Einfügen* wechseln und in der Gruppe *Text* auf die Schaltfläche *Datum und Uhrzeit* klicken.

Word öffnet ein Dialogfeld zur Auswahl des Datumsformats. Markieren Sie einen Eintrag in der Liste *Verfügbare Formate* und bestätigen dies über die *OK*-Schaltfläche, wird das Datum als einfacher Text in das Dokument eingefügt.

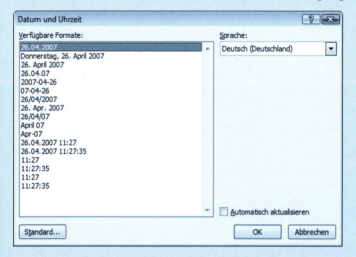

Markieren Sie vor dem Schließen des Dialogfelds das Kontrollkästchen *Automatisch aktualisieren* oder verwenden die nachfolgenden Schritte, fügt Word ein Datumsfeld in das Textdokument ein. Der Vorteil eines Datumsfelds ist, dass der Brief immer ein aktuelles Datum trägt. Wenn Sie den Brief ausdrucken und abheften, ist dies kein Problem. Speichern Sie die Briefe und laden diese später erneut, wird natürlich das Datum ein weiteres Mal aktualisiert. Sie können dann ggf. nicht mehr kontrollieren, wann der Brief geschrieben wurde. Dieser Nachteil lässt sich aber korrigieren, indem Sie das Datumsfeld beim Anlegen des neuen Briefes einfrieren. Hierzu markieren Sie das (Datums-)Feld und drücken die Tastenkombination ⌨Strg⌨+⌨⇧⌨+⌨F9⌨.

Möchten Sie ein **aktualisierbares Datumsfeld** in den **Briefbogen** einfügen, führen Sie folgende Schritte aus.

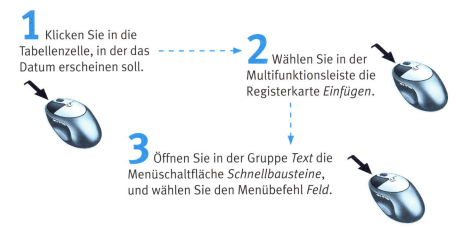

1 Klicken Sie in die Tabellenzelle, in der das Datum erscheinen soll.

2 Wählen Sie in der Multifunktionsleiste die Registerkarte *Einfügen*.

3 Öffnen Sie in der Gruppe *Text* die Menüschaltfläche *Schnellbausteine*, und wählen Sie den Menübefehl *Feld*.

Word öffnet jetzt das Dialogfeld *Feld*, in dem Sie den einzufügenden Feldnamen wählen.

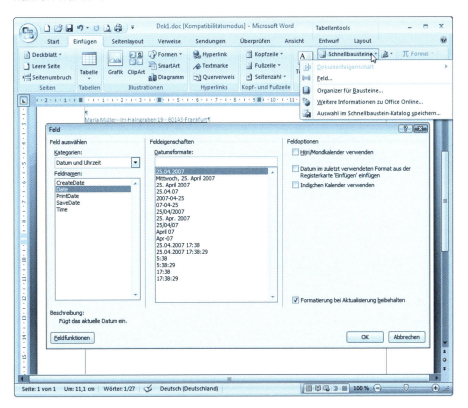

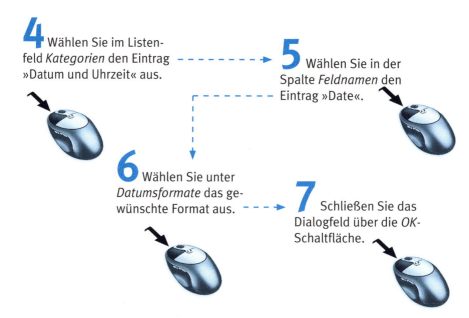

4 Wählen Sie im Listenfeld *Kategorien* den Eintrag
»Datum und Uhrzeit« aus.

5 Wählen Sie in der
Spalte *Feldnamen* den
Eintrag »Date«.

6 Wählen Sie unter
Datumsformate das ge-
wünschte Format aus.

7 Schließen Sie das
Dialogfeld über die *OK*-
Schaltfläche.

Word fügt jetzt das Feld in die Tabellenzelle ein. Bei der Dokumentanzeige
sehen Sie dann an der betreffenden Stelle das aktuelle Datum.

Fachwort

Ein **Feld** ist eine Art Platzhalter mit einer hinterlegten Funktion, den Word in das
Dokument einfügt. Die Funktion bewirkt dann, dass der Platzhalter durch einen
Wert ersetzt wird. Im obigen Fall liefert das Feld das aktuelle Datum, welches bei
jedem Aufruf des Briefentwurfs automatisch aktualisiert wird. Ein markiertes
Feld können Sie durch Drücken der Funktionstaste F9 aktualisieren. Zeigen Sie
auf ein Datumsfeld, blendet Word zudem eine Minileiste mit einer Schaltfläche
zur Feldaktualisierung im Dokument ein. Durch Drücken der Tasten ⇧+F9 lässt
sich zwischen der Anzeige der Felddefinition und des Feldwerts umschalten.

Hinweis

Möchten Sie lediglich einen **Privatbrief verfassen**? Dann verzichten Sie auf die
Tabelle mit der Bezugszeile. Stattdessen fügen Sie der ersten Kopfzeile den Text
»Ort, den ...« an. Anstelle der drei Pünktchen fügen Sie ebenfalls ein Datumsfeld
ein. Sie können diese Zeile dann rechtsbündig ausrichten lassen oder mit der
Tabulatortaste nach rechts einziehen.

Bleibt jetzt noch die **Betreffzeile** einzufügen. Diese wird in der Regel zwei Zeilen unterhalb der Bezugszeile angeordnet und fett formatiert.

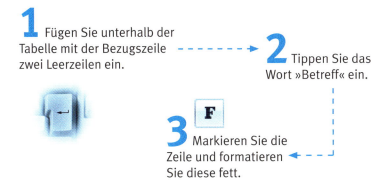

1 Fügen Sie unterhalb der Tabelle mit der Bezugszeile zwei Leerzeilen ein.

2 Tippen Sie das Wort »Betreff« ein.

3 Markieren Sie die Zeile und formatieren Sie diese fett.

An dieser Stelle kann später beim Schreiben des Briefes ein kurzer Satz, der den Betreff des Briefes angibt, eingefügt werden. Mit diesem Schritt ist der Briefkopf fertig.

Anrede, Brieftext und Grußformel

Um das Schreiben der späteren Briefe zu erleichtern, empfehle ich Ihnen, auch einen Rumpftext mit der Anrede, einen kurzen Satz als Brieftext und die Grußformel für den Abschluss hinzuzufügen. Weiterhin können Sie noch den Begriff »Anlagen« am Ende des Brieftexts aufnehmen.

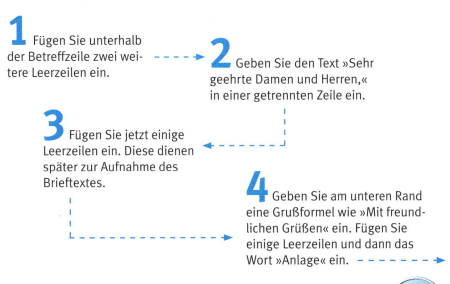

1 Fügen Sie unterhalb der Betreffzeile zwei weitere Leerzeilen ein.

2 Geben Sie den Text »Sehr geehrte Damen und Herren,« in einer getrennten Zeile ein.

3 Fügen Sie jetzt einige Leerzeilen ein. Diese dienen später zur Aufnahme des Brieftextes.

4 Geben Sie am unteren Rand eine Grußformel wie »Mit freundlichen Grüßen« ein. Fügen Sie einige Leerzeilen und dann das Wort »Anlage« ein.

5 Bei Bedarf können Sie die Zeilen für den Brieftext markieren, mit der rechten Maustaste anklicken und den Kontextmenübefehl *Absatz* wählen. Anschließend setzen Sie auf der Registerkarte *Einzüge und Abstände* den Wert für den Absatzabstand auf 6 Punkt (siehe *Kapitel 2*).

Der Rest des Briefentwurfs könnte dann folgendermaßen aussehen.

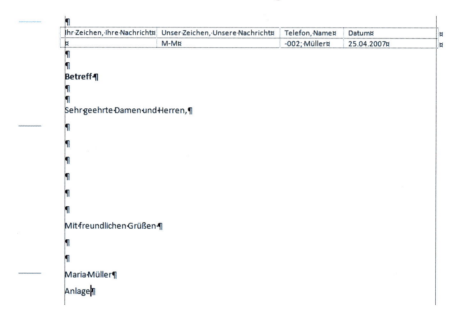

Speichern des Entwurfs als Dokumentvorlage

Haben Sie den Briefentwurf gemäß den obigen Ausführungen erstellt? Dann ist es Zeit, diesen Entwurf in Form einer **Dokumentvorlage** zu **speichern**. Dies funktioniert fast genauso wie das Speichern einer normalen Dokumentdatei.

1 Öffnen Sie das Menü der *Office*-Schaltfläche, und zeigen Sie im Menü auf den Befehl *Speichern unter*.

2 Anschließend klicken Sie im eingeblendeten Untermenü auf den Befehl *Word-Vorlage*.

Word öffnet jetzt das Dialogfeld *Speichern unter*.

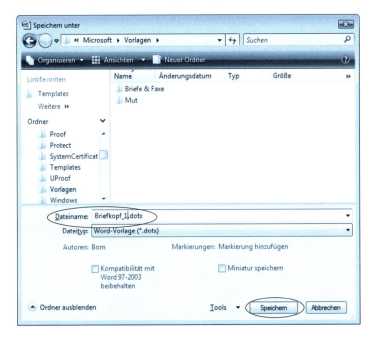

3 Geben Sie in das Feld *Dateiname* den Namen für die Dokumentvorlage ein. ------→ **4** Stellen Sie ggf. den **Dateityp** und den Zielordner ein, und schließen Sie das Dialogfeld über die *OK*-Schaltfläche.

Soll die Briefvorlage auch mit älteren Word-Versionen (97 bis 2003) benutzt werden können, wählen Sie über das betreffende Listenfeld den Wert »Word 97-2003-Vorlage (*.dot)« als **Dateityp**. Falls die Vorlage nur mit Word 2007 zu verwenden ist, setzen Sie den Wert des Listenfelds *Dateityp* auf »Word-Vorlage (*.dotx)«. Word legt beim Speichern das Dokument als Vorlage ab. Sie können dann das Dokument schließen und auf Basis der gerade erzeugten und gespeicherten Vorlage neue Dokumente erzeugen.

> **Hinweis**
>
> Word bezieht seine Vorlagen aus einem speziellen Vorlagenordner, der sich in Windows Vista standardmäßig im Benutzerprofil unter *Users\<Benutzername>\ AppData\Roaming\Microsoft\Templates* findet. Der Pfad zum Ordner mit den Vorlagen lässt sich aber über die Word-Optionen anpassen (siehe *Kapitel 11*). Über die Schaltfläche *Neuer Ordner* des Dialogfelds können Sie neue Unterordner (z. B. *Privatbrief*, *Bürovorlagen* etc.) anlegen. Die Unterordner ermöglichen, die Vorlagen in Kategorien aufzuteilen. Jeder Unterordner wird später im Word-Dialogfeld *Neu* als eigene Registerkarte angezeigt (siehe folgende Seiten).

Einen Brief verfassen

Wenn Sie anschließend einen **Brief aus** dieser **Vorlage erstellen** möchten, führen Sie die folgenden Schritte aus:

1 Öffnen Sie das Menü der *Office*-Schaltfläche, und wählen Sie den Befehl *Neu*.

2 Klicken Sie im Dialogfeld *Neues Dokument* in der linken Spalte auf die Kategorie *Meine Vorlagen*.

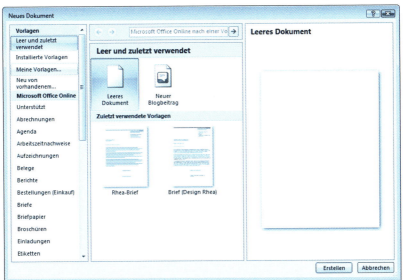

3 Wählen Sie im Dialogfeld *Neu* die Registerkarte mit den Vorlagen (hier *Briefe*), markieren Sie die gewünschte Dokumentvorlage, markieren Sie ggf. das Optionsfeld *Dokument*, und schließen Sie das Dialogfeld über die *OK*-Schaltfläche.

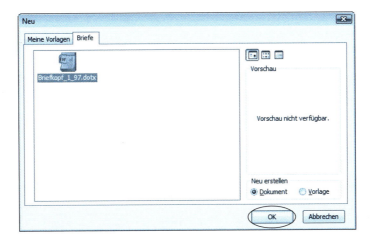

Word wird dann die Vorlage benutzen, um aus dieser ein neues Dokument zu erstellen. Dies entspricht weitgehend der am Kapitelanfang besprochenen Vorgehensweise beim Arbeiten mit den Word-Dokumentvorlagen. Lediglich Schritt 3 sowie das Dialogfeld *Neu* sind hinzugekommen.

Sie sehen, es ist nicht sonderlich schwer, eine eigene Dokumentvorlage zu erstellen. Sie entwerfen einfach ein Musterdokument. Hierbei wenden Sie die Funktionen an, die Ihnen Word zur Dokumentgestaltung und Formatierung bietet. Anschließend speichern Sie das Ergebnis als *.dotx*-Datei in den Vorlagenordner (oder in dessen Unterordner). Auf diese Weise können Sie verschiedene Vorlagen für Geschäftsbriefe, Rechnungen, Privatbriefe, Faxe usw. anlegen. Einfacher kann man es kaum noch haben.

Erstellen von Rechnungen

Ein weiterer häufig benutzter Dokumenttyp stellen Rechnungen dar. Im Grunde handelt es sich um einen Brief, in dem die Rechnungsbeträge aufgeführt und zum Schluss summiert werden. Für diesen Zweck lässt sich Word verwenden. Einen Großteil der erforderlichen Funktionen haben Sie bereits in den vorherigen Kapiteln und Abschnitten kennengelernt. Nachfolgend wird Ihnen exemplarisch gezeigt, wie Sie mit Word und der gerade erstellten Briefvorlage eine Rechnung schreiben.

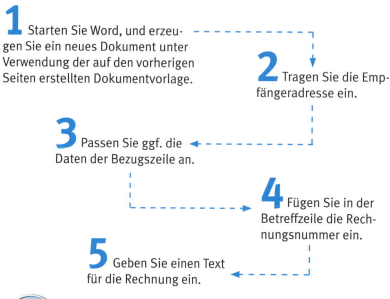

1 Starten Sie Word, und erzeugen Sie ein neues Dokument unter Verwendung der auf den vorherigen Seiten erstellten Dokumentvorlage.

2 Tragen Sie die Empfängeradresse ein.

3 Passen Sie ggf. die Daten der Bezugszeile an.

4 Fügen Sie in der Betreffzeile die Rechnungsnummer ein.

5 Geben Sie einen Text für die Rechnung ein.

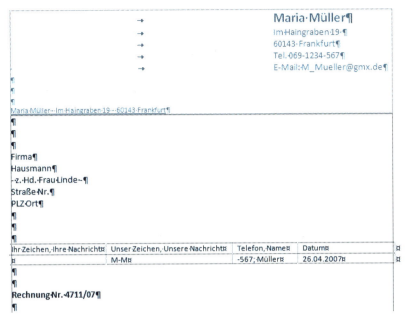

Nach diesen Vorbereitungen können Sie im Textteil die einzelnen Rechnungspositionen auflisten sowie die Einzelsummen und die Gesamtsumme bestimmen. Um sich diese Arbeit zu erleichtern, empfehle ich Ihnen, eine einfache Tabelle mit drei Spalten zu verwenden.

6 Wechseln Sie in der Multifunktionsleiste zur Registerkarte *Einfügen*, und fügen Sie über den Katalog der Schaltfläche *Tabelle* eine Tabelle mit drei Spalten und einer Zeile in den Textbereich ein.

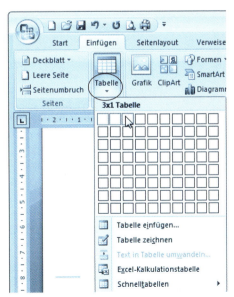

7 Markieren Sie bei Bedarf die Tabelle, und löschen Sie die Rahmenlinien.

Die einzelnen Schritte wurden auf den vorhergehenden Seiten beim Anlegen der Briefvorlage skizziert (siehe oben).

8 Tragen Sie die Spaltenüberschriften »Pos.«, »Bezeichnung« und »Betrag« in die erste Zeile der Tabelle ein, und formatieren Sie diese bei Bedarf (z. B. fett).

9 Zeigen Sie auf die vertikale Trennlinie zwischen den Tabellenzellen, und ziehen Sie diese per Maus in die gewünschte Richtung nach links oder rechts.

Auf diese Weise passen Sie die Breite der einzelnen Tabellenspalten an.

10 Anschließend geben Sie die einzelnen Rechnungspositionen ein.

Hinweis

Durch Drücken der ⇥-Taste können Sie jeweils von einer Tabellenzelle zur rechts daneben liegenden Zelle wechseln. Die Tastenkombination ⇧+⇥ verschiebt den Textcursor dagegen zur links befindlichen Zelle. Erreichen Sie das Tabellenende, verschiebt die ⇥-Taste den Cursor in die erste Zelle der darunter liegenden Zelle. Erreichen Sie die Tabellenzelle in der rechten unteren Ecke und drücken dort die ⇥-Taste, legt Word automatisch eine neue Tabellenzeile an. Alternativ können Sie die jeweiligen Zellen direkt durch Anklicken mit der Maus markieren und dann den Zellinhalt eingeben.

Formatieren Sie die letzte Zeile einer Tabelle oder den letzten Absatz eines Dokuments, wird das Format beim Drücken der ⏎-Taste in die Folgezeile übernommen. Sie können dies verhindern, indem Sie vor dem Formatieren der betreffenden Zeile bereits die Folgezeile erzeugen.

Wenn Sie alles richtig machen, sollte die Tabelle dann den folgenden Aufbau besitzen.

Pos.:¤	Bezeichnung¤	Betrag¤	¤
1¤	10·Arbeitsstunden·a·35,00·€¤	350,00·€¤	¤
2¤	Material¤	25,00·€¤	¤
¤	¤	¤	¤
¤	Netto¤	¤	¤
¤	MwSt.·19%¤	¤	¤
¤	Brutto¤	¤	¤

Die Tabelle ermöglicht Ihnen, die einzelnen Rechnungspositionen exakt untereinander in einer Liste aufzuführen. Die Preise stehen in der letzten Spalte.

Währungsbeträge ausrichten

Die Überschrift »Betrag« lässt sich in der gezeigten Tabelle zentriert in der Tabellenspalte anordnen. Beim **Ausrichten** der **Währungsbeträge** hilft das Zentrieren aber nicht. Sie müssen die Zahlen vielmehr am Dezimalpunkt ausrichten.

1 Klicken Sie auf die betreffende Zelle der Tabelle, und wählen Sie auf der Registerkarte *Start* der Multifunktionsleiste in der Gruppe *Absatz* die Schaltfläche *Zentriert*.

Jetzt wird der Zellinhalt »Betrag« zentriert angeordnet. Nun gilt es noch die Währungsbeträge korrekt auszurichten. Dies soll nun mit Tabulatorstopps (siehe *Kapitel 2*) erfolgen.

Betrag¤
350,00·€¤
25,00·€¤
¤
¤
¤
¤

2 Markieren Sie die Zellen, die Währungsbeträge aufnehmen sollen (z. B. indem Sie auf die erste Zelle klicken und dann mit der Maus über die restlichen Zellen ziehen).

3 Wählen Sie jetzt am linken Rand des horizontalen Lineals den »Tabstopp dezimal« (mehrfach auf das Feld klicken).

4 Sobald das Symbol »Tabstopp dezimal« erscheint, klicken Sie am unteren Rand des horizontalen Lineals auf die Position, an der der Tabstopp einzufügen ist.

Eine gestrichelte Linie zeigt die Position des Tabstopps an. Bei Bedarf können Sie diesen Tabstopp per Maus innerhalb des Lineals verschieben.

Die obigen Schritte bewirken, dass Word die Währungsbeträge des markierten Tabellenbereichs in den Tabellenzellen am Dezimalkomma unterhalb der Tabstopp-Marke ausrichtet.

> **Hinweis**
>
> Falls die Zellinhalte nicht korrekt ausgerichtet werden sollten, klicken Sie auf die betreffenden Zellen, positionieren die Einfügemarke vor dem Währungsbetrag und fügen ein Tabulatorzeichen mittels der Tastenkombination ⌈Strg⌉+⌈↹⌉ in die Tabelle ein. Wiederholen Sie dies bei den restlichen Zellen.

Berechnungen in Tabellen vornehmen

Nach diesen Vorbereitungen ist es jetzt an der Zeit, die **Summe** der **Einzelbeträge** zu **ermitteln**, den Mehrwertsteueranteil zu berechnen und die Gesamtsumme zu bilden. Haben Sie schon mal den Taschenrechner bereitgelegt? Gemach, gemach: Um solche Werte zu berechnen, sind Sie nicht auf Ihren alten Abakus angewiesen. Word kann Ihnen diese Aufgabe bis zu einem gewissen Grad abnehmen.

1 Klicken Sie in die Tabellenzelle, in der das berechnete Ergebnis angezeigt werden soll (hier Spalte **Betrag** und Zeile **Netto**).

2 Wechseln Sie in der Multifunktionsleiste zur Registerkarte *Einfügen*, öffnen Sie das Menü der Schaltfläche *Schnellbausteine*, und wählen Sie den Befehl *Feld*.

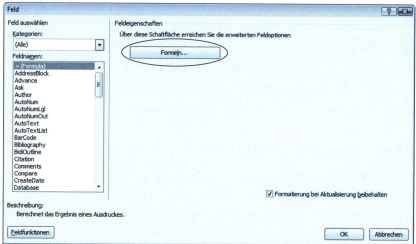

3 Sobald das Dialogfeld *Feld* erscheint, markieren Sie in der Liste *Feldname* den Eintrag »=(Formula)« und klicken anschließend auf die Schaltfläche *Formeln*.

Word öffnet jetzt das Dialogfeld *Formel*.

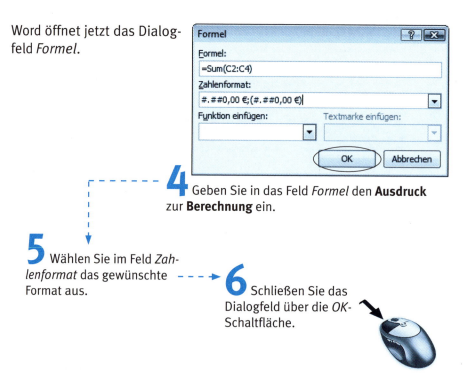

4 Geben Sie in das Feld *Formel* den **Ausdruck** zur **Berechnung** ein.

5 Wählen Sie im Feld *Zah-lenformat* das gewünschte Format aus.

6 Schließen Sie das Dialogfeld über die *OK*-Schaltfläche.

> **Hinweis**
>
> Die Zellen einer Tabelle werden spaltenweise mit den Buchstaben A, B, C etc. durchnummeriert. Die einzelnen Zeilen erhalten fortlaufende Nummern. Die Zelle in der linken oberen Tabellenecke besitzt dann den Namen A1, die rechts daneben liegende Zelle wird über B1 angesprochen. In der Formel müssen Sie die Namen der Zellen mit mathematischen Operatoren (+, -, *, /, SUM etc.) verknüpfen. Im Listenfeld *Funktion einfügen* finden Sie die Operatoren. Die Formel =SUM(C2:C4) weist Word an, die Summe der Zellen C2 bis C4 zu bilden. Das **Zahlenformat** lässt sich über das Listenfeld *Zahlenformat* abrufen. Die obige Abbildung zeigt die Formel zur **Berechnung** der **Nettosumme**.

7 Klicken Sie in die Zelle mit dem Mehrwertsteuerbetrag.

Formel	? ✕
Formel:	
=(C5*0,19)	
Zahlenformat:	
#.##0,00 €;(#.##0,00 €)	▼
Funktion einfügen:	Textmarke einfügen:
▼	▼
	OK Abbrechen

8 Rufen Sie das Dialogfeld *Formel* auf (siehe Schritt 3), und geben Sie die hier gezeigte Formel ein.

Formel	? ✕
Formel:	
=SUM(C5:C6)	
Zahlenformat:	
#.##0,00 €;(#.##0,00 €)	▼
Funktion einfügen:	Textmarke einfügen:
▼	▼
	OK Abbrechen

9 Fügen Sie auf die gleiche Weise diese Formel zur Berechnung der Bruttosumme in die Tabelle ein.

10 Markieren Sie die einzelnen Werte der Ergebniszellen, und weisen Sie diesen Formate wie Fett und Unterstrichen zu.

Hinweis

Wenn Sie eine Formel nachträglich korrigieren möchten, markieren Sie den betreffenden Tabelleneintrag. Dann lässt sich die Anzeige der Feldfunktionen durch Drücken der Tastenkombination Strg+F9 ein- oder abschalten. Bei eingeblendeter Felddefinition können Sie den Formelausdruck direkt ändern. Oder Sie markieren das Feld und rufen das Dialogfeld *Formel* gemäß obiger Handlungsanweisung erneut auf. Dann zeigt Word dort die in der Tabellenzelle enthaltene Formel samt dem Zahlenformat, und Sie können die Daten bequem korrigieren. Aktualisieren lassen sich die Feldinhalte, indem Sie die betreffenden Tabellenzellen markieren und dann die Funktionstaste F9 drücken.

Nachdem die Summen berechnet sind, schreiben Sie den restlichen Text der Rechnung. Dieser könnte beispielsweise den folgenden Aufbau aufweisen.

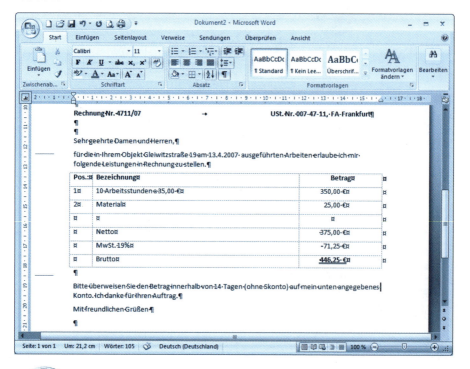

Anschließend können Sie dieses Dokument auf Rechtschreibfehler prüfen, in eine Datei speichern und drucken. Die Handhabung ist nicht anders als bei der Gestaltung eines anderen Textdokuments. Neu ist lediglich die Möglichkeit, Berechnungen innerhalb der Tabelle durch Word ausführen zu lassen.

Techniken zur Dokumentgestaltung

Auf den vorherigen Seiten haben Sie bereits einige Funktionen zum Umgang mit Word kennengelernt. Mit diesen Funktionen lassen sich die gebräuchlichsten Dokumente erstellen, speichern und ausdrucken. Mit der Zeit werden Sie aber weitere Optionen nutzen wollen. Nachfolgend werden Ihnen daher noch einige »Komfortfunktionen« sowie Zusatzoptionen vorgestellt.

So definieren Sie neue AutoText-Einträge

Beim Schreiben von Briefen oder sonstiger Dokumente müssen Sie häufig die gleichen Textfloskeln eingeben. Denken Sie an »Sehr geehrte Frau«, »Sehr geehrter Herr«, »Sehr geehrte Damen und Herren,« oder »Hochachtungsvoll« usw. Sicherlich ist es kein Problem, die paar Buchstaben einzutippen. Vielschreiber sind aber an jeder Arbeitserleichterung interessiert. Wäre es nicht schön, wenn sich solche Standardtexte per Mausklick oder mit einem Buchstabenkürzel abrufen ließen?

Bevor sich solche Texte nutzen lassen, müssen Sie diese als Textbausteine vereinbaren. Solche eigenen Textbausteine lassen sich als AutoText mit wenigen Schritten vereinbaren.

Müller·&·Sohn¶

1 Tippen Sie den gewünschten Text in das Dokument ein, und markieren Sie ihn.

Hinweis

Möchten Sie nur den Text aufnehmen, markieren Sie diesen. Soll auch das (Absatz-) Format übertragen werden, markieren Sie den Text einschließlich der Absatzmarke.

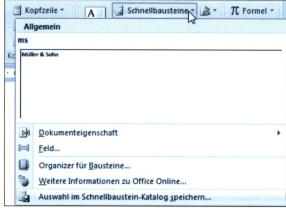

2 Wechseln Sie in der Multifunktionsleiste zur Registerkarte *Einfügen*, und öffnen Sie in der Gruppe *Text* das
Menü der Schaltfläche *Schnellbausteine*. Klicken Sie
danach auf den Menübefehl *Auswahl in Schnellbaustein-
Katalog speichern*.

Noch einfacher geht es, wenn Sie in Schritt 2 einfach die Tastenkombination Alt + F3 drücken.

Word öffnet das Dialogfeld
Neuen Baustein erstellen.

3 Passen Sie bei Bedarf die
Einträge im Dialogfeld an, und
schließen Sie es über die *OK*-
Schaltfläche.

Den Wert des Felds *Katalog* sollten Sie von »Schnellbausteine« auf »Au-
toText« umstellen. Im Feld *Name* ist beim Aufruf der von Ihnen markierte
Word-Text (hier z. B. »Müller&Sohn«) enthalten. Ändern Sie diesen Text
ggf. in ein Kürzel wie »ms«, welches zum späteren Abrufen des AutoText-
Eintrags benutzt werden soll. Optional können Sie über das Listenfeld
Speichern in vorgeben, in welche Vorlagendatei der AutoText-Eintrag ab-

zulegen ist. Im Feld *Optionen* können Sie zwischen »Nur Inhalt einfügen«, »Inhalt in eigenem Absatz einfügen« etc. vorgeben, wie der AutoText-Eintrag beim Abruf einzufügen ist.

Auf diese Weise können Sie sich eine Sammlung von häufig benutzten **Textfloskeln erstellen** und als AutoText-Einträge abrufen.

Möchten Sie zu einem späteren Zeitpunkt solche selbstdefinierten **Textbausteine** im Dokument **abrufen**?

1 Tippen Sie das vereinbarte Kürzel für den AutoText (z. B. »ms«) in das Dokument ein.

2 Drücken Sie die Funktionstaste F3 , um das Kürzel durch den Inhalt des zugehörigen AutoText-Eintrags zu ersetzen.

Haben Sie einmal ein Kürzel für einen AutoText-Eintrag vergessen? Dann können Sie den Textbaustein über folgende Schritte in Word abrufen.

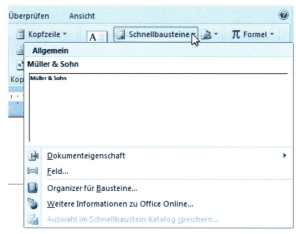

1 Wechseln Sie in der Multifunktionsleiste zur Registerkarte *Einfügen*, und öffnen Sie in der Gruppe *Text* das Menü der Schaltfläche *Schnellbausteine*.

2 Wird der Schnellbaustein als Kata-
logeintrag im Menü angezeigt, klicken Sie
diesen an. Andernfalls wählen Sie den
Menübefehl *Organizer für Bausteine*.

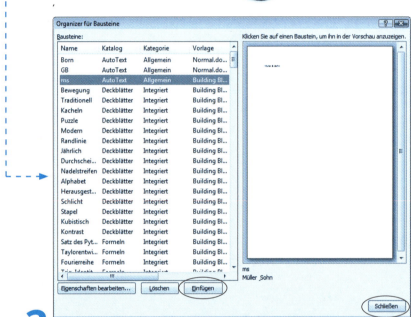

3 Suchen Sie im Dialogfeld *Organizer für Bausteine* den gewünschten
Baustein, markieren Sie diesen per Mausklick, wählen Sie die Schalt-
fläche *Einfügen*, und beenden Sie das Dialogfeld über die *Schließen*-
Schaltfläche.

Der betreffende Textbaustein wird jetzt im Dokument an der aktuellen
Stelle eingefügt.

> **Hinweis**
>
> In *Kapitel 2* hatten Sie bereits die Funktion AutoKorrektur kennengelernt. Auch
> über diese Funktion lassen sich bei der Eingabe automatisch Ergänzungen vor-
> nehmen (z. B. wird »mfg« automatisch in »Mit freundlichen Grüßen« korrigiert).
> Welche Funktion Sie verwenden, bleibt Ihnen überlassen.

Textformatierung für Könner

In *Kapitel 2* haben Sie erfahren, wie sich Textbereiche über die Schaltflächen der Registerkarte *Start* der Multifunktionsleiste formatieren lassen. Klicken Sie auf eine dieser Schaltflächen, wird der markierte Text entsprechend ausgezeichnet. Ein zweiter Mausklick hebt das Format wieder auf. Ist dagegen nichts markiert, aktiviert die betreffende Schaltfläche das Format. Beim Schreiben des nachfolgenden Textes erhält dieser das Format zugewiesen.

Haben Sie eine Textstelle mit einem **Format** versehen und möchten dieses Format jetzt einer anderen Textstelle **zuweisen**? Kein Problem, die Lösung liegt nur einige Mausklicks entfernt.

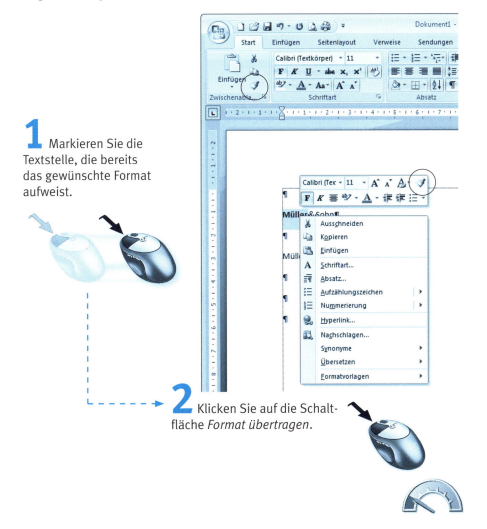

1 Markieren Sie die Textstelle, die bereits das gewünschte Format aufweist.

2 Klicken Sie auf die Schaltfläche *Format übertragen*.

Sie finden diese Schaltfläche in der Gruppe *Zwischenablage* der Register-karte *Start* der Multifunktionsleiste. Alternativ können Sie den markierten Text mit der rechten Maustaste anklicken. Dann wird die Minileiste sicht-bar, und Sie können die Schaltfläche ebenfalls anklicken. Alternativ kön-nen Sie ⎡Strg⎤+⎡⇧⎤+⎡C⎤ drücken.

3 Markieren Sie anschließend die neue Textstelle per Maus.

Während Sie diese Textstelle markieren, nimmt der Mauszeiger die Form eines stilisierten Pinsels an. Beim Loslassen der Maustaste wird das For-mat kopiert. Sobald Sie die Markierung aufheben, ist das neue Format zu sehen.

> **Hinweis**
>
> Die Schaltfläche *Format übertragen* bleibt immer nur für eine Textstelle mar-kiert. Möchten Sie ein Format auf mehrere Dokumentstellen übertragen, wählen Sie die Schaltfläche per Doppelklick an. Dann wird die Schaltfläche so lange als »markiert« dargestellt, bis Sie diese erneut anklicken oder die ⎡Esc⎤-Taste drücken. Im aktivierten Zustand wird automatisch das zuletzt gewählte Format übertragen.

Ein anderes Problem betrifft **Sonderformate für Textstellen**. Manchmal muss eine Textstelle **hochgestellt** oder **tiefgestellt** werden. Oder eine Zahl bzw. ein Text ist doppelt zu unterstreichen oder der Zeilenabstand soll angepasst werden.

1 Markieren Sie die Textstelle, die mit dem Format auszuzeich-nen ist, und klicken Sie mit der rechten Maustaste auf die mar-kierte Textstelle.

2 Im dann eingeblendeten Kontext-menü können Sie die Befehle *Schrift-art* oder *Absatz* wählen und dann die gewünschten Formatoptionen auf den Registerkarten des angezeigten Eigen-schaftenfensters setzen.

Die betreffende Technik wurde bereits in *Kapitel 2* skizziert. Vielschreiber finden dort auch eine Übersicht über Tastenkombinationen, um bestimmte Zeichenformate direkt zuzuweisen.

Textformatierung mit Formatvorlagen

Beim Bearbeiten umfangreicher Dokumente (wie Berichte oder Handbücher) gibt es bezüglich der Formatierung mehrere Probleme. Möchten Sie mehrere Textstellen mit diversen Formaten (z. B. fett, kursiv, bestimmtem Schriftgrad) versehen, artet dies ggf. in eine Mausklickorgie aus. Für jede Textstelle müssen Sie die gleichen Formate zuweisen. Aber es geht noch weiter. Haben Sie mehrere Textstellen auf diese Weise formatiert und möchten nachträglich etwas an der Formatierung ändern (z. B. der Schriftgrad soll um einen Punkt erhöht werden)? Dann heißt es diese Formatänderung an allen Textstellen durchführen. Daher verzichten Profis auf das direkte Zuweisen von Zeichen- und Absatzformaten und arbeiten stattdessen mit Formatvorlagen. Diese legen fest, wie die Dokumentstelle zu formatieren ist. Sie können also Dokumentteile wie Überschriften, Absätze etc. sehr elegant über Formatvorlagen auszeichnen. Dies stellt z. B. sicher, dass alle Überschriften mit der gleichen Formatierung versehen werden. Word stellt Ihnen hierzu Schnellformatvorlagen und ggf. Formatvorlagen aus Dokumentvorlagendateien zur Verfügung.

Um Dokumentteile mit Schnellformatvorlagen auszuzeichnen, gehen Sie in folgenden Schritten vor.

1 Markieren Sie die Textstelle, die mit der Schnellformatvorlage auszuzeichnen ist, oder klicken Sie auf den zu formatierenden Absatz.

2 Wechseln Sie in der Multifunktionsleiste zur Registerkarte *Start*, und klicken Sie in der Gruppe *Formatvorlagen* auf das Symbol der Schaltfläche *Schnellformatvorlagen*.

3 Anschließend weisen Sie dem Text eine der im eingeblendeten Katalog aufgeführten Schnellformatvorlagen per Mausklick zu.

Um Bücher, Berichte, Diplomarbeiten oder andere umfangreichere Dokumente über Formatvorlagen einheitlich zu gestalten, wird häufig eine eigene Dokumentvorlagendatei benutzt. Ähnlich wie bei der am Kapitelanfang entwickelten Briefvorlage lässt sich ein neues Dokument auf Basis dieser Dokumentvorlage erzeugen. Enthält die Dokumentvorlagendatei separate

Formatvorlagen, können Sie das neue Dokument mit diesen Vorlagen formatieren. Dies stellt ein einheitliches Erscheinungsbild des Dokuments sicher (z. B. alle Überschriften besitzen die gleiche Schriftart, Schriftgröße und Formatierung). Um Dokumentteilen solche Formatvorlagen zuzuweisen, gehen Sie in folgenden Schritten vor.

1 Markieren Sie die Textstelle, die mit dem Format auszuzeichnen ist, oder klicken Sie auf den zu formatierenden Absatz.

2 Wechseln Sie in der Multifunktionsleiste zur Registerkarte *Start*, und klicken Sie auf das Symbol *Startprogramm für Dialogfelder* der Gruppe *Formatvorlagen*.

3 Suchen Sie im nun eingeblendeten Fenster *Formatvorlagen* die gewünschte Vorlage, und klicken Sie diese per Maus an.

Word weist dann die Formatvorlage dem markierten Textbereich oder dem aktuellen Absatz zu.

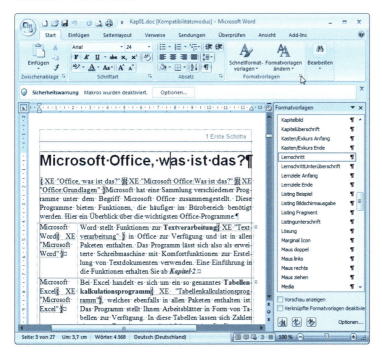

> **Hinweis**
>
> Der Vorteil dieses Ansatzes besteht darin, dass sich die Eigenschaften der Formatvorlage ändern lassen. Dann passt Word automatisch alle Dokumentstellen an, denen die Vorlage zugewiesen wurde. Zum Anpassen der Formatvorlage klicken Sie diese im Fenster (bzw. bei Schnellformatvorlagen im Katalog) mit der rechten Maustaste an und wählen den Kontextmenübefehl *Ändern*. Anschließend lassen sich die Formatoptionen über ein Dialogfeld einsehen und umsetzen. Die Formatvorlagen werden in der Dokumentvorlage gespeichert, die beim Anlegen des Dokuments benutzt wird (entweder die Datei *Normal.dot* oder eine dem Dokument zugeordnete spezielle Vorlagendatei). Weiterhin können Sie Dokumentvorlagen nachträglich über die Word-Optionen zuweisen. Klicken Sie auf die Schaltfläche *Office*, und wählen Sie im Menü die Schaltfläche *Word-Optionen*. Im Dialogfeld *Word-Optionen* ist in der linken Spalte die Kategorie *Add-Ins* zu wählen, im rechten Teil ist der Wert des Listenfelds *Verwalten* von »Add-Ins« auf »Vorlagen« umzustellen und die Schaltfläche *Gehe zu* anzuklicken. Sie gelangen zum Dialogfeld *Dokumentvorlagen und Add-Ins*, auf dessen Registerkarte *Vorlagen* sich die Dokumentvorlage als Datei aus dem Vorlagenordner auswählen lässt. Die Beschreibung der Techniken zur Gestaltung von Dokumentvorlagen geht weit über den Ansatz dieses Buches hinaus. Meist erhalten Sie solche Vorlagen von Dritten. Andernfalls konsultieren Sie die Word-Hilfe oder weiterführende Literatur.

Seitennummerierung einfügen

Zum Abschluss dieses Lernschritts sollen Sie noch erfahren, wie Sie eine Seitennummerierung in Word-Dokumente einfügen. Dies ist immer dann hilfreich, wenn Sie ein mehrseitiges Textdokument erstellen und später ausdrucken.

1 Öffnen Sie ein neues Dokument, und tippen Sie einen kurzen Text ein.

2 Drücken Sie die Tastenkombination ⌨Strg⌨+⌨↵⌨, um einen **Seitenwechsel** in das Dokument einzufügen.

Sie erkennen den Seitenwechsel anhand einer horizontal ge-
strichelten Linie, sobald die Anzeige der verborgenen Zeichen eingeschaltet ist.

3 Tippen Sie jetzt auf der zweiten Seite weiteren Text ein.

4 Blättern Sie zur ersten Dokumentseite zurück.

Mit den obigen Schritten haben Sie Ihr Dokument so vorbereitet, dass dieses zwei Seiten enthält und eine Seitennummerierung Sinn macht. Jetzt gilt es die Seitennummer in das Dokument einzufügen.

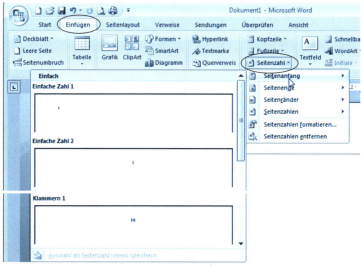

1 Wählen Sie in der Multifunktionsleiste die Registerkarte *Einfügen*, und öffnen Sie das Menü der Schaltfläche *Seitenzahl*.

2 Wählen Sie im angezeigten Menü einen der Befehle wie *Seitenanfang, Seitenende* etc., und klicken Sie im Untermenü auf eine der eingeblendeten Vorlagen für die Seitennummerierung.

Je nach gewähltem Befehl legt Word dann das Feld für die Seitennummerierung in der Kopf- oder Fußzeile oder am Rand ab. Im Untermenü lässt sich zudem über die Vorlage bestimmen, ob die Seitennummer links, rechts oder zentriert einzufügen ist. Anschließend zeigt Word die Seitennummer an der betreffenden Position auf den Seiten an.

Hinweis

Möchten Sie den Startwert der Seitennummerierung ändern oder spezielle Seitenformate nutzen? Dann wählen Sie im Menü der Schaltfläche *Seitenzahl* den Befehl *Seitenzahlen formatieren*. Im dann angezeigten Dialogfeld lässt sich der Startwert für die Seitennummer eintragen oder das Zahlenformat für die Seitennummerierung anpassen. Weiterhin besteht die Möglichkeit, den Befehl *Feld* im Menü der Schaltfläche *Schnellbausteine* zu wählen. Im Dialogfeld *Feld* (siehe auch vorhergehende Seiten zum Thema »Datum einfügen«) lässt sich über die Kategorie *Nummerierung* das Feld *Page* in den Text einfügen. Word ergänzt dieses Feld durch eine laufende Seitennummer. Möchten Sie neben der aktuellen Seitennummer auch die Gesamtseitenzahl des Dokuments in der Art »Seite 1 von 2« anzeigen? Dann fügen Sie zusätzlich das Feld »NumPages« der Kategorie »*Dokumentinformationen*« in den Text ein.

Gestalten einer Telefonliste

Abschließend sollten Sie noch einige **Techniken zur Gestaltung von Listen** kennenlernen. Als Beispiel wird eine kleine Telefonliste dienen, die privat oder geschäftlich einsetzbar ist. Um diese Liste zu erstellen, greifen Sie am besten auf eine Tabelle zurück. Die Techniken zum Erstellen von Tabellen haben Sie ja bereits kennengelernt.

1 Öffnen Sie ein neues leeres Dokument.

2 Legen Sie eine Tabelle mit mindestens vier Spalten und zwei Zeilen an.

3 Tippen Sie in die erste Zeile die Tabellenüberschriften ein.

Die Tabelle könnte dann in etwa folgendes Aussehen aufweisen.

Name¤	Vorname¤	Anrede¤	☎Telefon¤	¤
¤	¤	¤	¤	¤

Bei Bedarf lässt sich die Kopfzeile fett formatieren.

Sonderzeichen und Symbole einfügen

Ist Ihnen das Telefonsymbol in der letzten Tabellenspalte aufgefallen? In vielen Schriftstücken sieht man solche Sonderzeichen (z. B. einen stilisierten Brief, ein Telefon etc.). Diese Symbole lassen sich mit wenigen Schritten in den Text einfügen.

1 Klicken Sie an die Textstelle, an der das betreffende Symbol einzufügen ist.

2 Wählen Sie in der Multifunktionsleiste die Registerkarte *Einfügen*.

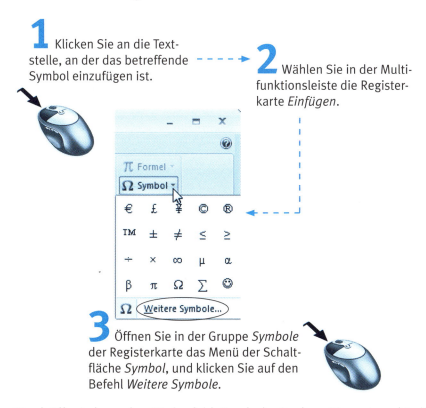

3 Öffnen Sie in der Gruppe *Symbole* der Registerkarte das Menü der Schaltfläche *Symbol*, und klicken Sie auf den Befehl *Weitere Symbole*.

Word öffnet dann das Dialogfeld *Symbole*, in dem Sie unterschiedliche Symbole aus verschiedenen Schriftarten auswählen können.

4 Aktivieren Sie in dem von
Word geöffneten Dialogfeld *Symbol* die Registerkarte *Symbole*.

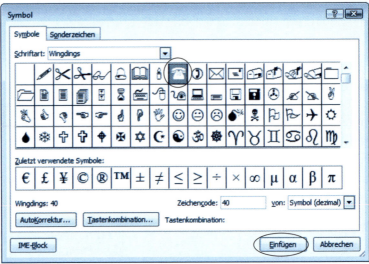

5 Wählen Sie im Listenfeld *Schriftart* die gewünschte Schriftart aus.

Symbole finden Sie insbesondere in der Schriftart »Wingdings«.

6 Suchen Sie das
gewünschte Symbol in der
Tabelle, und markieren Sie
dieses per Mausklick.

7 Klicken Sie jetzt auf
die Schaltfläche *Einfügen*
und dann auf die Schaltfläche *Abbrechen*.

Word hat jetzt das von Ihnen gewählte Sonderzeichen in den Text eingefügt. Sie können dieses Symbol wie andere Texte formatieren, kopieren und auch wieder löschen.

Tabellenelemente bearbeiten

Haben Sie die Tabellenüberschrift eingegeben und entsprechend formatiert? Dann können Sie jetzt die Namen samt Telefonnummern in die Liste eintragen. Das Ergebnis könnte dann folgendermaßen aussehen.

Name¤	Vorname¤	Anrede¤	☎·Telefon¤	¤
Born¤	Klaus¤	Herr¤	7346¤	¤
Braun¤	Dieter¤	Herr¤	7458¤	¤
Daum¤	Willi¤	Herr¤	7192¤	¤
Eigner¤	Agnes¤	Frau¤	7374¤	¤
Immer¤	Inge¤	Frau¤	7111¤	¤

Vielleicht ist bei Ihnen diese Liste etwas länger. Für die weiteren Schritte genügt das obige Beispiel. Wenn Sie mit Listen arbeiten, werden Sie früher oder später auf die Frage stoßen: Wie lässt sich die **Tabelle anpassen**? Manchmal ist eine Zeile/Spalte einzufügen. Ein anderes Mal soll die Spalte oder Zeile gelöscht werden. Im Prinzip beherrschen Sie diese Techniken schon:

- Die **Breite einer Tabellenspalte** lässt sich durch Ziehen des Spaltentrenners **anpassen**. Sie setzen den Mauszeiger einfach auf die Trennlinie zwischen zwei Zellen und ziehen die Trennlinie bei gedrückter linker Maustaste nach links/rechts. Sie müssen nur darauf achten, dass keine Zelle markiert ist. Andernfalls bezieht sich die Größenänderung nur auf den markierten Zellbereich. Hier noch ein paar Tipps zur schnelleren Bearbeitung von Tabellen.

- Markieren lassen sich die Tabellenzellen, indem Sie auf die erste Zelle klicken und dann die Maus über die restlichen Zellen ziehen.

- Um eine ganze Tabellenzeile schnell zu markieren, klicken Sie einfach links neben den Tabellenanfang.

- Eine Tabellenspalte markieren Sie durch einen Mausklick auf die oberste Linie des Spaltenkopfes.

■ Eine markierte Tabellenzeile oder -spalte können Sie mit den nebenstehend gezeigten Schaltflächen der Gruppe *Zwischenablage* auf der Registerkarte *Start* der Multifunktionsleiste ausschneiden, kopieren und wieder einfügen.

Auch diese Technik kennen Sie bereits aus *Kapitel 2*, wo das Ausschneiden, Kopieren und Einfügen von Textstellen besprochen wurde.

Hinweis

Alternativ lassen sich auch Tastenkombinationen wie `Strg`+`X` (Ausschneiden), `Strg`+`C` (Kopieren) und `Strg`+`V` (Einfügen) verwenden. Um den Inhalt aller markierten Zellen zu löschen, drücken Sie einfach die Taste `Entf`. Die Zellstruktur (also der Tabellenaufbau an sich) bleibt bei diesem Schritt erhalten. Eine Änderung können Sie mit der Schaltfläche *Rückgängig* bzw. mit der Tastenkombination `Strg`+`Z` wieder zurücknehmen.

Müssen Sie die Zellen einer Tabellenspalte nachträglich teilen, oder möchten Sie benachbarte Zellen vereinen? Auch kein Problem.

1 Markieren Sie die Tabellenspalte(n) der Tabelle, deren Zellen zu teilen (bzw. zu vereinen) sind.

2 Wählen Sie in der Multifunktionsleiste die Registerkarte *Layout* und in der Gruppe *Zusammenführen* die gewünschte Schaltfläche.

Über die Schaltfläche *Zellen teilen* lassen sich die Zellen der markierten Spalte teilen. Mit der Schaltfläche *Zellen zusammenführen* werden die Zellen der markierten Spalten zu einer Zelle vereint. Die Schaltfläche *Tabelle teilen* ermöglicht Ihnen, eine Tabelle an der markierten Zeile in zwei Teiltabellen zu trennen. Dies ist hilfreich, falls die Tabelle mehr als eine Seite umfasst.

Hinweis

Weiter oben hatte ich Ihnen gezeigt, wie Sie einfache Tabellen mit der Schaltfläche *Tabelle* und der Palette *Tabelle einfügen* der Gruppe *Tabellen* auf der Registerkarte *Einfügen* der Multifunktionsleiste anlegen. Bei komplexeren Tabellen empfiehlt es sich aber, die Schaltfläche *Tabellen* anzuklicken und dann im eingeblendeten Menü den Befehl *Tabelle zeichnen* zu wählen. Anschließend können Sie die Tabelle quasi mit dem »Stift« zeichnen. Sobald der Modus zum Zeichnen der Tabelle aktiv ist, blendet die Multifunktionsleiste die Registerkarte *Entwurf* ein. Dort finden Sie in der Gruppe *Rahmenlinien zeichnen* nicht nur Elemente zum Anpassen der Stiftfarbe. Sie können die Schaltfläche *Tabelle zeichnen* dort erneut anklicken, um zum Textbearbeitungsmodus zurückzukehren. Die Schaltfläche *Radierer* ermöglicht Ihnen, Tabellenzellen zu löschen (einfach auf die Linien der Zellränder klicken).

Tabelle sortieren

Eine Telefonliste wird üblicherweise nach dem Namen sortiert. Schnell ist beim Eintippen ein Fehler passiert, und die alphabetische Auflistung stimmt nicht mehr. Um die **Tabelle nach** dem **Inhalt** einer bestimmten **Spalte** zu **sortieren**, gehen Sie folgendermaßen vor:

1 Klicken Sie auf eine Zelle der Tabelle, oder markieren Sie die betreffende(n) Tabellenspalte(n) bzw. Zellen.

2 Holen Sie in der Multifunktionsleiste die Registerkarte *Start* in den Vordergrund, und klicken Sie in der Gruppe *Absatz* auf die Schaltfläche *Sortieren*.

Word blendet dann das Dialogfeld *Sortieren* im Vordergrund des Dokumentfensters ein.

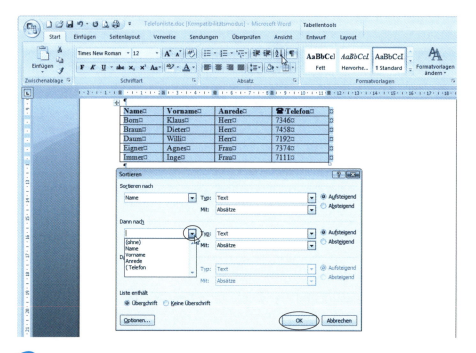

3 Geben Sie in das Dialogfeld *Sortieren* die Sortierkriterien ein, und legen Sie die restlichen Sortieroptionen im Dialogfeld fest.

- - - - →

4 Klicken Sie auf die *OK*-Schaltfläche, um das Dialogfeld zu schließen und die Sortierung anzuwenden.

Sobald das Dialogfeld geschlossen wird, sortiert Word den Inhalt der Tabelle nach den gewählten Kriterien.

Hinweis

Sie können bis zu drei Spalten der Tabelle über Listenfelder wie *Sortieren nach*, *Dann nach* etc. angeben. Enthält die Tabelle keine Überschriften, aktivieren Sie das Optionsfeld *Keine Überschrift*. In diesem Fall werden im Feld *Sortieren nach* die Begriffe »Spalte1«, »Spalte2« etc. eingeblendet. Im Feld *Typ* legen Sie fest, ob die Spalte Text, Zahlen oder Datumswerte enthält. Über die Optionsfelder *Aufsteigend* bzw. *Absteigend* geben Sie die Sortierrichtung an. Mit der Schaltfläche *Optionen* rufen Sie ein weiteres Dialogfeld auf. In diesem Dialogfeld lässt sich beispielsweise die Landessprache wählen, nach der die Sortierung vorzunehmen ist. Standardmäßig verwendet Word die Sortierreihenfolge der deutschen Sprache.

Tabellengestaltung mit AutoFormat

Möchten Sie die Tabelle noch besonders gestalten (z. B. mit Hintergründen oder farblichen Hervorhebungen)? Word 2007 stellt Ihnen hierzu verschiedene Tabellenformatvorlagen bereit, über die Sie ein AutoFormat vornehmen können.

1 Markieren Sie die mit der Tabellenformatvorlage zu formatierende Tabelle.

2 Wählen Sie in der Multifunktionsleiste auf der automatisch eingeblendeten Registerkarte *Entwurf* eine der Vorlagen in der Gruppe *Tabellenvorlagen*.

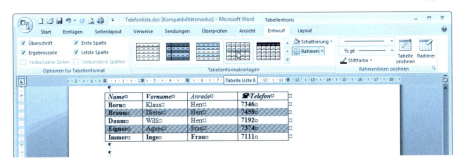

Die Gruppe *Tabellenvorlagen* ist als Katalog ausgeführt. Zeigen Sie auf eine der stilisierten Tabellen, ändert Word bereits das Tabellenformat gemäß der betreffenden Tabellenformatvorlage. Das Format wird aber erst permanent zugewiesen, sobald Sie auf die Tabellenformatvorlage des Katalogs klicken. Über die Bildlaufpfeile am rechten Rand der Gruppe können Sie zwischen den Vorlagen blättern.

Hinweis

Zur leichteren Auswahl der Tabellenformatvorlagen können Sie am rechten Gruppenrand auf die unterste Schaltfläche der Bildlaufleiste klicken. Word blendet dann den Katalog *Einfache Tabellen* mit allen Vorlagen und zusätzlichen Befehlen im Vordergrund des Dokumentfensters ein. Über den Befehl *Tabellenformatvorlage* des Katalogs können Sie einen Zusatzdialog öffnen, in dem sich die Optionen für das Tabellenformat festlegen lassen. Um die **Formatierung** der **Tabelle** wieder **aufzuheben**, führen Sie die obigen Schritte erneut aus, wählen aber als Formatvorlage »Tabellengitternetz«.

Testen Sie Ihr Wissen

Nachdem Sie dieses Kapitel durchgearbeitet haben, können Sie bereits fast alles, um mit Word zu arbeiten. Zumindest können Sie die am häufigsten benutzten Dokumente erstellen. Möchten Sie Ihr bisheriges Wissen nochmals überprüfen, dann beantworten Sie die folgenden Fragen (die Lösungen finden Sie in Klammern).

■ **Erstellen Sie eine Vorlage für ein Rechnungsformular.**

(Legen Sie die Rechnung wie in diesem Kapitel beschrieben als Dokument an, und speichern Sie das Dokument als Dokumentvorlage.)

■ **Wie können Sie einen Brief mittels einer eigenen Vorlage erstellen?**

(Wählen Sie im Menü der *Office*-Schaltfläche den Befehl *Neu*. Im Dialogfeld *Neue Vorlagen* wählen Sie die Kategorie *Meine Vorlagen*. Dann klicken Sie im Dialogfeld *Neu* auf die gewünschte Dokumentvorlage und dann auf die Schaltfläche OK. Schreiben Sie den Brief, und speichern Sie diesen wie ein normales Dokument.)

■ **Erstellen Sie eine Textseite mit einer Tabelle.**

(Wählen Sie auf der Registerkarte *Einfügen* der Multifunktionsleiste die Schaltfläche *Tabelle*, und markieren Sie die Zahl der Zeilen und Spalten. Anschließend können Sie die Tabelle durch Anklicken der Zelle in der rechten unteren Ecke und Drücken der [Tab]-Taste um weitere Zeilen ergänzen.)

■ **Kopieren Sie eine Spalte in der Tabelle. Wiederholen Sie dies mit einer Zeile. Machen Sie diese Änderungen wieder rückgängig.**

(Klicken Sie auf den Spaltenkopf – d. h. auf die Gitternetzlinie am oberen Tabellenrand –, um die Spalte zu markieren. Kopieren Sie die Spalte mit [Strg]+[C] in die Zwischenablage, und fügen Sie den Inhalt anschließend mit [Strg]+[V] wieder in die Tabelle ein. Markieren Sie jetzt den Zeilenkopf über die Gitternetzlinie am linken Tabellenrand, und drücken Sie erneut die beschriebenen Tastenkombinationen. Zum Aufheben der Korrekturen verwenden Sie die Tastenkombination [Strg]+[Z].)

Definieren Sie einen AutoText-Eintrag »Liebe Frau«, und legen Sie diesen unter »lf« ab.

(Geben Sie den Text »Liebe Frau« ein, und markieren Sie diesen. Drücken Sie die Tastenkombination [Alt]+[F3], setzen Sie im Dialogfeld *Neuen Baustein erstellen* den Wert des Textfelds *Name* auf »lf«, und klicken Sie auf die *OK*-Schaltfläche.)

Erstellen Sie eine Tabelle, bei der nur die horizontalen Linien dargestellt werden.

(Legen Sie eine Tabelle über die Schaltfläche der Registerkarte *Tabelle* der Registerkarte *Einfügen* der Multifunktionsleiste an. Markieren Sie eine Tabellenzeile, und wählen Sie in der Multifunktionsleiste auf der Registerkarte *Entwurf* im Menü der Schaltfläche *Rahmen* den Befehl *Rahmenlinie unten.* Wiederholen Sie dies mit den restlichen Zeilen.)

Sortieren Sie die Tabelle nach der letzten Spalte.

(Klicken Sie auf die Tabelle, und wählen Sie auf der Registerkarte *Start* der Multifunktionsleiste die in der Gruppe *Absatz* angezeigte Schaltfläche *Sortieren.* Geben Sie im Dialogfeld *Sortieren* im Listenfeld *Sortieren nach* als Sortierschlüssel die letzte Spalte an.)

Erstellen Sie eine Liste mit zwei durch Tabulatorzeichen getrennte Spalten, und probieren Sie die unterschiedlichen Tabstopp-Varianten aus.

(Geben Sie den Text der Spalten, ohne Verwendung einer Tabelle, zeilenweise ein. Legen Sie die Spalten durch Drücken der [⇄]-Taste an.)

Summieren Sie eine Tabellenspalte.

(Klicken Sie auf die unterste Zelle der Tabellenspalte, die die Werte enthält. Klicken Sie in der Multifunktionsleiste auf den Registerreiter *Einfügen*, wählen Sie in der Gruppe *Text* die Menüschaltfläche *Schnellbausteine,* und klicken Sie den Menübefehl *Feld* an. Klicken Sie im gleichnamigen Dialogfeld auf die Schaltfläche *Formeln*, und tragen Sie im Dialogfeld *Formeln* die gewünschte Summenformel, z. B. =SUM(C1:C3), in das Feld *Formel* ein. Schließen Sie das Dialogfeld über die *OK*-Schaltfläche.)

Das können Sie schon

Das lernen Sie neu

Kapitel 4

Texteffekte und Grafik in Word

In den vorhergehenden Kapiteln haben Sie die Grundfunktionen von Word kennengelernt. Aber das Programm kann wesentlich mehr. Natürlich bleibt in diesem Buch kein Platz, um alle Funktionen zu beschreiben. Zumindest das Einbinden von Grafiken oder Zeichnungen in Textdokumente sollten Sie aber beherrschen. In diesem Kapitel erfahren Sie, wie Sie Zeichnungen erstellen und Grafiken in Dokumente einbinden.

Texteffekte und Grafiken

Häufig werden Dokumente mit einem Logo oder einem Bild versehen. Für diesen Zweck bietet Ihnen Word verschiedene Funktionen. Sie können sowohl Grafiken einbinden als auch mit den Word-Zeichenwerkzeugen arbeiten. In diesem Lernschritt sollen Sie die wichtigsten Techniken zum Arbeiten mit Grafiken in Word kennenlernen.

Eine Textzeile schattieren

Erstellen Sie ggf. einen Einladungstext, der in der Titelzeile den Text »Einladung ...« enthält. Wie wäre es, wenn Sie diese Einladung etwas pfiffiger gestalten. Im ersten Schritt soll die Titelzeile mit einem grauen Balken hinterlegt werden. In Word lässt sich Derartiges über die Funktion *Schattierung* durchführen.

1 Laden Sie das Dokument mit der Einladung und der Einladungszeile oder öffnen Sie einen bereits bestehenden Text aus einer Datei.

2 Markieren Sie die erste Zeile einschließlich der Absatzmarke.

3 Klicken Sie in der Multifunktionsleiste auf der Registerkarte *Start* in den Gruppe *Absatz* auf das kleine Dreieck der Menüschaltfläche *Schattierung*.

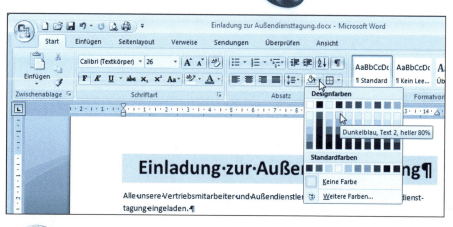

Sobald Sie auf die Farbfelder des eingeblendeten Farbkatalogs zeigen, sehen Sie bereits die Auswirkungen der Schattierungsfunktion im Text.

4 Klicken Sie im eingeblendeten Katalog der Schaltfläche *Schattierung* auf das gewünschte Farbfeld.

Word stellt den Text anschließend mit einem schattierten Hintergrund in der gewählten Farbe dar.

Hinweis

Um die Schattierung wieder aufzuheben, führen Sie die obigen Schritte erneut aus. Wählen Sie im Katalog den Befehl *Keine Farbe*.

Neben Tabellen können Sie auch Texte mit Rahmenlinien auszeichnen. Um Überschriften oder ganze Absätze mit einem Rahmen zu versehen, müssen Sie diese markieren. Dann können Sie in der Multifunktionsleiste der Gruppe *Absatz* der Registerkarte *Start* die Menüschaltfläche *Rahmen* wählen und im eingeblendeten Menü einen der Befehle wie *Rahmenlinie außen* zuweisen.

Möchten Sie eine Tabelle schattieren? Markieren Sie die betreffenden Tabellenzellen, und wechseln Sie zur Registerkarte *Entwurf* der Multifunktionsleiste. Dann finden Sie dort die Menüschaltfläche *Schattierung*, über deren Katalog Sie den Zellhintergrund mit einer Farbe als Schattierung versehen können.

ClipArts in den Text einfügen

Ein Bild kann zur Auflockerung des Dokuments beitragen. Word ermöglicht Ihnen, sowohl Grafikdateien als auch Zeichnungselemente sowie ClipArts in ein Dokument einzufügen. Um eine ClipArt in den Text einzufügen, führen Sie die folgenden Schritte aus:

Hinweis

Der Unterschied zwischen Grafikdateien und ClipArts besteht in der Speicherung der Daten. ClipArts werden in einem speziellen von Microsoft definierten Format gespeichert. Grafikdateien können in verschiedenen Formaten vorliegen. Word unterscheidet beim Einfügen einer Grafik zwischen ClipArts und Grafikdateien. Zeichnungselemente (AutoFormen) werden direkt durch Word-Funktionen in den Text eingefügt. Das Programm stellt für diese Varianten getrennte Befehle zum Einfügen zur Verfügung.

1 Klicken Sie an die Stelle im Dokument, an der die ClipArt eingefügt werden soll.

2 Wechseln Sie in der Multifunktionsleiste zur Registerkarte *Einfügen,* und klicken Sie in der Gruppe *Illustrationen* auf die Schaltfläche *ClipArt.*

Word öffnet jetzt den Aufgabenbereich *ClipArt.* Hier können Sie die Optionen zur Auswahl der ClipArts wählen.

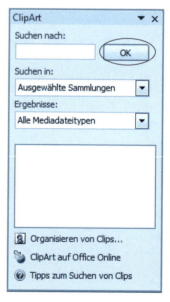

3 Tippen Sie ggf. einen Suchbegriff für einen ClipArt-Namen in das Textfeld *Suchen nach* ein. Sie können das Listenfeld *Suchen in* öffnen und die Kontrollkästchen der gewünschten Kategorien markieren, in denen nach der ClipArt zu suchen ist. Legen Sie auf die gleiche Art die Mediendatentypen (ClipArt, Bilder, Videos) über das Feld *Ergebnisse* fest.

4 Klicken Sie auf die *OK*-Schaltfläche, um die Suche in der ClipArt-Bibliothek zu starten.

Hinweis

Über den Hyperlink *Organisieren von Clips* des Aufgabenbereichs lässt sich ein separates Dialogfeld öffnen. Dort werden alle gefundenen ClipArts, Grafikdateien etc. geordnet nach Kategorien übersichtlich dargestellt.

Word wird jetzt in den Mediendaten nach geeigneten ClipArts suchen. Ist nichts in das Feld *Suchen nach* eingetragen, werden alle ClipArt-Einträge im Aufgabenbereich aufgeführt.

5 Klicken Sie auf die gewünschte ClipArt, um diese in den Text zu übernehmen, und schließen Sie dann den Aufgabenbereich über die Schaltfläche ×.

tagung eingeladen.¶

6 Klicken Sie im Dokument auf das eingefügte ClipArt-Bild.

7 Anschließend können Sie
die Bildgröße durch Verschieben der Ziehmarken anpassen.

Hinweis

Sie sollten eine Grafik in Word in einen eigenen Absatz einfügen. Der Text wird
dann ober- und unterhalb der Grafik angeordnet. Außerdem können Sie die
Grafik zentriert ausrichten. Möchten Sie dagegen eine **Grafik** rechts oder links
neben den **Text platzieren**? Um Grafiken oder ClipArts einfacher neben einem
Text positionieren zu können, verwende ich meist eine Tabelle mit einer Zeile
und zwei Spalten, bei der der Rahmen aufgehoben wurde. Dann lässt sich eine
Tabellenzelle markieren und das Grafikelement einfügen. Die andere Tabellenzelle ermöglicht Ihnen, weiteren Text rechts oder links neben das Grafikelement
einzutragen, ohne sich um die Positionierung des Bildes kümmern zu müssen.
Dies wurde hier im Beispiel ebenfalls genutzt.

So werden Grafikdateien eingefügt

Möchten Sie keine ClipArt, sondern eine Bilddatei als Grafik in das Dokument einbinden, gehen Sie in folgenden Schritten vor:

1 Klicken Sie
an die Stelle im
Dokument, an die
die Grafik einzufü-
gen ist.

2 Wechseln Sie in der Multifunktionsleiste zur Registerkarte *Einfügen*, und
klicken Sie in der Gruppe *Illustrationen*
auf die Schaltfläche *Grafik*.

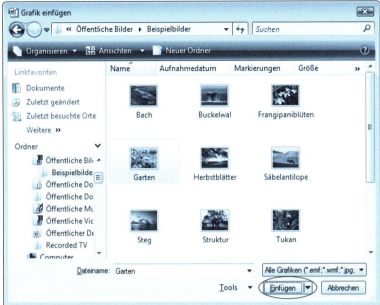

3 Wählen Sie im Dialogfeld *Grafik einfügen* den Ordner und dann die Grafikdatei aus, und klicken Sie auf die Schaltfläche *Einfügen*.

Hinweis

Über das kleine Dreieck neben der Schaltfläche *Einfügen* können Sie ein Menü mit Optionen zum Einfügen öffnen. Der Befehl *Mit Datei verknüpfen* bewirkt beispielsweise, dass Word nur einen »Verweis« auf die Grafikdatei mit dem Dokument speichert, statt die Grafikdatei einzufügen. Öffnen Sie das Dokument, liest Word die Grafikdatei automatisch im Hintergrund ein. Der Vorteil dieses Ansatzes: Die Dokumentdateien werden kleiner, und bei Änderungen am Bild wirken sich diese beim Laden automatisch aus. Der Nachteil: Fehlt die Bilddatei, oder wurde sie verschoben, wird dieses auch nicht mehr im Dokument angezeigt. Über die zweite Menüschaltfläche (rechts neben dem Feld *Dateiname*) lässt sich das Grafikformat zur Auswahl der Grafikdateien vorgeben. Standardmäßig sollten Sie diese Einstellung aber auf »Alle Grafiken« belassen.

Die im Dokument eingefügte Grafik können Sie wie ein ClipArt-Bild in der Größe verändern und im Dokument positionieren.

Zeichnen in Word

Word bietet Ihnen zusätzlich die Möglichkeit, über die Funktion *Formen* einfache Striche, Pfeile etc. oder Flächen (Formen) in den Text einzufügen. Die Funktion *SmartArt* ermöglicht Ihnen, spezielle Grafiken (z. B. Pyramiden, Elemente von Ablaufdiagrammen etc.) in das Dokument einzufügen. Weiterhin lassen sich Texte über die Funktion *WordArt* mit speziellen Effekten versehen. Nachfolgend finden Sie eine kurze Übersicht über diese Funktionen.

Zeichnen in Word mit der Funktion Formen

Word besitzt die Funktion *Formen*, mit der sich direkt im Dokumentbereich zeichnen lässt. Sie können über diese Funktion auch komplette Formen abrufen und im Dokument ablegen.

1 Holen Sie in der Multifunktionsleiste die Registerkarte *Einfügen* in den Vordergrund, und öffnen Sie in der Gruppe *Illustrationen* das Menü der Schaltfläche *Formen*.

2 Wählen Sie in der Palette mit den Autoformen eine der gewünschten Formen (z. B. eine Form in der Rubrik *Linien* oder *Sterne und Banner*).

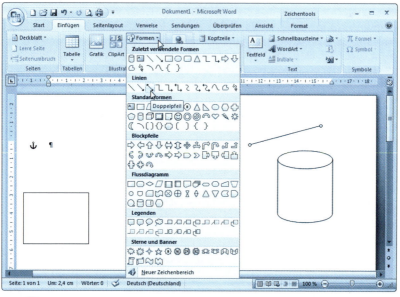

3 Klicken Sie im Dokument auf die gewünschte Position des Zeichenelements. ------→ **4** Ziehen Sie mit der Maus das Zeichenelement auf, um dessen Größe festzulegen.

Sobald Sie die Maustaste loslassen und das Element gezeichnet wurde, erscheint in der Multifunktionsleiste die Registerkarte *Format* im Vordergrund.

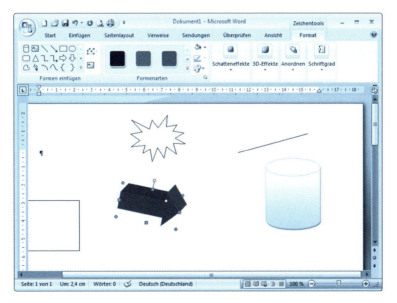

In den Gruppen dieser Registerkarte finden Sie Schaltflächen, um weitere Formen einzufügen (z. B. Gruppe *Formen einfügen*). In der Gruppe *Formenarten* können Sie Farben und Formen über den Katalog abrufen. Die Gruppe enthält am rechten Rand drei Schaltflächen. Die Schaltfläche *Fülleffekt*

öffnet einen Katalog, über dessen Farbpalette und Befehle Sie die Füllfarbe bzw. den Füllmodus definiert können. Mit der Schaltfläche *Formkontur* öffnen Sie einen Katalog, über dessen Farbpalette und Menübefehle Sie die Farbe und Breite der Umrisslinie sowie die Linienart definieren. Die Schaltfläche *Form ändern* öffnet das Menü mit den Formen. Klicken Sie eine neue Form im Menü an, ändert Word die im Dokument aktuell markierte Form in das neu gewählte Element. Die restlichen Schaltflächen der Registerkarte ermöglichen Ihnen, Menüs und Kataloge zu öffnen, um Schatteneffekte, 3D-Effekte, die Anordnung der Elemente und den Schriftgrad von beschrifteten Elementen anzupassen.

Hinweis

Klicken Sie auf das Element, hebt Word dieses mit Ziehmarken hervor. Sie können das Element anschließend per Maus im Dokument verschieben, in der Größe verändern oder durch Drücken der ⌨Entf⌨-Taste löschen. Einer der runden Punkte ist grün eingefärbt. Ziehen Sie diesen per Maus, wird das Zeichenelement gedreht. Über die Schaltfläche *Textfeld* des *Formen*-Menüs können Sie anschließend diese Zeichenelemente mit Texten überlagern und beschriften. Formatieren lassen sich die Zeichenelemente, indem Sie diese mit der rechten Maustaste anklicken und den Kontextmenübefehl *AutoForm formatieren* wählen.

SmartArt-Grafiken in Word nutzen

Zur Gestaltung von Präsentationen und Berichten werden häufig Pyramiden, Blockdiagramme und Ähnliches eingesetzt. Mit der Funktion SmartArt bietet Word eine komfortable Möglichkeit, solche Elemente in ein Textdokument einzufügen.

1 Holen Sie in der Multifunktionsleiste die Registerkarte *Einfügen* in den Vordergrund, und klicken Sie in der Gruppe *Illustrationen* auf die Schaltfläche *SmartArt*.

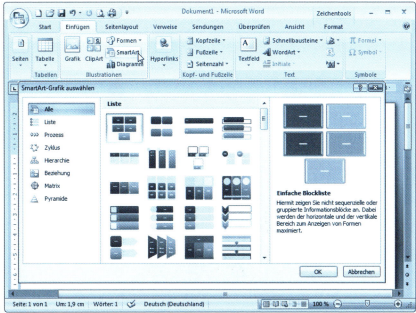

2 Wählen Sie im Dialogfeld *SmartArt-Grafik auswählen* eine der Kategorien in der linken Spalte, klicken Sie dann in der Liste auf die gewünschte Variante, und schließen Sie das Dialogfeld über die *OK*-Schaltfläche.

Word fügt die gewählte SmartArt-Grafik als Element in das Textdokument ein und versieht es mit einem Markierungsrahmen. Klicken Sie auf die als »Anfasser« ausgebildete Schaltfläche am linken Rand des Markierungsrahmens, öffnet sich ein Fenster, in dem Sie die Platzhalter zur Beschriftung der SmartArt-Grafik mit neuem Text versehen können. In der bei angewählter SmartArt-Grafik in der Multifunktionsleiste eingeblendeten Registerkarte *Entwurf* finden Sie in der Gruppe *SmartArt-Formatvorlagen* zudem einen Katalog, über den Sie die Formen des Elements (z. B. mit oder ohne Farbverläufe) anpassen können. Der Katalog der Schaltfläche *Farben ändern* ermöglicht Ihnen, dem Element verschiedene Farbkombinationen zuzuweisen.

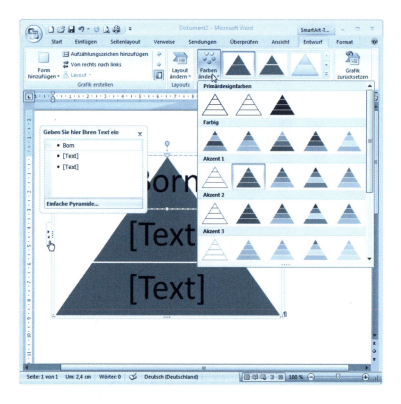

Spezialeffekte mit WordArt

Gelegentlich sieht man Texte, die mit Spezialeffekten verbogen oder in 3D-Darstellung auf einem Blatt angeordnet wurden. Diese Effekte lassen sich mit der Funktion WordArt erzeugen. Wie dies funktioniert, möchte ich jetzt an einer Überschrift zeigen.

1 Öffnen Sie ein Word-Dokument, geben Sie eine Überschriftzeile mit dem gewünschten Text ein, und markieren Sie diesen Text.

2 Wechseln Sie in der Multifunktionsleiste zur Registerkarte *Einfügen*, und klicken Sie in der Gruppe *Text* auf die Schaltfläche *WordArt*.

3 Klicken Sie in der eingeblendeten WordArt-Palette auf eine der angebotenen Effekte.

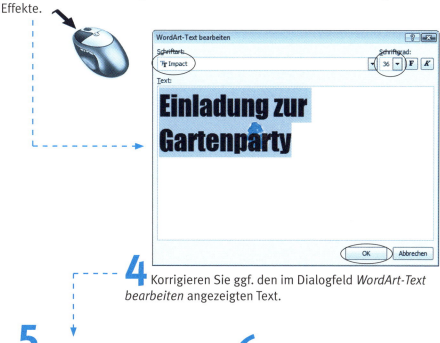

4 Korrigieren Sie ggf. den im Dialogfeld *WordArt-Text bearbeiten* angezeigten Text.

5 Legen Sie bei Bedarf noch die Schriftart und den Schriftgrad sowie die Formatierung fest.

6 Schließen Sie das Dialogfeld über die *OK*-Schaltfläche.

Word zeigt jetzt den eingegebenen **Text mit** dem gewählten **Schrifteffekt** im Dokument an.

Sie können diesen Schriftzug markieren, an beliebige Positionen verschieben oder in der Größe anpassen.

Durch Drücken der ⌷Entf⌷-Taste lässt sich der markierte **WordArt-Schriftzug** wieder **löschen**.

Testen Sie Ihr Wissen

Nachdem Sie dieses Kapitel durchgearbeitet haben, beherrschen Sie die meisten Grundfunktionen von Word und können bereits eine ganze Menge mit dem Programm »anstellen«. Für weitere Schritte sollten Sie auf die Programmhilfe oder zusätzliche Literatur zurückgreifen. Zur Kontrolle Ihres Wissens können Sie die nachfolgenden Fragen beantworten. Die Antworten dazu finden Sie in Klammern.

■ **Wie wird in Word eine Grafik in ein Dokument eingefügt?**

(Klicken Sie auf die Einfügestelle im Dokument, wechseln Sie in der Multifunktionsleiste zur Registerkarte *Einfügen*, und klicken Sie auf die Schaltfläche *Grafik* der Gruppe *Illustrationen*. Wählen Sie die gewünschte Grafikdatei, und klicken Sie auf die Schaltfläche *Einfügen*, oder verwenden Sie einen der per Menüschaltfläche abrufbaren Befehle.)

■ **Wie lassen sich ClipArts in ein Dokument einfügen?**

(Gehen Sie wie beim Einfügen einer Grafik vor, wählen aber auf der Registerkarte *Einfügen* die Schaltfläche *ClipArt*. Anschließend müssen Sie im Fenster *ClipArt* die *OK*-Schaltfläche anklicken und dann die gewünschte ClipArt auswählen.)

■ **Wie lassen sich Formen in ein Dokument einfügen?**

(Wählen Sie auf der Registerkarte *Einfügen* der Multifunktionsleiste die Menüschaltfläche *Formen* der Gruppe *Illustrationen*. Klicken Sie auf die Schaltfläche einer Form, und fügen Sie das Grafikelement durch Ziehen per Maus in den Dokumentbereich ein.)

Im nächsten Kapitel lernen Sie das in Microsoft Office enthaltene Programm Microsoft Excel kennen. Weitere Word-Funktionen (z. B. zum Erstellen von Serienbriefen) finden Sie in *Kapitel 8*.

Kapitel 5

Excel-Schnelleinstieg

Excel ist die Tabellenkalkulation des Microsoft Office-Pakets und lässt sich bei allen Aufgaben verwenden, die wiederkehrende Berechnungen und Analysen verlangen. In diesem Kapitel erfahren Sie, was eine Tabellenkalkulation ist, und lernen die wichtigsten Excel-Funktionen kennen. Sie können anschließend das Programm starten, eigene Kalkulationstabellen erstellen, drucken und speichern.

Excel-Einführung

Haben Sie noch nie mit Excel oder einem anderen Tabellenkalkulationsprogramm gearbeitet und fragen sich vielleicht, was eine Tabellenkalkulation überhaupt ist? In *Kapitel 1* ist nachzulesen, dass Excel Arbeitsblätter zur Aufnahme von Daten zur Verfügung stellt und Berechnungen mit diesen Daten ermöglicht. Sie könnten also eine »Kaffeekasse« mit Excel führen oder Budgetplanungen durchführen. Zum Einstieg schlage ich jedoch ein einfaches Beispiel vor, welches einerseits die Grundbegriffe vermittelt und andererseits für jeden nutzbar ist. Sie wundern sich, wo am Monatsende Ihr Geld geblieben ist? Zur Kontrolle tragen Sie zukünftig die **Ausgaben in** eine kleine **Liste** ein und berechnen täglich oder wöchentlich die Summe der Ausgaben.

Üblicherweise werden Sie die Einzelzahlen auf einem Blatt Papier in Form einer Tabelle notieren. Die Summe kommt dann in die unterste Zeile.

Ausgaben	
Miete	700,00
Nebenkosten	200,00
Strom etc.	70,00
Versicherung	100,00
Telefon	70,00
Lebensmittel	500,00
Taschengeld	90,00
Kleidung	300,00
Sonstiges	70,00
Summe	**2100,00**

Diese Tabelle zeigt Ihnen nicht nur die Summe der Ausgaben, sondern auch, wofür das Geld ausgegeben wurde. Hier wurde eine stark vereinfachte Liste benutzt – Sie können die Ausgaben aber wesentlich detaillierter gliedern.

Jedes Mal, wenn Sie neue Zahlen (auch als Daten bezeichnet) eintragen, werfen Sie den Taschenrechner an und ermitteln die Summe der Spalte. Bei einer monatlichen Auswertung lässt sich dies ja noch alles halbwegs handhaben. Aufwändig wird die Sache aber bei einer täglichen oder wöchentlichen Ausgabenberechnung. Sie können sich sicherlich zahlreiche Aufgaben (Kassenbuch, Reisekostenabrechnung, Gehaltsaufstellung für Aushilfen, Umsatzkontrolle, Kfz-Kostenübersicht etc.) vorstellen, wo ähnliche Anforderungen auftreten. Immer die gleichen Berechnungen durchzuführen ist eine stupide, fehleranfällige und im Grunde überflüssige Arbeit. Wiederkehrende **Berechnungen** lassen sich elegant mit einer **Tabellenkalkulation erledigen**. Sie tragen lediglich die betreffenden Zahlen (hier beispielsweise die Ausgaben) in eine Tabelle ein und geben einmalig die Rechenvorschriften vor. Anschließend berechnet Excel bei jeder Eingabe automatisch die gewünschten Ergebnisse und zeigt diese in der Tabelle an. Hier sehen Sie ein

Fenster von Excel, in dem ein Haushaltsbuch mit den Rubriken für Einnahmen und Ausgaben sowie für die Differenz als Tabelle dargestellt wird.

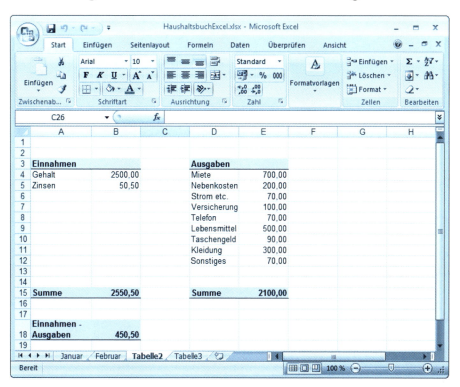

Der Benutzer braucht nur noch die Einnahmen und Ausgaben in die betreffende Spalte einzutippen. **Excel berechnet** dann **automatisch** die daraus resultierenden kumulierten **Summen** und zeigt diese sowie die Differenz aus Einnahmen und Ausgaben an. Die Ergebnisse liegen anschließend sauber als Tabelle vor und lassen sich speichern, drucken oder mit wenigen Mausklicks grafisch auswerten. Wie dies funktioniert, erfahren Sie auf den folgenden Seiten.

Das Excel-Fenster im Überblick

Nach dem Aufruf von Excel (siehe *Kapitel 1*) legt das Programm ein neues Dokument an und zeigt dieses im Anwendungsfenster. Ähnlich wie bei Microsoft Word oder anderen Windows-Programmen besteht dieses Fenster aus einem Dokumentbereich, der Multifunktionsleiste und der Statusleiste.

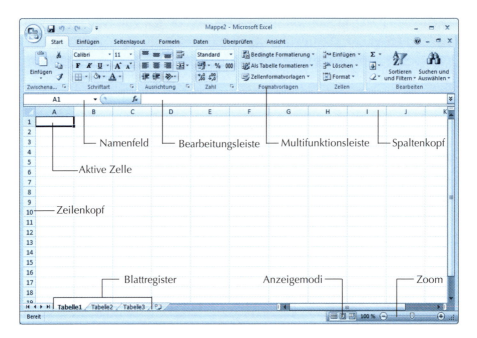

Über die Registerkarten der Excel-**Multifunktionsleiste** können Sie ähnlich wie bei Word die einzelnen Funktionen zur Gestaltung des Dokuments, zum Speichern, zum Drucken etc. abrufen. Die Benennung der Register-karten, Gruppen und Elemente stimmt dabei sogar in weiten Teilen mit der in Word überein. Einige der Schaltflächen auf den Registerkarten müssten Sie bereits von den vorherigen Kapiteln kennen, andere werden vielleicht neu für Sie sein.

Die **Bearbeitungsleiste** wird zwischen Multifunktionsleiste und Doku-mentbereich eingeblendet und enthält das **Namenfeld** zur Anzeige der aktuellen Zelle, mehrere Schaltflächen sowie den Bereich zur Bearbeitung des Zellinhalts der aktuell gewählten Zelle.

Der **Dokumentbereich** (das Innere des Fensters) **dient zur Aufnahme der Kalkulationstabellen.** Je nach Fenstergröße werden noch horizontale bzw. vertikale Bildlaufleisten zum Blättern im Dokumentbereich eingeblendet.

In der Statusleiste zeigt Ihnen Excel Hinweise darüber an, was gerade passiert. Meist steht in der linken Ecke der Text *Bereit*, d. h., Excel wartet auf eine weitere Eingabe von Ihnen. Tippen Sie etwas ein, wird der Text *Eingeben* sichtbar. Ermittelt Excel Ergebnisse für die Tabelle, erscheint kurzzeitig der Text *Berechnen*. Der Text *Bearbeiten* signalisiert eine Bearbeitung der Zelle. Zusätzlich kann diese Leiste noch einige zusätzliche Statusangaben enthalten. So finden Sie einen Schieberegler zum Anpassen des Zoom-Faktors vor oder Schaltflächen zum Umschalten der Tabellendarstellung.

> **Hinweis**
>
> Sie sehen, beim Arbeiten mit Windows- und Office-Programmen ist vieles gleich. Sie werden daher einiges, was Sie in den Word-Kapiteln gelernt haben, beim Arbeiten mit Excel wiederfinden.

... und das sollten Sie auch wissen

Bevor es richtig zur Sache geht, möchte ich Ihnen noch einige Grundbegriffe rund um Excel erläutern. Ohne diese Grundbegriffe ist es schwierig, die betreffenden Handlungsanweisungen zu verstehen. Nach dem Aufruf zeigt Excel ein Dokumentfenster mit einer leeren Tabelle an. Sie erkennen die Tabelle an den Gitternetzlinien (die Ihnen auch in Word bereits beim Bearbeiten der Tabellen begegnet sind). In Excel spricht man aber nicht von Tabellen, der korrekte Begriff lautet **Arbeitsblatt**.

Wenn Sie das Dokumentfenster genauer ansehen, stellen Sie fest, dass Excel drei leere Arbeitsblätter geladen hat.

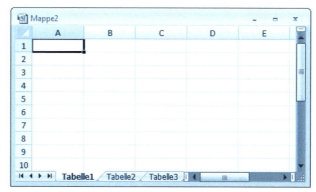

Am unteren Rand des Dokuments sehen Sie die drei Registerreiter mit den Bezeichnungen *Tabelle1* bis *Tabelle3*. Diese Registerreiter werden in Excel als **Blattregister** bezeichnet. Durch Anklicken dieser Blattregister können Sie auf die einzelnen Arbeitsblätter des Dokuments zugreifen. *Tabelle1* ist dabei der Name des ersten Arbeitsblatts.

Die einzelnen Arbeitsblätter werden in einem Excel-Dokument durch die Blattregister so ähnlich wie in der Ablagemappe einer Hängeregistratur angeordnet. Der Fachbegriff für ein Excel-Dokument lautet daher **Arbeitsmappe**. Diese Arbeitsmappe fasst alle Arbeitsblätter zu einem Dokument zusammen und speichert diese ggf. in einer Datei mit der Dateinamenerweiterung *.xls* (für das Dokumentformat, welches mit Excel 97 bis 2003 kompatibel ist) oder *.xlsx* (für das neue Excel 2007-Dokumentformat).

> **Hinweis**
>
> Ein Excel-Dokument kann beliebig viele solcher Arbeitsblätter aufnehmen (die Anzahl ist lediglich durch den verfügbaren Speicher begrenzt). Der Platz zur Anzeige aller Blattregister reicht in diesem Fall nicht aus, es werden nur einige benachbarte Blattregister dargestellt. Die vier Schaltflächen in der linken unteren Ecke des Dokumentfensters ermöglichen Ihnen, zwischen den Arbeitsblättern zu blättern, d. h., der sichtbare Ausschnitt aus der Menge der Blattregister wird jeweils verschoben. Die einzelnen Arbeitsblätter können dabei Tabellen, Diagramme oder andere Inhalte aufweisen. Standardmäßig legt Excel eine neue Arbeitsmappe mit drei leeren Arbeitsblättern an.

Ein Arbeitsblatt wird in einzelne Spalten und Zeilen unterteilt, wodurch sich die Tabelle ergibt. Die einzelnen Felder der Tabelle bezeichnet man dann als **Zellen**.

Eine dieser Zellen wird im aktuellen Arbeitsblatt mit einem schwarzen Rahmen hervorgehoben. Dies ist die **aktive Zelle**, d. h., Eingaben erfolgen in dieser Zelle.

Um eine Zelle anzuwählen und Eingaben zu tätigen, genügt es, diese mit der Maus anzuklicken und dann etwas einzutippen. Alternativ können Sie natürlich auch die Cursortasten verwenden, um zwischen den Zellen zu wechseln.

Taste	Bewegungsrichtung
↑	Eine Zelle höher
↓	Eine Zelle tiefer
←	Zelle nach links
→	Zelle nach rechts
⇥	Zelle nach rechts
⇧ + ⇥	Zelle nach links
Strg + ↑	Zur obersten Zeile
Strg + ↓	Zur letzten Zeile
Strg + ←	Zur ersten Spalte
Strg + →	Zur letzten Spalte

Drücken Sie bei der Eingabe die ⏎-Taste, wechselt die aktive Zelle ebenfalls eine Zeile oder Spalte weiter.

Befindet sich der Mauszeiger im Bereich der Tabelle, nimmt dieser die nebenstehend gezeigte Form eines kleinen Kreuzes an.

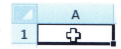

Immer wenn Sie diese Form des Mauszeigers sehen, bedeutet dies, dass Excel auf eine Aktion im Arbeitsblatt (z. B. Markieren einer Zelle, Eingabe eines Werts etc.) wartet. Zeigen Sie dagegen im Excel-Fenster in der Multifunktionsleiste auf eine Schaltfläche oder ein anderes Element außerhalb der Tabelle, ist wieder der gewohnte Pfeil als Mauszeiger zu sehen.

> **Hinweis**
>
> Dieses Verhalten bezüglich der Änderung des Mauszeigers kennen Sie bereits von Word. Dort nimmt der Mauszeiger im Dokumentbereich beispielsweise die Form des Textcursors an. Zum **Blättern** im **Arbeitsblatt** lassen sich die Bildlaufleisten verwenden.

Für das Arbeiten mit Excel ist auch die **Adressierung der Zellen** innerhalb des Arbeitsblatts wichtig. Bei Berechnungen müssen Sie festlegen, auf welche Zellen sich diese beziehen. Ein Blick in das Dokumentfenster zeigt, dass die **Spalten** mit den Buchstaben A, B etc. bezeichnet sind. Die **Zeilen** tragen aufsteigende **Nummern** (1, 2, 3 etc.). Ein Arbeitsblatt kann in Excel 2007 maximal 16.384 Spalten und 1.048.576 Zeilen aufweisen.

Um die Lage einer Zelle – auch als Adresse bezeichnet – innerhalb des Arbeitsblatts eindeutig zu beschreiben, gibt man die Spalte und die Zeile an. Sie werden diese Art der Adressierung noch häufiger finden.

Die Zelle in der linken oberen Ecke des Kalkulationsblatts besitzt dann die Adresse A1 (d. h. Spalte A und Zeile 1).

Excel hebt die betreffenden Spalten- und Zeilenköpfe farbig hervor (hier A1). Weiterhin taucht die Zelladresse (oder der Zellname) im Namenfeld der Bearbeitungsleiste auf. Möchten Sie einen Zellbereich angeben, trennen Sie die beiden Zelladressen durch einen Doppelpunkt. Die vier Zellen A1, A2, B1 und B2 lassen sich dann durch die Bereichsangabe A1:B2 spezifizieren. A1 definiert die Zelle in der linken oberen Ecke des rechteckigen Bereichs, während B2 die Zelle unten rechts festlegt.

Ein paar Eingaben gefällig?

Nach dieser etwas längeren Einleitung soll es jetzt aber losgehen. Als erste Übung sollten Sie ein paar Eintragungen in die Tabelle vornehmen.

1 Falls noch nicht geschehen, starten Sie Excel.

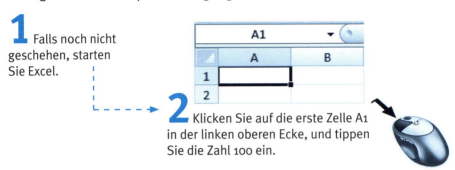

2 Klicken Sie auf die erste Zelle A1 in der linken oberen Ecke, und tippen Sie die Zahl 100 ein.

Die eingetippten Ziffern erscheinen linksbündig ausgerichtet in der aktuellen Zelle.

Gleichzeitig wird die Eingabe in der Bearbeitungsleiste angezeigt.

3 Drücken Sie die ⏎-Taste, oder klicken Sie in der Bearbeitungsleiste auf die Schaltfläche *Eingeben*.

Jetzt passiert Folgendes: Die eingegebene Zahl wird rechtsbündig in der Zelle A1 angeordnet. Die Bearbeitungsleiste zeigt nichts mehr an, und auch die Schaltfläche *Eingeben* verschwindet.

Zudem wird die Zelle A2 zur aktiven Zelle.

Durch das Drücken der ⏎-Taste wurde Ihre Eingabe in die Tabellenzelle übernommen.

4 Tippen Sie jetzt den Text
»Hallo« in die Zelle A2 ein, und
drücken Sie die ⏎-Taste.

Jetzt richtet Excel die Eingabe linksbündig in
der Zelle aus.

Zahlen werden in Excel **rechtsbündig in** den
Zellen ausgerichtet, während **Texte linksbündig** erscheinen.

Sie können diese Vorgaben aber durch eine
geeignete Formatierung außer Kraft setzen
(wird noch gezeigt).

A3	▼

	A	B
1	100	
2	Hallo	
3		
4		

Hinweis

Dieses Verhalten beim Drücken der ⏎-Taste lässt sich in Excel über die *Excel-
Optionen* einstellen. Wählen Sie im geöffneten Menü der *Office*-Schaltfläche
die Schaltfläche *Excel-Optionen*. Klicken Sie im Dialogfeld auf die Kategorie
Erweitert. Ist das Kontrollkästchen *Markierung nach dem Drücken der Eingabetaste verschieben* der Rubrik *Optionen bearbeiten* markiert, bewirkt dies das
beschriebene Excel-Verhalten. Die Richtung lässt sich dabei über das zugehörige
Listenfeld *Richtung* einstellen (siehe *Kapitel 11*).

Bei der Eingabe in Excel verhält sich die Tastatur ähnlich wie bei Word. Sie
können die Groß-/Kleinschreibung verwenden.

Umgang mit der Bearbeitungsleiste

Haben Sie bei der Eingabe der obigen Werte genau aufgepasst? Dann ist
Ihnen die als Bearbeitungsleiste bezeichnete Zeile oberhalb des Dokumentfensters aufgefallen. In dieser Leiste zeigt Ihnen Excel nicht nur den
Inhalt der aktiven Zelle an. Im linken, als Namenfeld bezeichneten Feld
zeigt Excel standardmäßig auch die Zelladresse an.

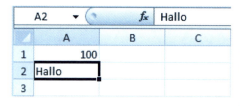

Hier wurde die Zelle A2 mit dem Inhalt »Hallo« angewählt. Sie sehen den Zellbereich sowie die Anzeige in der Bearbeitungsleiste. Sobald Sie etwas eingeben, ändert sich jedoch der Inhalt der Bearbeitungsleiste.

Bei der Eingabe in eine Zelle sieht die Leiste so aus.

■ Die (linke) Schaltfläche *Abbrechen* (mit dem X) beendet Ihre Eingabe und verwirft die eingetippten Daten (Text, Zahl etc.). Der vorherige Zellinhalt wird wieder sichtbar. Die gleiche Wirkung hat das Drücken der ⎋ Esc-Taste.

■ Die Schaltfläche mit dem Häkchen steht für die Funktion *Eingeben*. Klicken Sie auf die betreffende Schaltfläche, oder drücken Sie die ⏎-Taste, überträgt Excel die Eingabe aus der Bearbeitungsleiste in die aktive Zelle.

Die Schaltfläche mit dem Text *fx* ermöglicht Ihnen dagegen, Funktionen abzurufen. Auf diese Thematik kommen wir im nächsten Kapitel zurück.

> **Hinweis**
>
> Vorerst sollten Sie sich lediglich merken, dass die Bearbeitungsleiste Ihnen die Adresse sowie den Wert der aktiven Zelle anzeigt.

Eingaben korrigieren

Beim Eintippen von Werten in das Arbeitsblatt unterlaufen Ihnen vermutlich ab und zu Fehler. Oder die eingegebenen Werte ändern sich später und müssen korrigiert werden. Bemerken Sie den Fehler direkt bei der Eingabe, können Sie diese über die Esc-Taste abbrechen. Haben Sie die Eingabe bereits über die ⏎-Taste in die Zelle übertragen, drücken Sie sofort die Tastenkombination Strg+Z zur Rücknahme der Änderungen.

Um den Inhalt einer Zelle zu löschen, genügt es, diese zu markieren (z. B. Anklicken) und dann die Entf-Taste zu drücken. Tippen Sie dagegen etwas ein, wird der Inhalt der markierten Zelle mit dieser Eingabe überschrieben.

Möchten Sie den Inhalt einer markierten Zelle gezielt verändern? Dann hilft Ihnen die Bearbeitungsleiste weiter.

1 Klicken Sie auf die gewünschte Zelle.

Excel zeigt jetzt den Wert in der Bearbeitungsleiste an, und Sie können den kompletten Zellinhalt durch eine neue Eingabe überschreiben. Um lediglich Teile des Zellinhalts zu korrigieren, führen Sie die folgenden Schritte aus.

2 Markieren Sie den zu korrigierenden Teil des Werts in der Bearbeitungsleiste.

3 Tippen Sie den neuen Text ein, und drücken Sie dann die ⏎-Taste.

Excel übernimmt jetzt die Korrektur in die Zelle. Es wurde aber nur der markierte Teil überschrieben.

A2	▼	f_x	Hemden

	A	B	C
1	100		
2	Hemden		
3			

Hinweis

Ähnlich wie in Word können Sie den in der Bearbeitungsleiste gezeigten Zellinhalt komplett oder teilweise mit der Maus markieren. Über die ⟨Entf⟩-Taste wird der markierte Bereich gelöscht. Klicken Sie lediglich auf ein Zeichen, blendet Excel einen senkrechten Strich als **Einfügemarke** ein. Drücken Sie dann die ⟨Entf⟩-Taste, wird das Zeichen rechts von der Einfügemarke gelöscht. Die ⟨←⟩-Taste löscht das Zeichen links von der Einfügemarke.

Ist die Bearbeitungsleiste angewählt und drücken Sie die Taste ⟨Einfg⟩, schaltet Excel den Einfügemodus ein- oder aus. Der Einfügemodus lässt sich am senkrecht blinkenden Strich der Einfügemarke erkennen. Ist dagegen das Zeichen rechts von der Einfügeposition markiert, ist der Überschreibmodus eingeschaltet. Tippen Sie jetzt einen Text ein, werden die rechts von der Einfügemarke stehenden Zeichen in der Bearbeitungsleiste überschrieben. Welche Art der Korrektur Sie wählen (Eingabe eines neuen Werts oder Überschreiben von Teilen), hängt von Ihren Vorlieben ab. Bei Zahlen wird der neue Wert in der Regel neu eingetippt. Bei längeren Texten lohnt sich aber die Korrektur des Zellinhalts über die Bearbeitungsleiste.

Ein Haushaltsbuch mit Excel führen

Nach den Erläuterungen der vorhergehenden Seiten soll nun konkret das Beispiel eines Haushaltsbuches in Excel realisiert werden. Sie lernen dabei die Eingabe und das Formatieren von Zahlen sowie das Einfügen von Rechenvorschriften für die Auswertung. Das Haushaltsbuch könnte in etwa folgenden Aufbau haben.

Die erste Rubrik enthält die Einnahmen, die zweite Rubrik stellt die Ausgaben gegenüber. In einer getrennten Zeile wird die Differenz angezeigt.

	A	B	C	D	E
1					
2					
3	Einnahmen			Ausgaben	
4	Gehalt	2500,00		Miete	700,00
5	Zinsen	50,50		Nebenkosten	200,00
6				Strom etc.	70,00
7				Versicherung	100,00
8				Telefon	70,00
9				Lebensmittel	500,00
10				Taschengeld	90,00
11				Kleidung	300,00
12				Sonstiges	70,00
13					
14					
15	Summe	2550,50		Summe	2100,00
16					
17					
18	Einnahmen - Ausgaben	450,50			

Es steht Ihnen natürlich frei, Ihr Haushaltsbuch etwas anders zu gestalten. Zur Übung eignet sich der hier gezeigte Entwurf aber allemal.

1 Falls noch nicht geschehen, - - - - - → starten Sie Excel und öffnen das Menü der *Office*-Schaltfläche.

2 Wählen Sie im Menü der *Office*-Schaltfläche den Befehl *Neu*.

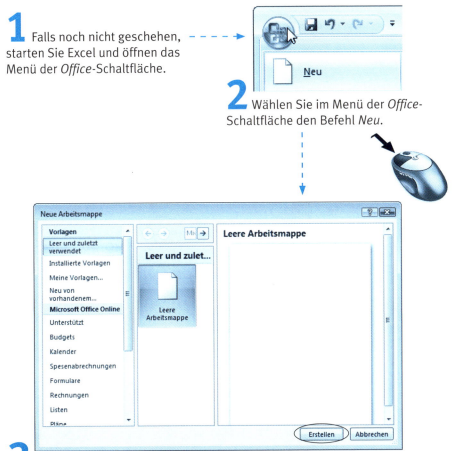

3 Wählen Sie im Dialogfeld die Vorlagenkategorie *Leer und zuletzt verwendet*, bestätigen Sie die Markierung der Vorlage *Leere Arbeitsmappe*, und klicken Sie auf die *Erstellen*-Schaltfläche.

Mit diesen Schritten haben Sie eine neue leere Arbeitsmappe mit drei Arbeitsblättern erzeugt.

Arbeitsblätter umbenennen

Bevor Sie mit dem Eintragen Ihrer Eingaben/Ausgaben beginnen, sollten Sie die Blattregister der einzelnen Arbeitsblätter mit den Monatsnamen beschriften. Namen wie »Januar«, »Februar« etc. geben Ihnen einen direkten Hinweis auf den Inhalt des Arbeitsblatts.

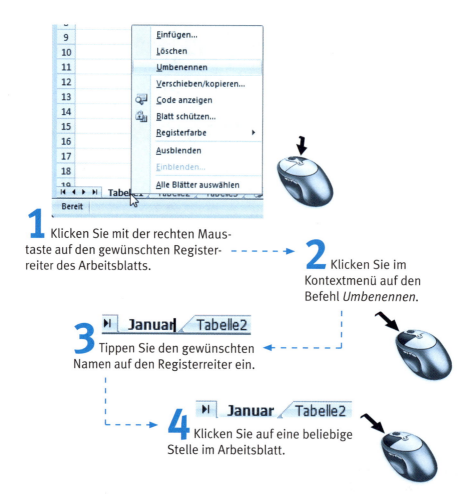

1 Klicken Sie mit der rechten Maus-taste auf den gewünschten Register-reiter des Arbeitsblatts.

2 Klicken Sie im Kontextmenü auf den Befehl *Umbenennen*.

3 Tippen Sie den gewünschten Namen auf den Registerreiter ein.

4 Klicken Sie auf eine beliebige Stelle im Arbeitsblatt.

Excel übernimmt jetzt den neuen Namen für das Arbeitsblatt. Auf die gleiche Weise können Sie die zwei anderen Arbeitsblätter ebenfalls umbenennen. Wie Sie neue Arbeitsblätter für die restlichen Monate des Jahres zur Arbeitsmappe hinzufügen, ist im nächsten Kapitel beschrieben.

Achtung

Der Name für ein Arbeitsblatt darf bis zu 31 Zeichen lang sein. Sie dürfen Leer-zeichen im Namen verwenden (z. B. »Haushaltsbuch Januar«). Nicht eingegeben werden können jedoch die Zeichen [ ] : / \ ? und *. Weiterhin muss der Name in der Arbeitsmappe eindeutig sein, d. h., Sie dürfen den gleichen Namen nicht doppelt vergeben.

Die Einnahmenseite gestalten ...

Im nächsten Schritt gilt es nun die Rubrik »Einnahmen« anzulegen.

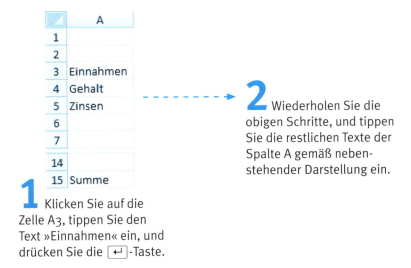

2 Wiederholen Sie die obigen Schritte, und tippen Sie die restlichen Texte der Spalte A gemäß nebenstehender Darstellung ein.

1 Klicken Sie auf die Zelle A3, tippen Sie den Text »Einnahmen« ein, und drücken Sie die ⏎-Taste.

Standardmäßig verschiebt Excel beim Drücken der ⏎-Taste die aktive Zelle um eine Zeile tiefer. Sie brauchen daher nur den Text einzutippen und dann die ⏎-Taste zu drücken.

> **Hinweis**
>
> Ist Ihnen bei der Eingabe in eine Zelle ein Fehler unterlaufen? Dann drücken Sie einfach die Tastenkombination Strg+Z. Excel macht dadurch die letzte Eingabe rückgängig. Haben Sie zwischenzeitlich bereits weitere Eingaben getätigt? Dann korrigieren Sie die fehlerhafte Eingabe (siehe oben im Abschnitt *Eingaben korrigieren*).

... und die Rubrik für Ausgaben hinzufügen

Anschließend ist die Spalte D mit den Texten für die Ausgaben zu füllen (auf die Eingabe der Werte gehe ich gleich ein).

1 Klicken Sie auf die Zelle D3, tippen Sie den Text »Ausgaben« ein, und drücken Sie dann die ⏎-Taste.

	A	B	C	D	E
1					
2					
3	Einnahmen			Ausgaben	
4	Gehalt			Miete	
5	Zinsen			Nebenkosten	
6				Strom etc.	
7				Versicherungen	
8				Telefon	
9				Lebensmittel	
10				Taschengeld	
11				Kleidung	
12				Sonstiges	
13					
14					
15	Summe			Summe	

2 Wiederholen Sie diese Schritte, und ergänzen Sie den restlichen Text gemäß nebenstehender Darstellung.

Bei Bedarf können Sie zusätzliche Einnahme- oder Ausgabepositionen hinzufügen oder einfach Einträge weglassen. Das Beispiel soll ja lediglich das Prinzip zum Umgang mit Arbeitsblättern vermitteln.

Die Spaltenbreite korrigieren

Ein genauer Blick in die obige Tabelle offenbart aber noch ein kleines Problem. Schauen Sie sich die Spalte D an. Einige der Texte sind zu lang und reichen bis in die Spalte E hinein. Sobald Sie etwas in die benachbarte Zelle der Spalte E eintippen, wird der Text in Spalte D abgeschnitten. Um dieses Problem zu lösen, passen Sie die Spaltenbreite einfach an. Wie dies geht, ahnen Sie vielleicht schon. Zumindest bei Word haben Sie einen ähnlichen Ansatz bei Tabellen kennengelernt.

D ✛ E

1 Zeigen Sie auf den Spaltentrenner zwischen den Spaltenköpfen D und E. Der Mauszeiger sollte die hier gezeigte Form eines Doppelpfeils annehmen.

2 Ziehen Sie jetzt den Spaltentrenner per Maus etwas nach rechts.

Die Breite der Spalte wird als QuickInfo angezeigt.

Sobald Sie die linke Maustaste loslassen, passt Excel die Spaltenbreite an. Weist diese genügend Platz auf, wird auch der Zellinhalt komplett dargestellt.

D
Ausgaben
Miete
Nebenkosten
Strom etc.
Versicherungen

Hinweis

Auf die gleiche Weise lässt sich die Zeilenhöhe verändern. Sie zeigen lediglich am linken Rand auf die Zeilenköpfe und ziehen den Zeilentrenner nach oben oder unten.

Noch schneller geht die Anpassung übrigens, wenn Sie einen Spaltentrenner per Doppelklick anwählen. Dann passt Excel die Spaltenbreite an den Erfordernissen der Zellinhalte an.

Geben Sie nun die Zahlen ein

Sobald die Texte für die Rubriken »Einnahmen« und »Ausgaben« feststehen, können Sie mit der Eingabe der Zahlen beginnen.

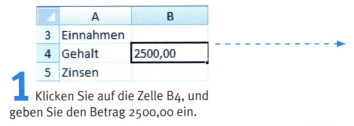

1 Klicken Sie auf die Zelle B4, und geben Sie den Betrag 2500,00 ein.

◢	A	B
3	Einnahmen	
4	Gehalt	2500
5	Zinsen	

2 Drücken Sie die ⏎-Taste.

Das Arbeitsblatt sieht dann so aus. Komischerweise sind die beim Betrag 2500,00 eingetippten Nachkommastellen verschwunden.

Nur wenn Sie eine Zahl wie beispielsweise 2500,01 eingeben, bleiben die Nachkommastellen in der Anzeige erhalten. Die Ursache für diesen »merkwürdigen« Effekt liegt im Excel-Zellformat. Jeder Zelle wird in Excel nicht nur der eingetippte Wert, sondern auch ein **Zellformat** zur Darstellung des Zellinhalts zugewiesen. Bei einem neuen Arbeitsblatt verwendet Excel das Zellformat *Standard*. Dieses Format ermöglicht Ihnen, unterschiedliche Eingaben in eine Zelle (Texte, Zahlen etc.) durchzuführen. Excel sorgt dann selbsttätig für eine »optimale« Anzeige des Zellinhalts. Geben Sie eine Zahl ein, die hinter dem Dezimalpunkt nur Nullen aufweist, werden diese abgeschnitten. Sie müssen daher das Zellformat für die betreffenden Zahlen anpassen. Wie dies geht, möchte ich Ihnen weiter unten zeigen (dann können wir das Zellformat gleich für die gesamte Spalte setzen).

Fachwort

Das **Zellformat** legt fest, wie Excel Zahlen, Texte oder sonstige Zellinhalte darstellen soll. Fett geschriebene oder linksbündig ausgerichtete Texte werden genauso über das Zellformat gesteuert wie die Angabe über die Zahl der Nachkommastellen.

Achtung

Das Zellformat kann gelegentlich ganz »mysteriöse« Effekte in Excel bewirken. Im nebenstehenden Tabellenausschnitt zeigt die linken Spalte die ursprüngliche Eingabe, während die rechte Spalte die Darstellung in Excel enthält.

Eingabe	
13,5	12:00
100,00	100
20	2,00E+01

Die abgeschnittenen Nachkommastellen kennen Sie ja bereits. Aber wie erklärt sich die Anzeige 12:00:00, wo doch die Eingabe 13,5 war? Bei dieser Zelle war vorher ein Wert zur Anzeige von Uhrzeiten hinterlegt. Sobald die Zelle vom Benutzer durch eine Dezimalzahl überschrieben wird, benutzt Excel zur Anzeige das Uhrzeitformat. Ähnliches gilt für die Exponentialdarstellung in der untersten Zeile. Wie Sie das Zellformat aufheben, zeige ich Ihnen am Ende des nächsten Kapitels.

Die Zahlen in der ersten Spalte wurden bei der Eingabe mit einem vorangestellten Hochkomma (z. B. ‚13,5) versehen. Das Zeichen signalisiert Excel, dass die **Zahl als Text** zu **behandeln** und linksbündig auszurichten ist.

Durch ein grünes Dreieck in der linken oberen Ecke weist Excel Sie auf ein »Problem« in der Zelle hin. Markieren Sie die Zelle, erscheint eine Schaltfläche mit einem Ausrufezeichen. Klicken Sie auf das kleine Dreieck neben der Schaltfläche, öffnet Excel ein Kontextmenü mit Korrekturbefehlen. Über den Befehl *Fehler ignorieren* können Sie das angezeigte Dreieck ausblenden.

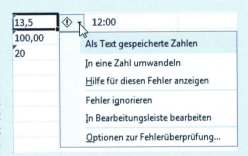

	A	B	C	D	E
3	Einnahmen			Ausgaben	
4	Gehalt	2500		Miete	700
5	Zinsen	50,5		Nebenkosten	200
6				Strom etc.	70
7				Versicherungen	100
8				Telefon	70
9				Lebensmittel	500
10				Taschengeld	90
11				Kleidung	300
12				Sonstiges	70
13					
14					
15	Summe			Summe	

3 Geben Sie jetzt die restlichen Werte für das Haushaltsbuch in die Tabelle ein.

Das Ergebnis sollte dann so ähnlich wie hier gezeigt aussehen.

Die Zahlen formatieren

Um alle Zahlen mit zwei Nachkommastellen anzuzeigen, muss das Zahlenformat gewählt werden. Sie können dabei mehrere **Zellen markieren**, da andernfalls die Schritte für jede einzelne Zelle durchzuführen sind.

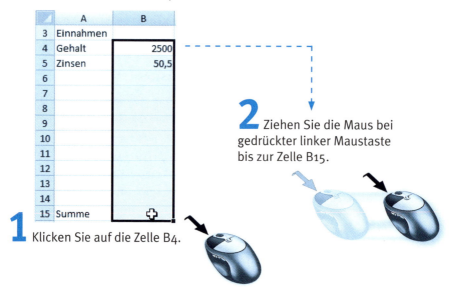

2 Ziehen Sie die Maus bei gedrückter linker Maustaste bis zur Zelle B15.

1 Klicken Sie auf die Zelle B4.

Excel markiert den dazwischen liegenden Zellbereich.

In der Gruppe *Zahl* auf der Registerkarte *Start* der Multifunktionsleiste enthält Excel die beiden nebenstehenden Schaltflächen *Dezimalstelle hinzufügen* und *Dezimalstelle löschen*.

3 Klicken Sie zweimal auf die Schaltfläche *Dezimalstelle hinzufügen*.

Bei jedem Mausklick fügt Excel eine Nachkommastelle ein. Das Ergebnis sieht dann wie nebenstehend gezeigt aus. Da Sie den gesamten Zellbereich bis zum Feld »Summe« markiert haben, wird das Zellformat auch für die noch leeren Zellen gesetzt. Tragen Sie später hier Werte ein, werden diese automatisch in der betreffenden Darstellung angezeigt.

4 Wiederholen Sie die obigen Schritte jetzt für die Rubrik »Ausgaben«.

Die Tabelle sollte jetzt folgende Zahlendarstellung aufweisen.

	A	B	C	D	E
3	Einnahmen			Ausgaben	
4	Gehalt	2500,00		Miete	700,00
5	Zinsen	50,50		Nebenkosten	200,00
6				Strom etc.	70,00
7				Versicherungen	100,00
8				Telefon	70,00
9				Lebensmittel	500,00
10				Taschengeld	90,00
11				Kleidung	300,00
12				Sonstiges	70,00
13					
14					
15	Summe			Summe	

Hinweis

Möchten Sie die Zahl der Dezimalstellen reduzieren, markieren Sie die Zelle und klicken auf die Schaltfläche *Dezimalstelle löschen* der Gruppe *Zahl* auf der Registerkarte *Start* der Multifunktionsleiste. Im nächsten Kapitel lernen Sie weitere Möglichkeiten zum Formatieren von Zellinhalten (z. B. mit Tausendertrennstellen oder Währungsbeträgen) kennen.

So kommen Berechnungen in die Tabelle

Der Pfiff am Haushaltsbuch mit Excel ist die Möglichkeit, die Ein- und Ausgaben automatisch zu summieren. Zudem ließe sich die Differenz ermitteln. Um die Rechenvorschriften im Arbeitsblatt zu definieren, gehen Sie folgendermaßen vor:

1 Klicken Sie auf die Zelle B15.

2 Klicken Sie in der Multifunktionsleiste auf der Registerkarte *Start* die in der Gruppe *Bearbeiten* sichtbare Schaltfläche *Summe* an.

	A	B	C	D
3	Einnahmen			Ausgaben
4	Gehalt	2500,00		Miete
5	Zinsen	50,50		Nebenkosten
6				Strom etc.
7				Versicherungen
8				Telefon
9				Lebensmittel
10				Taschengeld
11				Kleidung
12				Sonstiges
13				
14				
15	Summe	=SUMME(B4:B14)		Summe
16		SUMME(**Zahl1**; [Zahl2]; ...)		

Excel erkennt Ihre Absicht und umrahmt im Arbeitsblatt einen in der Nähe liegenden Zahlenblock durch eine gestrichelte Linie. Diese Linie zeigt Ihnen an, welche Zellen in die Berechnung eingehen. In der Zelle B15 wird jetzt die Formel =*SUMME(..)* eingeblendet. Die Angabe B4: B14 in der Klammer steht für den markierten Zellbereich.

3 Drücken Sie die ⏎-Taste, um die Formel zu bestätigen.

Das Ergebnis wird dann in Zelle B15 (und da das Zellformat bereits in vorherigen Schritten festgelegt wurde) mit zwei Nachkommastellen angezeigt.

15	Summe	2550,50
16		

Hinweis

Excel analysiert die Umgebung der aktiven Zelle bei Anwahl der Schaltfläche *Summe*. Werden in der Nachbarschaft Zahlen in einer Zeile oder Spalte gefunden, markiert das Programm die betreffenden Zellen. Sie können aber jederzeit andere Zellen anklicken und einen Bereich durch Ziehen mit der Maus markieren. Excel zeigt dann die umlaufende Linie um den markierten Zellbereich. Sobald Sie diese Auswahl durch Drücken der ⏎-Taste bestätigen, wird die Bereichsangabe in die Zielzelle übernommen. Auf diese Weise können Sie auch nicht benachbarte Zellbereiche summieren und das Ergebnis in eine Zelle übertragen.

Bei der Anwendung der obigen Formel wurde der gesamte Bereich der Zelle B4 bis zur Zelle B14 summiert, obwohl einige Zellen leer sind. Dies bietet Ihnen die Möglichkeit, weitere Werte in die Zeilen 7, 8, 9 etc. einzutragen, ohne die Formel ändern zu müssen. Sobald Sie in die betreffenden Zellen einen Wert eintippen, berechnet Excel automatisch das Ergebnis und zeigt dieses in der Zelle B15 an. Dies ist die Stärke von Excel: Bei Änderungen wird einfach das Arbeitsblatt neu durchgerechnet, und Sie sehen sofort die Ergebnisse.

Hinweis

In Excel können Sie übrigens auf das kleine Dreieck neben der Menüschaltfläche *Summe* klicken. Dann öffnet sich ein Menü mit Befehlen zum Abrufen weiterer Funktionen wie Mittelwert oder Anzahl der Werte.

4 Wiederholen Sie jetzt die obigen Schritte, indem Sie auf die Zelle E15 klicken und dann die Funktion *Summe* erneut anwenden.

Wenn Sie alles richtig gemacht haben, sollte Excel jetzt auch die Summe der Ausgaben in der betreffenden Zelle einblenden.

Im nächsten Schritt bleibt uns nur noch die Berechnung der Differenz zwischen Einnahmen und Ausgaben. Je nach Ergebnis herrscht dann entweder eitel Sonnenschein oder Katzenjammer. Aber zumindest wissen Sie anschließend, wo Ihr Geld geblieben ist.

1 Klicken Sie auf die Zelle A18, und geben Sie den Text »Einnahmen -« per Tastatur ein. – – – – – ➤ **2** Drücken Sie die Tastenkombination Alt + ↵ , ergänzen Sie den Text »Ausgaben«, und drücken Sie die ↵ -Taste.

Durch die Tastenkombination Alt + ↵ wird ein Zeilenumbruch in die aktuelle Zelle eingefügt.

Excel zeigt jetzt das nebenstehende Ergebnis in der Zelle A18. Die Eingabe wurde auf zwei Zeilen aufgeteilt.

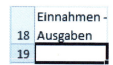

	Einnahmen -
18	Ausgaben
19	

> **Hinweis**
>
> Texte können Sie innerhalb einer Zelle auf mehrere Zeilen aufteilen, indem Sie bei der Eingabe durch Drücken der Tastenkombination Alt + ↵ Zeilenschaltungen vornehmen.

Jetzt bleibt noch die Aufgabe, die Differenz zwischen Einnahmen und Ausgaben zu ermitteln. Hierzu müssen Sie die Differenz der Inhalte der Zellen B15 und E15 bestimmen und in der Zelle B18 ablegen. Dies ist mit wenigen Mausklicks erledigt.

1 Klicken Sie auf die Zelle B18 und tippen Sie das Zeichen = ein.

Das Gleichheitszeichen am Anfang des Ausdrucks signalisiert Excel, dass eine Formel folgt. Sie könnten direkt nach dem Gleichheitszeichen die Formel in der Form »= B15–E15« eintippen. Neben dem Eintippen der Formel können Sie die Zellbezüge auch über die Maus einfügen lassen.

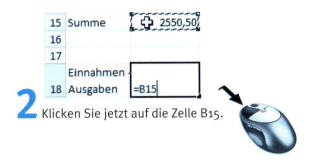

2 Klicken Sie jetzt auf die Zelle B15.

Excel markiert die angeklickte Zelle mit einer umlaufenden Linie. Dies zeigt an, dass der Wert in die Berechnung eingeht. Gleichzeitig wird die Zelladresse B15 sowohl in die Zielzelle als auch in die Bearbeitungsleiste eingetragen.

3 Tippen Sie jetzt ein Minuszeichen ein.

Excel erkennt, dass Sie weitere Ausdrücke zur Formel hinzufügen möchten. Die Zelle enthält jetzt den Teilausdruck der Formel.

4 Klicken Sie jetzt auf die Zelle E15.

5 Drücken Sie die ⏎-Taste, um die Formel abzuschließen.

Excel zeigt das Ergebnis der Berechnung in der Zielzelle an.

	A	B	C	D	E
3	Einnahmen			Ausgaben	
4	Gehalt	2500,00		Miete	700,00
5	Zinsen	50,50		Nebenkosten	200,00
6				Strom etc.	70,00
7				Versicherungen	100,00
8				Telefon	70,00
9				Lebensmittel	500,00
10				Taschengeld	90,00
11				Kleidung	300,00
12				Sonstiges	70,00
13					
14					
15	Summe	2550,50		Summe	2100,00
16					
17					
18	Einnahmen - Ausgaben	450,50			
19					

Nach diesen Schritten sehen Sie das Ergebnis Ihrer Einnahmen/Ausgaben-Überschussrechnung. Sie können ja jetzt einmal versuchsweise die Daten der Rubriken »Einnahmen« und »Ausgaben« ändern. Sobald Sie einen Wert eingetippt und mit der ⏎-Taste bestätigt haben, zeigt Excel bereits das korrigierte Ergebnis an. Komfortabler kann man es kaum noch haben, oder? Und genau dies ist die Stärke von Excel. Sobald Sie die Berechnungsformeln in ein Arbeitsblatt eingefügt haben, übernimmt Excel alle Berechnungen für Sie.

Den Tabelleninhalt formatieren

Die in obigem Beispiel erstellte Kalkulationstabelle bietet jetzt zwar die gewünschte Funktionalität, sieht aber noch nicht sonderlich gut aus. Sie können aber den Inhalt der Tabelle noch etwas ansehnlicher formatieren.

1 Markieren Sie die Zellen A3:B3.

2 Gehen Sie in der Multifunktionsleiste zur Registerkarte *Start*, und klicken Sie in der Gruppe *Schriftart* auf die Schaltfläche *Fett*.

Sobald Sie jetzt die Markierung aufheben, zeigt Excel die betreffende Zelle fett hervorgehoben an.

3	**Einnahmen**	
4	Gehalt	2500,00
5	Zinsen	50,50

> **Hinweis**
>
> Auf die gleiche Art können Sie einen markierten Zellbereich oder die aktive **Zelle** **kursiv** oder **unterstrichen formatieren**. Sie müssen lediglich die betreffenden Schaltflächen in der Gruppe *Schriftart* anklicken.

3 Markieren Sie den Zellbereich A3:B3.

4 Klicken Sie auf der Registerkarte *Start*
der Multifunktionsleiste in der Gruppe
Schriftart auf das kleine Dreieck neben der
Menüschaltfläche *Rahmen*, und wählen Sie
im Menü den Befehl *Rahmenlinie unten*.

Heben Sie jetzt die Markierung auf, zeigt
Excel die betreffenden Zellen fett und unterstrichen an.

3	**Einnahmen**	
4	Gehalt	2500,00

Achtung

Die Verwendung des Befehls *Rahmenlinie unten* zeigt die betreffende Rahmenlinie der Zelle an, d. h., die gesamte Zelle wird mit der Linie unterstrichen. Markieren Sie dagegen einen Zellinhalt und wählen die Schaltfläche *Unterstrichen* der
gleichen Gruppe, wird nur der Zellinhalt (z. B. die Zahl) unterstrichen dargestellt.
Diese beiden Varianten sollten Sie auf jeden Fall beim Formatieren einer Tabelle
unterscheiden.

Sie können bei Bedarf weitere Zellen der Tabelle formatieren. Als Nächstes
lernen Sie, das **Format** einer **Zelle** zu **kopieren**.

1 Klicken Sie auf die
Zelle A3.

2 Klicken Sie auf der Registerkarte *Start* der Funktionsleiste in der Gruppe *Zwischenablage* auf die nebenstehend
gezeigte Schaltfläche *Format
übertragen*.

3 Markieren Sie jetzt den Zellbereich A15:B15.

Excel überträgt das aktuelle Zellformat des vorher ausgewählten Bereichs auf den markierten Zielbereich. Als Folge wird die Summenzeile fett und unterstrichen formatiert. Sie sehen dies besser, sobald Sie die Markierung aufheben.

	A	B	C	D	E
1					
2					
3	Einnahmen			Ausgaben	
4	Gehalt	2500,00		Miete	700,00
5	Zinsen	50,50		Nebenkosten	200,00
6				Strom etc.	70,00
7				Versicherungen	100,00
8				Telefon	70,00
9				Lebensmittel	500,00
10				Taschengeld	90,00
11				Kleidung	300,00
12				Sonstiges	70,00
13					
14					
15	Summe	2550,50		Summe	2100,00
16					
17					
18	Einnahmen - Ausgaben	450,50			
19					

4 Verwenden Sie jetzt die oben beschriebenen Techniken, um die restlichen Zellen der Tabelle zu formatieren.

Den doppelten Unterstrich der Summenzellen erhalten Sie ebenfalls über die Schaltfläche *Rahmen*.

Sie müssen das Menü der Schaltfläche öffnen und den Befehl *Doppelte Rahmenlinien unten* wählen. Um den **Zellhintergrund** oder den **Zellinhalt**

einzufärben, verwenden Sie die Schaltflächen *Füllfarbe* bzw. **Schriftfarbe** der Gruppe *Schriftart* auf der Registerkarte *Start* der Multifunktionsleiste.

1 Markieren Sie den einzufärbenden Zellbereich.

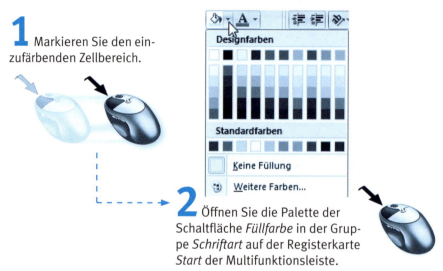

2 Öffnen Sie die Palette der Schaltfläche *Füllfarbe* in der Gruppe *Schriftart* auf der Registerkarte *Start* der Multifunktionsleiste.

Wählen Sie das kleine Dreieck neben der Schaltfläche, öffnet Excel eine Palette zur Auswahl der Füllfarbe. Ein Klick auf ein Farbfeld schließt die Palette und überträgt die Farbe.

Hier sehen Sie einen Zellbereich mit der Rubrik »Eingaben«, dessen Titelzeile grau hinterlegt wurde.

3	**Einnahmen**	
4	Gehalt	2500,00
5	Zinsen	50,50

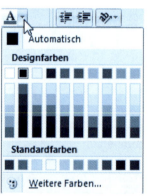

3 Klicken Sie auf die Schaltfläche *Schriftfarbe* in der Gruppe *Schriftart* auf der Registerkarte *Start* der Multifunktionsleiste, wird die Farbe auf den Zellhintergrund übertragen.

Wählen Sie das kleine Dreieck neben der Schaltfläche, öffnet Excel eine Palette zur Auswahl der Schriftfarbe.

Mit diesen Funktionen können Sie die Zellen Ihrer Arbeitsblätter recht ansprechend mit Farben hinterlegen, die Zellinhalte einfärben oder mit Rahmen versehen.

> **Hinweis**
>
> Achten Sie allerdings beim Einsatz von Farben darauf, dass die Kontraste zwischen Zellhintergrund und Zellinhalt erhalten bleiben. Eine Darstellung von weißen Buchstaben vor gelbem Hintergrund wird nicht allzu deutlich erkennbar sein.

Schriftgrad für Überschrift anpassen

Möchten Sie noch eine Überschrift in das Arbeitsblatt einfügen? Diese Überschrift könnte dann fett hervorgehoben und mit einem anderen Schriftgrad angezeigt werden. Die Vorgehensweise müssten Sie bereits aus Word und von den vorhergehenden Seiten kennen.

1 Klicken Sie auf die Zelle C1, tippen Sie den Text »Haushaltsbuch« ein, und drücken Sie die ⏎-Taste, um die Eingabe in die Zelle zu übertragen.

2 Markieren Sie den Zellinhalt erneut durch einen Mausklick, und formatieren Sie den Schriftzug über die betreffende Schaltfläche der Gruppe *Schriftart* auf der Registerkarte *Start* fett.

3 Öffnen Sie in der Gruppe *Schriftart* der Registerkarte *Start* das Kombinationsfeld für den Schriftgrad, und ändern Sie den Wert auf 14 Punkt oder höher.

Anschließend wird der Schriftzug fett und etwas vergrößert als Tabellenüberschrift dargestellt.

C	D
Haushaltsbuch	

Die Schritte zum Formatieren eines Zellinhalts sollten Sie bereits vom Arbeiten mit Word her kennen. Sie sehen also, vieles wiederholt sich in Office, und nach kurzer Zeit werden Sie viele Programmfunktionen verwenden, ohne groß nachdenken zu müssen.

Speichern, laden, drucken

Sie können Arbeitsmappen drucken, speichern, Excel beenden und die Arbeitsmappe später erneut laden. Die jeweiligen Schritte lernen Sie jetzt kennen.

Arbeitsmappe speichern

Um eine Arbeitsmappe zur späteren Verwendung in einer Datei zu speichern, gehen Sie in folgenden Schritten vor:

1 Klicken Sie auf die *Office*-Schaltfläche, und wählen Sie den Befehl *Speichern* bzw. *Speichern unter* im Menü.

Ein vorher aus einer Datei geladenes Arbeitsblatt wird beim Befehl *Speichern* sofort in der Datei gesichert (d. h., der alte Dateiinhalt wird durch die Änderungen überschrieben). Bei einem neuen Dokument erscheint das Dialogfeld *Speichern unter*. Dies ist auch der Fall, wenn Sie den Befehl *Speichern unter* im Menü der *Office*-Schaltfläche wählen.

Das Dialogfeld enthält in der linken Leiste die Symbole für Speicherorte, an denen Sie die Datei ablegen können.

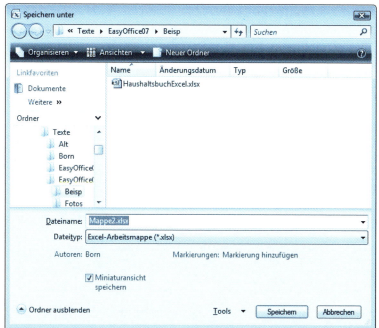

2 Wählen Sie über die Navigationsleiste am linken Dialogfeldrand den Zielordner, geben Sie den Dateinamen für die Arbeitsmappe an, korrigieren Sie ggf. den Dateityp über das gleichnamige Listenfeld, und klicken Sie auf die *Speichern*-Schaltfläche.

Hinweis

Bei Bedarf können Sie im Listenfeld *Dateityp* das Speicherformat wählen. Für unsere Zwecke reicht jedoch die Voreinstellung *Excel-Arbeitsmappe (*.xlsx)*, die die Tabelle im Excel 2007-Format speichert. Soll die Datei auch mit Excel 97 bis 2003 gelesen werden, stellen Sie als Dateityp *Excel 97-2003-Arbeitsmappe (*.xls)* ein. Die Erweiterung *.xls* bzw. *.xlsx* brauchen Sie im Dateinamen nicht anzugeben. Excel ergänzt diese Erweiterung automatisch anhand des Dateityps. Das Kontrollkästchen *Miniaturansicht speichern* bewirkt, das Excel eine Grafik mit der Vorschau auf die Tabelle speichert. Diese Grafik lässt sich unter Windows als Miniaturansicht im Ordnerfenster abrufen. Über die Schaltflächen der Symbolleiste des Dialogfelds bzw. über Kontextmenübefehle können Sie neue Ordner im Dialogfeld anlegen, diese umbenennen und auch Dateielemente löschen.

Sobald Sie die Schaltfläche *Speichern* wählen, schließt Excel das Dialogfeld und legt jetzt die Arbeitsmappe in einer Datei im gewünschten Ordner unter dem eingegebenen Namen und der gewählten Dateinamenerweiterung ab.

Um das Dokument zu schließen oder Excel zu beenden, brauchen Sie lediglich die *Schließen*-Schaltfläche des Dokument- bzw. des Excel-Fensters anzuklicken.

Weist das Dokument beim Schließen noch ungesicherte Änderungen auf, macht Sie Excel über ein Dialogfeld darauf aufmerksam.

Mit der Schaltfläche *Ja* rufen Sie das Dialogfeld zum Speichern auf. Klicken Sie auf *Nein*, um die zuletzt vorgenommenen Änderungen zurückzunehmen. Mit *Abbrechen* kehren Sie wieder zum Dokument zurück.

Eine Arbeitsmappe erneut laden

Haben Sie Excel beendet und möchten jetzt eine bereits gespeicherte Arbeitsmappe erneut laden? Entsprechend den Ausführungen in *Kapitel 1* reicht es, die Dokumentdatei in einem Ordnerfenster per Doppelklick anzuwählen.

1 Oder Sie starten Microsoft Excel, öffnen das Menü der Schaltfläche *Office* und wählen den Befehl *Öffnen*.

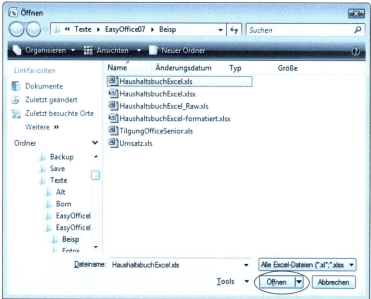

2 Im Dialogfeld *Öffnen* navigieren Sie zum Speicherort, klicken auf die Dokumentdatei und bestätigen dies über die *Öffnen*-Schaltfläche.

Arbeitsmappen werden unter Windows XP häufig unter *Eigene Dateien* bzw. in Windows Vista im Ordner *Dokumente* oder deren Unterordner abgelegt. Unterordner öffnen Sie durch einen Doppelklick auf deren Ordnersymbol. Das Listenfeld neben dem Feld *Dateiname* ermöglicht Ihnen, ggf. den Dateityp für das Dokumentformat anzupassen (was in der Regel aber nicht notwendig ist, da Excel die in Frage kommenden Dateitypen automatisch filtert). Excel lädt anschließend die Arbeitsmappe und zeigt diese im Dokumentfenster an.

> **Hinweis**
>
> Über das kleine Dreieck neben der Schaltfläche *Öffnen* lässt sich ein Menü anzeigen, welches zusätzliche Optionen zum Öffnen der Arbeitsmappe enthält. Sie können beispielsweise die Mappe schreibgeschützt öffnen. Dies verhindert das ungewollte Speichern von Änderungen in der Arbeitsmappendatei. Im Menü der Schaltfläche finden Sie zudem einen Befehl, um beschädigte Arbeitsmappen – falls erforderlich – im Reparaturmodus zu öffnen. Ähnlich wie bei Word speichert Excel die Namen der zuletzt bearbeiteten Dateien im Menü der *Office*-Schaltfläche. Sie können dann die Arbeitsmappe über den betreffenden Menüeintrag öffnen.

Das Arbeitsblatt drucken

Vielleicht möchten Sie die Ergebnisse Ihres Haushaltsbuches (oder andere Arbeitsblätter) ausdrucken? Sie können dabei einen so genannten Schnelldruck oder einen Druck mit Auswahl von Optionen wählen.

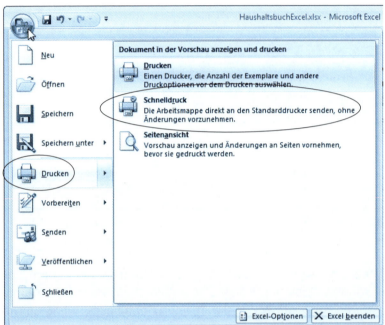

1 Öffnen Sie das Menü der *Office*-Schaltfläche, und zeigen Sie im Menü auf den Befehl *Drucken*.

2 Anschließend wählen Sie im Untermenü den Befehl *Schnelldruck*.

Haben Sie die Symbolleiste für den Schnellzugriff entsprechend angepasst, können Sie alternativ auch die *Schnelldruck*-Schaltfläche in dieser Leiste zum Drucken verwenden. Excel bereitet jetzt die Ausgabe auf dem Standarddrucker vor. Dabei werden nur Zellbereiche ausgegeben, die Werte enthalten. Leere Zellinhalte am unteren und rechten Rand des Arbeitsblatts werden beim Ausdruck weggelassen.

Während Excel die Daten für die Druckaus-
gabe unter Windows aufbereitet, sehen Sie
das nebenstehende Dialogfeld. Solange
das Dialogfeld angezeigt wird, können Sie
die Ausgabe über die Schaltfläche *Abbrechen* unterbinden.

Bei einem mehrseitigen Dokument erkennen Sie auch, wie viele Seiten bereits zum Drucken aufbereitet wurden.

Hinweis

Gibt es Probleme beim Ausdruck, schauen Sie bitte im
Anhang dieses Buches nach.
Dort finden Sie einige Tipps
zur Behebung von Drucker-
störungen.

Druckoptionen und Querdruck

Manche Tabellen sind besonders breit, passen also beim Ausdrucken nicht
auf ein Blatt im Hochformat. Ist der Zellbereich mit den Werten breiter als
ein Blatt, druckt Excel die betreffenden Informationen auf verschiedene
Blätter. Sie können die Blätter dann zusammenkleben, um die Tabelle zu
erhalten. In manchen Fällen ist es aber einfacher, wenn Sie die Tabelle quer
auf ein Blatt Papier drucken.

Oder Sie möchten einen Ausschnitt aus einem Tabellenbereich markieren
und dann drucken. Vielleicht benötigen Sie auch mehrere Kopien eines
Ausdrucks. Diese Anforderungen lassen sich mit wenigen Mausklicks erledigen.

1 Klicken Sie im Menü der
Office-Schaltfläche auf den
Befehl *Drucken*, oder drücken
Sie die Tastenkombination
`Strg`+`P`.

2 Excel öffnet daraufhin
das Dialogfeld *Drucken*, in
dem Sie die gewünschten
Druckoptionen auswählen.

■ Das Drehfeld im Bereich *Exemplare* legt die **Kopienzahl** fest.

■ Im Bereich *Druckbereich* lässt sich festlegen, ob das Arbeitsblatt oder nur einige **Seiten** zu **drucken** sind.

■ Im Bereich *Drucken* können Sie die Optionsfelder zum **Drucken eines markierten Zellbereichs**, der gesamten **Arbeitsmappe** oder markierter Arbeitsblätter wählen.

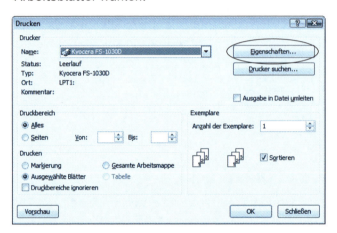

3 Um die **Druckausrichtung** zu wählen, klicken Sie auf die Schaltfläche *Eigenschaften*.

Excel zeigt jetzt das Dialogfeld mit den Druckereigenschaften an.

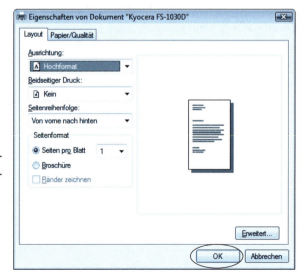

4 Passen Sie die Optionen
für die Ausrichtung etc. an,
und schließen Sie das Dialogfeld über die *OK*-Schaltfläche.

Der genaue Aufbau des Dialogfelds hängt vom Drucker ab.

Sobald Sie das geöffnete Dialogfeld *Drucken* über die *OK*-Schaltfläche schließen, verwendet Excel die eingestellten Druckoptionen (z. B. Querdruck) zur Ausgabe der Tabelle. Im Querdruck passen mehr Spalten auf die Seite. Diese Einstellung bleibt bis zum Ende der Excel-Sitzung erhalten. Erst beim nächsten Start von Excel werden wieder die Standardvorgaben des Druckers benutzt.

Hinweis

Um Tabellen im Querformat zu drucken, können Sie in der Multifunktionsleiste zur Registerkarte *Seitenlayout* wechseln. Klicken Sie auf die Menüschaltfläche *Orientierung* der Gruppe *Seite einrichten*, lässt sich im eingeblendeten Menü zwischen Hoch- und Querformat wählen.

Seitenwechsel einfügen und löschen

Haben Sie eine Tabelle mit einer besonderen Struktur erstellt? Dann passen die automatisch von Excel beim Ausdruck eingefügten Seitenwechsel unter Umständen nicht mit der Tabellenstruktur zusammen. Möchten Sie Excel zwingen, logisch zusammengehörende Tabelleninhalte auf getrennte Seiten zu drucken? Fügen Sie die erforderlichen Seitenwechsel selbst in das Arbeitsblatt ein.

14				
15	Summe	2550,50	Summe	2100,00
16				
17				
18	Einnahmen - Ausgaben	450,50		
19				

1 Klicken Sie auf die Zelle, an die der **Seitenwechsel** einzufügen ist.

Excel zeigt übrigens mit einer gestrichelten senkrechten Linie an, wo ein Seitenumbruch im Standardarbeitsblatt auftritt.

2 Wechseln Sie in der Multifunktionsleiste zur Registerkarte *Seitenlayout*, und klicken Sie in der Gruppe *Seite einrichten* auf die Schaltfläche *Umbrüche*. Anschließend wählen Sie im eingeblendeten Menü den Befehl *Seitenumbruch einfügen*.

Excel fügt jetzt sowohl einen horizontalen als auch einen vertikalen Seitenumbruch links neben und oberhalb der markierten Zelle ein. Sie erkennen die Umbrüche durch die gestrichelten vertikalen und horizontalen Linien. Möchten Sie diesen eingefügten **Seitenumbruch** wieder **entfernen**?

2 Wiederholen Sie die obigen Schritte, wählen aber im Menü den Befehl *Seitenumbrüche entfernen*.

1 Klicken Sie auf die Zelle rechts unterhalb der Linien für den Seitenwechsel.

Excel entfernt die gestrichelten Linien, hebt also den Seitenwechsel wieder auf.

Seitenvorschau abrufen

Oft reicht zur Begutachtung des Dokuments die **Seitenvorschau** aus. Gerade beim Thema Seitenwechsel lässt sich anhand der Vorschau beurteilen, ob das Druckergebnis auf ein DIN-A4-Blatt passt.

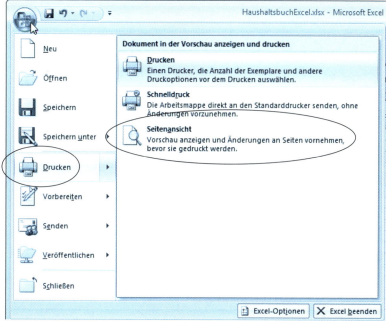

1 Öffnen Sie das Menü der *Office*-Schaltfläche, und zeigen Sie im Menü auf den Befehl *Drucken*.

2 Anschließend wählen Sie im Untermenü den Befehl *Seitenansicht*.

Excel öffnet ein Vorschaufenster mit einer verkleinerten Ansicht der Dokumentseite. Über die Schaltfläche *Zoom* am oberen Rand können Sie die Vergrößerung ein- oder ausschalten.

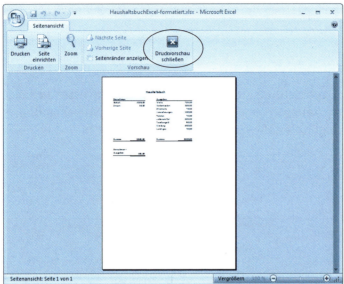

3 Um die Vorschau wieder zu verlassen, klicken Sie auf die Schaltfläche *Druckvorschau schließen* in der Multifunktionsleiste.

Excel kehrt daraufhin zur Darstellung des Arbeitsblatts zurück.

Testen Sie Ihr Wissen

Jetzt haben Sie bereits die wichtigsten Excel-Funktionen zum Erstellen einfacher Tabellen kennengelernt. Sie können Tabellen formatieren, speichern, ausdrucken und erneut laden. Zur Überprüfung Ihres Wissens sollten Sie die folgenden Fragen beantworten. Die Antworten dazu finden Sie in Klammern.

■ **Wie speichern Sie ein Arbeitsblatt unter neuem Namen?**

(Öffnen Sie das Menü der *Office*-Schaltfläche, und wählen Sie den Befehl *Speichern unter*. Im gleichnamigen Dialogfeld ist dann der Dateiname zu ändern und die Schaltfläche *Speichern* anzuklicken.)

■ **Erstellen Sie eine Tabelle, in der die Zellinhalte zentriert ausgerichtet sind.**

(Tippen Sie die Zellinhalte in das Tabellenblatt ein. Dann markieren Sie den Zellbereich mit den auszurichtenden Inhalten und klicken auf der Registerkarte *Start* der Multifunktionsleiste in der Gruppe *Ausrichtung* auf die Schaltfläche *Zentriert ausrichten*.)

■ **Wie lässt sich ein Text in einer Zelle mit einer größeren Schrift versehen?**

(Markieren Sie den Zellbereich, wechseln Sie zur Registerkarte *Start* der Multifunktionsleiste, und passen Sie den Wert des Kombinationsfelds *Schriftgrad* in der Gruppe *Schriftart* an.)

■ **Wie kann eine Summe über mehrere Zeilen erstellt werden?**

(Klicken Sie auf der Registerkarte *Start* der Multifunktionsleiste in der Gruppe *Bearbeiten* auf die Schaltfläche *Summe*. Markieren Sie die zu summierenden Zellen, und drücken Sie die ⏎-Taste.)

■ **Erstellen Sie eine Zelle mit einer Berechnungsformel, in der die zwei darüber liegenden Zellinhalte miteinander multipliziert werden, der Wert 10 addiert und dann der Ausdruck durch 10 dividiert wird.**

(Klicken Sie auf die Ergebniszelle, und tippen Sie die Formel »=A2*A3+10)/10« ein. Hierbei wird angenommen, dass die zwei zu summierenden Zellen in A2 und A3 abgelegt sind.)

■ **Wie lässt sich ein Bereich in einer Tabelle markieren?**

(Klicken Sie auf die oberste linke Zelle des Bereichs, halten Sie die linke Maustaste gedrückt, und ziehen Sie die Maus zur diagonal gegenüberliegenden Zelle des zu markierenden Bereichs.)

■ **Wie legen Sie in Excel die Anzahl der Dezimalstellen für eine angezeigte Zahl fest?**

(Klicken Sie auf die Zelle, wechseln Sie in der Multifunktionsleiste zur Registerkarte *Start*, und verwenden Sie die beiden Schaltflächen *Dezimalstelle hinzufügen* und *Dezimalstelle löschen* in der Gruppe *Zahl*.)

Im nächsten Kapitel lernen Sie weitere Funktionen zum Arbeiten mit Excel kennen.

Das können Sie schon

Das lernen Sie neu

Kapitel 6

Erweiterte Excel-Funktionen und Diagramme

In diesem Kapitel lernen Sie weitere Funktionen von Microsoft Excel kennen. Als Beispiel soll eine Umsatztabelle erstellt werden. Anschließend werden die Daten grafisch als Diagramm aufbereitet. Ganz nebenbei lernen Sie dabei weitere wichtige und hilfreiche Excel-Funktionen kennen. Zusätzlich erfahren Sie, wie sich die Excel-Dokumentvorlagen zum Erstellen einer Rechnung verwenden lassen. Dieses Wissen eröffnet Ihnen die Basis, um zum »Excel-Experten« aufzusteigen.

Erstellen eines Umsatzberichts

Haben Sie die Übungen im vorherigen Kapitel mit Excel durchgeführt? Dann kann es jetzt mit der nächsten Übung weitergehen. Nehmen wir als Beispiel eine kleine Firma, die vier Filialen in den Vertriebsgebieten Nord, Süd, Ost und West betreibt. Der Firmeninhaber möchte die Umsatzzahlen der Filialen in den Vertriebsgebieten quartalsweise sowie den Gesamtumsatz (z. B. für alle Waren oder nur für ein bestimmtes Produkt) in aufbereiteter Form haben.

Die betreffende Tabelle könnte in etwa so aussehen.

Filiale	1.Quartal	2.Quartal	3.Quartal	4.Quartal	
Nord	83,00 €	87,00 €	88,00 €	84,00 €	342,00 €
Süd	82,50 €	80,50 €	81,50 €	85,60 €	330,10 €
Ost	59,00 €	61,00 €	62,00 €	61,00 €	243,00 €
West	77,00 €	75,00 €	76,00 €	80,00 €	308,00 €
Summen	301,50 €	303,50 €	307,50 €	310,60 €	1.223,10 €

Nach der Lektüre des vorhergehenden Kapitels ist Ihnen wohl klar, dass diese Aufgabe elegant mit Excel gelöst werden kann.

Hier sehen Sie ein Beispiel mit einer optisch aufbereiteten Tabelle samt grafischer Darstellung der Umsätze.

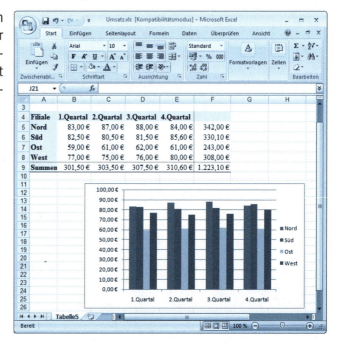

In den Lernschritten dieses Kapitels erfahren Sie, wie sich eine solche Tabelle erstellen lässt.

1 Starten Sie Excel, und legen Sie – falls erforderlich – eine neue Arbeitsmappe an.

2 Klicken Sie ggf. auf das Blattregister *Tabelle1*, um das betreffende Arbeitsblatt in den Vordergrund zu holen.

Jetzt ist alles zur Erstellung des Umsatzberichts vorbereitet.

Eingabe der Zeilenbeschriftung

Die obige Tabelle enthält in der linken Spalte die Namen der betreffenden Filialen/Vertriebsgebiete, die in die Umsatzstatistik einbezogen werden sollen. Diese Spalte mit den Namen soll jetzt in das Arbeitsblatt eingegeben werden. Zur Erinnerung hier noch einmal kurz die erforderlichen Schritte:

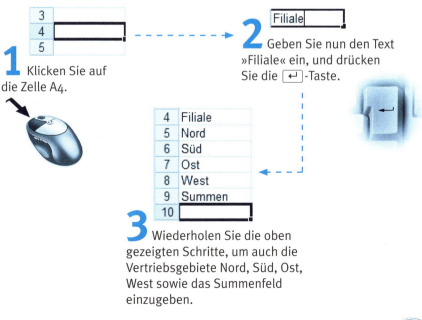

1 Klicken Sie auf die Zelle A4.

2 Geben Sie nun den Text »Filiale« ein, und drücken Sie die ⏎-Taste.

3 Wiederholen Sie die oben gezeigten Schritte, um auch die Vertriebsgebiete Nord, Süd, Ost, West sowie das Summenfeld einzugeben.

Jedes Mal, wenn Sie die ⏎-Taste drücken, übernimmt Excel die eingetippten Zeichen in die Zelle, und die »aktive Zelle« wandert eine Position
tiefer.

Falls Sie einmal nichts in eine Zelle eingeben wollen, drücken Sie einfach
nochmals die ⏎-Taste. Excel markiert dann die unter der »aktiven Zelle«
liegende Zelle als neue »aktive Zelle«.

Hinweis

Unterläuft Ihnen bei der Eingabe ein Fehler, drücken Sie die Tastenkombination
Strg + Z , um den letzten Befehl zurückzunehmen. Bemerken Sie den Fehler
erst später, korrigieren Sie die betreffenden Zellinhalte. Details dazu finden Sie
im vorhergehenden *Kapitel 5*.

Eingabe der Spaltenüberschrift ...

Jetzt können Sie auch die Spaltenüberschriften für die Tabelle in das
Arbeitsblatt eintragen. Die Technik ist bereits bekannt.

1 Klicken Sie auf die Zelle B4, tippen
Sie den Text »1. Quartal« ein, und drücken
Sie danach die ⏎-Taste.

Dummerweise erwartet Excel eine spaltenweise Eingabe, d. h., die aktive Zelle wird
nach dem Drücken der ⏎-Taste auf die
darunter liegende Zelle B5 gesetzt.

	A	B
3		
4	Filiale	1. Quartal
5	Nord	

2 Klicken Sie daher auf die
Zelle C4, tippen Sie den Text »2.
Quartal« ein, und drücken Sie
jetzt die Tab -Taste.

Excel übernimmt den Wert in die Zelle C4 und positioniert die Markierung der aktiven Zelle auf D4.

⬛	A	B	C	D
3				
4	Filiale	1. Quartal	2. Quartal	
5	Nord			

Hinweis

Beachten Sie, dass sich die Richtung, in der Excel die Markierung der aktiven Zelle beim Drücken der ⏎-Taste verschiebt, einstellen lässt (siehe *Kapitel 5*). **Zeilenweise Eingaben** können Sie mit der ⇆-Taste anstatt mit der ⏎-Taste abschließen. Oder Sie verwenden Cursortasten wie →, um eine Eingabe abzuschließen und dabei automatisch die nächste Zelle anzuwählen.

... mit der Funktion AutoAusfüllen

Bei der Eingabe von wenigen Zellwerten ist die obige Methode recht hilfreich. Häufig tritt jedoch der Fall auf, dass benachbarte Zellen eine Folge von Werten enthalten. Dies könnte beispielsweise eine Zahlenreihe 1, 2, 3, 4 etc. oder eine Folge von Monatsnamen wie Januar, Februar etc. sein. Bei der Spaltenüberschrift ist dies ähnlich, hier wird eine Folge der Art 1. Quartal, 2. Quartal, 3. Quartal und 4. Quartal benötigt. Excel bietet Ihnen die Funktion *AutoAusfüllen* an, über die sich Eingabebereiche mit einem gleichen Wert oder einer Wertereihe füllen lassen.

Wie dies geht, erfahren Sie jetzt anhand der Spaltenüberschrift und eines weiteren Beispiels:

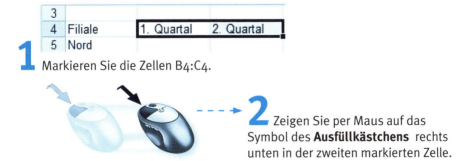

1 Markieren Sie die Zellen B4:C4.

2 Zeigen Sie per Maus auf das Symbol des **Ausfüllkästchens** rechts unten in der zweiten markierten Zelle.

Der Mauszeiger nimmt jetzt die Form eines schwarzen Kreuzes an.

Hinweis

Als **Ausfüllkästchen** wird das kleine Viereck in der rechten unteren Ecke des markierten Zellbereichs bezeichnet.

3 Ziehen Sie das Ausfüllkästchen nach rechts zur Zelle E4.

Excel zeigt beim Ziehen in einer QuickInfo die zu ergänzenden Informationen an.

Sobald Sie die linke Maustaste loslassen, ergänzt Excel die Zellen im markierten Bereich mit den noch fehlenden Informationen.

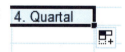

Die gerade benutzte Funktion *AutoAusfüllen* erweist sich als recht komfortabel beim Eingeben von Reihen. Excel verwendet die Informationen in den markierten Zellen, um die Werte der neu auszufüllenden Zellen zu bestimmen. Lässt sich eine Reihenbildung erkennen (z. B. bei der Folge 1, 2, 3 etc.), wird die Reihe beim Ausfüllen fortgesetzt. Die obige Überschriftenzeile enthält im Text die Zahlen 1., 2. etc., d. h., Excel kann die Vorschrift zur Reihenbildung ebenfalls erkennen. Im hier gezeigten Beispiel hat Excel die Folgezellen daher mit korrekten Werten gefüllt.

Dies muss aber nicht immer so sein. Nehmen wir ein einfaches Beispiel. Es wird nur eine Zelle markiert, die den Wert 1 enthält. Jetzt erkennt Excel nicht genau, was Sie vorhaben. Beim Ziehen des Ausfüllkästchens wird üblicherweise der Zellinhalt kopiert, d. h., alle Folgezellen erhalten den Wert 1 zugewiesen. Excel blendet daher beim Loslassen der Maustaste eine kleine Schaltfläche neben dem Ausfüllkästchen ein. Zeigen Sie auf die

Schaltfläche und klicken dann auf den Pfeil neben der Schaltfläche, öffnet sich ein Menü mit verschiedenen Befehlen für den aktuellen Kontext. Über die Option *Datenreihe ausfüllen* des Menüs erreichen Sie, dass Excel die beim Ziehen markierten Zellen mit einer Datenreihe (1, 2, 3 oder etwas Entsprechendem füllt).

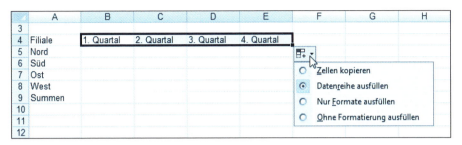

> ### Hinweis
>
> Neben Zahlenreihen und Texten, in denen Zahlen vorkommen, unterstützt Excel auch einige Textfolgen. Sie können diese Folgen über das Dialogfeld *Excel-Optionen* anpassen. Wählen Sie die Schaltfläche *Excel-Optionen* im Menü der *Office-Schaltfläche*, und klicken Sie im Dialogfeld auf die Kategorie *Häufig verwendet*. Klicken Sie im rechten Dialogfeldteil auf die Schaltfläche *Benutzerdefinierte Listen bearbeiten*. Auf der dann angezeigten Registerkarte *Benutzerdefinierte Listen* lassen sich auch eigene Folgen definieren (siehe auch *Kapitel 11*).

Nachdem Sie jetzt wissen, wie die Funktion *AutoAusfüllen* arbeitet, ließe sich diese benutzen, um den Datenbereich vor einer weiteren Bearbeitung mit Nullwerten zu füllen und vielleicht zur Anzeige der Werte vorzubereiten. Dies ist zwar nicht zwingend erforderlich, vereinfacht aber die nachfolgenden Schritte etwas.

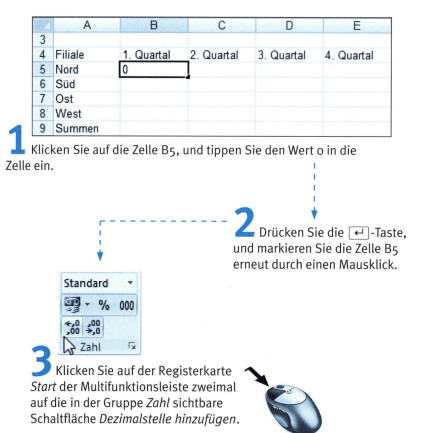

	A	B	C	D	E
3					
4	Filiale	1. Quartal	2. Quartal	3. Quartal	4. Quartal
5	Nord	0			
6	Süd				
7	Ost				
8	West				
9	Summen				

1 Klicken Sie auf die Zelle B5, und tippen Sie den Wert o in die Zelle ein.

2 Drücken Sie die ⏎-Taste, und markieren Sie die Zelle B5 erneut durch einen Mausklick.

Standard

Zahl

3 Klicken Sie auf der Registerkarte *Start* der Multifunktionsleiste zweimal auf die in der Gruppe *Zahl* sichtbare Schaltfläche *Dezimalstelle hinzufügen*.

Excel stellt jetzt zwei Nachkommastellen dar.

	A	B	C
3			
4	Filiale	1. Quartal	2. Quartal
5	Nord	0,00	
6	Süd		

	A	B	C
3			
4	Filiale	1. Quartal	2. Quartal
5	Nord	0,00	
6	Süd		
7	Ost		
8	West		
9	Summen		
10			0,00
11			

4 Zeigen Sie auf das Ausfüllkästchen der markierten Zelle, und ziehen Sie das Ausfüllkästchen über die zu füllenden Zellen der Spalte.

Sobald Sie die linke Maustaste loslassen, füllt Excel den markierten Zellbereich mit dem Wert 0,00 der markierten Zelle.

	A	B	C	D	E
3					
4	Filiale	1. Quartal	2. Quartal	3. Quartal	4. Quartal
5	Nord	0,00	⦿ Zellen kopieren		
6	Süd	0,00	○ Datenreihe ausfüllen		
7	Ost	0,00	○ Nur Formate ausfüllen		
8	West	0,00	○ Ohne Formatierung ausfüllen		
9	Summen	0,00			
10					
11					
12					

Hinweis

Da nur eine Zelle markiert war, kann Excel keine Gesetze zur Reihenbildung erkennen und überträgt den Vorgabewert der markierten Zelle. Interessant ist dabei, dass das Zellformat gleich mit übertragen wird. Sie können aber auch auf die angezeigte Schaltfläche klicken und dann im Kontextmenü den gewünschten Befehl wie *Zellen kopieren* oder *Nur Formate ausfüllen* wählen.

5 Geben Sie in die Zelle B6 versuchsweise den Wert 1,0 ein, und markieren Sie danach den Zellbereich B5:B9.

	A	B	C	D	E	F
3						
4	Filiale	1. Quartal	2. Quartal	3. Quartal	4. Quartal	
5	Nord	0,00				
6	Süd	1,00				
7	Ost	0,00				
8	West	0,00				
9	Summen	0,00				
10					0,00	
11						

6 Ziehen Sie das Ausfüllkästchen des markierten Bereichs nach rechts über die zu füllenden Zellen der Tabelle.

Sobald Sie die linke Maustaste loslassen, füllt Excel den markierten Bereich mit den Vorgabewerten der ersten Spalte. Beachten Sie, dass die Zeile 6 mit dem Vorgabewert 1,00 gefüllt wird, d. h., Excel verwendet für jede Zeile eigene Vorgabewerte.

	A	B	C	D	E	F
3						
4	Filiale	1. Quartal	2. Quartal	3. Quartal	4. Quartal	
5	Nord	0,00	0,00	0,00	0,00	
6	Süd	1,00	1,00	1,00	1,00	
7	Ost	0,00	0,00	0,00	0,00	
8	West	0,00	0,00	0,00	0,00	
9	Summen	0,00	0,00	0,00	0,00	
10						
11						

7 Setzen Sie jetzt die Werte der Zeile 6 auf 0,00 zurück, und tragen Sie (frei wählbare) Werte für die Umsatzzahlen in die Tabelle ein.

Hinweis

An dieser Stelle möchte ich Ihnen noch einen Trick hinsichtlich der Funktion *AutoAusfüllen* verraten. Kann die Funktion die Reihenbildung nicht erkennen (z. B. weil nur eine Zelle markiert war), wird der Wert der zuerst markierten Zelle in den Zielbereich übertragen.

Falls Sie aber beim Ziehen zusätzlich die [Strg]-Taste gedrückt halten, wird bei Zahlen eine Reihenbildung erzwungen.

Nord	0,00
Süd	1,00
Ost	0,00
West	0,00

2,00

Excel zeigt dies bereits in der QuickInfo an. Lassen Sie die Maustaste los, füllt Excel den Bereich mit einer Zahlenreihe aus. Sie sparen sich also den »Umweg« über das Kontextmenü der eingeblendeten Schaltfläche.

Die Summen berechnen

Jetzt sollen die Summen der einzelnen Zeilen und Spalten berechnet werden. Die Vorgehensweise kennen Sie eigentlich schon aus dem vorherigen Kapitel. Jetzt möchte ich nur noch einige Feinheiten zeigen. Um die **Quartalssummen** der einzelnen **Filialen** zu **bestimmen,** führen Sie die folgenden Schritte durch.

1 Klicken Sie in der Zeile »Summen« auf die Zelle B9, da diese die Spaltensummen aufnehmen soll.

Σ ▾	A↓Z	🔍
	Sortieren	Suchen und
ℴ▾	und Filtern ▾	Auswählen ▾
	Bearbeiten	

2 Klicken Sie auf der Registerkarte *Start* der Multifunktionsleiste auf die in der Gruppe *Bearbeiten* sichtbare Schaltfläche *Summe*.

Excel zeigt jetzt den Zellbereich oberhalb der aktiven Zelle mit einem Rahmen an.

SUMME ▾	✕ ✓ *fx*	=SUMME(B5:B8)		
	A	B	C	D	E
3					
4	Filiale	1. Quartal	2. Quartal	3. Quartal	4. Quartal
5	Nord	83,00	87,00	88,00	84,00
6	Süd	82,50	80,50	81,50	85,60
7	Ost	59,00	61,00	62,00	61,00
8	West	77,00	75,00	76,00	80,00
9		=SUMME(B5:B8)			
10		SUMME(**Zahl1**; [Zahl2]; ...)			
11					

3 Bestätigen Sie die Auswahl über die [↵]-Taste.

Jetzt zeigt Excel die erste Summe an.

8	West	77,00	75,00	76,00	80,00
9	Summen	301,50			
10					

4 Klicken Sie erneut auf die Zelle B9, und ziehen Sie das Ausfüllkästchen der markierten Zelle nach rechts über die restlichen Zellen der Zeile.

Sobald Sie die linke Maustaste loslassen, überträgt Excel die Formel in die restlichen Zellen. Excel berechnet automatisch die Spaltensummen.

B9	▾	f_x	=SUMME(B5:B8)		
	A	B	C	D	E	F
3						
4	Filiale	1. Quartal	2. Quartal	3. Quartal	4. Quartal	
5	Nord	83,00	87,00	88,00	84,00	
6	Süd	82,50	80,50	81,50	85,60	
7	Ost	59,00	61,00	62,00	61,00	
8	West	77,00	75,00	76,00	80,00	
9	Summen	301,50	303,50	307,50	310,60	
10						
11						

Jetzt können Sie auf ähnliche Art die **Zeilensummen** für die einzelnen Filialen **bestimmen**.

1 Klicken Sie auf die Zelle F5, und wählen Sie auf der Registerkarte *Start* der Multifunktionsleiste die in der Gruppe *Bearbeiten* sichtbare Schaltfläche *Summe*.

Excel markiert jetzt die links daneben liegenden Zellen mit einem gestrichelten Rahmen.

| SUMME | ▼ | × | ✓ | fx | =SUMME(B5:E5) |

	A	B	C	D	E	F	G
3							
4	Filiale	1. Quartal	2. Quartal	3. Quartal	4. Quartal		
5	Nord	83,00	87,00	88,00	84,00	=SUMME(B5:E5)	
6	Süd	82,50	80,50	81,50	85,60	SUMME(**Zahl1**; [Zahl2]; ...)	
7	Ost	59,00	61,00	62,00	61,00		
8	West	77,00	75,00	76,00	80,00		
9	Summen	301,50	303,50	307,50	310,60		
10							

2 Bestätigen Sie die Auswahl über die ⏎-Taste.

Excel fügt die Summenformel in die Zelle ein, zeigt das berechnete Ergebnis an und markiert die darunter liegende Zelle als aktive Zelle.

3 Markieren Sie jetzt die Zelle F5 erneut, und ziehen Sie das Ausfüllkästchen der Zelle nach unten bis zur Zelle F8.

Sobald Sie die Maustaste loslassen, erweitert Excel die Formeln auf die markierten Zellen und zeigt die berechneten Summen an. Sie können jetzt nochmals die Zellen anklicken und die Formeln kontrollieren. Offenbar denkt Excel aber mit und passt die Zellbereiche beim Kopieren der Formel an.

342,00
330,10
243,00
308,00

Achtung

Beim Kopieren eines Zellinhalts mit einer Formel durch Ziehen per Maus passt Excel in der Regel diese Zellbezüge an die veränderten Bezugsadressen an. Dies muss aber nicht immer stimmen. Kopieren Sie eine Formel gar per Zwischenablage, werden die Zellbezüge in der Formel nicht korrigiert. Sie sollten daher die kopierten Zellen per Maus anklicken und die Formeln in der Bearbeitungsleiste überprüfen.

Mit ähnlichen Schritten können Sie jetzt noch die Gesamtsumme der Jahresumsätze in Zelle F9 bestimmen. Bei Bedarf formatieren Sie die Zellen, sodass die Werte mit zwei Nachkommastellen angezeigt werden. Diese Schritte hatten Sie ja weiter oben bereits kennengelernt. Das Ergebnis könnte in etwa so aussehen. Jetzt lassen sich auch die Ergebnisse der Summenbildung überprüfen.

	A	B	C	D	E	F	G
3							
4	Filiale	1. Quartal	2. Quartal	3. Quartal	4. Quartal		
5	Nord	83,00	87,00	88,00	84,00	342,00	
6	Süd	82,50	80,50	81,50	85,60	330,10	
7	Ost	59,00	61,00	62,00	61,00	243,00	
8	West	77,00	75,00	76,00	80,00	308,00	
9	Summen	301,50	303,50	307,50	310,60	1223,10	
10							
11							

Tabelle mit AutoFormat gestalten

Zum Abschluss soll die Tabelle noch etwas »kosmetisch« aufbereitet werden.

1 Ergänzen Sie den Tabellentitel »Umsatz« in der Zelle C1, und formatieren Sie den Text fett sowie mit einem größeren Schriftgrad.

2 Benennen Sie das Blattregister *Tabelle1* ggf. in »Gesamtumsatz« um.

Hinweis

Falls Sie noch Probleme beim Umbenennen haben, schlagen Sie im vorherigen *Kapitel 5* im Abschnitt »Arbeitsblätter umbenennen« nach.

Wie wäre es mit der Formatierung des Tabellenwerks? Im vorhergehenden Kapitel hatte ich Ihnen gezeigt, wie Sie die Zellen manuell mit Hintergrundfarben und Linien formatieren. Bei einer Tabelle bietet es sich an, diese Aufgabe gegebenenfalls an Excel zu delegieren. Excel 2007 bietet Ihnen hierzu zwei Varianten. Sie können ausgewählten Tabellenbereichen Zellenformatvorlagen zuweisen. Oder Sie können den Zellbereich mit den Daten als »Tabelle« formatieren. Hier die Schritte, um markierten Zellbereichen Zellenformatvorlagen zuzuweisen.

1 Markieren Sie den Zellbereich der Tabelle, dem eine Zellenformatvorlage zuzuweisen ist.

	A	B	C	D	E	F
4	Filiale	1. Quartal	2. Quartal	3. Quartal	4. Quartal	
5	Nord	83	87	88	84	342
6	Süd	82,5	80,5	81,5	85,6	330,1
7	Ost	59	61	62	61	243
8	West	77	75	76	80	308
9	Summen	301,5	303,5	307,5	310,6	1223,1

2 Klicken Sie auf der Registerkarte *Start* der Multifunktionsleiste in der Gruppe *Formatvorlagen* auf die Menüschaltfläche *Zellenformatvorlagen*, und wählen Sie im angezeigten Katalog die gewünschte Zellenformatvorlage mit einem Mausklick aus.

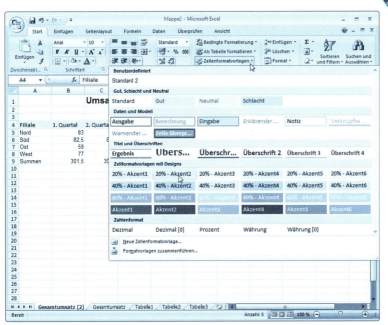

Um die Wirkung einer Zellenformatvorlage zu studieren, reicht es, im Katalog auf die betreffende Vorlage zu zeigen. Excel zeigt sofort die Auswirkungen der Vorlage im Arbeitsblatt an. Aber erst beim Anklicken der Zellenformatvorlage wird diese dem markierten Zellbereich zugewiesen.

Auf diese Weise können Sie schrittweise verschiedene Zellbereiche der Tabelle markieren und unterschiedliche Formatvorlagen zuweisen.

	A	B	C	D	E	F
1			**Umsatz**			
2						
3						
4	Filiale	1. Quartal	2. Quartal	3. Quartal	4. Quartal	
5	Nord	83,00	87,00	88,00	84,00	342,00
6	Süd	82,50	80,50	81,50	85,60	330,10
7	Ost	59,00	61,00	62,00	61,00	243,00
8	West	77,00	75,00	76,00	80,00	308,00
9	Summen	301,50	303,50	307,50	310,60	1223,10

Hinweis

Um das Zellformat aufzuheben, gehen Sie wie beim Zuweisen vor, wählen aber im Katalog die Zellenformatvorlage *Standard*. Dann wird der markierte Zellbereich wieder ohne Zellformatierung dargestellt.

Die Alternative zur Formatierung von Zellen innerhalb eines Arbeitsblatts besteht darin, dass Sie die Tabelle automatisch durch Excel formatieren lassen. Hierzu kommt die Funktion *Als Tabelle formatieren* zum Einsatz. Gehen Sie in folgenden Schritten vor.

	A	B	C	D	E	F
1			Umsatz			
2						
3						
4	Filiale	1. Quartal	2. Quartal	3. Quartal	4. Quartal	
5	Nord	83,00	87,00	88,00	84,00	342,00
6	Süd	82,50	80,50	81,50	85,60	330,10
7	Ost	59,00	61,00	62,00	61,00	243,00
8	West	77,00	75,00	76,00	80,00	308,00
9	Summen	301,50	303,50	307,50	310,60	1223,10
10						
11						

Mappe2

Gesamtumsatz / Tabelle1 / Tabelle2 / Ta

1 Markieren Sie den Datenbereich der Tabelle.

2 Klicken Sie auf der Registerkarte *Start* der Multifunktionsleiste in der Gruppe *Formatvorlagen* auf die Menüschaltfläche *Als Tabelle formatieren*, und wählen Sie in der angezeigten Palette mit den stilisierten Tabellen die gewünschte Tabellenformatvorlage mit einem Mausklick.

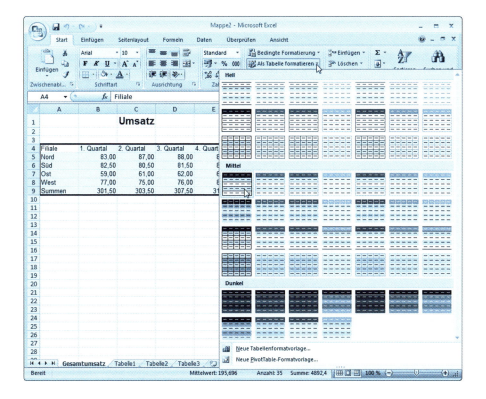

3 Sobald das nachfolgend gezeigte Dialogfeld *Als Tabelle formatieren* erscheint, können Sie bei Bedarf die Markierung für den zu formatierenden Tabellenbereich durch Ziehen per Maus anpassen.

Falls das Dialogfeld die Tabelle verdeckt, schieben Sie dieses durch Ziehen der Titelleiste zur Seite und markieren danach den gewünschten Zellbereich.

Hinweis

Die Schaltfläche [image] rechts neben dem Feld mit dem angezeigten Zellbereich ermöglicht Ihnen, das Dialogfeld in der Größe zu reduzieren, die Markierung des Zellbereichs mit der Maus vorzunehmen und anschließend durch Drücken der ←-Taste das Dialogfeld auf die Originalgröße zurückzusetzen. Diese Schaltfläche wird Ihnen in vielen Excel-Dialogfeldern, die Zellbezüge enthalten, begegnen.

4 Markieren Sie im Dialogfeld *Als Tabelle formatieren* ggf. das Kontrollkästchen *Tabelle hat Überschriften*, und schließen Sie das Dialogfeld über die *OK*-Schaltfläche.

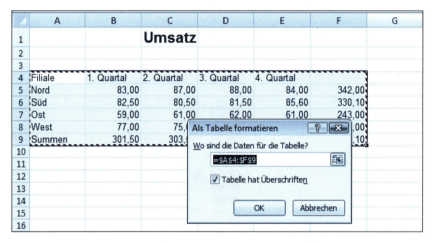

Excel überträgt jetzt das Format auf den markierten Bereich des Arbeitsblatts. Das Ergebnis könnte so aussehen.

	A	B	C	D	E	F
1			Umsatz			
2						
3						
4	Filiale ▼	1. Quartal ▼	2. Quartal ▼	3. Quartal ▼	4. Quartal ▼	Spalte1 ▼
5	Nord	83,00	87,00	88,00	84,00	342,00
6	Süd	82,50	80,50	81,50	85,60	330,10
7	Ost	59,00	61,00	62,00	61,00	243,00
8	West	77,00	75,00	76,00	80,00	308,00
9	Summen	301,50	303,50	307,50	310,60	1223,10

Gefällt Ihnen die fertige Tabelle? Dann sollten Sie das Ergebnis für weitere Übungen in eine Datei speichern und dieser z. B. den Namen *Umsatz2007.xlsx* zuweisen. Die entsprechenden Schritte wurden im vorherigen Kapitel beschrieben.

Daten als Diagramm aufbereiten

Neben der Möglichkeit zur Durchführung von Berechnungen ist die Dar-stellung von Werten als Diagramm eine der weiteren Stärken von Excel. Sie können mit wenigen Mausklicks den Inhalt einer Tabelle in ein Balken-diagramm, ein Liniendiagramm, ein Kreisdiagramm oder in eine andere Diagrammvariante umsetzen. Wie dies funktioniert, soll jetzt am Beispiel der Umsatztabelle demonstriert werden. Haben Sie noch die Arbeitsmappe mit den Umsatzdaten, die im vorherigen Lernschritt erstellt wurde?

1 Laden Sie die Datei mit der Arbeitsmappe in Excel, und holen Sie das Arbeitsblatt mit der Umsatztabelle durch Anklicken des zugehörigen Blattregisters in den Vordergrund.

Sind Sie bereit für die nächste Übung? Die Daten der Umsatztabelle sollen jetzt als **Säulendiagramm** aufbereitet werden.

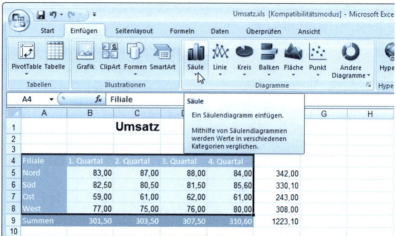

2 Markieren Sie im Arbeitsblatt die Daten des Zellbereichs mit den Umsatzdaten (hier A4:E8).

Hinweis

Der Umfang der Markierung beeinflusst auch die Darstellung des Diagramms. An dieser Stelle habe ich darauf verzichtet, die Summen mit in die Auswertung aufzunehmen. Dies verhindert, dass Excel die y-Achse des Balkendiagramms an den Umsatzsummen ausrichtet. Vielmehr bleibt der gesamte Darstellungsbereich den Umsätzen der Filialen vorbehalten.

---

3 Wechseln Sie zur Registerkarte *Einfügen* der Multifunktionsleiste, und klicken Sie in der Gruppe *Diagramme* auf die Schaltfläche *Säule*.

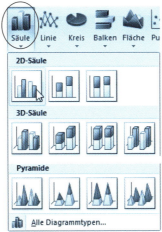

4 Sobald die Palette mit den Säulendiagrammvarianten angezeigt wird, klicken Sie auf eines der angezeigten Symbole (hier *Gruppierte Säulen* in der Rubrik *2D-Säule*).

Excel besitzt nun alle notwendigen Informationen, um aus den markierten Daten ein Säulendiagramm zu erstellen. Das Programm wird daher aus der Menge der markierten Daten und der Benutzerauswahl erstellt und automatisch formatiert (z. B. Achsenbeschriftung und -skalierung).

Das Diagramm erscheint als Diagrammelement direkt im Vordergrund des Arbeitsblatts, wobei aber meist ein Teil der Tabelle mit den Daten verdeckt wird.

5 Markieren Sie die Diagrammfläche mit einem Mausklick, und verschieben Sie diese dann bei gedrückter linker Maustaste im Arbeitsblatt zur gewünschten Position.

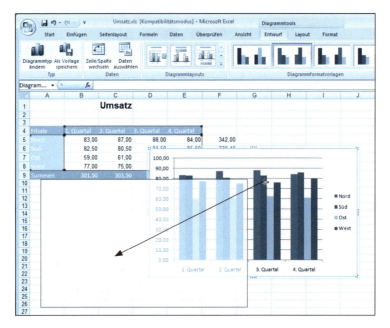

Bei Bedarf besteht zudem die Möglichkeit, die Diagrammgröße über die Ziehmarken an den Rändern der Diagrammflächen anzupassen. Ein nicht mehr benötigtes Diagramm können Sie mit der Maus anklicken und dann durch Drücken der ⌷Entf⌷-Schaltfläche löschen.

Ändern des Diagrammtyps und der -optionen

Möchten Sie später das Diagramm bearbeiten (z. B. den Diagrammtyp verändern oder einzelne Elemente des Diagramms anpassen)?

1 Markieren Sie das Diagramm oder einen Titel der Diagrammfläche per Mausklick.

Hinweis

Um das komplette Diagramm zu bearbeiten, müssen Sie darauf achten, dass die gesamte Diagrammfläche und nicht nur ein einzelnes Element markiert ist. Soll dagegen ein einzelnes Element angepasst werden, können Sie dieses ggf.

durch Anklicken innerhalb der Diagrammfläche markieren. Sie erkennen am Markierungsrahmen, ob die Diagrammfläche oder nur einzelne Diagrammelemente markiert sind. Zudem gibt der markierte Bereich innerhalb der zum Diagrammaufbau benutzten Tabelle einen Hinweis darauf, ob Sie das Diagramm oder nur eine Datenreihe des Diagramms markiert haben.

Sobald die Diagrammfläche markiert wurde, schaltet die Multifunktionsleiste zur Registerkarte *Entwurf* der *Diagrammtools* um. Falls dies nicht der Fall ist, müssen Sie die betreffende Registerkarte in den Vordergrund holen.

2 Um den Diagrammtyp zu ändern, klicken Sie auf der Registerkarte *Entwurf* der Multifunktionsleiste auf die Schaltfläche *Diagrammtyp ändern*.

3 Anschließend wählen Sie im Dialogfeld *Diagrammtyp ändern* in der linken Spalte die gewünschte Diagrammtyp-Kategorie. Danach klicken Sie im rechten Teil des Dialogfelds auf den Diagrammtyp der Kategorie und bestätigen die Auswahl über die *OK*-Schaltfläche.

Excel setzt dann das Diagramm entsprechend dem neu gewählten Typ um und zeigt das Ergebnis innerhalb der Diagrammfläche an.

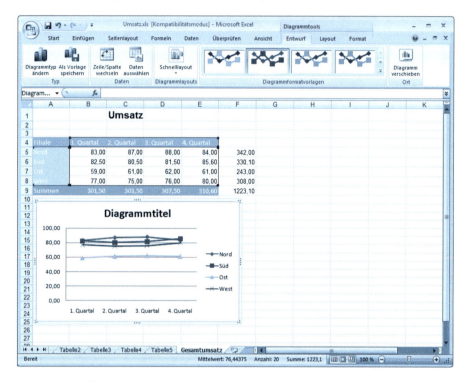

4 Möchten Sie die Farben oder das Aussehen des Diagramms anpassen, wählen Sie die betreffenden Kataloge auf der Registerkarte *Entwurf* der Multifunktionsleiste.

Sie können dabei über die betreffenden Gruppen sowohl Schnelllayouts als auch Diagrammformatvorlagen zuweisen.

■ Über die Gruppe *Diagrammformatvorlagen* können Sie diverse Vorlagen zur farblichen Gestaltung des Diagramms abrufen. Klicken Sie auf eine der sichtbaren Vorlagen, färbt Excel das Diagramm entsprechend den Vorgaben ein. Über die untere Schaltfläche unterhalb der Bildlaufleiste der Gruppe können Sie eine Palette öffnen, die Ihnen übersichtlich alle Diagrammformatvorlagen auflistet.

■ Klicken Sie dagegen auf die Menüschaltfläche *Schnelllayout* der Registerkarte *Entwurf*, blendet Excel ein Menü mit verschiedenen Darstellungslayouts für den gewählten Diagrammtyp ein. Durch Auswahl eines dieser Layouts lässt sich die Diagrammdarstellung (z B. die Lage der Legende) anpassen.

Möchten Sie einzelne **Diagrammelemente** (z. B. Skalierung der Achsen, Legende, Überschrift etc.) **anpassen**?

1 Markieren Sie das gewünschte Diagrammelement mit einem Mausklick.

2 Klicken Sie das markierte Element mit der rechten Maustaste an, und wählen Sie den Kontextmenübefehl *xxx formatieren*.

Die Buchstabenfolge *xxxx* steht hier für den Namen des Diagrammelements (z. B. *Achse formatieren*, *Legende formatieren*, *Diagrammtitel formatieren* etc.).

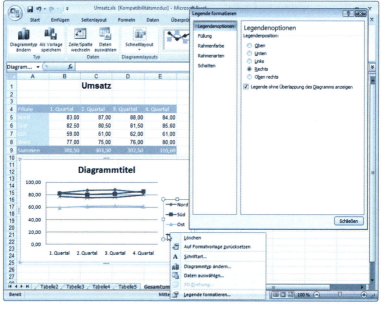

3 Passen Sie danach die im Dialogfeld *xxx formatieren* eingeblendeten Formateigenschaften an, und klicken Sie auf die *Schließen*-Schaltfläche.

4 Den Diagrammtitel ändern Sie, indem Sie das Element per Mausklick markieren und dann erneut auf das markierte Element klicken. Sobald das Element mit einem gestrichelten Markierungsrahmen versehen ist, können Sie den Text überschreiben oder ändern.

Zum Aufheben einer Markierung genügt es, einen Tabellenbereich außerhalb der Markierung anzuklicken. Möchten Sie eine Änderung an der Tabelle wieder zurücknehmen, können Sie die Schaltfläche *Rückgängig* in der Symbolleiste für den Schnellzugriff anklicken oder die Tastenkombination Strg+Z drücken.

Ein Kreisdiagramm anfertigen

In vielen Auswertungen sieht man Kreisdiagramme zur Darstellung verschiedener Daten. In einem sehr einfachen Beispiel sollen die Gesamtsummen der Filialen am Jahresumsatz in Form eines Kreisdiagramms dargestellt werden.

Im Grunde ist diese Aufgabe recht einfach: Sie brauchen nur die Daten zu markieren und den Diagrammtyp *Kreisdiagramm* auf der Registerkarte *Einfügen* zu wählen. Allerdings sind einige Details zu beachten:

■ Als Legende für das Diagramm sollen die Filialnamen dienen. Sie müssen daher die erste Spalte der Datentabelle einbeziehen.

■ Die Ergebnisse stehen dagegen in der letzten Tabellenspalte und sind die Basis für das Diagramm.

Auch diese Aufgabe lässt sich in Excel mit wenigen Mausklicks lösen.

	A	B	C	D	E	F
3						
4	Filiale	1. Quartal	2. Quartal	3. Quartal	4. Quartal	
5	Nord	83,00	87,00	88,00	84,00	342,00
6	Süd	82,50	80,50	81,50	85,60	330,10
7	Ost	59,00	61,00	62,00	61,00	243,00
8	West	77,00	75,00	76,00	80,00	308,00
9	Summen	301,50	303,50	307,50	310,60	1223,10

1 Markieren Sie die beiden Zellbereiche A5:A8 und F5:F8.

Hinweis

Vermutlich haben Sie Probleme, diese beiden Bereiche zu markieren, da ja die dazwischen liegenden Zellen nicht interessieren? Markieren Sie zuerst den Zellbereich A5:A8. Dann halten Sie die Strg-Taste gedrückt und markieren anschließend den Zellbereich F5:F8. Dies sollten Sie sich übrigens merken. Bei gedrückter Strg-Taste lassen sich **unabhängige Zellbereiche markieren**.

2 Wechseln Sie in der Multifunktionsleiste zur Registerkarte *Einfügen*, und klicken Sie in der Gruppe *Diagramme* auf die Schaltfläche *Kreis*.

3 Wählen Sie in der eingeblendeten Palette den Diagrammtyp *Kreis* in der Rubrik *2D-Kreis* aus.

Excel fügt nun das Kreisdiagramm als Diagrammelement im Vordergrund des Arbeitsblatts ein. Sie können bei Bedarf die Größe und Position der Diagrammfläche durch Ziehen per Maus korrigieren (siehe vorherige Abschnitte).

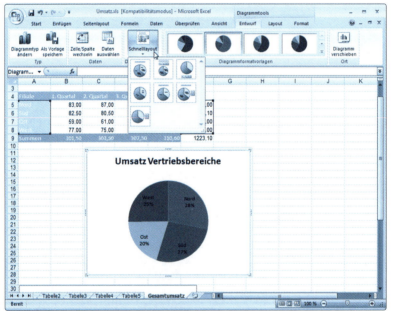

4 Klicken Sie bei Bedarf auf der Registerkarte *Entwurf* noch auf die Schaltfläche *Schnelllayout*, und wählen Sie in der eingeblendeten Palette eines der Layouts (hier *Layout 1*).

Mit dem letzten Schritt lässt sich festlegen, ob und wie das Diagramm einen Titel sowie Legenden der verwendeten Daten enthält. Bei Bedarf können Sie die Eigenschaften des Kreisdiagramms, dessen Typ oder die Titelbeschriftung ändern (siehe vorheriger Abschnitt). Excel bietet viele zusätzliche Optionen zur Gestaltung der Diagramme, die in diesem Buch nicht besprochen werden können. Konsultieren Sie notfalls die Programmhilfe oder Zusatzliteratur.

Weitere Excel-Arbeitstechniken

Auf den vorhergehenden Seiten haben Sie bereits viel über Excel gelernt. Wegen der Ähnlichkeiten zu anderen Office- und Windows-Programmen wird Ihnen so manches bekannt vorkommen. Dieser Abschnitt stellt Ihnen noch einige spezielle Arbeitstechniken vor, die Sie vermutlich häufiger benötigen.

Zellbereiche markieren ...

Das Markieren von Zellbereichen in einem Excel-Kalkulationsblatt haben Sie bereits mehrfach auf den vorhergehenden Seiten benutzt. Jetzt sollen die betreffenden Techniken zur Vertiefung wiederholt und einige Tricks gezeigt werden.

1 Öffnen Sie eine neue Arbeitsmappe.

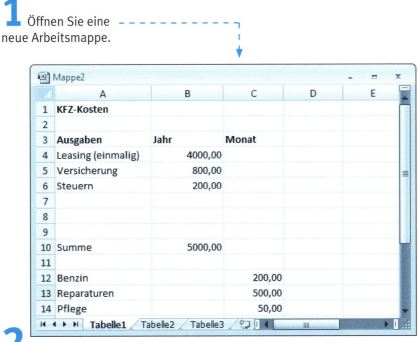

2 Tragen Sie in das erste Arbeitsblatt die hier gezeigten Zahlen ein.

An diesem Beispiel sollen jetzt einige Übungen durchgeführt werden.

1 Klicken Sie auf die Zelle A5, um die obere linke Ecke eines Zellbereichs zu markieren.

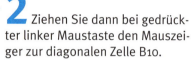

2 Ziehen Sie dann bei gedrückter linker Maustaste den Mauszeiger zur diagonalen Zelle B10.

Excel hebt die betreffenden Zellen eines rechteckigen Bereichs farblich hervor. Der Bereich ist markiert.

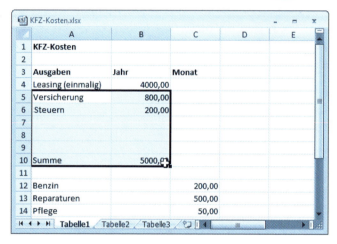

	A	B	C	D	E
1	**KFZ-Kosten**				
2					
3	**Ausgaben**	**Jahr**	**Monat**		
4	Leasing (einmalig)	4000,00			
5	Versicherung	800,00			
6	Steuern	200,00			
7					
8					
9					
10	Summe	5000,00			
11					
12	Benzin		200,00		
13	Reparaturen		500,00		
14	Pflege		50,00		

Möchten Sie anschließend einen zweiten, nicht benachbarten Bereich markieren? Auch diese Technik haben Sie schon benutzt.

3 Halten Sie während der folgenden Schritte die ⌊Strg⌋-Taste gedrückt.

4 Klicken Sie auf die Zelle A12, dann auf die Zelle C12, und ziehen Sie nun die Maus zur Zelle C13.

Das Ergebnis sieht jetzt so aus. Excel markiert mehrere nicht benachbarte Bereiche.

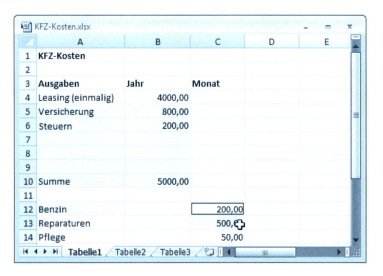

Hinweis

Zum Aufheben einer Markierung genügt es, auf eine nicht markierte Zelle zu klicken.

1 Klicken Sie jetzt auf den Spaltenkopf eines Arbeitsblatts.

Excel markiert die gesamte Spalte.

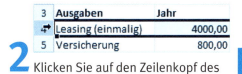

2 Klicken Sie auf den Zeilenkopf des Arbeitsblatts.

Excel markiert die Zeile.

Hinweis

Ziehen Sie bei gedrückter linker Maustaste den Mauszeiger über einige Zeilen- oder Spaltenköpfe, werden die Zellen dieser Zeilen bzw. Spalten markiert.

	A
1	**KFZ-Kosten**
2	
3	**Ausgaben**

3 Klicken Sie auf das Feld in der linken oberen Ecke des Dokumentfensters.

Excel markiert dann das gesamte Arbeitsblatt. Und hier noch einige Techniken zum Markieren per Tastatur.

Tasten	Bemerkung
Strg + A	Markiert das gesamte Arbeitsblatt.
Strg + ⇧ + →	Markiert alle rechts neben der aktuellen Zelle liegenden *Zellen* mit.
Strg + ⇧ + ←	Markiert alle links neben der aktuellen Zelle liegenden Zellen mit.
Strg + ⇧ + ↑	Markiert alle oberhalb der aktuellen Zelle liegenden Zellen mit.
Strg + ⇧ + ↓	Markiert alle unterhalb der aktuellen Zelle liegenden Zellen mit.

> **Hinweis**
>
> Es gibt eine Reihe zusätzlicher Tastenkombinationen zum Markieren in der Tabelle. Persönlich bevorzuge ich aber die Maus, um mir die obigen Tastenkombinationen zum Markieren nicht merken zu müssen.

Verschieben und kopieren

Ähnlich wie bei Word oder anderen Windows-Programmen können Sie unter Excel auch Zellbereiche ausschneiden und an eine andere Stelle wieder einfügen.

1 Markieren Sie den zu verschiebenden Zellbereich. - - - - - - - - - - - - →

2 Klicken Sie auf der Registerkarte *Start* der Multifunktionsleiste auf die Schaltfläche *Ausschneiden* der Gruppe *Zwischen-
ablage*, oder drücken Sie die Tastenkombination $\boxed{\text{Strg}}$+$\boxed{\text{X}}$.

Im Gegensatz zu Word ver-
schwindet der ausgeschnit-
tene Bereich nicht! Excel
markiert lediglich den betreffenden Zellbereich zusätzlich mit einer gestrichelten umlaufenden Linie.

10	Summe		5000,00
11			
12	Benzin		200,00
13	Reparaturen		500,00
14	Pflege		50,00
15			

Hinweis

Drücken Sie die $\boxed{\text{Esc}}$-
Taste, hebt Excel die
Funktion *Ausschneiden*
wieder auf.

3 Klicken Sie auf die Zelle, an deren Position der
markierte Tabellenausschnitt einzufügen ist.

Die Zelle bestimmt die linke obere Ecke des einzufügenden Zellbereichs.

4 Drücken Sie die ⏎-Taste, oder klicken Sie auf der Registerkarte *Start* der Multifunktionsleiste auf die Schaltfläche *Einfügen*.

Excel verschiebt den markierten und ausgeschnittenen Bereich zur neuen Position. Möchten Sie den **Zellbereich kopieren** statt zu verschieben?

Führen Sie die obigen Schritte zum Verschieben aus, wählen aber auf der Registerkarte *Start* statt der Schaltfläche *Ausschneiden* die Schaltfläche *Kopieren*. Alternativ können Sie die Tastenkombination Strg+C drücken, um den markierten Zellbereich in die Zwischenablage zu kopieren. Beim Einfügen wird dann eine Kopie im Arbeitsblatt abgelegt.

Die obigen Techniken zum Kopieren bzw. Verschieben funktionieren sowohl innerhalb eines Arbeitsblatts als auch zwischen Arbeitsblättern und Arbeitsmappen.

Hinweis

Innerhalb eines Arbeitsblatts lassen sich Zellbereiche auch per Drag&Drop mit der Maus verschieben. Markieren Sie den Zellbereich durch Ziehen mit der Maus.

12	Benzin	200,00
13	Reparaturen	500,00
14	Pflege	50,00
15		
16		
17		A14:C16
18		

Anschließend zeigen Sie auf den Rand des markierten Zellbereichs und ziehen diesen bei gedrückter linker Maustaste zur gewünschten Stelle innerhalb des Arbeitsblatts. Beim Loslassen der linken Maustaste wird der markierte Bereich verschoben.

Durch Drücken der Tastenkombination Strg+Z können Sie das Verschieben oder Kopieren wieder rückgängig machen.

Möchten Sie komplette Zeilen oder Spalten aus dem Arbeitsblatt entfernen bzw. neu hinzufügen? Dann markieren Sie die Spalte/Zeile, öffnen das Kontextmenü und rufen den betreffenden Befehl auf. Auf ähnliche Weise lassen sich auch Zellen manipulieren.

Tausendertrennzeichen verwenden

Zur Darstellung großer Zahlen werden die Tausenderstellen häufig durch einen Punkt abgetrennt. Dies können Sie in Excel mit einem einfachen Mausklick realisieren.

Hier sehen Sie ein etwas modifiziertes Arbeitsblatt zur Ermittlung der KFZ-Kosten.

	A	B	C	D
1	**KFZ-Kosten**			
2				
3	**Ausgaben**	**Jahr**	**Monat**	**Monat**
4	Leasing (einmalig)	6000,00	500,00	41,67
5	Versicherung	1200,00	100,00	8,33
6	Steuern	1200,00	100,00	8,33
7	Inspektion	4000,00	333,33	27,78
8				
9				
10	Summe	12400,00	1033,33	86,11
11				

1 Markieren Sie die Zellen B4:B10.

2 Klicken Sie auf der Registerkarte *Start* der Multifunktionsleiste
auf die Schaltfläche *1.000er-Trenn-
zeichen* der Gruppe *Zahl*.

Excel zeigt jetzt die Zahlen mit einem Punkt hinter den Tausenderzahlen
an.

	A	B	C	D
4	Leasing (einmalig)	6.000,00	500,00	41,67
5	Versicherung	1.200,00	100,00	8,33
6	Steuern	1.200,00	100,00	8,33
7	Inspektion	4.000,00	333,33	27,78
8				
9				
10	Summe	12.400,00	1033,33	86,11

Hinweis

Beachten Sie, dass die Schaltfläche zur Anzeige von Tausendertrennzeichen die
Zahlen etwas in die Zellmitte verschiebt. Dies sieht in einer Tabellenspalte mit
unterschiedlichen Zahlenformaten nicht immer gut aus.

Wenn Zahlen in der Zelle verschwinden

Gelegentlich ist Excel nicht in der Lage, einen Zahlenwert in einer Zelle anzuzeigen. Das kann z. B. bereits beim Einblenden der Tausendertrennstelle
passieren.

Sie ändern etwas an einer Tabelle, und plötzlich sind die Zahlen verschwunden. Stattdessen erscheint, wie in der nebenstehenden Darstellung gezeigt, das Zeichen # in den Zellen. Mit dem Zeichen # signalisiert Excel Ihnen, dass in der betreffenden Zelle kein Platz zur Darstellung der gesamten Zahl vorhanden ist.

	A	B
4	Leasing (einmalig)	6.000,00
5	Versicherung	1.200,00
6	Steuern	1.200,00
7	Inspektion	4.000,00
8		
9		
10	Summe	##########

In diesem Fall müssen Sie lediglich die Breite der betreffenden Tabellenspalte erhöhen (z. B. Spaltentrenner per Maus verschieben, siehe das vorhergehende *Kapitel 5*). Sobald genügend Platz vorhanden ist, erscheinen die Zahlen wieder.

Neben dem Platzhalterzeichen # gibt es noch weitere Zeichen, mit denen Excel Ihnen Fehler im Arbeitsblatt anzeigt. Die folgende Tabelle enthält eine Übersicht über diese Fehlerwerte.

Anzeige	Bedeutung
#DIV/0!	Division durch 0 in einer Formel
#N/V	Benötigter Wert *nicht* verfügbar
#NAME?	Ein angegebener Name eines Excel-Bereichs ist nicht verfügbar
#NULL!	Angegebene Schnittmenge unzulässig
#ZAHL!	Die Zahl wurde falsch verwendet
#BEZUG!	Bezug auf die Zelle unzulässig
#WERT!	Falsche Zahl oder falscher Operator verwendet

Details zu diesen Fehlern finden Sie in der Excel-Hilfe unter dem Stichwort » FEHLER.TYP«.

Währungsbeträge anzeigen

Excel unterscheidet Währungsbeträge und Dezimalzahlen. Bei Währungsbeträgen wird auch die Währungseinheit ($, €) mit in der Zelle angegeben. Zum Zuweisen eines Währungsformats gehen Sie folgendermaßen vor.

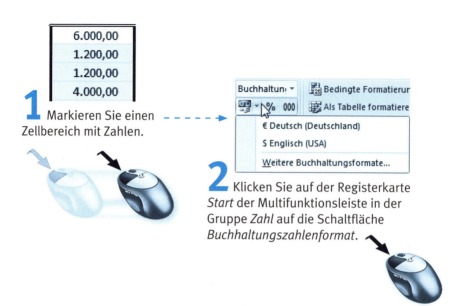

1 Markieren Sie einen Zellbereich mit Zahlen.

2 Klicken Sie auf der Registerkarte *Start* der Multifunktionsleiste in der Gruppe *Zahl* auf die Schaltfläche *Buchhaltungszahlenformat.*

Um das Währungszeichen umzusetzen, können Sie auf das Dreieck am rechten Rand der Schaltfläche *Buchhaltungszahlenformat* klicken und im eingeblendeten Menü einen der Befehle € *Deutsch (Deutschland)* oder $ *Englisch (USA)* wählen.

Nach Anwahl der Schaltfläche *Buchhaltungszahlenformat* werden die Zellwerte mit einem vorangestellten oder angehängten Währungszeichen versehen.

6.000,00 €
1.200,00 €
1.200,00 €
4.000,00 €

Hinweis

Auf der Registerkarte *Start* der Multifunktionsleiste finden Sie in der Gruppe *Zahl* noch das Kombinationsfeld *Zahlenformat*. Klicken Sie auf dessen Schaltfläche, lassen sich weitere Formate im geöffneten Menü auswählen. Über den Eintrag *Standard* können Sie markierte Zellbereiche auf das Standardzellformat zurücksetzen. Sie können die Zellen zudem markieren und über den Kontextmenübefehl *Zellen formatieren* das gleichnamige Dialogfeld aufrufen (siehe den folgenden Abschnitt). Auf der Registerkarte *Zahlen* lässt sich das Währungsformat auf Standard oder auf Zahl zurücksetzen.

Zellformate gezielt anwenden

Sie haben jetzt schon einige Informationen bezüglich der Zellformatierung in Excel erhalten. Die Zellformatierung beeinflusst die Anzeige der Zellinhalte durch Excel erheblich. Auf die betreffenden Probleme hatte ich an anderer Stelle bereits kurz hingewiesen. Zur Verdeutlichung möchte ich an dieser Stelle wieder ein kleines Experiment starten.

1 Geben Sie in eine leere Zelle den Wert 12:00 ein, damit Excel den Wert als Uhrzeit in der Zelle anzeigt. - - - - ▶ **2** Löschen Sie den Zellinhalt, und geben Sie den Wert 13,5 in die Zelle ein.

Sobald Sie die ⏎-Taste drücken, zeigt Excel erneut den Wert 12:00 in der Zelle an.

| 3 | Zeit | 12:00 |

Die Erklärung für das Verhalten von Excel ist recht einfach: Die betreffende Zelle wird bei der ersten Eingabe mit dem Format *Uhrzeit* versehen, und Excel wandelt die Eingabe vor der Anzeige automatisch in die betreffende Darstellung um. Beim Löschen eines Zellinhalts bleibt jedoch das Format erhalten. Tippen Sie erneut eine Zahl ein, übernimmt Excel diese in die Zelle, zeigt aber den Zellinhalt nach wie vor mit dem alten Format an. Dies führt mitunter zu verblüffenden Ergebnissen. Um den eingegebenen Wert in der Anzeige zu erhalten, müssen Sie das Zellformat gezielt setzen.

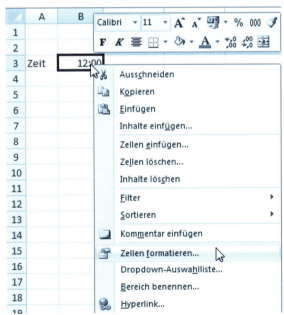

1 Klicken Sie mit der rechten Maustaste auf die betreffende Zelle, und wählen Sie im Kontextmenü den Befehl *Zellen formatieren* aus.

Excel öffnet jetzt das Dialogfeld *Zellen formatieren*, welches verschiedene Registerkarten zum Festlegen des Zellformats aufweist. Auf der Registerkarte *Zahlen* finden Sie die Definition für die betreffenden Zellformate.

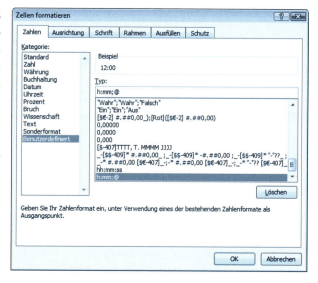

Die Liste *Kategorie* zeigt die für Zellen verfügbaren Zellformate an. Hier wurde ein benutzerdefiniertes Format für die Uhrzeit benutzt.

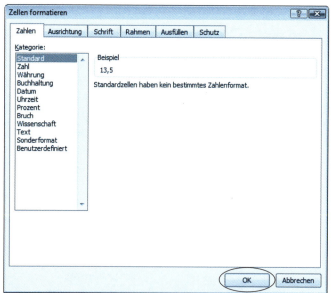

 2 Um die Zelle auf das Standardformat zurückzusetzen, klicken Sie in der Liste *Kategorie* auf den Eintrag *Standard*.

Excel zeigt bereits bei der Auswahl der Kategorie die Wirkung des Zellformats im Feld *Beispiel* der Registerkarte als Vorschau.

3 Schließen Sie das Dialogfeld über die *OK*-Schaltfläche.

Nach dem Schließen der Registerkarte erscheint die Eingabe 13,5 auch in der Zellanzeige.

Hinweis

Bei einem neuen Arbeitsblatt benutzt Excel das Format *Standard* für die Zellen, welches zur Anzeige unterschiedlicher Werte geeignet ist. Sobald Sie aber ein Datum, eine Zahl in wissenschaftlicher Schreibweise wie 10,3e3 etc. eingeben, ändert Excel selbstständig das Zellformat. Verwenden Sie die obigen Schritte, um das Standardformat zurückzusetzen. Sie haben über das Dialogfeld *Zellen formatieren* aber auch die Möglichkeit, die Anzeige der Zellinhalte gezielt zu beeinflussen. In der Kategorie *Benutzerdefiniert* lassen sich sogar eigene Formate festlegen (deren Erläuterung aber leider über den Umfang dieses Buches hinausgeht). Auf den anderen Registerkarten können Sie das Aussehen der Zellen sowie die Ausrichtung des Zellinhalts beeinflussen. Auch dies soll an dieser Stelle nicht weiter erläutert werden. Vielleicht experimentieren Sie selbst etwas mit den betreffenden Optionen.

Funktionen verwenden

Bisher haben Sie in Excel nur einfache Berechnungen sowie die Funktion *Summe* kennengelernt. Das Programm kann aber noch viel mehr, wenn es um Berechnungen geht.

Nehmen wir einmal eine Reihe von Temperaturmesswerten, aus denen, wie hier gezeigt, die jeweiligen Mittelwerte zu berechnen sind.

	A	B	C	D
1				
2	Zeit	Temperatur	Temperatur	Temperatur
3	08:00	15,00	11,00	10,00
4	09:00	16,00	13,00	11,50
5	10:00	18,00	15,00	13,00
6	11:00	20,00	19,00	16,00
7	12:00	22,00	20,00	17,00
8	**Mittelwert**	**18,20**	**15,60**	**13,50**

1 Klicken Sie auf die
Zelle B8, in der der erste
Mittelwert der Spalte
angezeigt werden soll.

2 Wählen Sie die Schaltfläche *Funktion ein-
fügen* der Bearbeitungsleiste oder den Befehl
Weitere Funktionen im Menü der Schaltfläche
Summe in der Gruppe *Bearbeiten* auf der
Registerkarte *Start* der Multifunktionsleiste.

Hinweis

Funktionen sind Rechenvorschriften, die in Excel abgelegt sind. Eine Funktion
besitzt einen Namen und wird mit Parametern aufgerufen. Die Werte dieser
Parameter werden ausgewertet. Anschließend gibt die Funktion das Ergebnis
in der aktiven Zelle zurück. Die Summenfunktion wird dann beispielsweise mit
=SUMME(A1:A3) angegeben. Der Zellbereich A1:A3 ist hier der Parameter. Die
Rechenvorschrift besagt nun, dass die Zellinhalte addiert werden sollen.

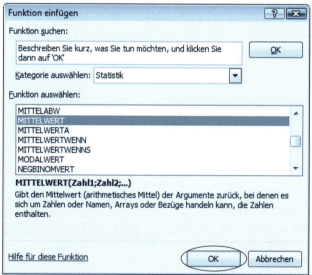

3 Wählen Sie im Dialogfeld *Funktion einfügen* eine Kategorie über das Listenfeld *Kategorie auswählen* (hier *Statis-
tik*), und klicken Sie in der Liste *Funktion auswählen* auf den
Funktionsnamen (hier *MITTELWERT*).

In das Feld *Funktion suchen* können Sie ggf. einen Suchbegriff zur gewünschten Funktion eingeben und die Suche über die obige Schaltfläche *OK* initiieren. Über *Kategorie auswählen* lassen sich die Funktionen einer Kategorie auswählen. Markieren Sie eine Funktion, blendet der Assistent die Funktionsdefinition im Dialogfeld ein.

4 Schließen Sie das Dialogfeld über die *OK*-Schaltfläche.

Excel öffnet das Dialogfeld *Funktionsargumente*, in das Sie die Parameter für die Funktion eintragen müssen.

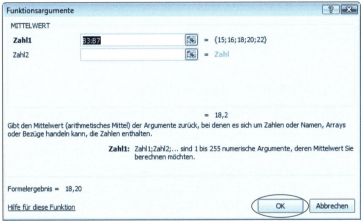

5 Geben Sie jetzt die Parameter für die gewählte Funktion ein.

Hinweis

Um eine Zellreferenz in der Tabelle zu hinterlegen, klicken Sie im betreffenden Feld auf die Schaltfläche . Das Dialogfeld verschwindet, und Sie können Zellen im Arbeitsblatt markieren. Sobald Sie die ⏎-Taste drücken, wird das Dialogfeld wieder angezeigt. Der Formelausdruck ist in der Bearbeitungsleiste zu sehen.

6 Nach Eingabe der benötigten Parameter schließen Sie das Dialogfeld über die untere *OK*-Schaltfläche.

Excel trägt die Formel in die aktive Zelle ein und zeigt das Ergebnis an. Excel berechnet anschließend automatisch das Ergebnis und zeigt dieses in der Zielzelle an.

> **Hinweis**
>
> Wählen Sie eine Zelle mit einer Formel per Doppelklick an, zeigt Excel den Ausdruck direkt in der Zelle. Die Zellen, auf die sich im Ausdruck bezogen wird, werden dabei mit blauen Rahmen markiert.
>
> Möchten Sie eine Formel nach der Eingabe erneut korrigieren, klicken Sie auf die Zelle bzw. markieren die Formel in der Bearbeitungsleiste. Dann genügt es, die Schaltfläche *Funktion einfügen* in der Bearbeitungsleiste aufzurufen. Das Dialogfeld *Funktionsargumente* wird eingeblendet, und Sie können die Parameter ändern. Um die Formel in benachbarte Zellen zu übernehmen, brauchen Sie nur die Ergebniszelle zu markieren und dann das Ausfüllkästchen der Zelle per Maus über die Nachbarzellen zu ziehen. Excel passt sogar die Zellbezüge der Formeln automatisch an.

Relative und absolute Zellbezüge

Auf den vorhergehenden Seiten haben Sie gelernt, dass innerhalb einer Formel Zellbezüge der Art »B4«, »A1:A5« etc. auftreten dürfen. Der Ausdruck gibt dann eine einzelne Zelle (z. B. »B4«) oder einen Zellbereich (bei »A1:A5« sind dies die Zellen von A1 bis A5) an. Wenn Sie einen Zellinhalt mit solchen Angaben über die Zwischenablage oder durch Ziehen mit der Maus in andere Zellen der Tabelle kopieren bzw. verschieben, passt Excel Zellbezüge in Formeln automatisch an.

Hier sehen Sie die Summenformel für den Bereich B3:B7. Um den Mittelwert der Spalte C zu berechnen, können Sie den Inhalt der Zelle B8 (mit der Formel) anklicken und über das Ausfüllkästchen der Markierung zur Zelle C8 ziehen.

	A	B	C	D
1				
2	Zeit	Temperatur	Temperatur	Temperatur
3	08:00	15,00	11,00	10,00
4	09:00	16,00	13,00	11,50
5	10:00	18,00	15,00	13,00
6	11:00	20,00	19,00	16,00
7	12:00	22,00	20,00	17,00
8	Mittelwert	=MITTELWERT(B3:B7)		
9		MITTELWERT(Zahl1; [Zahl2]; ...)		

Excel ändert den Zellbezug beim Kopieren der Formel in Zelle C8 von B3:B7 in C3:C7.

	A	B	C	D	E
1					
2	Zeit	Temperatur	Temperatur	Temperatur	
3	08:00	15,00	11,00	10,00	
4	09:00	16,00	13,00	11,50	
5	10:00	18,00	15,00	13,00	
6	11:00	20,00	19,00	16,00	
7	12:00	22,00	20,00	17,00	
8	Mittelwert	18,20	=MITTELWERT(C3:C7)		
9			MITTELWERT(Zahl1; [Zahl2]; ...)		

In vielen Fällen ist diese automatische Anpassung der Zellbezüge erwünscht, da dies den manuellen Korrekturaufwand reduziert. Aber es gibt Fälle, wo dies zu fehlerhaften Formeln führt.

	A	B	C
1			
2	Umsatz Netto	Jan	Feb
3		100,00	110,00
4		200,00	210,00
5		300,00	285,00
6	Summe	600,00	605,00
7			
8	MwSt	0,19	
9			
10			
11	Umsatz Brutto	Jan	Feb
12		=B3*(1+$B$8)	
13		238,00	249,90
14		357,00	339,15
15	Summe	714,00	719,95

In der unteren Liste der hier gezeigten Darstellung werden Bruttoumsätze berechnet. In alle Formeln geht ein Bezug auf die Zelle B8 mit dem Mehrwertsteuersatz ein.

Kopieren Sie die Formel aus Zelle B11 nach B12, ändert Excel automatisch den Zellbezug B8 in B9 – was hier aber definitiv falsch ist.

Sollen die Zellbezüge bei Formeln beim Kopieren/Verschieben erhalten bleiben, dürfen Sie relative Zellbezüge der Art B8 nicht verwenden. Stattdessen sind absolute Zellbezüge in die Formel einzutragen. Absolute Bezüge werden in Excel durch ein $-Zeichen vor dem jeweiligen Zellbezug markiert. $A1 bedeutet einen festen Zellbezug auf die Spalte A, mit A$1 wird eine absolute Referenz auf die Zeile 1 erzeugt. Die Angabe $B$8 definiert folglich eine absolute Referenz auf die Zelle B8.

Hier sehen Sie die Tabelle, in der die Formeln in den Zellen der Spalte C entsprechend korrigiert wurden. Der absolute Verweis $B$8 bleibt beim Kopieren in andere Zellen erhalten.

	A	B	C
1			
2	**Umsatz Netto**	Jan	Feb
3		100	110
4		200	210
5		300	285
6	Summe	=SUMME(B3:B5)	=SUMME(C3:C5)
7			
8	MwSt	0,19	
9			
10			
11	**Umsatz Brutto**	Jan	Feb
12		=B3*(1+B8)	=C3*(1+$B$8)
13		=B4*(1+B9)	=C4*(1+$B$8)
14		=B5*(1+B10)	=C5*(1+$B$8)
15	Summe	=SUMME(B12:B14)	=C6*(1+$B$8)

Die relativen Zellbezüge in den Zellen der Spalte B wurden dagegen beim Kopieren (fehlerhaft) angepasst.

> **Hinweis**
>
> In obiger **Darstellung** wurden die **Formeln in** allen **Zellen** eingeblendet. Sie können hierzu die Tastenkombination ⟨Strg⟩+⟨#⟩ verwenden, um zwischen Werte- und Formelanzeige umzuschalten.

Arbeiten mit Namen

Standardmäßig benutzt Excel absolute oder relative Zellbezüge der Art *=B3*(1+$B$8)* in Formeln. Die Formel weist Excel an, den Wert 1 zum Inhalt von Zelle B8 zu addieren und das Ganze mit der Zelle B3 zu multiplizieren. Konkret wird der Bruttobetrag aus dem Nettobetrag und der Mehrwertsteuer ermittelt. Bei umfangreichen Rechenmodellen geht wegen der kryptischen Zellreferenz aber schnell der Überblick verloren. Excel ermöglicht andererseits aber, Zellen oder Zellbereiche mit Namen zu versehen und diese in Berechnungen zu verwenden. Dies soll am Beispiel der Mehrwertsteuerberechnung verwendet werden. Die Zelle mit dem Mehrwertsteuersatz soll mit einem Namen versehen werden.

1 Klicken Sie auf die Zelle B8, in der der Mehrwertsteuersatz hinterlegt ist.

MwSt	▼	f_x	0,19	
	A	B	C	
4		200,00	210,00	
5		300,00	285,00	
6	Summe	600,00	605,00	
7				
8	MwSt	0,19		
9				

2 Klicken Sie auf das Namenfeld in der Bearbeitungsleiste, und tippen Sie den Begriff »MwSt« ein. Bestätigen Sie dies durch Drücken der ⏎-Taste.

Damit haben Sie der Zelle B8 einen Namen zugewiesen. Immer wenn diese Zelle per Maus markiert wird, erscheint der zugehörige Name im Namenfeld der Bearbeitungsleiste.

MITTELWERT ▼	✗ ✓ f_x	=B3*(1+MwSt)		
	A	B	C	D
4		200,00	210,00	
5		300,00	285,00	
6	Summe	600,00	605,00	
7				
8	MwSt	0,19		
9				
10				
11	Umsatz Brut Jan		Feb	
12		*(1+MwSt)	130,90	
13		200,00	249,90	
14		300,00	339,15	
15	Summe	619,00	719,95	

3 Klicken Sie jetzt auf die Zelle B12, geben Sie die Formel »= B3*(1+MwSt)« ein, und drücken Sie die ⏎-Taste.

Excel benutzt dann den Namen, um auf die zugehörige Zelle zuzugreifen.

Statt kryptischer Zellreferenzen werden also die Namen der Zellen zur Berechnung des Mehrwertsteueranteils herangezogen. Auf diese Weise können Sie Zellen oder ganzen Bereichen Namen zuweisen und später in

Zellreferenzen verwenden. Ein weiterer Vorteil dieser Namen besteht darin, dass diese (wie absolute Referenzen) beim Kopieren oder Verschieben von Zellbereichen in Formeln erhalten bleiben.

Listen in Excel sortieren

In *Kapitel 3* zu Word haben Sie bereits gelernt, dass sich Tabellen prima zur Pflege von Listen eignen. Excel ist mit seinen Arbeitsblättern besonders gut zum Aufbau von Listen (Namenslisten, Bestandslisten etc.) geeignet. Sie legen einfach die Liste in den Zellen eines Arbeitsblatts ab. Möchten Sie später eine Liste nach bestimmten Kriterien sortieren, geht dies genauso einfach wie in Word.

Anrede	Name	Vorname	Straße	Hausnr	PLZ	Ort
Herr	Bach	Andreas	Gartenstraße	13	60130	Frankfurt
Frau	Berger	Marion	Am See	3	80333	München
Herr	Fliege	Richard	Adelonalle	19	50000	Köln
Frau	Meier	Ilse	Hauptallee	4	30000	Berlin

1 Markieren Sie den zu sortierenden Tabellenbereich (mit oder ohne Überschriftenzeile).

2 Wählen Sie auf der Registerkarte *Daten* der Multifunktionsleiste die in der Gruppe *Sortieren und Filtern* enthaltene Schaltfläche *Sortieren*.

3 Wählen Sie im Dialogfeld *Sortieren* über die Listenfelder der Zeile *Sortieren nach* die Spalte und die Kriterien aus, nach denen zu sortieren ist.

4 Klicken Sie ggf. auf die Schaltfläche *Ebene hinzufügen,* und passen Sie die Sortierkriterien der eingefügten Ebene ebenfalls an.

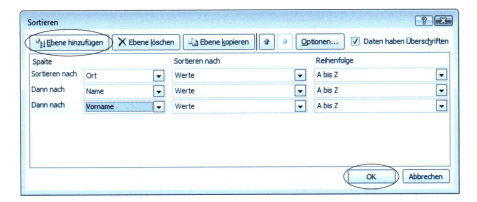

Auf diese Weise können Sie eine Sortierung über mehrere Tabellenspalten und nach verschiedenen Kriterien in aufsteigender oder absteigender Reihenfolge festlegen. Über das Kontrollkästchen *Daten haben Überschriften* legen Sie fest, ob der Datenbereich eine Überschrift enthält. Über die Schaltfläche *Optionen* können Sie weitere Sortierkriterien wählen.

5 Schließen Sie das Dialogfeld über die *OK*-Schaltfläche.

Excel wird nun den markierten Tabellenbereich nach den gewünschten Kriterien sortieren. Mittels der Tastenkombination Strg + Z lässt sich der Sortiervorgang anschließend aber wieder rückgängig machen.

> **Hinweis**
>
> Die Gruppe *Sortieren und Filtern* der Registerkarte *Daten* der Multifunktionsleiste enthält am linken Rand noch zwei Schaltflächen, die den markierten Zellbereich automatisch in auf- oder absteigender Folge sortieren.

Tabellenfenster fixieren

Bei umfangreichen Tabellen oder Listen mit Überschriften muss zum Ansehen der Tabelleneinträge häufiger nach unten geblättert werden. Besitzt die Liste eine Überschrift über verschiedene Spalten, wandert diese

Überschriftenzeile beim Blättern nach unten aus dem sichtbaren Bereich heraus. Sie können Excel aber anweisen, ein Tabellenfenster an einer bestimmten Zeilenposition zu fixieren. Dies soll an der nachfolgenden Tabelle mit einer Adressliste demonstriert werden.

1 Klicken Sie auf die Zelle A2, um den Tabellenbereich ab dieser Zeile zu fixieren.

2 Wechseln Sie in der Multifunktionsleiste zur Registerkarte *Ansicht*, und öffnen Sie in der Gruppe *Fenster* die Menüschaltfläche *Fenster fixieren*.

3 Anschließend wählen Sie im geöffneten Menü einen der Befehle wie *Oberste Zeile fixieren* (oder *Fenster fixieren*).

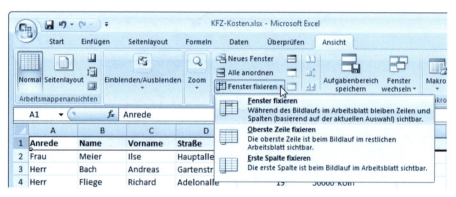

Wenn Sie jetzt in der Tabelle mittels der Bildlaufleiste nach unten blättern, bleibt die oberste Zeile mit der Überschrift stehen. Die Fixierung lässt sich aufheben, indem Sie die obigen Schritte wiederholen und im Menü der Schaltfläche *Fenster fixieren* den Befehl *Fixierung aufheben* wählen.

AutoKorrektur und Rechtschreibprüfung

Auch bei der Eingabe von Texten in Arbeitsblätter können Ihnen Tipp- und Rechtschreibfehler unterlaufen. In *Kapitel 2* zu Word wurde schon erwähnt, dass einige Wörter wie »dei« bei der Eingabe bereits automatisch als

fehlerhaft erkannt und durch die AutoKorrektur automatisch in »die« umgesetzt werden. Diese *AutoKorrektur*-Funktion ist auch in Excel vorhanden
und funktioniert hier genauso wie unter Word.

> **Hinweis**
>
> Wird ein Ausdruck bei der Eingabe fehlerhaft korrigiert, drücken Sie sofort nach
> der Korrektur die Tastenkombination ⌷Strg⌷+⌷Z⌷. Dann kehrt Excel zur vorherigen
> Eingabe zurück.

Ähnliches gilt auch für die Rechtschreibkorrektur. Möchten Sie umfangreichere Texte im Arbeitsblatt durch Excel überprüfen lassen?

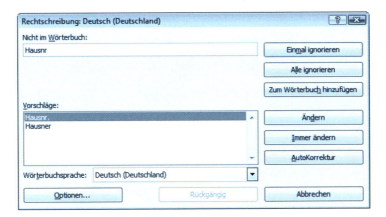

1 Wechseln Sie in der Multifunktionsleiste zur Registerkarte *Überprüfen*, und klicken Sie in der Gruppe
Dokumentprüfung auf die Schaltfläche *Rechtschreibung*.

2 Excel öffnet das Dialogfeld *Rechtschreibung*. Nehmen
Sie in diesem Dialogfeld die erforderlichen Korrekturen vor.

Die Schaltflächen haben die gleiche Funktion wie unter Word. Lesen Sie
ggf. am Ende von *Kapitel 2* nach, was es hier zu beachten gilt.

Ein neues Tabellenblatt öffnen

Standardmäßig legt Excel eine neue Arbeitsmappe mit drei Arbeitsblättern (Tabellenblättern) an. Dieser Wert lässt sich zwar über die Excel-Optionen anpassen, was aber nicht immer ausreicht. Benötigen Sie ein neues leeres Tabellenblatt? Dann gibt es zwei Möglichkeiten.

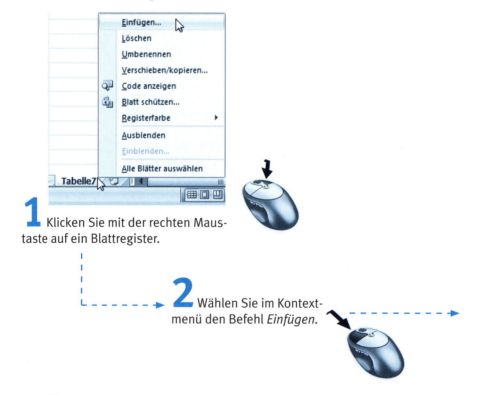

1 Sie können am rechten Rand der Blatt-register auf den Registerreiter *Tabellenblatt einfügen* klicken oder die Tastenkombination ⟨⇧⟩+⟨F11⟩ drücken.

Dann wird sofort ein neues leeres Tabellenblatt eingefügt. Um gezielt Arbeitsblätter einzufügen und von unterschiedlichen Vorlagen abzuleiten, verwenden Sie die folgenden Schritte.

1 Klicken Sie mit der rechten Maus-taste auf ein Blattregister.

2 Wählen Sie im Kontext-menü den Befehl *Einfügen*.

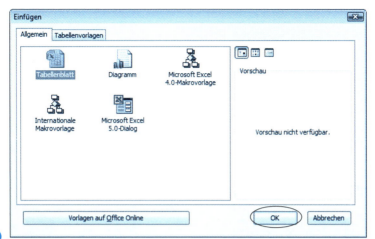

3 Markieren Sie auf der Registerkarte *Allgemein* des Dialogfelds *Einfügen* den Eintrag *Tabellenblatt*, und schließen Sie das Dialogfeld über die *OK*-Schaltfläche.

Excel legt nun eine neue leere Tabelle als Arbeitsblatt in der Mappe an.

Hinweis

Über die Symbole der Registerkarten des Dialogfelds *Einfügen* können Sie nicht nur leere Arbeitsmappen in Form von Tabellen anlegen. Die Symbole auf der Registerkarte *Allgemein* stellen Ihnen Arbeitsblätter für Diagramme, für Dialogfelder etc. zur Verfügung.

Arbeitsblatt auswählen, löschen und verschieben

Enthält die Arbeitsmappe mehrere Arbeitsblätter? Möchten Sie zu einem anderen Arbeitsblatt wechseln und dieses bearbeiten?

1 Zum Wechseln des Arbeitsblatts klicken Sie auf das gewünschte Blattregister.

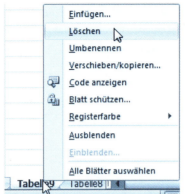

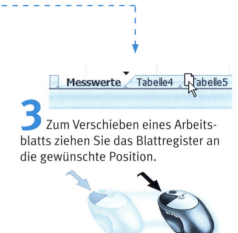

3 Zum Verschieben eines Arbeitsblatts ziehen Sie das Blattregister an die gewünschte Position.

2 Möchten Sie ein Arbeitsblatt löschen, klicken Sie mit der rechten Maustaste auf das zugehörige Blattregister und wählen im Kontextmenü den Befehl *Löschen*.

Hinweis

Über die Schaltflächen am linken unteren Rand des Dokumentfensters lässt sich im sichtbaren Bereich der Blattregister blättern.

Den Bereich der Blattregister vergrößern Sie, indem Sie das Teilungsfeld zwischen Blattregister und horizontaler Bildlaufleiste nach rechts ziehen.

4 Um ein Arbeitsblatt zu kopieren bzw. zu verschieben, können Sie das Blattregister auch mit der rechten Maustaste anklicken und im Kontextmenü den Befehl *Verschieben/kopieren* wählen.

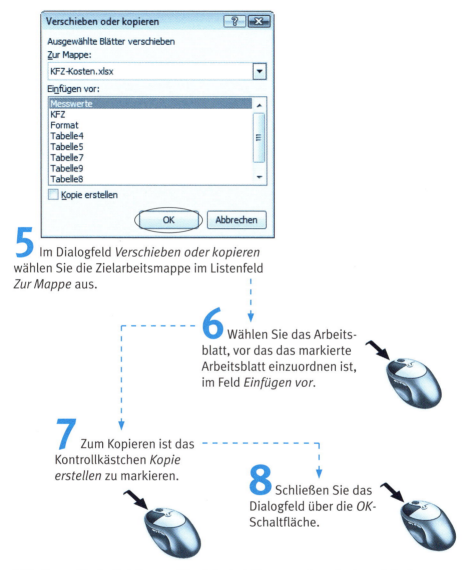

5 Im Dialogfeld *Verschieben oder kopieren* wählen Sie die Zielarbeitsmappe im Listenfeld *Zur Mappe* aus.

6 Wählen Sie das Arbeitsblatt, vor das das markierte Arbeitsblatt einzuordnen ist, im Feld *Einfügen vor*.

7 Zum Kopieren ist das Kontrollkästchen *Kopie erstellen* zu markieren.

8 Schließen Sie das Dialogfeld über die *OK*-Schaltfläche.

Mit dieser Technik können Sie Arbeitsblätter auch zwischen Arbeitsmappen verschieben oder kopieren.

Excel-Vorlagen nutzen

Excel wird mit Tabellenblättern für verschiedene Aufgaben (z. B. Rechnung) installiert. Zum Abrufen solcher Vorlagen gehen Sie folgendermaßen vor.

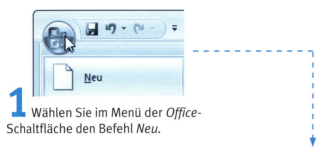

1 Wählen Sie im Menü der *Office-*
Schaltfläche den Befehl *Neu*.

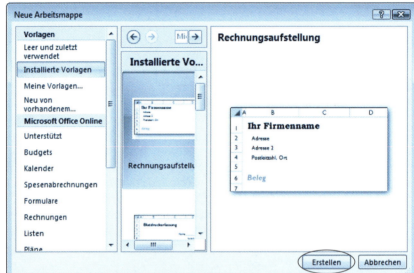

2 Im Dialogfeld *Neue Arbeitsmappe* wählen Sie in der Spalte *Vorlagen* eine
Kategorie (z. B. *Installierte Vorlagen*), dann markieren Sie in der mittleren Spalte
die gewünschte Vorlage und bestätigen dies über die *Erstellen*-Schaltfläche.

Excel legt jetzt eine neue Arbeitsmappe an, welche bereits ein von der
gewählten Vorlage abgeleitetes Tabellenblatt (Rechnung, Reisekostenabrechnung etc.) enthält. Sie brauchen dann nur noch die fehlenden Angaben
zu ergänzen.

Eine Excel-Vorlage erzeugen

Haben Sie ein Tabellenblatt (z. B. ein Rechnungsformular) in Excel erstellt,
welches Sie häufiger wiederverwenden möchten? Sie können das Blatt als
Vorlage für Arbeitsmappen oder Arbeitsblätter verwenden.

1 Erstellen Sie
zuerst die gewünschte
Vorlage in einer Excel-
Arbeitsmappe.

2 Öffnen Sie das Menü der
Office-Schaltfläche, und wählen
Sie den Befehl *Speichern unter.*

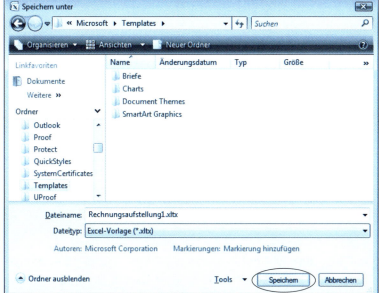

3 Im Dialogfeld *Speichern unter* wählen Sie als Dateityp »Excel-Vor-
lage (*.xltx)« (oder »Excel-97-2003-Vorlage (*.xlt)«, falls die Vorlage mit
älteren Excel-Versionen gelesen werden soll), tippen einen Dateinamen
ein und legen das Dokument über die Schaltfläche *Speichern* im Vorlagenordner ab.

Wenn Sie anschließend den Befehl *Neu* im Menü der *Office*-Schaltfläche
wählen und dann die Kategorie *Meine Vorlagen* anklicken, erscheint die
neue Vorlage im Dialogfeld *Neu* auf der Registerkarte *Meine Vorlagen.*

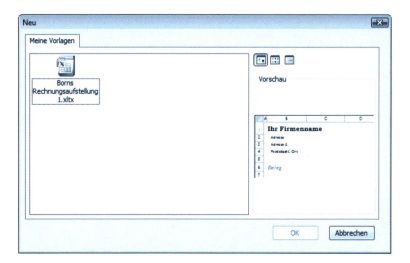

Hinweis

Um die Mustervorlage in einer eigenen Registerkarte im Dialogfeld *Meine Vorlagen* einzuordnen, legen Sie im Dialogfeld *Speichern unter* im Vorlagenordner einen Unterordner an. Der Name dieses Unterordners wird später als Titel (z. B. *Arbeitsblattlösung*) des Registerreiters im Dialogfeld *Neu* angezeigt. Der Inhalt des Unterordners erscheint, sobald die Registerkarte über den Registerreiter angewählt wird. Vorlagen entfernen Sie, indem Sie die betreffenden Einträge auf der jeweiligen Registerkarte mit der rechten Maustaste anklicken und im Kontextmenü *Löschen* wählen.

Sie kennen jetzt die wichtigsten bzw. am häufigsten benützten Excel-Funktionen. Sicherlich gibt es noch vieles über dieses Programm zu wissen. Dies soll aber weiterführenden Büchern vorbehalten bleiben.

Testen Sie Ihr Wissen

Zur Überprüfung Ihres Wissens sollten Sie die folgenden Aufgaben lösen. Die Antworten finden Sie in Klammern angegeben.

■ **Legen Sie ein Arbeitsblatt an, bei dem die Zellwerte aus einem anderen Arbeitsblatt übernommen werden.**

(Markieren Sie die Zelle des Zielarbeitsblatts, und tippen Sie ein Gleichheitszeichen ein. Excel startet den Modus zur Eingabe einer Formel. Wechseln Sie jetzt über die Blattregister zum Quellarbeitsblatt, und klicken Sie auf die Zelle, deren Wert übernommen werden soll. Drücken Sie zur Bestätigung die ⏎-Taste. Excel wechselt automatisch zum Zielarbeitsblatt und zeigt in der Zelle den übernommenen Wert an. Die Formel zur Zellübernahme wird bei Anwahl der Zielzelle in der Bearbeitungsleiste z. B. zu »Tabelle1!A2« angezeigt.)

■ **Erstellen Sie eine Tabelle mit einigen Werten in einer Spalte. In zwei weiteren Zellen sollen der minimale und der maximale Wert der Spalte ausgegeben werden.**

(Geben Sie einige Werte in einer Spalte ein. Klicken Sie auf die erste Zielzelle, und wählen Sie in der Bearbeitungsleiste die Schaltfläche *Funktion einfügen*. Wählen Sie im Dialogfeld *Funktion einfügen* die Funktionskategorie »Alle« und den Funktionsnamen »MIN«. Klicken Sie auf die *OK*-Schaltfläche. Tragen Sie den Zellbereich der auszuwertenden Zellen in das Dialogfeld *Funktionsargumente* ein – oder markieren Sie den Bereich im Arbeitsblatt per Maus – und schließen Sie das Dialogfeld. Wiederholen Sie die Schritte für den Maximumwert, indem Sie als Funktionsnamen »MAX« verwenden.)

■ **Erstellen Sie eine Tabelle mit den Marktanteilen dreier Produkte. Stellen Sie diese Marktanteile in einem Kreisdiagramm dar.**

(Tragen Sie in einer Spalte der Tabelle die Marktanteile als Prozentwerte und in einer Spalte die Produktnamen ein. Wechseln Sie in der Multifunktionsleiste zur Registerkarte *Einfügen*, klicken Sie auf die Schaltfläche *Kreis* der Kategorie *Diagramme*, und wählen Sie im Menü einen der Kreisdiagrammtypen aus. Bei Bedarf können Sie noch das eingefügte Diagramm verschieben, in der Größe anpassen oder formatieren. Die Details sind in diesem Kapitel im Lernschritt »Daten als Diagramm aufbereiten« beschrieben.)

Das können Sie schon

Das lernen Sie neu

Kapitel 7

Präsentieren mit PowerPoint

Zum Erstellen von Präsentationen ist Microsoft PowerPoint das richtige Werkzeug. Das Programm ermöglicht Ihnen, Präsentationen für unterschiedliche Medien zu erstellen und direkt am Computer wiederzugeben. In diesem Kapitel erhalten Sie eine Kurzeinführung in die Funktionen von PowerPoint. Sie erfahren, wie Sie eine Präsentation erstellen, und lernen die wichtigsten Funktionen kennen. Sie können anschließend das Programm starten, eine Präsentation erstellen und am Computer wiedergeben. Weiterhin können Sie Präsentationen drucken und speichern.

PowerPoint, das erste Mal

PowerPoint ist das Präsentationsprogramm in Microsoft Office. Mit wenigen Mausklicks können Sie eine neue Präsentation anlegen und die zugehörigen Präsentationsseiten (Folien) erstellen. Die Wiedergabe ist direkt am Computer möglich, oder Sie geben den Vortrag auf Folien oder Dias aus. Mit etwas Grundwissen können Sie Zeit und Geld sparen und trotzdem professionelles Vortragsmaterial erstellen. Selbst die Anfertigung von Handzetteln und Werbebroschüren ist mit PowerPoint kein Problem.

PowerPoint im Überblick

Sie können PowerPoint ähnlich wie Word oder Excel über den betreffenden Eintrag im Startmenü aufrufen. Oder Sie doppelklicken auf eine bestehende PowerPoint-Dokumentdatei, um das Anwendungsfenster von Microsoft PowerPoint zu öffnen. Ähnlich wie bei Word oder Excel enthält das Anwendungsfenster die Darstellung des neuen Dokuments, die Multifunktionsleiste mit diversen Registerkarten, die *Office*-Schaltfläche sowie die Statusleiste. Die Multifunktionsleiste enthält die Registerkarten mit den Optionen zur Gestaltung des Dokuments sowie zur Wiedergabe einer Präsentation. In der Statusleiste finden Sie z. B. auch die Schaltflächen zur Umschaltung der Darstellungsmodi oder den Schieberegler zur Anpassung des Zoom-Faktors. Diese Elemente kennen Sie bereits, daher möchte ich nicht mehr allzu detailliert darauf eingehen. Allerdings gibt es bei Power-Point auch einige Abweichungen zu den bisher benutzten Programmen. Üblicherweise benutzt PowerPoint für das **Anwendungsfenster** die hier gezeigte **Normalansicht**. In dieser Ansicht erhalten Sie sofort einen Überblick über Ihre Präsentation mit der Dokumentseite sowie verschiedenen Fenstern mit Hilfsinformationen.

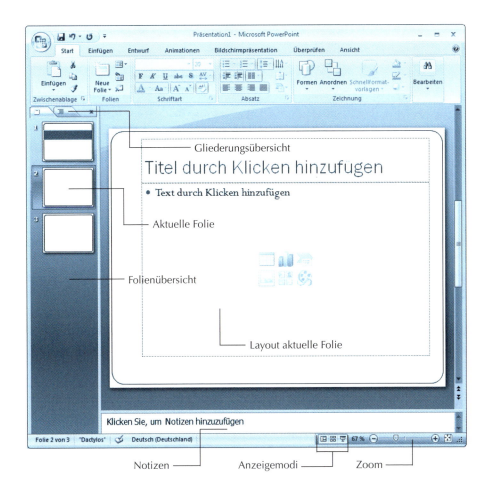

Eine **Präsentation besteht aus** einer oder mehreren als **Folien** bezeichneten **Seiten**. Die Layoutansicht der aktuell gewählten Folie erscheint im rechten Teil des Dokumentbereichs.

Links daneben zeigt PowerPoint die stilisierten Seiten aller Folien einer Präsentation als Miniaturen (Folienübersicht) an. Zudem lässt sich dieses Teilfenster mit der Folienübersicht zur Gliederungsansicht umschalten, in der die Folientitel und Überschriften gezeigt werden.

Zu jeder Folie lassen sich Notizen (z. B. bezüglich des Inhalts oder Hinweise zur Präsentation) hinterlegen. Diese Notizen geben Sie in das Fenster unterhalb des Dokumentfensters mit der angezeigten Folie ein.

In der Statusleiste informiert Sie PowerPoint über die Foliennummer sowie den Namen der benutzten **Entwurfsvorlage**.

Zum Beenden von PowerPoint wählen Sie wie bei anderen Programmen die Schaltfläche *Schließen* in der rechten oberen Ecke des Anwendungsfensters. Falls das Programm noch ungespeicherte Änderungen aufweist, werden Sie durch ein Dialogfeld darauf hingewiesen. Sie können dann die Änderungen in Dateien speichern oder verwerfen. Wie Sie eine Präsentation speichern, wird später noch gezeigt.

Eine Präsentation erstellen

Eine PowerPoint-Präsentation besteht aus mehreren Folien, die Sie mit dem Programm erzeugen bzw. gestalten. Neue Folien können dabei leer oder bereits mit einem bestimmten Design versehen sein. PowerPoint 2007 ermöglicht Ihnen, Präsentationen direkt aus verschiedenen Vorlagen abzuleiten. Dann reduziert sich das Erstellen auf die Auswahl der Vorlage und das anschließende Ausfüllen der aus der Vorlage erzeugten Folien. Zudem können Sie der Präsentation Layouts und Designs zuweisen. Diese Ansätze werden nachfolgend kurz vorgestellt.

Das Erstellen der Präsentation vorbereiten

Bevor Sie mit dem Erstellen einer Präsentation beginnen, sollten Sie deren Inhalte (am besten mit groben Handskizzen) planen. Beantworten Sie für sich selbst vorher folgende Fragen: **Wer ist die Zielgruppe? Was möchte ich sagen? Wie möchte ich visualisieren?** Die Präsentation muss in Inhalt und Botschaft auf die Zielgruppe abgestimmt sein. Eine Präsentation vor einem Auditorium mit gemischtem Publikum wird sicherlich anders aussehen als ein Vortrag in einer Spezialistenrunde.

Machen Sie sich Gedanken, welche Kernaussagen Sie den Zuhörern auf den Folien, Dias etc. vermitteln wollen. Planen Sie Highlights ein, damit etwas beim Zuhörer hängen bleibt.

Gestalten Sie Ihre Folien so, dass diese für den Zuhörer lesbar und verständlich sind – nichts ist schlimmer als überladene Folien mit zu kleiner Schrift. Pro Folie sollten nicht mehr als 3 bis 4 Punkte aufgeführt sein (sonst wird die Schrift zu klein, die Folien werden unleserlich).

Auch wenn PowerPoint allerlei »Schnickschnack« und Effekte bietet, verzichten Sie nach Möglichkeit auf den Einsatz von Animationen, Filmen und Sound. Oft lenken solche Effekte die Zuhörer von der eigentlichen Präsentation ab. Falls Sie doch auf optische und akustische Effekte zurückgreifen möchten, sollten Sie diese sparsam und zur Unterstützung der Präsentation einsetzen.

Nachdem Sie eine Gliederung des Vortrags bzw. der Präsentation besitzen und die obigen Fragen beantwortet sind, können Sie mit der Umsetzung der Präsentation beginnen.

Eine neue Präsentation anlegen

Eine neue Präsentation wird als leeres Dokument oder aus einer bereits bestehenden Präsentationsvorlage abgeleitet. PowerPoint 2007 stellt einige solcher Vorlagen bereit, und über einen Online-Zugang lassen sich weitere Präsentationsvorlagen heranziehen. Um eine Präsentation auf Basis einer solchen Vorlage zu erstellen, gehen Sie in folgenden Schritten vor.

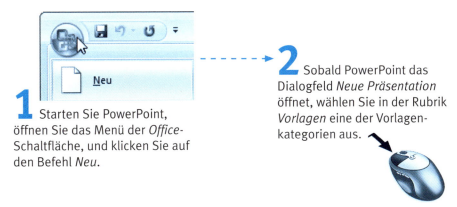

1 Starten Sie PowerPoint, öffnen Sie das Menü der *Office*-Schaltfläche, und klicken Sie auf den Befehl *Neu*.

2 Sobald PowerPoint das Dialogfeld *Neue Präsentation* öffnet, wählen Sie in der Rubrik *Vorlagen* eine der Vorlagen-kategorien aus.

Die Kategorie *Installierte Vorlagen* stellt Ihnen einige Präsentationsvorlagen für diverse Zwecke (Fotoalben, Einführung in PowerPoint, Quizshow etc.) bereit. In der Rubrik *Microsoft Office Online* können Sie weitere Kategorien mit Vorlagen abrufen. Diese werden von Microsoft im Internet bereitgestellt. Voraussetzung für die Auswahl ist aber, dass der Rechner online ist.

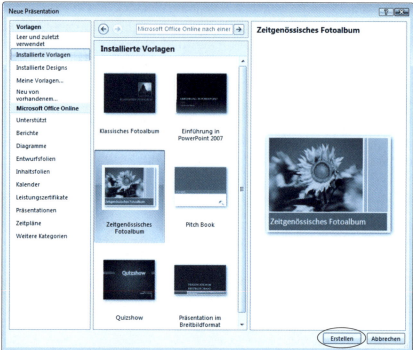

3 Navigieren Sie in der mittleren Spalte über die ggf. eingeblendeten Hyperlinks zu den Vorlagenvarianten, und markieren Sie die Vorlage per Mausklick.

4 Sobald die gewünschte Präsentationsvorlage markiert ist und im Vorschaubereich des Dialogfelds *Neue Präsentation* angezeigt wird, schließen Sie das Dialogfeld über die *Erstellen*-Schaltfläche.

PowerPoint 2007 legt dann die neue Präsentation bzw. das neue Dokument auf Basis dieser Vorlage im Dokumentbereich ab. Das Dokument kann dabei, je nach gewählter Vorlage, aus einer oder mehreren Folien bestehen.

Hinweis

In der Kategorie *Installierte Designs* finden Sie Vorlagen, die nur eine Folienseite beinhalten, die aber besonders gestaltet ist. Ein solches Design eignet sich z. B., um eine aus mehreren Folien bestehende Präsentation auf Basis dieses Designs zu erstellen. Die andere Möglichkeit besteht darin, die Vorlagenkategorie *Leer und zuletzt verwendet* zu wählen. Dann können Sie die Vorlage *Leere Präsentation* anklicken, die eine leere Folienseite ohne weitere Hintergründe erstellt. Wie Sie solche Folien mit Inhalten oder Designs versehen, wird weiter hinten in diesem Kapitel erläutert.

Haben Sie selbst Vorlagen in PowerPoint erstellt, lässt sich über die Kategorie *Meine Vorlagen* das Dialogfeld *Neue Präsentationen* abrufen. Wählen Sie eine Vorlage, und klicken Sie auf die *OK*-Schaltfläche, um das neue Dokument zu erstellen.

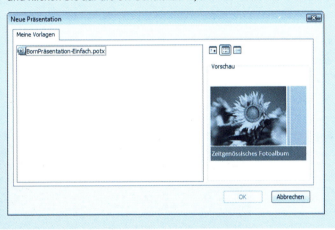

PowerPoint öffnet in allen Fällen ein neues Dokument und zeigt die darin enthaltenen Folien in der linken Spalte des Dokumentfensters. Die aktuell gewählte Folie wird dann im Layout im rechten Teil des Dokumentfensters eingeblendet.

Folienlayouts und Designs zuweisen

In PowerPoint werden Folieninhalte über ein Layout (zur Anordnung von Text und Bildern) gestaltet. Wenn Sie eine Präsentation gemäß den obigen Schritten anlegen, weist PowerPoint der ersten Folie das Layout für Überschriften zu. Es gibt aber weitere Layouts mit unterschiedlichen Platzhaltern, in die sich Text und/oder Grafiken einfügen lassen. **Um** das Layout einzelner **Folien nachträglich anzupassen**, gehen Sie folgendermaßen vor.

1 Klicken Sie in der linken Spalte mit der Folienübersicht die gewünschte Folie mit der rechten Maustaste an.

2 Anschließend wählen Sie im Kontextmenü den Befehl *Layout* und klicken in der als Untermenü eingeblendeten Palette auf das gewünschte Layout.

Sie können dabei zwischen Folienlayouts mit Überschriften, mit Inhalten etc. wählen – wobei die angebotenen Layouts von der gewählten Dokumentvorlage abhängen. Sobald Sie das Folienlayout gewählt haben, fügt PowerPoint die betreffenden Platzhalter im Layout ein.

Neben dem Layout lässt sich den Folien auch ein **Design zuweisen**. Dieses Design wirkt sich auf alle Folien aus und legt neben dem Folienhintergrund auch die Schriftarten für Textinhalte etc. fest.

1 Um ein neues Design zuzuweisen, wechseln Sie in der Multifunktionsleiste zur Registerkarte *Entwurf*.

Bereits beim Zeigen auf die Symbole der Gruppe *Designs* wird die Wirkung des neuen Designs in den Folien sichtbar.

2 Klicken Sie auf das gewünschte Design, um es den Folien der Präsentation zuzuweisen.

Dann sollten alle Folien der Präsentation die gleiche Hintergrundfarbe und andere im Design enthaltene Stilelemente aufweisen.

Hinweis

Bei Bedarf können Sie auf die unterste Schaltfläche der am rechten Rand der Gruppe *Designs* eingeblendeten Bildlaufleiste klicken. Dann öffnet Power-Point 2007 den hier gezeigten Katalog zur Auswahl des neuen Designs. Sie können dann das Design durch Anklicken im Katalog zuweisen.

Folien erstellen und bearbeiten

Im vorhergehenden Abschnitt haben Sie gelernt, wie Sie eine neue Präsentation in PowerPoint anlegen und das Foliendesign sowie das Folienlayout festlegen. Sobald das Programm die Folie(n) in der Folienübersicht anzeigt, können Sie diese mit Inhalten füllen. Nachfolgend erfahren Sie, wie sich die einzelnen Folien mit Inhalten versehen sowie Folien hinzufügen, umgruppieren oder löschen lassen.

Folieninhalte anpassen

Das Ergänzen der Folieninhalte ist recht einfach. Sobald Sie das Foliendesign ggf. zugewiesen und das Layout der Folie gewählt haben, lassen sich in die einzelnen Folien Inhalte eingeben. Dies reduziert sich in vielen Fällen auf das Ausfüllen der betreffenden Platzhalter, die vom Folienlayout bereitgestellt werden.

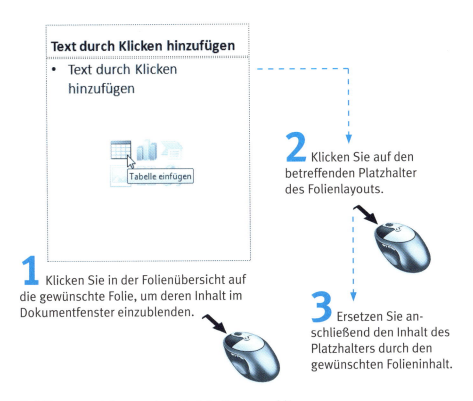

1 Klicken Sie in der Folienübersicht auf die gewünschte Folie, um deren Inhalt im Dokumentfenster einzublenden.

2 Klicken Sie auf den betreffenden Platzhalter des Folienlayouts.

3 Ersetzen Sie anschließend den Inhalt des Platzhalters durch den gewünschten Folieninhalt.

Bei Texten reicht es, den Platzhalter anzuklicken und den Text einzutippen. Sobald Sie auf einen anderen Folienbereich klicken, wird der Eingabemodus beendet. Zum Ändern eines Textelements müssen Sie dieses lediglich erneut anklicken.

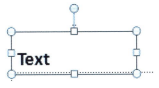

Bei Texten stehen Ihnen die gleichen Funktionen zum Markieren, Löschen oder Überschreiben wie in Word oder Excel zur Verfügung.

■ Bei Inhalten wie Tabellen, Grafiken, Diagrammen etc. wählen Sie den Platzhalter ebenfalls per Mausklick an. Anschließend erscheint ein Dialogfeld, in dem Sie z. B. die einzufügende Grafikdatei, den einzufügenden Diagrammtyp etc. wählen.

■ Beim Einfügen von Diagrammen öffnet PowerPoint anschließend ein Excel-Dokument, in dessen Tabellenbereich Sie die Daten für das Diagramm eintippen müssen. Sobald Sie das Excel-Fenster schließen, fügt PowerPoint die Grafik in den Platzhalter auf der Seite ein.

■ Wählen Sie einen Platzhalter für eine Tabelle an, erscheint ein Dialogfeld, in dem Sie die Tabellengröße in Zeilen und Spalten vorgeben. Sobald Sie diesen Dialog über die *OK*-Schaltfläche schließen, wird die Tabelle in die Folie eingefügt. Sie können dann auf die Zellen der Tabelle klicken und Werte eintippen.

Die Schritte haben Sie z. B. in Word beim Einfügen von Grafiken oder SmartArt-Grafiken oder in Excel beim Einfügen von Diagrammen kennengelernt.

> **Hinweis**
>
> Texte lassen sich wie in Word oder Excel mittels der Rechtschreibprüfung auf Schreibfehler überprüfen. Sie finden die Schaltfläche *Rechtschreibprüfung* auf der Registerkarte *Überprüfen*. Bemerken Sie den Fehler direkt bei der Eingabe, drücken Sie die Tastenkombination ⌈Strg⌉+⌈Z⌉, um die Eingabe wieder rückgängig zu machen.

Möchten Sie die **Größe** oder die **Position von Folienelementen** (Text, Grafik, Tabellen etc.) **anpassen**?

1 Zuerst müssen Sie den betreffenden Platzhalter des Folienlayouts markieren.   ------►   **2** Anschließend können Sie das markierte Element durch Ziehen mit der Maus verschieben oder in der Größe anpassen.

Bei einem Text klicken Sie auf den Platzhalter, und sobald der gestrichelte Markierungsrahmen erscheint, klicken Sie auf diesen Rahmen. Sobald der hier gezeigte Rahmen mit den Ziehmarken erscheint, ist das Textelement markiert.

Zum **Verschieben** müssen Sie den Markierungsrahmen mit der Maus ziehen. Die **Größe des Textfelds** lässt sich über die in den Ecken und Seitenmitten des Markierungsrahmens eingeblendeten Ziehmarken anpassen.

Der grün gefüllte Punkt ermöglicht Ihnen, das **Textelement** zu **drehen**. Sie müssen einfach den Punkt per Maus anklicken. Dann lässt sich das Element durch Ziehen des Punkts um eine Rotationsachse drehen.

Bei anderen Folienelementen wie Grafiken, Tabellen, Diagramme etc. reicht zum Markieren ein Mausklick auf den Platzhalter. Das Element wird durch einen aus einer doppelten Linie gebildeten Rahmen markiert. Sie können dann das markierte Element per Maus an jede beliebige Position in der Folie ziehen. Die Größe passen Sie an, indem Sie die an den Ecken und Seitenmitten des Markierungsrahmens sichtbaren Ziehmarken per Maus verschieben.

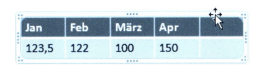

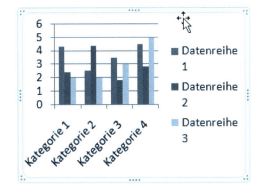

Hinweis

Um ein komplettes **Folienelement** mit Text, Grafik, Tabellen etc. zu **löschen**, müssen Sie dessen Platzhalter (z. B. Text samt Rahmen) markieren. Dann lässt sich das Textfeld samt Inhalt oder das Folienelement durch Drücken der Entf-Taste löschen.

Textteile formatieren

Um einen Text in einer Folie zu formatieren, gehen Sie folgendermaßen vor:

1 Klicken Sie auf den Platzhalter des zu formatierenden Texts, um in den Bearbeitungsmodus zu gelangen.

2 Markieren Sie den zu formatierenden Text, indem Sie auf den Anfang des zu markierenden Bereichs klicken und dann die Maus bis zum Ende der Markierung ziehen.

3 Wechseln Sie in der Multifunktionsleiste zur Registerkarte *Start*, und weisen Sie die gewünschten Zeichen- und Absatzformate über die Formatschaltflächen der Gruppen *Absatz* und *Schriftart* zu.

PowerPoint benutzt dabei weitgehend die gleichen Schaltflächen wie Word oder Excel zur Auszeichnung der Texte. Lesen Sie ggf. in den betreffenden Kapiteln nach, was es dabei zu beachten gibt.

> **Hinweis**
>
> Verwenden Sie einen minimalen Schriftgrad von 36 Punkt bei der Formatierung von Texten, damit Folien auch in den letzten Reihen des Auditoriums lesbar bleiben. Bei Präsentationen ist eine zurückhaltende Formatierung der Textinhalte angebracht. Eine unglückliche Farbgestaltung zwischen Textfarbe und Hintergrund reduziert u. U. den Kontrast der Anzeige. Oder zu viele unterschiedliche Schriftarten und -grade sowie kursive Unterstreichungen verringern die Lesbarkeit erheblich. Ähnliches gilt für Fettschrift oder Unterstreichungen.

Folienelemente hinzufügen

Haben Sie ein Folienlayout gewählt, die darin enthaltenen Folienelemente reichen Ihnen aber nicht? Um Texte in der Folie einzufügen, müssen Sie ein Textfeld als Platzhalter in der Folie ablegen.

1 Wechseln Sie in der Multifunktionsleiste zur Registerkarte *Start*, und klicken Sie auf die Schaltfläche *Formen* der Gruppe *Zeichnung*.

2 Wählen Sie in der eingeblendeten Palette die Schaltfläche *Textfeld* (findet sich in der Rubrik *Standardformen* bzw. nach der ersten Verwendung in der hier gezeigten Rubrik *Zuletzt verwendete Formen*).

3 Markieren Sie in der Folie die linke obere Ecke des einzufügenden Textelements, und ziehen Sie den Markierungsrahmen per Maus auf die gewünschte Größe auf.

Sobald Sie die Maustaste loslassen, wird das Textfeld in der Folie eingefügt, und Sie können den Text eingeben sowie mit den gewünschten Formaten versehen. Auf diese Weise lassen sich auch Texte mit Aufzählungen anfertigen. Sie müssen das Textfeld lediglich genügend groß aufziehen oder später bei Bedarf vergrößern (siehe vorherige Abschnitte).

1 Um Grafiken, ClipArts oder Smart-Art-Elemente einzufügen, wechseln Sie in der Multifunktionsleiste zur Registerkarte *Einfügen* und wählen die gewünschte Schaltfläche in der Gruppe *Illustrationen* aus.

2 Anschließend wählen Sie die Grafikdatei, das ClipArt-Motiv oder das SmartArt-Element im ange-zeigten Dialogfeld aus und legen ggf. dessen Optionen fest.

3 Sobald das Element in die Folie eingefügt wurde, können Sie es mit der Maus über dessen Platzhalter verschieben oder in der Größe anpassen.

Diese Schritte haben Sie bereits bei Word, Excel oder auf den vorherge-henden Seiten kennengelernt. In der Gruppe *Illustrationen* der Register-karte *Einfügen* finden Sie auch die *Formen*, um Zeichenelemente wie Linien oder Textfelder einzufügen.

> **Hinweis**
>
> Um ein Grafikelement oder ein eingefügtes Bild in der Folie zu ändern, klicken Sie es mit der rechten Maustaste an. Im Kontextmenü finden Sie dann Befehle wie *Bild ändern*, *Diagrammtyp ändern* etc.

Ein Fotoalbum in PowerPoint gestalten

Die Schaltfläche *Fotoalbum* der Gruppe *Illustrationen* auf der Registerkarte *Einfügen* der Multifunktionsleiste ermöglicht Ihnen, ein Fotoalbum inter-aktiv zu gestalten.

1 Legen Sie ggf. eine neue leere
Präsentation über die betreffende
Vorlage an (siehe die vorherge-
henden Seiten).

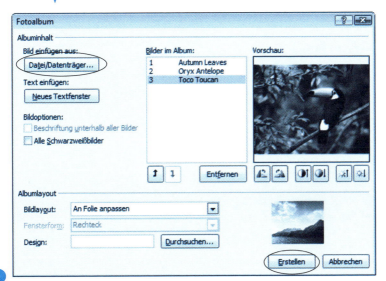

2 Wechseln Sie in der Multifunktionsleiste zur
Registerkarte *Einfügen*, klicken Sie auf die Schaltfläche
Fotoalbum in der Gruppe *Illustrationen* und anschlie-
ßend auf den Menübefehl *Neues Fotoalbum*.

3 Im Dialogfeld *Fotoalbum* klicken Sie auf die Schaltfläche *Datei/
Datenträger* und wählen im eingeblendeten Dialogfeld *Neue Bilder ein-
fügen* die einzufügende Grafikdatei aus. Wiederholen Sie den letzten
Schritt für alle Bilder des Albums.

4 Passen Sie die Bildparameter über die Schaltflächen unterhalb des Vorschaufelds an (z. B. drehen, Helligkeit etc.).

5 Markieren Sie ein Foto in der Liste *Bilder in Album*, lässt sich dieses über die Schaltflächen unterhalb der Liste nach oben oder unten verschieben bzw. über die *Entfernen*-Schaltfläche löschen.

6 Über das Listenfeld *Bildlayout* können Sie festlegen, wie viele Bilder pro Folie bzw. Albumseite anzuzeigen sind.

7 Möchten Sie Textfolien zwischen den Fotoseiten haben, klicken Sie im Dialogfeld *Fotoalbum* auf die Schaltfläche *Neues Textfenster*.

8 Sobald alle Fotos in das Album einsortiert sind, klicken Sie im Dialogfeld *Fotoalbum* auf die Schaltfläche *Erstellen*.

PowerPoint erzeugt dann automatisch ein Fotoalbum, welches aus einer Startseite sowie den Folien mit den Bildseiten besteht. Haben Sie Textseiten eingefügt, werden diese ebenfalls angelegt.

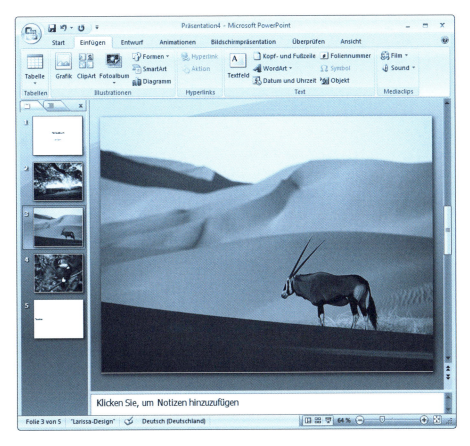

Sie können das Fotoalbum als Präsentation wiedergeben (siehe unten) und als PowerPoint-Datei speichern.

Folien hinzufügen oder entfernen

Um einer Präsentation neue Folien hinzuzufügen oder nicht mehr benutzte Folien zu entfernen, sind nur wenige Schritte erforderlich.

1 Klicken Sie in der linken Spalte der Folienübersicht auf die Folie, hinter die die neue Folie einzufügen ist.

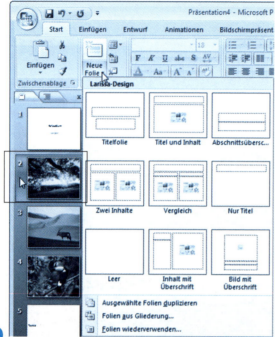

2 Wählen Sie auf der Registerkarte *Start* der Multifunktionsleiste die Schaltfläche *Neue Folie*, und wählen Sie in der eingeblendeten Palette das gewünschte
Folienlayout.

Die neu eingeführte Folie besitzt die Platzhalter gemäß dem ausgewählten
Folienlayout. Sie müssen diese dann nur noch um die gewünschten Inhalte
ergänzen. Möchten Sie eine **Folie** aus der Präsentation **entfernen**?

1 Klicken Sie in der Folienübersicht auf die betreffende
Folie. Sie können bei gedrückter ⌷Strg⌷-Taste auch mehrere
Folien markieren.

2 Wählen Sie in der
Gruppe *Folien* der Registerkarte *Start* die Schaltfläche *Folie löschen*.

Hinweis

Haben Sie irrtümlich eine Folie gelöscht, drücken Sie sofort die Tastenkombi-
nation ⌷Strg⌷+⌷Z⌷. Dann hebt PowerPoint den letzten Befehl auf und stellt die
gelöschte Folie wieder her. Weiterhin können Sie die Folien in der Folienvorschau
(Rubrik *Folien*) mit der rechten Maustaste anklicken. Im Kontextmenü finden
Sie Befehle, um neue Folien einzufügen oder bestehende Folien zu löschen.
Der Kontextmenübefehl *Folie ausblenden* ermöglicht Ihnen, eine Folie von der
Wiedergabe in der Präsentation auszunehmen und später wieder in den Vortrag
einzufügen.

Folien umgruppieren

Soll die Reihenfolge der Folien geändert werden? Dies lässt sich direkt per
Maus erledigen.

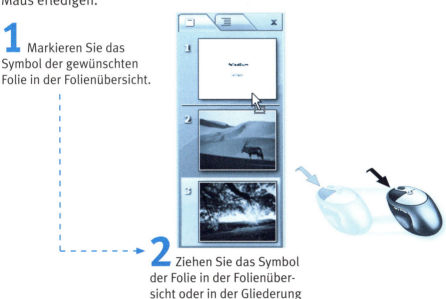

1 Markieren Sie das
Symbol der gewünschten
Folie in der Folienübersicht.

2 Ziehen Sie das Symbol
der Folie in der Folienübersicht oder in der Gliederung
zur neuen Position.

Sobald Sie die linke Maustaste loslassen, ordnet PowerPoint die Folie entsprechend ein. Es ist dabei gleichgültig, ob die Folienübersicht im Modus
Folien oder *Gliederung* eingestellt ist. Wie Sie die Darstellung der Folienübersicht umschalten, wird weiter hinten in diesem Kapitel im Abschnitt
»Wechseln der Anzeigemodi« gezeigt.

Die Präsentation speichern

Nach dem Anlegen der Präsentation können Sie diese speichern. Dies ermöglicht Ihnen, die Präsentation später erneut zu laden.

1 Öffnen Sie das Menü der Schaltfläche *Office*, und wählen Sie den Befehl *Speichern unter*.

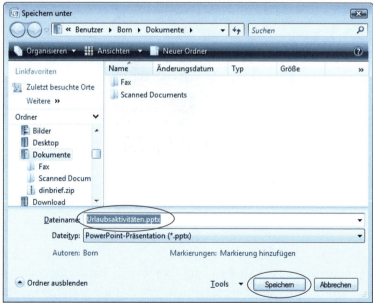

2 Wählen Sie im Dialogfeld *Speichern unter* den Zielordner aus. - - - - - ▸

3 Geben Sie den Dateinamen in das Feld *Datei-
name* ein, und passen Sie
ggf. das Dateiformat an.

4 Klicken Sie
auf die *Speichern-*
Schaltfläche.

Standardmäßig speichert PowerPoint 2007 die Präsentation in einer
.pptx-Datei. Soll die Präsentation noch mit früheren PowerPoint-Versionen
(97 bis 2003) gelesen werden können, müssen Sie das Dateiformat auf
.ppt umstellen.

> **Hinweis**
>
> Möchten Sie das Dokument als Vorlage für weitere Präsentationen nutzen? Dann
> stellen Sie das Dateiformat auf »PowerPoint-Vorlage (.potx)« um und speichern
> das Dokument im Vorlagenordner – der übrigens beim Wechsel zu diesem Da-
> teiformat automatisch im Dialogfeld *Speichern unter* eingestellt wird. Haben Sie
> ein Dokument bereits gespeichert und möchten vorgenommene Änderungen
> sichern? Dann genügt es, die *Office*-Schaltfläche anzuklicken und den Menübe-
> fehl *Speichern* zu wählen. Soll eine bestehende Präsentation unter einem neuen
> Namen gespeichert werden, wählen Sie dagegen im Menü der *Office*-Schalt-
> fläche den Befehl *Speichern unter*.

Wiedergabe einer Präsentation

Sobald Sie eine Präsentation erstellt und in einer Datei gesichert haben,
lässt sich diese laden und am Bildschirm wiedergeben. Zudem können Sie
die Folien auf dem Drucker oder einem anderen Ausgabegerät ausgeben.
Die entsprechenden Schritte werden hier kurz dargestellt. Zudem erfahren
Sie, wie sich Animationen in die Folienwiedergabe einbauen lassen.

Eine Präsentation erneut laden

Haben Sie die Präsentation gespeichert und PowerPoint beendet? Dann
müssen Sie das Programm starten und die Präsentation erneut laden.

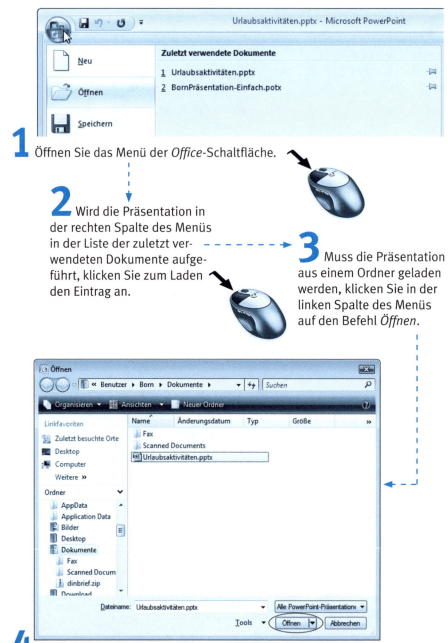

1 Öffnen Sie das Menü der *Office*-Schaltfläche.

2 Wird die Präsentation in der rechten Spalte des Menüs in der Liste der zuletzt verwendeten Dokumente aufgeführt, klicken Sie zum Laden den Eintrag an.

3 Muss die Präsentation aus einem Ordner geladen werden, klicken Sie in der linken Spalte des Menüs auf den Befehl *Öffnen*.

4 Wählen Sie im Dialogfeld *Öffnen* den Ordner mit den PowerPoint-Dateien, klicken Sie auf die gewünschte Datei, und klicken Sie auf die Schaltfläche *Öffnen*.

PowerPoint lädt die Präsentation und zeigt diese im Anwendungsfenster an.

> **Hinweis**
>
> Über den Pfeil am rechten Rand der Schaltfläche *Öffnen* lässt sich ein Menü anzeigen, welches zusätzliche Optionen zum Öffnen der PowerPoint-Datei enthält. Sie können beispielsweise die Präsentation schreibgeschützt öffnen. Dies verhindert das ungewollte Speichern von Änderungen in der Präsentation. Gibt es Probleme beim Öffnen der Datei, können Sie den Befehl *Öffnen und reparieren* wählen. Sie sehen, auch bei PowerPoint verhält sich vieles wie in den anderen Office-Anwendungen. Auch der Befehl *Öffnen und reparieren* steht z. B. in Word oder Excel über das Menü der Schaltfläche *Öffnen* zur Verfügung.

Wechseln der Anzeigemodi

Zum Erstellen der Folien werden Sie vermutlich den auf den vorhergehenden Seiten gezeigten Modus *Normal* verwenden. Dann werden das Folienlayout im rechten Teil des Dokumentfensters und die Übersicht über die Folien in der linken Spalte des Dokumentfensters eingeblendet.

Die Darstellung der **Folienübersicht** in der linken Spalte im Dokumentfenster lässt sich über die am oberen Rand der Spalte sichtbaren Registerreiter zwischen einer Folienvorschau (Rubrik *Folien*) und der hier gezeigten Gliederungsansicht **umschalten**. In der Gliederungsansicht werden die Texte aller in den Folien enthaltenen Textblöcke aufgelistet und lassen sich direkt korrigieren.

Die in der rechten oberen Ecke der Spalte sichtbare Schaltfläche mit dem Kreuz dient zum Schließen des Teilfensters. Um zur Normalansicht zurückzukehren, können Sie die nachfolgend beschriebenen Methoden nutzen.

Im rechten Titel der Statusleiste sehen Sie drei Schaltflächen, über die sich die **Anzeigemodi beeinflussen** lassen.

- Standardmäßig ist die linke Schaltfläche *Normal* aktiviert, d. h., PowerPoint verwendet den Darstellungsmodus *Normal* mit geteiltem Dokumentfenster (links die Folienübersicht oder die Gliederungsansicht, rechts das Folienlayout der aktuellen Folie und unten ggf. die Notizenansicht).

- Über die rechte Schaltfläche *Bildschirmpräsentation* rufen Sie die Wiedergabe der Präsentation am Bildschirm ab (siehe die folgenden Seiten).

- Wählen Sie die mittlere Schaltfläche *Foliensortierung*, zeigt PowerPoint die Folien in einer Miniaturansicht in einem Fenster. Hierdurch erhalten Sie einen schnellen Überblick über die Präsentation. Zudem können Sie eine Folie per Mausklick markieren und dann per Maus an die gewünschte Position in der Präsentation verschieben.

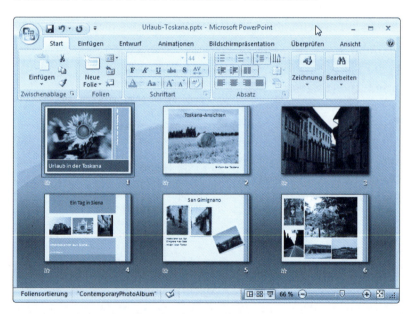

Im Modus *Foliensortierung* stehen Ihnen natürlich auch die Kontextmenübefehle zum Löschen einer markierten Folie, zum Einfügen neuer Folien sowie zum Kopieren zur Verfügung.

Die **Sortierung der Folien** lässt sich auch in der linken Spalte der Folien-übersicht in den Darstellungsmodi *Folien* und *Gliederung* vornehmen.

Um eine **Folie** zu **duplizieren**, klicken Sie diese z. B. mit der rechten Maus-taste in der Ansicht *Foliensortierung* an, wählen den Kontextmenübefehl *Kopieren*, klicken mit der rechten Maustaste auf eine neue Stelle im Doku-mentfenster und wählen den Kontextmenübefehl *Einfügen*. Diese Technik kennen Sie bereits vom Kopieren in Word oder Excel.

1 Um noch mehr Kontrolle über die einzelnen Darstellungsmodi von PowerPoint zu erhalten, wech-seln Sie in der Multifunktionsleiste zur Registerkarte *Ansicht*.

2 Klicken Sie in der Gruppe *Präsenta-tionsansichten* auf eine der vier Schalt-flächen, um zwischen den Modi *Normal*, *Foliensortierung*, *Notizenseite* und *Bildschirmpräsentation* umzuschalten.

Vielleicht versuchen Sie einmal, die unterschiedlichen Anzeigemodi an-zuwählen. Sie erhalten dann sofort eine Übersicht über deren Wirkungs-weise.

Arbeiten mit Folienübergängen

In PowerPoint können Sie festlegen, wie die unterschiedlichen Folien wäh-rend der Präsentation eingeblendet werden. Diese Funktion bezeichnet man als Folienübergang.

1 Markieren Sie die Folien, für die der Übergang festgelegt wird (die Strg-Taste gedrückt halten und die Folien in der Folienüber-sicht oder in der Darstellung *Foliensortierung* anklicken).

2 Wechseln Sie in der Multi-funktionsleiste zur Register-karte *Animationen*, und klicken Sie in der Gruppe *Übergang zu dieser Folie* auf eines der ange-zeigten Übergangsschemen.

PowerPoint weist dann den markierten Folien die betreffende Animation beim Folienübergang zu.

Hinweis

Um die Wirkung eines Übergangsschemas zu sehen, reicht es bereits, per Maus auf dessen Symbol auf der Registerkarte *Animationen* zu zeigen. Klicken Sie auf die unterhalb der Bildlaufleiste zur Auswahl der Übergangsschemen sichtbare Schaltfläche, öffnet PowerPoint einen Katalog mit allen Übergängen. Dort finden Sie neben Verblassungs- und Einblendeffekten weitere Folienübergänge wie Wischen, Schieben und Abdecken oder zufällige Übergänge.

Folien lassen sich bei der Präsentation auf dem Bildschirm per Mausklick einzeln abrufen oder in einer automatischen Folge wiedergeben. Entscheiden Sie sich für die automatische Wiedergabe, können Sie neben der Art des Folienübergangs noch vorgeben, wie lange einzelne Folien anzuzeigen sind und wie schnell der Übergang erfolgen soll. Zudem lässt sich ein Sound beim Folienübergang abspielen. Hierzu verwenden Sie folgende Schritte.

1 Öffnen Sie das Listenfeld *Übergangsgeschwindigkeit* in der Gruppe *Übergang zu dieser Folie* auf der Registerkarte *Animationen*, und wählen Sie einen der Werte (Langsam, Mittel, Schnell).

2 Möchten Sie beim Folienübergang Sound abspielen, öffnen Sie das Listenfeld *Übergangssound* und wählen einen der angebotenen Sounds aus.

3 Wählen Sie abschließend in der Kategorie *Nächste Folie* der Registerkarte *Animationen* über die Kontrollkästchen, ob die Folienwechsel per Mausklick oder automatisch nach Ablauf einer einstellbaren Zeit von m Minuten und n Sekunden erfolgen soll.

4 Möchten Sie diese Einstellungen für alle Folien übernehmen, klicken Sie auf die entsprechende Schaltfläche in der Gruppe *Übergang zu dieser Folie* der Registerkarte *Animationen*.

Anschließend können Sie die Bildschirmpräsentation starten und die Übergänge testen (siehe unten).

Animationen verwenden

In PowerPoint lässt sich die Anzeige der einzelnen Folieninhalte animieren, d. h., Texte oder Bilder werden beim Aufruf der Folie auf Mausklick oder zeitgesteuert, ggf. mit Effekten, sichtbar. Möchten Sie, dass die Power-Point-Präsentation animiert wird?

1 Markieren Sie die Folie, für die eine Animation erwünscht ist (Folie in der linken Spalte *Folien* oder *Gliederung* anklicken).

2 Markieren Sie in der Folienansicht das zu animierende Element (z. B. Textbox, Bild etc.) durch Anklicken mit der Maus.

3 Wechseln Sie in der Multifunktionsleiste zur Registerkarte *Animationen*, und öffnen Sie in der Gruppe *Animationen* das Listenfeld *Animieren*. Wählen Sie einen der angebotenen Effekte aus.

PowerPoint startet dann die Animation, d. h. Sie sehen, wie das markierte Element im Folienlayout im rechten Teil des Fensters animiert eingeblendet wird.

Reichen Ihnen die im Listenfeld *Animieren* vorgegebenen Möglichkeiten *Keine Animation*, *Verblassen*, *Wischen* und *Einfügen* nicht?

4 Klicken Sie in der Gruppe *Animationen* der Registerkarte *Animationen* auf die Schaltfläche *Benutzerdefinierte Animation*, oder wählen Sie den betreffenden Wert im Listenfeld *Animieren*.

PowerPoint blendet dann das Fenster *Benutzerdefinierte Animation* am rechten Fensterrand neben der Anzeige des Folienlayouts ein. In diesem Aufgabenbereich können Sie die Art der Animation gezielt vorgeben.

6 Passen Sie ggf. in der Kategorie *Markierte Effekte ändern* die Vorgaben (z. B. *Start*, *Geschwindigkeit*) über die eingeblendeten Listenfelder an.

5 Klicken Sie im Fenster auf die Schaltfläche *Effekt hinzufügen*, und wählen Sie in deren Menü die Art der Animation (z. B. *Eingang* und *Einfliegen*).

Die Beschriftung und Anzahl der freigegebenen Listenfelder hängt von der Animation ab. Bei einigen Animationen können Sie die Geschwindigkeit festlegen und vorgeben, wann diese starten soll (z. B. beim Klicken). Die eingefügten Animationen werden in einer Liste aufgeführt. Über die Schaltfläche *Reihenfolge ändern* können Sie die Einträge in dieser Liste nach oben oder unten verschieben und damit festlegen, welche Elemente zuerst animiert einzublenden sind.

Anschließend lässt sich eine Vorschau durch Anklicken der Schaltfläche *Wiedergabe* starten. Dann wird die Animation im Folienlayout angezeigt. Die rechts davon sichtbare Schaltfläche startet dagegen die Wiedergabe am Bildschirm.

Die Bildschirmpräsentation abrufen

Eine der Stärken von PowerPoint besteht in der Möglichkeit, Ihre Präsentation direkt am Bildschirm ablaufen zu lassen. Dies eröffnet auch die Möglichkeit, die Präsentation direkt vom Bildschirm per Projektor (»Videobeamer«) auf eine Leinwand zu übertragen. Zum Abrufen der Präsentation gehen Sie folgendermaßen vor.

1 Wechseln Sie in der Multifunktionsleiste zur Registerkarte *Bildschirmpräsentation*.

2 Klicken Sie in der Gruppe *Bildschirmpräsentation starten* auf die Schaltfläche *Von Beginn an*.

Hinweis

Alternativ können Sie die Funktionstaste F5 drücken. Haben Sie eine Folie in der Folienübersicht markiert und möchten die Wiedergabe ab dieser Folie beginnen, wählen Sie in der Gruppe *Bildschirmpräsentation starten* der Registerkarte *Bildschirmpräsentation* die rechts oben eingeblendete Schaltfläche *Aus aktueller Folie*. Oder drücken Sie die Tastenkombination ⇧+F5. Die Schaltfläche *Bildschirmpräsentation* in der Statusleiste besitzt die gleiche Wirkung.

PowerPoint schaltet dann zur Vollbilddarstellung um und zeigt die aktuell angewählte Folie an.

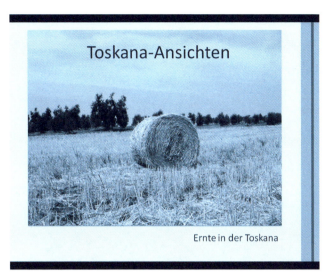

Wurde eine automatische Wiedergabe der Folien eingerichtet, brauchen Sie nichts mehr zu tun. Alternativ bietet PowerPoint Ihnen die Möglichkeit, manuell zwischen den Folien zu blättern.

Während der Präsentation können Sie folgende Techniken nutzen, um zwischen den einzelnen Folien zu blättern.

- Zum **Weiterblättern zur nächsten Folie** genügt ein Mausklick auf die Vollbildansicht oder das Drücken der ↵-Taste. Enthält die Folie allerdings animierte Elemente, werden diese ggf. durch Klicken oder Drücken der ↵-Taste eingeblendet.

- Die Taste ← geht zur vorhergehenden Folie der Präsentation zurück.

- Drücken Sie die Esc-Taste, wird die Präsentation beendet und Sie gelangen zum PowerPoint-Fenster zurück.

Zusätzlich können Sie mit der rechten Maustaste in die Präsentation klicken und per Kontextmenü verschiedene Befehle abrufen.

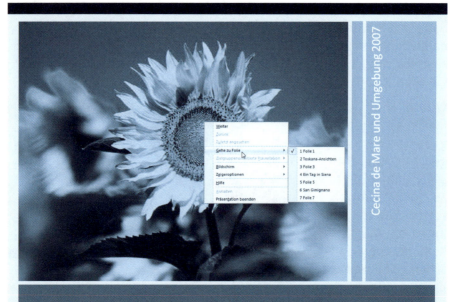

■ Der Befehl *Gehe zu Folie* ermöglicht Ihnen, über Untermenüs Folien gezielt über deren Titel abzurufen.

■ Über den Befehl *Weißer Bildschirm* des Menüs *Bildschirm* lässt sich die Präsentation unterbrechen und eine weiße Fläche anzeigen. Der Befehl *Präsentation ausblenden* des Menüs *Bildschirm* zeigt einen schwarzen Bildschirm. Ein Mausklick schaltet in beiden Fällen zur Präsentation der zuletzt angezeigten Folie zurück.

■ Möchten Sie während der Präsentation etwas auf der Folie markieren? Dann wählen Sie den Befehl *Zeigeroptionen/Filzstift*. PowerPoint benutzt jetzt als Mauszeiger einen stilisierten Stift. Über den Menübefehl *Freihandfarbe* lässt sich noch die Zeichenfarbe wählen. Anschließend können Sie bei gedrückter linker Maustaste mit dem Stift auf die Folie zeichnen.

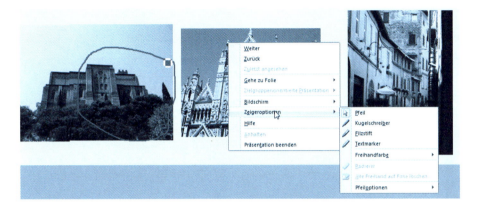

Um von der Anzeige des Stifts wieder zum Mauszeiger zurückzuschalten, klicken Sie mit der rechten Maustaste auf die Folie. Anschließend setzen Sie die Zeigeroption per Menü *Zeigeroptionen/Pfeil* wieder auf den Mauszeiger zurück. Über den Befehl *Zeigeroptionen/Alle Freihand auf Folie löschen* können Sie Ihre Markierungen in der aktuellen Folie löschen. Beenden Sie eine Präsentation, die Markierungen enthält, erscheint ein Dialogfeld mit Schaltflächen zur Auswahl, ob diese Markierungen erhalten bleiben oder entfernt werden sollen.

Zum Drucken einer Präsentation verwenden Sie, wie bei anderen Office-Programmen, die *Office*-Schaltfläche und wählen dann den Befehl *Drucken* im betreffenden Menü. Im Dialogfeld *Drucken* finden Sie ein Listenfeld vor, in dem Sie neben Folien auch weitere zu druckende Elemente (z. B. Handzettel, Notizen etc.) auswählen können. Damit möchte ich die Einführung in PowerPoint beenden. Näheres zu den Druckoptionen und allen hier nicht beschriebenen Funktionen entnehmen Sie bitte der Programmhilfe.

Hinweis

Halten Sie selten Präsentationen und verfügen Sie nur über wenig Vortragserfahrung? Mit ein paar Tipps meistern Sie die wichtigsten Hürden und verbessern den Vortragsstil. Persönlich plane ich pro Folie zwischen einer und zwei Minuten Zeit ein. Die Ihnen zugestandene Vortragszeit bestimmt dann die Folienzahl – wobei Sie sich zum Ende des Vortrags ggf. etwas Luft lassen sollten. Proben Sie den Vortrag oder die Präsentation vorab. Dies ermöglicht Ihnen, sowohl den zeitlichen Ablauf als auch den inhaltlichen Stil zu überprüfen. Stellt sich bei Ihnen vor Vorträgen Lampenfieber ein und stehen Sie manchmal »sprachlos« Auge in Auge vor dem Auditorium? Überlegen Sie sich ein paar einleitende Worte, und schreiben Sie diese ggf. stichpunktartig auf kleine Kärtchen. Diese können Sie notfalls ablesen – ist diese Hürde geschafft, läuft es mit dem Vortrag meist automatisch. Oft ist auch hilfreich, am Ende des Vortrags noch ein Kärtchen zu haben, auf dem einige Stichworte zum Abschluss notiert wurden. Behalten Sie während der Präsentation die Zeit im Auge – wird es zeitlich knapp, können Sie ggf. Folien weglassen oder überspringen. Niemand außer Ihnen weiß, was Sie eigentlich geplant hatten. Eine gute Präsentation wird nicht durch eine übersprungene Folie beeinträchtigt – endlos überzogene Vorträge führen aber häufig zu Unmut im Auditorium. Hilfreich ist es auch, sich vor Vortragsbeginn mit der für die Präsentation vorgesehenen Technik vertraut zu machen. Mit einer solchen Vorbereitung sollte Ihrem Vortrag oder Ihrer Präsentation nur noch wenig im Wege stehen.

Testen Sie Ihr Wissen

Zur Überprüfung Ihres Wissens sollten Sie die folgenden Aufgaben lösen. Die Antworten finden Sie in Klammern angegeben.

■ **Wie lässt sich eine neue Folie in eine Präsentation aufnehmen?**

(Zum Beispiel die Folie in der Folienübersicht mit der rechten Maustaste anklicken und den Kontextmenübefehl *Neue Folie* wählen.)

■ **Wie löschen oder verschieben Sie Folien in der Präsentation?**

(Klicken Sie die Folie in der linken Spalte mit der Folienübersicht an. Zum Verschieben ziehen Sie die Folie einfach mit der Maus nach oben oder nach unten. Zum Löschen öffnen Sie das Kontextmenü mit der rechten Maustaste und wählen den Befehl *Löschen*.)

■ **Wie kann eine Bildschirmpräsentation abgerufen werden, und wie lässt sich zwischen den Folien blättern?**

(Starten lässt sich die Bildschirmpräsentation über die Schaltfläche *Von Beginn an* der Registerkarte *Bildschirmpräsentation* oder durch Drücken der Funktionstaste F5. Blättern lässt sich zwischen den Folien, indem Sie die ↑-Taste und die ↓-Taste nutzen. Oder Sie klicken mit der rechten Maustaste auf die Präsentation und wählen die entsprechenden Kontextmenübefehle.)

■ **Wie ändern Sie das Layout einer Folie?**

(Klicken Sie die Folie in der linken Spalte mit der Folienübersicht mit der rechten Maustaste an. Anschließend wählen Sie im Kontextmenü den Befehl *Layout* und klicken in der eingeblendeten Palette auf das gewünschte Layout.)

Das können Sie schon

Das lernen Sie neu

Kapitel 8

Office-Programme im Verbund

Mit den in den vorangehenden Kapiteln vorgestellten Office-Programmen wie Word, Excel oder PowerPoint können Sie viele Aufgaben lösen. Die Stärke von Microsoft Office kommt aber erst dann so richtig zum Tragen, wenn Sie die Funktionen der Einzelprogramme kombinieren. Sie können beispielsweise Serienbriefe in Word erstellen und dabei Daten aus Word-Dokumenten oder aus Excel-Arbeitsblättern verwenden. Oder Sie schreiben einen Bericht in Word, in den eine Tabelle aus Excel eingebunden wird. Dieses Kapitel nutzt das bereits erworbene Wissen und zeigt Ihnen, wie Sie aus Office-Programmen auf die Funktionen und Daten von Fremdanwendungen zurückgreifen können.

Serienbriefe erstellen

Müssen Sie einen gleich lautenden Text (z. B. einen Werbebrief) an verschiedene Adressaten verschicken? Dies bedeutet: den Brief verfassen, die Adresse und die Anrede personalisieren und den Brief ausdrucken. Anschließend muss der nächste Brief auf dieser Basis erstellt werden. Bei zwei, drei Briefen ist dies kein Problem. Bei mehr als fünf Briefen sollten Sie aber darüber nachdenken, ob sich diese Aufgabe per Computer nicht wesentlich besser erledigen lässt. Mit der Serienbrieffunktion bietet Word Ihnen genau das richtige Werkzeug für diesen Zweck. Was noch fehlt, ist das Wissen, wie die betreffende Funktion eingesetzt werden kann.

Serienbrief-Grundlagen

Um Serienbriefe zu erstellen, benötigen Sie zwei Komponenten:

- Das so genannte **Hauptdokument**, welches den Text für den Brief, die Werbebroschüre etc. enthält. Dieses Dokument muss für die Serienbrieffunktion vorbereitet sein.

- Eine **Steuerdatei**, auch das **Datenquelle** bezeichnet, die die Daten (z. B. Adressenlisten) enthält, die in die Serienbriefe einzufügen sind. Diese kann als Word-Dokument, als Excel-Tabelle etc. bereitgestellt werden.

Das Hauptdokument lässt sich im ersten Schritt wie ein normaler Brief erstellen. Es bleiben lediglich jene Stellen im Dokument leer, an denen später die zu ersetzenden Informationen auftreten. Die Steuerdatei kann sowohl in Word erstellt als auch über Excel oder Access verwaltet werden.

Erstellen Sie die Vorlage für den Serienbrief

Bevor Sie in die Details der Serienbrieffunktion einsteigen, benötigen Sie ein Textdokument, welches als Vorlage für den eigentlichen Brief dienen kann.

1 Öffnen Sie ein neues Word-Dokument (z. B. auf der Basis einer vorhandenen Briefvorlage) über den Befehl *Neu* im Menü *Datei*.

2 Schreiben Sie den Brieftext wie gewohnt, lassen aber die Empfängerangabe sowie den Namen in der Anrede weg.

Ein Brief könnte beispielsweise folgendermaßen aussehen:

⊠ Müller Schreibservice
Hugenottenstraße 12
66030 Hassenloch

Müller Schreibservice, Hugenottenstraße 12, 66030 Hassenloch

...
Straße
Plz Ort

66030 Hassenloch, den 1. Juni 2007

Unsere Sommeraktion

Sehr geehrte(r) [Empfänger(in)],

auch in diesem Jahr können wir Ihnen die bekannt günstigen Serviceleistungen während der Urlaubszeit anbieten. Gönnen Sie sich und Ihren Mitarbeitern den verdienten Sommerurlaub. Während Sie sich erholen, halten wir den Service für Ihre Kunden aufrecht.

☐ Büro- und Telefonservice während Ihrer Abwesenheit.

☐ Mitarbeiterservice für Ihre Urlaubsvertretung.

In dieser Hinsicht wünschen wir Ihnen einen schönen Urlaub!

Mit freundlichen Grüßen

Suse Müller

3 Speichern Sie diesen Briefentwurf in eine *.docx*- oder *.doc*-Datei.

Beachten Sie, dass die Empfängerdaten im Briefkopf leer bleiben (ich habe hier lediglich Platzhalter zur Demonstration eingefügt). Nach dem Speichern der Datei sollte diese geladen bleiben.

Sie benötigen eine Steuerdatei

Um die Serienbriefe zu erstellen, benötigen Sie eine **Steuerdatei,** die die variablen Daten (Adresslisten) der Serienbriefe enthält. In der Regel liegt die Adressliste bereits als Steuerdatei im Word-, Excel- oder Access-Format vor. Verfügen Sie noch nicht über eine solche Datei? Für dieses Beispiel wird eine entsprechende Datei direkt in Word erstellt und gespeichert.

1 Öffnen Sie ein neues Dokument über den Befehl *Neu* im Menü der *Office*-Schaltfläche.

2 Erstellen Sie eine Tabelle mit der hier gezeigten Struktur, und tragen Sie einige Adress-daten in die Tabelle ein.

Anrede¤	Name¤	Vorname¤	Straße¤	Nr.¤	Plz¤	Ort¤	¤
Herr¤	Brenner¤	Joachim¤	Gartenstraße¤	2¤	60130¤	Frankfurt¤	¤
Frau¤	Meier¤	Isolde¤	Hügelweg¤	19¤	50234¤	Köln¤	¤
Frau¤	Huber¤	Ilse¤	Seedamm¤	3¤	30120¤	Hannover¤	¤
Herr¤	Heine¤	Anton¤	Burgweg¤	23¤	10320¤	Berlin¤	¤
Frau¤	Sauer¤	Bella¤	Hauptstraße¤	3¤	60150¤	Frankfurt¤	¤
Firma¤	Müller¤	¤	Dieselstraße¤	1¤	60230¤	Frankfurt¤	¤

3 Speichern Sie jetzt die Tabelle als Worddokument mit der Dateiendung *.docx*- oder *.doc*-Datei in den Zielord-ner (z. B. als *Steuer.docx*).

Sie können anschließend das Dokumentfenster der Steuerdatei schlie-ßen.

Hinweis

Die Steuerdatei lässt sich auch während der Erstellung des Serienbriefs anlegen. Aus didaktischen Gründen habe ich aber auf diese Option verzichtet. Die nachfol-genden Schritte zeigen daher den prinzipiellen Ablauf bei der Serienbrieferstel-lung, unabhängig davon, ob die Steuerdatei mit Word, Excel, Access oder einem anderen Programm erstellt wurde.

Bevorzugen Sie Excel zur Verwaltung der Adressdaten, erstellen Sie ein Arbeitsblatt mit diesen Daten und speichern das Ganze in eine Arbeitsmappe *Steuer. xlsx*.

	A	B	C	D	E	F	G
1	**Anrede**	**Name**	**Vorname**	**Straße**	**Nr.**	**Plz**	**Ort**
2	Herr	Brenner	Joachim	Gartenstraß	2	60130	Frankfurt
3	Frau	Meier	Isolde	Hügelweg	19	50234	Köln
4	Frau	Huber	Ilse	Seedamm	3	30120	Hannover
5	Herr	Heine	Anton	Burgweg	23	10320	Berlin
6	Frau	Sauer	Bella	Hauptstraße	3	60150	Frankfurt
7	Firma	Müller		Dieselstraße	1	60230	Frankfurt

So kombinieren Sie Daten und Serienbrief

Haben Sie die Steuerdatei erstellt und gespeichert sowie den Textentwurf für den Serienbrief hergestellt? Dann müssen Sie den Serienbrief in den nächsten Schritten mit den Steuerdaten kombinieren und auch die Seriendruckfelder für den Zugriff auf die Steuerdaten einfügen.

1 Starten Sie Word, und laden Sie den Textentwurf für den Serienbrief.

2 Anschließend wechseln Sie in der Multifunktionsleiste zur Registerkarte *Sendungen*.

Auf dieser Registerkarte finden Sie verschiedene Gruppen mit den Schaltflächen, über die alle Funktionen zum Seriendruck abgerufen werden. Word bietet Ihnen dabei verschiedene Wege zur Serienbrieferstellung.

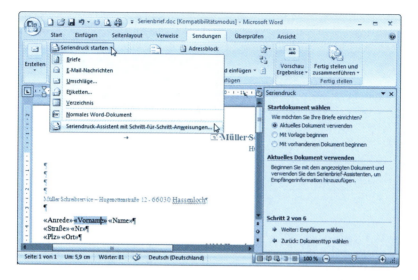

Wählen Sie z. B. im Menü der Schaltfläche *Seriendruck starten* den Befehl *Seriendruck-Assistent mit Schritt-für-Schritt-Anweisungen*, wird eine Aufgabenleiste am rechten Fensterrand eingeblendet.

Word führt Sie dann über verschiedene Optionen des Aufgabenbereichs durch die Schritte zur Gestaltung des Serienbriefs. In diesem Buch zeige ich Ihnen aber die Alternative zur manuellen Erstellung des Serienbriefs, da der Assistent nicht alle benötigten Optionen bietet.

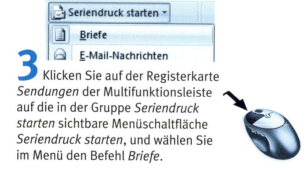

3 Klicken Sie auf der Registerkarte *Sendungen* der Multifunktionsleiste auf die in der Gruppe *Seriendruck starten* sichtbare Menüschaltfläche *Seriendruck starten*, und wählen Sie im Menü den Befehl *Briefe*.

Damit ist das Word-Dokument als Briefvorlage für den Seriendruck eingerichtet. Nun gilt es die Steuerdatei mit den Daten für den Seriendruck als Datenquelle anzugeben. Hierfür sind folgende Schritte durchzuführen.

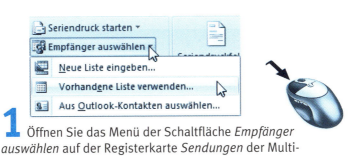

1 Öffnen Sie das Menü der Schaltfläche *Empfänger auswählen* auf der Registerkarte *Sendungen* der Multifunktionsleiste, und wählen Sie den gewünschten Befehl.

Möchten Sie in Word eine neue Empfängerliste als Tabelle anlegen, wählen Sie den Befehl *Neue Liste eingeben*, erzeugen die Tabelle mit den Empfängerdaten und speichern das Ganze als Word-Datei. Sind die Empfängerdateien in den Outlook-Kontakten gespeichert, wählen Sie den betreffenden Befehl. Da wir eine entsprechende Steuerdatei bereits vorbereitet haben, wählen Sie den Befehl *Vorhandene Liste verwenden*. Word öffnet das Dialogfeld zur Auswahl der Datenquelle.

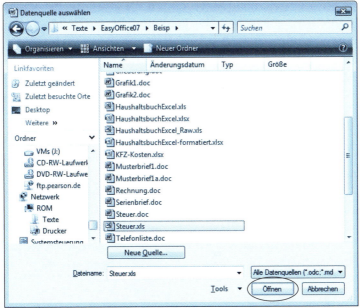

2 Wählen Sie im Dialogfeld *Datenquelle auswählen* den Ordner sowie die gewünschte Steuerdatei (z. B. *Steuer.xls*, *Steuer.xlsx* oder *Steuer.doc*) aus, und klicken Sie auf *Öffnen*.

Das Dialogfeld *Datenquelle auswählen* blendet alle Dateitypen ein, die sich als Datenquelle eignen. Neben Word-Tabellen und Excel-Arbeitsmappen können dies auch Access-Datenbanken oder *.odbc*-Dateien zur Datenbankanbindung sein.

3 Bei einer Excel-Steuerdatei müssen Sie im nebenstehend gezeigten Dialogfeld den Namen des Arbeitsblatts und dann die *OK*-Schaltfläche wählen.

Zudem lässt sich im Dialogfeld angeben, ob die erste Spalte der Tabelle Überschriften enthält, die später als Feldnamen für die Seriendruckfelder benutzt werden. Wählen Sie eine Access-Datenbank oder eine *.odbc*-Datei zur Datenbankanbindung, müssen Sie ggf. in weiteren Dialogschritten die Tabellen mit den Adressdaten aus der Datenbank auswählen. Um die Schritte hier im Buch so einfach als möglich zu halten, habe ich mich hier aber für das Einbinden der Excel-Steuerdatei entschieden.

Sobald Sie die Steuerdatei zur Auswahl der Datensätze definiert haben, gilt es, die **Informationen für die variablen Bestandteile** des Serienbriefs **einzufügen**. Beispielsweise müssen die Empfängeradresse und die persönliche Anrede im Serienbrief untergebracht werden. Die Information, welche Steuerdaten wohin kommen, wird in so genannten **Seriendruckfeldern** hinterlegt. Dies sind Platzhalter, die im Hauptdokument an den betreffenden Textstellen eingefügt werden. Beim Druck ersetzt Word dann diese Platzhalter durch die Daten eines Satzes der Steuerdatei.

1 Positionieren Sie die Einfügemarke an die betreffende Textstelle im Textentwurf des Serienbriefs (auch als Hauptdokument bezeichnet).

2 Öffnen Sie auf der Registerkarte *Sendungen* der Multifunktionsleiste das Menü der in der Gruppe *Felder schreiben und einfügen* enthaltenen Menüschaltfläche *Seriendruckfeld einfügen*, und klicken Sie dann auf einen der angezeigten Feldnamen.

Hinweis

Sie können auch direkt auf die Menüschaltfläche *Seriendruckfeld einfügen* klicken. Dann öffnet sich das hier gezeigte Dialogfeld zur Auswahl der Felder. Übertragen Sie den oder die Feldnamen mittels der Schaltfläche *Einfügen* in das Dokument, und klicken Sie dann auf *Abbrechen*. Über die Schaltfläche *Felder auswählen* des Dialogfelds lässt sich ein zusätzliches Dialogfeld öffnen. Hier lassen sich die Felder auswählen, die im Menü der Schaltfläche *Seriendruckfeld einfügen* einzublenden sind. Setzen Sie den Wert auszublendender Felder auf »(nicht übereinstimmend)«.

3 Wiederholen Sie ggf. die betreffenden Schritte, um alle Seriendruckfelder in den Brief einzufügen, und ordnen Sie die Felder bei Bedarf in eigenen Zeilen an.

Word fügt bei jedem Schritt das betreffende Seriendruckfeld in den Text ein. Sie erkennen dieses Feld durch die französischen Anführungszeichen «».

«Anrede» «Vorname» «Name»¶
«Straße» «Nr»¶
«Plz» «Ort»¶

Müller·Schreibservice – Hugenottenstraße 12 · 66030·Hassenloch¶
¶
«Anrede» «Vorname» «Name»¶
«Straße» «Nr»¶
«Plz» «Ort»¶

→

Unsere·Sommeraktion¶

¶

Sehr·geehrte(r)₁·«Anrede» «Name»,¶

Das Ergebnis für den Musterbrief sehen Sie hier. Neben der Anrede werden Vorname, Name, Straße, Postleitzahl und Ort eingefügt. Anrede und Name sind auch in der Begrüßungsformel enthalten.

Hinweis

Um die Seriendruckfelder im Text besser erkennen zu können, sollten Sie die Schaltfläche *Seriendruckfelder hervorheben* auf der Registerkarte *Sendungen* anklicken. Die Felder werden dann grau im Text unterlegt.

Seriendruckfelder hervorheben

Die Empfängerliste bearbeiten

Bei umfangreichen Adressbeständen ist es eventuell nicht immer erwünscht, dass das Schreiben an alle Empfänger geht. Oder Sie möchten Porto beim Versand sparen und die Briefe bereits vorsortiert nach Postleitzahl oder Straßen ausdrucken. In diesem Fall müssen Sie ggf. die Empfängerliste bearbeiten und nur die gewünschten Adressaten einschließen bzw. die Liste sortieren lassen. Auch dies lässt sich in Word mit wenigen Mausklicks erledigen.

1 Klicken Sie auf der Registerkarte *Sendungen* der Multifunktionsleiste auf die Schaltfläche *Empfängerliste bearbeiten*.

Word öffnet dann ein Dialogfeld *Seriendruckempfänger*, in dem alle Datensätze der Steuerdatei aufgeführt werden.

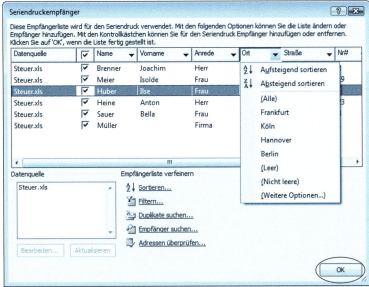

2 Setzen Sie die gewünschten Optionen, und schließen Sie das Dialogfeld über die *OK*-Schaltfläche.

Über die Listenfelder der Kopfzeile lässt sich die **Empfängerliste** auf- oder absteigend **sortieren** oder nach verschiedenen Kriterien **filtern**.

■ Wählen Sie die ersten beiden Einträge des Listenfelds zum Sortieren der Empfängerliste über das betreffende Feld.

■ Der Wert »(Alle)« im Menü des Listenfelds bringt alle Werte zur Anzeige.

■ Wählen Sie dagegen in der Spalte *Ort* z. B. einen Wert wie »Frankfurt«, werden alle Datensätze ausgefiltert, bei denen das Feld *Ort* einen abweichenden Wert aufweist.

Alternativ können Sie auch den Hyperlink *Sortieren* im unteren Teil des Dialogfelds *Seriendruckempfänger* anklicken, um das hier gezeigte Dialogfeld *Filtern und sortieren* mit den Sortieroptionen zu öffnen.

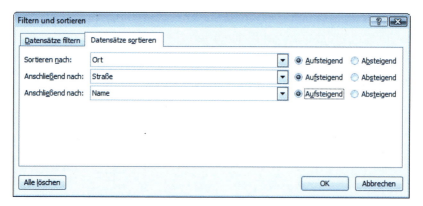

Stellen Sie den Wert der Listenfelder *Sortieren nach* auf die entsprechenden Feldwerte ein, markieren Sie die Optionsfelder für auf- oder absteigende Sortierung, und schließen Sie das Dialogfeld über die *OK*-Schaltfläche.

Die zweite nette Sache ist die Möglichkeit zum Filtern der Empfängerliste. Sie können dazu die Listenfelder der Kopfzeile des Dialogfelds *Seriendruckempfänger* verwenden und eines der angebotenen Filterkriterien einstellen. Oder Sie klicken im unteren Teil des Dialogfelds *Seriendruckempfänger* auf den Hyperlink *Filtern*, um das hier gezeigte Dialogfeld *Filtern und sortieren* mit der Registerkarte *Datensätze filtern* zu öffnen.

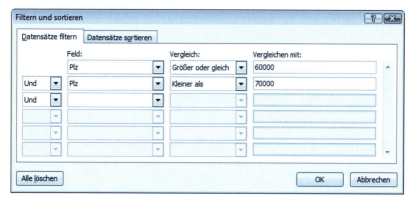

Im Listenfeld *Feld* wählen Sie einen der angebotenen Feldnamen. Über die Listenfelder der Spalte *Vergleich* lassen sich verschiedene Vergleichskriterien wie gleich, größer, kleiner etc. vorgeben, und die dritte Spalte dient zur Aufnahme des Vergleichswerts. In der hier gezeigten Abbildung werden z. B. die Empfänger im Postleitzahlenbereich 6 ausgefiltert.

Hinweis

Alternativ können Sie gezielt Datensätze aus der Empfängerliste ausnehmen, indem Sie die Markierung der betreffenden Kontrollkästchen in der zweiten Spalte des Dialogfelds *Seriendruckempfänger* löschen.

Test des Seriendrucks

Sobald Sie alle benötigten Felder im Seriendruck-Dokument eingefügt und ggf. die Empfängerliste bereinigt haben, könnten Sie **mit dem Seriendruck beginnen**. Zur Vermeidung von Fehlversuchen sollten Sie jedoch vor dem eigentlichen Ausdrucken einen kleinen Test durchführen. In einer Vorschau lässt sich erkennen, ob die richtigen Angaben im Serienbrief enthalten sind.

1 Ist das Word-Fenster genügend breit, klicken Sie auf der Registerkarte *Sendungen* der Multifunktionsleiste auf die Schaltfläche *Vorschau Ergebnisse* der gleichnamigen Gruppe.

Ist der Platz begrenzt, reduziert Word die Gruppe *Vorschau Ergebnisse* dagegen zur gleichnamigen Schaltfläche. Wählen Sie diese Schaltfläche per Maus an, blendet Word die hier gezeigte Leiste mit mehreren Schaltflächen ein.

2 Klicken Sie auf die in der Leiste sichtbare Schaltfläche *Vorschau Ergebnisse*.

Word ersetzt dann die Seriendruckfelder im Dokument durch die tatsächlichen Daten aus der Steuerdatei. Sie können erneut die Schaltfläche *Vorschau Ergebnisse* auf der Registerkarte *Sendungen* der Multifunktionsleiste öffnen und über die Navigationsschaltflächen der eingeblendeten Leiste zwischen den Datensätzen navigieren. Dies ermöglicht Ihnen, die Wirkung unterschiedlicher Datensätze mit wechselnden Anreden etc. zu überprüfen.

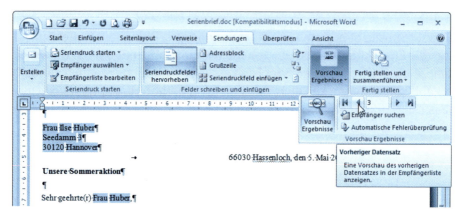

Hinweis

Die beiden äußeren Schaltflächen der Navigationsleiste blättern zum ersten bzw. letzten Datensatz der Steuerdatei. Die beiden anderen Schaltflächen blättern einen Datensatz vor oder zurück. Das mittlere Textfeld zeigt den aktuellen Datensatz der Steuerdatei.

Bei Bedarf lässt sich die Formatierung der einzelnen Elemente (fett, unterstrichen etc.) verändern und deren Ausrichtung anpassen. Dies funktioniert genauso wie bei normalem Text. Markieren Sie das betreffende Element, und weisen Sie dem Seriendruckfeld das gewünschte Format zu. Wie Sie den Seriendruck ausführen, wird nachfolgend gezeigt.

Eine persönliche Anrede realisieren

Der obige Entwurf für den Serienbrief besitzt noch eine kleine Unschönheit, die spätestens beim Testen auffällt: Die Anrede im Brief beginnt mit »Sehr geehrte(r)«. Mit dem eingeklammerten Buchstaben (r) werden zwar beide Geschlechter angesprochen, aber so richtig toll ist die Lösung noch nicht. Eigentlich sollte die Anrede wahlweise als »Sehr geehrte Frau« und »Sehr geehrter Herr« im Brief ausgedruckt werden. In der Steuerdatei ist ja bereits ein Feld für die Anrede vorgesehen. Jetzt müssen Sie Word nur noch mitteilen, dass die **Anrede in Abhängigkeit von** den vorgegebenen **Bedingungen** einzusetzen ist.

1 Sehr geehrte «Anrede» «Name».¶

Klicken Sie im Textdokument auf die Zeile mit der Anrede, und löschen Sie den Text »(r)«.

Anschließend gilt es hinter dem Wort »geehrte« ein Bedingungsfeld einzufügen, welches bei »Sehr geehrter Herr« den Buchstaben »r« einfügt, diese Ergänzung aber bei »Sehr geehrte Frau« weglässt.

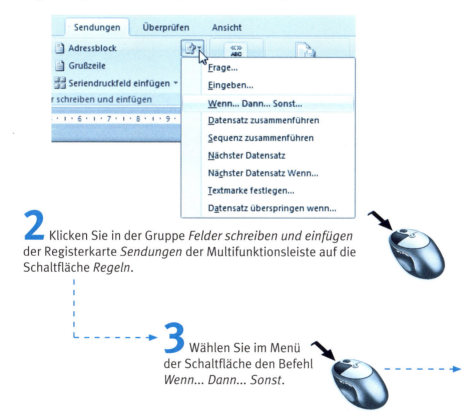

2 Klicken Sie in der Gruppe *Felder schreiben und einfügen* der Registerkarte *Sendungen* der Multifunktionsleiste auf die Schaltfläche *Regeln*.

3 Wählen Sie im Menü der Schaltfläche den Befehl *Wenn... Dann... Sonst*.

4 Legen Sie im Dialogfeld *Bedingungsfeld einfügen: WENN* die nebenstehenden Bedingungen fest.

Sobald Sie das Dialogfeld schließen, wird ein Bedingungsfeld in den Text eingefügt.

Hinweis

In diesem Beispiel wird der Feldname *Anrede* aus den Steuerdaten verglichen. Enthält der aktuelle Datensatz den Text »Herr«, soll Word das Bedingungsfeld durch den Buchstaben »r« ersetzen. In diesem Fall erscheint der Text »Sehr geehrter«.

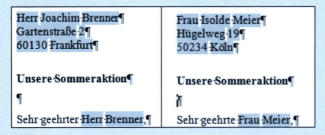

Lautet die Anrede auf »Frau«, wird nichts eingefügt, d. h., im Brief erscheint »Sehr geehrte«. Sie können dies sehr leicht über die Seriendruck-Vorschau überprüfen.

Den Seriendruck starten

Nachdem Sie alle Seriendruckfelder und Bedingungen in das Hauptdokument eingefügt haben, können Sie den Seriendruck aktivieren.

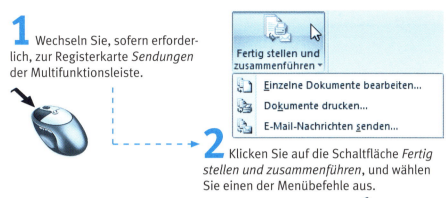

1 Wechseln Sie, sofern erforderlich, zur Registerkarte *Sendungen*
der Multifunktionsleiste.

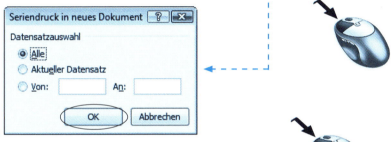

2 Klicken Sie auf die Schaltfläche *Fertig
stellen und zusammenführen*, und wählen
Sie einen der Menübefehle aus.

3 Wählen Sie im dann eingeblendeten Dialogfeld *Seriendruck* … ggf. die gewünschte Option, geben Sie bei Bedarf
die Datensätze vor, und klicken Sie auf die *OK*-Schaltfläche.

Der Befehl *Einzelne Dokumente bearbeiten* erzeugt aus den Steuerdaten
einzelne Word-Dokumente mit dem Serienbriefinhalt. Dies ermöglicht Ihnen die Prüfung des Ergebnisses. Sie können dann diese Dokumente ggf.
in Word anpassen, speichern und dann einzeln drucken.

Der Befehl *Dokumente drucken* bewirkt dagegen die Ausgabe aller Seri-
enbriefe an den Drucker. Sie brauchen nur noch im *Drucken*-Dialogfeld die
Ausgabeoptionen zu wählen und auf die *OK*-Schaltfläche zu klicken. Die
Serienbriefe werden dann gedruckt.

Hinweis

Alternativ lassen sich die Serienbriefe über den dritten Menübefehl als E-Mails
über das Programm Outlook verschicken. Dies setzt aber voraus, dass Outlook
2007 vorhanden bzw. installiert ist. Zudem müssen die betreffenden Kontaktdaten bekannt sein, damit aus diesen Daten die E-Mail-Adresse für die Nachricht
übernommen werden kann.

Briefumschläge gestalten

Bisher bin ich davon ausgegangen, dass Sie Briefumschläge mit Fenster verwenden. Dann lassen sich alle Absender- und Empfängerdaten im Anschreiben drucken. Was passiert aber, wenn kein passender Briefumschlag vorliegt? In diesem Fall können Sie den Briefumschlag mit Word bedrucken (das Programm ermöglicht Ihnen, die Umschläge mit dem Dokument gleichzeitig zu drucken). Oder Sie verwenden Etiketten, die Sie mit den Adressdaten bedrucken und dann auf die Umschläge kleben. Nachfolgend wird kurz auf beide Varianten eingegangen.

Einen Briefumschlag bedrucken

Um den Briefumschlag zu bedrucken, gehen Sie in folgenden Schritten vor:

1 Sollen die Daten für den Briefumschlag mit dem Brief gespeichert und gedruckt werden, laden Sie das Dokument in Word und markieren den Bereich mit der Empfängeradresse.

Diesen Schritt können Sie überspringen, falls der Umschlag separat zu bedrucken ist.

2 Wechseln Sie in der Multifunktionsleiste zur Registerkarte *Sendungen*, und klicken Sie in der Gruppe *Erstellen* auf die Schaltfläche *Umschläge*.

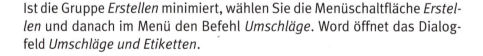

Ist die Gruppe *Erstellen* minimiert, wählen Sie die Menüschaltfläche *Erstellen* und danach im Menü den Befehl *Umschläge*. Word öffnet das Dialogfeld *Umschläge und Etiketten*.

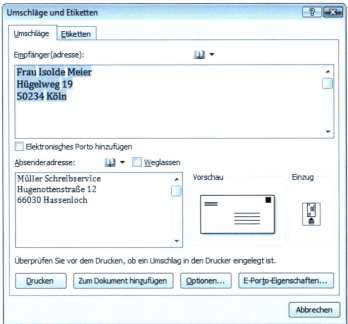

3 Tragen Sie auf der Registerkarte *Umschläge* die Empfänger- und Absenderadressen in die betreffenden Felder ein, setzen Sie die gewünschten Optionen, und wählen Sie eine der Schalt- flächen *Drucken* oder *Zum Dokument hinzufügen*.

Hinweis

Im Dialogfeld *Umschläge und Etiketten* lässt sich das Kontrollkästchen *Elektro- nisches Porto hinzufügen* markieren. Sofern Sie die betreffende Zusatzfunktion der deutschen Post (oder eines anderen nationalen Postversenders) installiert haben, kann Word eine elektronische Signatur für das Porto auf den Umschlag drucken und die Gebühren zum jeweiligen Postunternehmen übertragen.

■ Möchten Sie den Briefumschlag direkt bedrucken, klicken Sie im Dia- logfeld *Umschläge und Etiketten* auf die Schaltfläche *Drucken*. Word fordert ggf. den Briefumschlag an und bedruckt diesen. Etwas diffizil ist es lediglich, den Briefumschlag so in den Druckerschacht einzulegen, dass die Adressangaben richtig gedruckt werden.

■ Soll der Text für den Briefumschlag mit einem neuen Dokument gespei- chert und anschließend gedruckt werden? Klicken Sie auf der Registerkarte *Umschläge* die Schaltfläche *Zum Dokument hinzufügen* an. Word fügt die Umschlagdaten als separate Seite am Dokumentanfang ein. Sie können das Dokument mit den Umschlagdaten anschließend in eine Datei speichern und wie gewohnt drucken. Word berücksichtigt den Umschlag und bedruckt diesen vor der Ausgabe des Dokuments.

Im Prinzip reichen die obigen Schritte, um Briefumschläge per Dialogfeld *Umschläge und Etiketten* zu erstellen. In der täglichen Praxis gibt es aber viele Sonderfälle und Spezialfragen zu berücksichtigen. So ändern sich die Formate der Briefumschläge, oder es ist unklar, wie der Umschlag im Drucker einzulegen ist.

Im Feld *Vorschau* der Registerkarte *Umschläge* zeigt Word Ihnen das Format des Umschlags sowie die *Richtung zum Einlegen in den Druckerschacht* an.

Klicken Sie auf der Registerkarte *Umschläge* auf die Schaltfläche *Optionen* oder wählen in der Gruppe *Vorschau* das Symbol des stilisierten Briefumschlags per Mausklick an, öffnet Word das Dialogfeld *Umschlagoptionen*.

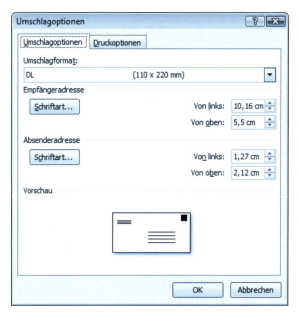

Auf der Registerkarte *Umschlagoptionen* können Sie das **Umschlagformat** über das gleichnamige Listenfeld **wählen**. In den Abschnitten **Empfängeradresse** und **Absenderadresse** finden Sie Optionen, um die Schriftart sowie die Position für die Adressen anzupassen.

Über das Symbol im Abschnitt *Einzug* gelangen Sie direkt zur Registerkarte *Druckoptionen* des Dialogfelds *Umschlag-*

optionen. Alternativ können Sie das Dialogfeld über die Schaltfläche *Optionen* aufrufen und zur Registerkarte wechseln.

Die Registerkarte *Druckoptionen* zeigt Ihnen die möglichen Optionen zum Einlegen des Umschlags in den Drucker. Durch Anklicken eines der Felder der Gruppe *Zufuhrmethode* legen Sie fest, welche Variante Word verwenden soll.

Auf dieser Registerkarte können Sie auch den **Einzugsschacht für** den **Umschlag** angeben.

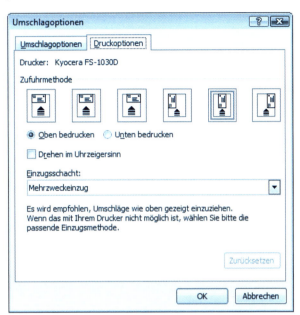

Hinweis

Beachten Sie aber, dass nicht alle Drucker die angezeigten Optionen auch tatsächlich unterstützen. So lässt sich beispielsweise wählen, dass der Drucker den Umschlag von oben oder unten bedrucken soll. Kann der Drucker das Papier jedoch nur von einer Seite bedrucken, lässt sich nur eine Option nutzen. Je nach Umschlag kann es sein, dass dieser nicht vom Drucker eingezogen werden kann. Hier müssen Sie ggf. etwas experimentieren bzw. die Bedienanleitung des Druckers konsultieren, um die richtige Einstellung herauszufinden – oder Sie verwenden generell Fensterumschläge.

Etiketten für Umschläge gestalten

Bei größeren Umschlägen bietet sich die Verwendung von Etiketten an, die vor dem Versenden auf den Umschlag geklebt werden. Word unterstützt selbstverständlich auch das Bedrucken von Etiketten.

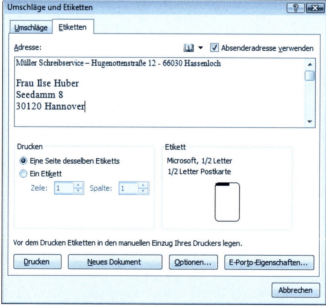

1 Gehen Sie wie beim Bedrucken von Umschlägen vor, klicken Sie aber in der Gruppe *Erstellen* der Registerkarte *Sendungen* der Multifunktionsleiste auf die Schaltfläche *Beschriftungen*.

Word öffnet ebenfalls das Dialogfeld *Umschläge und Etiketten*, zeigt aber die Registerkarte *Etiketten* im Vordergrund an.

2 Geben Sie auf der Registerkarte die Empfänger- und bei Bedarf auch die Absenderadresse im Feld *Adresse* ein.

Hinweis

Klicken Sie im Dialogfeld *Umschläge und Etiketten* auf die oberhalb des Felds *Adresse* sichtbare Schaltfläche *Adressbuch*, wird das Dialogfeld *Namen auswählen* geöffnet. Sie können dann ggf. eine Adresse aus den Windows-Kontakten oder aus dem Outlook-Adressbuch übernehmen. Markieren Sie den Text in der Absenderangabe, und klicken Sie mit der rechten Maustaste auf den markierten Bereich. Dann lassen sich im Kontextmenü die Befehle *Schriftart* und *Absatz* abrufen. Der Befehl *Schriftart* öffnet ein Dialogfeld, in dem Sie das Zeichenformat für den markierten Bereich anpassen können. Dies ermöglicht Ihnen, ggf. den Schriftgrad der Absenderangabe auf 8 Punkt zu reduzieren und den Text zu unterstreichen.

3 Wählen Sie im Abschnitt
Drucken die Option für die Zahl
der Etiketten und deren Lage.

- - - - - - ➤ **4** Klicken Sie auf der Registerkarte *Etiketten* auf das Etiketten-
symbol im Abschnitt *Vorschau*.

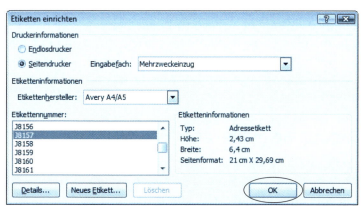

5 Wählen Sie im hier gezeigten Dialogfeld *Etiketten einrichten* die
Optionen für die Druckerinformationen, das Eingabefach sowie den
Etikettentyp aus, und klicken Sie auf die *OK*-Schaltfläche.

Das Etikettenformat wählen Sie in Abhängigkeit vom Hersteller des von
Ihnen verwendeten Etikettenbogens.

6 Abschließend klicken Sie
auf die Schaltfläche *Drucken*.

Word druckt anschließend die Daten auf den Etikettenbogen. Alternativ können Sie auch die Schaltfläche *Neues Dokument* auf der Registerkarte *Etiketten* wählen. Dann wird ein neues Word-Dokument mit den Etikettendaten angelegt, welches Sie bearbeiten, speichern und separat drucken können.

Hinweis

Etiketten werden in der Regel auf einem Etikettenbogen geliefert. Jeder Bogen enthält mehrere Etiketten. Benötigen Sie nur ein Etikett, aktivieren Sie auf der Registerkarte *Etiketten* in der Gruppe *Drucken* die Option *Ein Etikett*. Sind bereits Etiketten des Bogens bedruckt, müssen Sie ggf. die Einstellungen für *Zeile* und *Spalte* anpassen. Das Etikettenformat lässt sich übrigens, ähnlich wie bei Briefumschlägen, auch über die Schaltfläche *Optionen* einstellen.

Daten zwischen Anwendungen austauschen

Gelegentlich ist es hilfreich, Daten einer Office-Anwendung in einer anderen Anwendung zu verwenden. Denken Sie beispielsweise an eine Power-Point-Folie, in die eine Excel-Tabelle oder ein Excel-Diagramm eingefügt werden soll. Oder Excel-Tabellen sollen in Word-Textdokumente eingebunden werden. Nachfolgend wird gezeigt, welche Techniken Sie für diesen Zweck nutzen können.

Excel-Diagramme in PowerPoint-Folien

Möchten Sie Diagramme in PowerPoint-Folien präsentieren, die bereits in Excel-Tabellen vorliegen? Solche Diagramme lassen sich mit wenigen Mausklicks in eine Präsentationsseite einfügen.

1 Starten Sie Excel, laden Sie das Arbeitsblatt, und wechseln Sie zur Tabelle mit dem Diagramm.

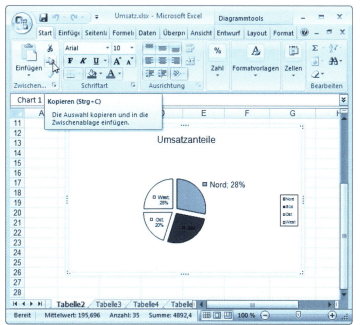

2 Markieren Sie das Diagramm im betreffenden Arbeitsblatt, und kopieren Sie es über die Schaltfläche *Kopieren* der Registerkarte *Start* (bzw. über die Tastenkombination Strg+C) in die Zwischenablage.

3 Wechseln Sie zum PowerPoint-Fenster, und klicken Sie in der Folienübersicht auf die gewünschte Folie, in die das Diagramm einzufügen ist.

Sofern Sie eine Folie mit Platzhaltern eingefügt haben, diese Platzhalter aber nicht mehr benötigen, sollten Sie diese in der Layoutansicht markieren und löschen. Das Diagramm wird in den folgenden Schritten als Grafikobjekt eingefügt und benötigt keine Platzhalter.

4 Wählen Sie auf der Registerkarte *Start* der Multifunktionsleiste die Schaltfläche *Einfügen* der Gruppe *Zwischenablage*, oder drücken Sie die Tastenkombination Strg+V.

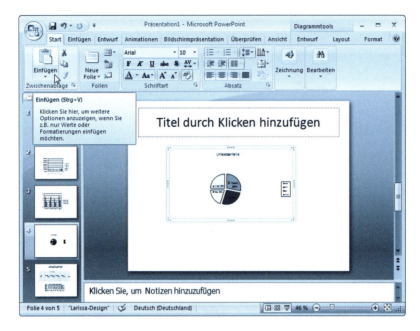

Sobald das Diagramm in die Folie eingefügt wurde, können Sie dessen Position und Größe durch Ziehen mit der Maus anpassen.

So übernehmen Sie die Daten von Excel

Möchten Sie die Daten eines Excel-Arbeitsblatts in PowerPoint-Folien übernehmen? Dies ist eigentlich kein größeres Problem. Sie können wie im vorhergehenden Abschnitt bei der Übernahme eines Diagramms vorgehen.

1 Markieren Sie den Tabellenausschnitt in Excel, und kopieren Sie diesen in die Zwischenablage.

2 Wechseln Sie zum PowerPoint-Fenster, holen Sie die gewünschte Folie in die Ansicht des Dokumentfensters, und fügen Sie den Inhalt der Zwischenablage ein.

Die Tabelle wird dann als Grafikobjekt mit der Ursprungsformatierung in die Folie eingefügt. Den gleichen Ansatz können Sie nutzen, um ein Excel-Diagramm in ein Word-Textdokument einzufügen.

Sie haben aber noch eine zweite Möglichkeit, um aus PowerPoint auf die Daten eines Excel-Arbeitsblatts zuzugreifen: Die betreffende Tabelle lässt sich als Objekt in die Folie einbinden. Um diesen Ansatz zu nutzen, gehen Sie in folgenden Schritten vor.

1 Holen Sie im PowerPoint-Fenster die gewünschte Folie durch Anklicken der Miniaturvorschau in der Folienübersicht in das Dokumentfenster.

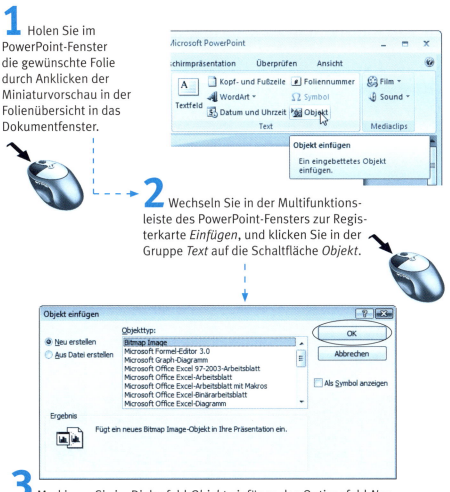

2 Wechseln Sie in der Multifunktionsleiste des PowerPoint-Fensters zur Registerkarte *Einfügen*, und klicken Sie in der Gruppe *Text* auf die Schaltfläche *Objekt*.

3 Markieren Sie im Dialogfeld *Objekt einfügen* das Optionsfeld *Neu erstellen*, wählen Sie als Objekttyp *Microsoft Office Excel-Arbeitsblatt*, und klicken Sie auf die *OK*-Schaltfläche.

Hinweis

Sie können auch die Schaltfläche *Tabelle* auf der Registerkarte *Einfügen* der Multifunktionsleiste anklicken und dann im eingeblendeten Menü den Befehl *Excel-Tabelle einfügen* wählen. Dies spart Ihnen den »Umweg« über das Dialogfeld *Objekt einfügen*. Ich habe die obigen Schritte aber gewählt, da dies auch das Einfügen anderer Objekte wie Diagramme, Word-Dokumente etc. ermöglicht.

PowerPoint fügt dann ein neues Arbeitsblatt als Excel-Objekt in die Folie ein und wechselt zum Bearbeitungsmodus. Sie finden anschließend eine Tabelle in der Folie vor, in deren Zellen Sie wie in Excel Zahlen, Texte und Formeln eintragen können. In der Multifunktionsleiste finden Sie zudem die aus Excel bekannten Registerkarten und Elemente. Durch das eingefügte Excel-Objekt verhält sich PowerPoint wie Microsoft Excel.

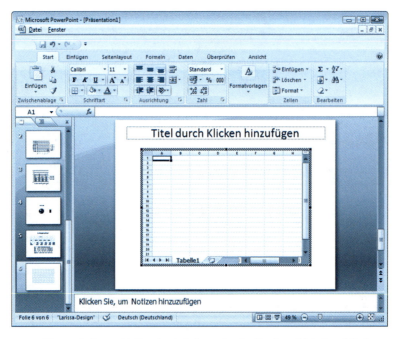

Erst wenn Sie auf einen Folienbereich außerhalb des Objekts klicken, wird der Bearbeitungsmodus für dieses Objekt aufgehoben, und in der Multifunktionsleiste erscheinen die PowerPoint-Registerkarten wieder. Um das Excel-Objekt in der Folie erneut zu bearbeiten, brauchen Sie dieses nur erneut per Doppelklick anzuwählen.

Hinweis

Diese Technik können Sie auch nutzen, um Excel-Tabellen als Objekt in Word-Textdokumente einzubinden. Existieren die betreffenden Excel-Tabellen bereits in einer Arbeitsmappe und sind als *.xlsx*-Datei gespeichert? Dann ist es günstiger, diese Datei als Objekt einzubinden. Wie dies geht, wird nachfolgend am Beispiel von Microsoft Word gezeigt. Die gleichen Schritte können Sie aber auch in PowerPoint nutzen.

Eine Excel-Tabelle in Word übertragen

Word bietet Ihnen eine eigene Tabellenfunktion, und mit einigen Tricks lässt sich in diesen Tabellen sogar rechnen. Für umfangreichere Berechnungen ist dieser Ansatz allerdings nicht unbedingt geeignet. Ähnlich wie in den vorhergehenden Abschnitten beschrieben, können Sie aber Bereiche aus Excel-Arbeitsblättern mit der Maus markieren und per Zwischenablage in Word einfügen. Möchten Sie die Excel-Tabellendaten jedoch dynamisch in Word nutzen, sollten Sie das Arbeitsblatt als Objekt in Word einbinden.

1 Markieren Sie im Textdokument den Absatz, an dem das Excel-Arbeitsblatt einzufügen ist.

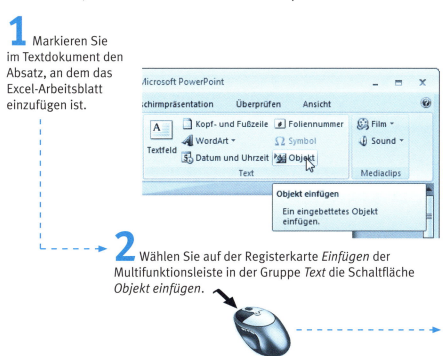

2 Wählen Sie auf der Registerkarte *Einfügen* der Multifunktionsleiste in der Gruppe *Text* die Schaltfläche *Objekt einfügen*.

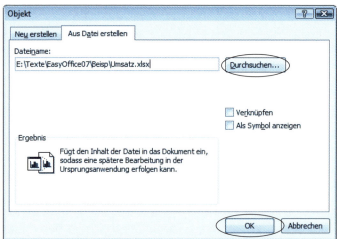

3 Wechseln Sie im Dialogfeld *Objekt* zur Registerkarte *Aus Datei erstellen*, und klicken Sie auf die Schaltfläche *Durchsuchen*.

4 Wählen Sie im Dialogfeld *Durchsuchen* den Ordner mit der Excel-Arbeitsmappe, markieren Sie die *.xlsx*-Dokumentdatei, und klicken Sie im Dialogfeld auf die *Einfügen*-Schaltfläche.

5 Markieren Sie auf der Registerkarte *Aus Datei erstellen* das Kontrollkästchen *Verknüpfen*, und schließen Sie dieses Dialogfeld über die *OK*-Schaltfläche.

Die Markierung des Kontrollkästchens *Verknüpfen* bewirkt, dass Word nicht die komplette Arbeitsmappe im Textdokument ablegt, sondern nur den Verweis auf die Arbeitsmappe speichert. Anschließend fügt Word die Arbeitsmappe in das Dokumentfenster ein und zeigt den Inhalt einer Tabelle.

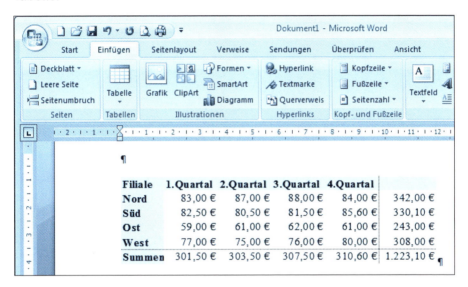

Filiale	1.Quartal	2.Quartal	3.Quartal	4.Quartal	
Nord	83,00 €	87,00 €	88,00 €	84,00 €	342,00 €
Süd	82,50 €	80,50 €	81,50 €	85,60 €	330,10 €
Ost	59,00 €	61,00 €	62,00 €	61,00 €	243,00 €
West	77,00 €	75,00 €	76,00 €	80,00 €	308,00 €
Summen	301,50 €	303,50 €	307,50 €	310,60 €	1.223,10 €

Sie können die Tabelle durch einen Mausklick markieren und dann durch Ziehen per Maus in der Größe anpassen oder durch Drücken der ⌨Entf-Taste löschen. Doppelklicken Sie auf die Excel-Tabelle, wechselt Word in den Bearbeitungsmodus des Objekts. Die Multifunktionsleiste zeigt dann die Excel-Registerkarten an. Word bietet Ihnen jetzt die Excel-Funktionalität. Sie können in der Tabelle Werte ändern oder Berechnungsformeln korrigieren. Um die Bearbeitung des Excel-Objekts zu beenden, klicken Sie im Word-Dokument auf eine beliebige andere Stelle.

Hinweis

Auf die gleiche Weise können Sie auch andere Dateien über die Registerkarte *Aus Datei erstellen* in die Office-Anwendungen einfügen. Voraussetzung ist lediglich, dass die Anwendung zur Bearbeitung des Dateityps das Einbinden als Objekt erlaubt (d. h., die Anwendung muss OLE unterstützen).

Fachwort

OLE steht für Object Linking and Embedding. Dies ist eine Programmtechnik, bei der ein Programm auf die Funktionen des anderen Programms zugreifen kann. Sobald Sie ein Objekt in einem Dokument einfügen, lässt sich das Objekt per Doppelklick bearbeiten. Im Dokumentfenster werden die Menü- und Symbolleisten des Fremdprogramms zur Objektbearbeitung eingeblendet. Sie können dann in einem Excel-Fenster einen Word-Text verfassen oder in Word auf Excel-Tabellen zugreifen.

Testen Sie Ihr Wissen

Zur Überprüfung Ihres Wissens sollten Sie die folgenden Aufgaben lösen.
Die Antworten finden Sie in Klammern angegeben.

■ **Fügen Sie in PowerPoint ein Excel-Diagramm in eine Folie ein.**

(Kopieren Sie das markierte Diagramm im Excel-Arbeitsblatt über die Tastenkombination [Strg]+[C] in die Zwischenablage. Fügen Sie im PowerPoint-Fenster den Inhalt der Zwischenablage mit der Tastenkombination [Strg]+[V] in die aktuelle Folie ein.)

■ **Wie fügen Sie eine Excel-Tabelle als Objekt in ein Word-Dokument ein?**

(Klicken Sie in Word an die Stelle, an der die Excel-Tabelle als Objekt einzufügen ist. Wählen Sie auf der Registerkarte *Einfügen* in der Gruppe *Text* die Schaltfläche *Objekt einfügen*. Im Dialogfeld *Objekt* können Sie mittels der Registerkarten *Neu erstellen* bzw. *Aus Datei erstellen* ein Excel-Objekt neu anlegen oder aus einer Datei einfügen bzw. verknüpfen.)

■ **Wie fügen Sie eine Videodatei in ein Word-Dokument ein?**

(Klicken Sie in Word auf die Absatzmarke, an der die Videodatei als Objekt einzufügen ist. Wählen Sie auf der Registerkarte *Einfügen* in der Gruppe *Text* die Schaltfläche *Objekt*. Anschließend können Sie über die Registerkarte *Aus Datei erstellen* des Dialogfelds *Objekt* die Videodatei als Objekt auswählen und in das Textdokument deren Platzhalter einfügen. Markieren Sie die Option *Verknüpfen*, wird die Videodatei als Link eingefügt und beim Öffnen des Dokuments angezeigt. Markieren Sie das Kontrollkästchen *Als Symbol anzeigen*, wird statt der Videodatei ein spezielles Symbol als Platzhalter eingefügt. Ein Doppelklick auf den Platzhalter startet die Videowiedergabe im Abspielprogramm.)

Das können Sie schon

Das lernen Sie neu

Kapitel 9

E-Mail mit Outlook

Das in Office enthaltene Microsoft Outlook besitzt Funktionen (E-Mail-Bearbeitung, Kalender, Notizblock, Adressbuch, Wiedervorlage etc.) zur Organisation Ihres Büroalltags. Dieses Kapitel zeigt Ihnen, wie sich Microsoft Outlook zur Bearbeitung elektronischer Post (E-Mail) verwenden lässt. Sie lernen, wie Sie elektronische Nachrichten mit Outlook erstellen, bearbeiten und versenden. Zudem zeigt Ihnen das Kapitel, wie Sie Ihre Kontakte mit der Adressbuchfunktion pflegen. Nach der Lektüre können Sie Outlook zum Austauschen von E-Mails benutzen und als Adressbuch einsetzen.

Outlook-Schnellübersicht

Das Programm Microsoft Outlook enthält eine Sammlung hilfreicher Funktionen wie einen Kalender, einen Notizblock etc. zur Organisation Ihres Büroalltags. Eine Funktion zur Wiedervorlage sowie eine Postzentrale zum Versand und zum Empfang elektronischer Nachrichten runden die Funktionspalette ab. Nachfolgend erhalten Sie eine kurze Einführung in die Grundlagen von Microsoft Outlook.

Outlook starten

Bei der Installation von 2007 Microsoft Office System wird auch das Programm Outlook eingerichtet. Das Installationsprogramm richtet einen Eintrag für Microsoft Outlook im Startmenü ein. Über das Programmsymbol lässt sich das Programm aufrufen.

Sie können sich aber auch eine Verknüpfung auf das Programm auf dem Desktop anlegen und Outlook über einen Doppelklick auf das Symbol starten.

Microsoft Office
Outlook

Alternativ können Sie das Programm auch bei eingeblendeter *Schnellstart*-Symbolleiste über dieses Symbol aufrufen.

> **Achtung**
>
> Beim ersten Aufruf von Outlook nach der Office-Installation meldet sich ein Assistent, der Outlook für den Versand von E-Mails einrichtet (siehe *Kapitel 11*).

Outlook im Überblick

Sobald Sie Outlook starten, öffnet das Programm das Anwendungsfenster. Als Besonderheit ist zu erwähnen, dass Microsoft Outlook nicht die von anderen Office 2007-Anwendungen bekannte Multifunktionsleiste, sondern Menü- und Symbolleisten aufweist. Der Aufbau des Programmfensters ist zudem konfigurierbar. Nachfolgend wird der Standardaufbau behandelt.

■ Das Programm besitzt im Anwendungsfenster eine Menüleiste und mindestens die *Standard*-Symbolleiste, über die Sie die Outlook-Funktionen abrufen können. Die Zahl der angezeigten Symbolleisten lässt sich über den Befehl *Symbolleisten* des Menüs *Ansicht* individuell anpassen.

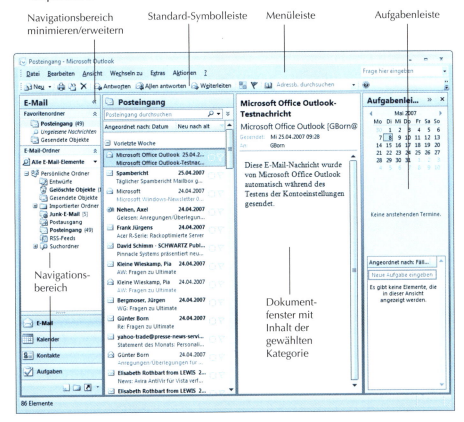

■ Am linken Rand wird standardmäßig der **Navigationsbereich** eingeblendet (lässt sich über die Tastenkombination `Alt`+`F1` bzw. über die Schaltfläche am oberen rechten Rand des Bereichs minimieren oder erweitern). Über die Schaltflächen am unteren Rand dieses Bereichs können Sie die verschiedenen Outlook-Daten und -Funktionen abrufen.

■ Im **Dokumentbereich** werden die Ordnerstruktur des Mailclients, E-Mails, der Kalender mit Terminen, Kontakte oder Aufgaben, je nach im Navigationsbereich gewählter Funktion, angezeigt.

Die Statusleiste am unteren Fensterrand enthält allgemeine Informationen zum angewählten Ordner (z. B. wie viele Einträge im Terminkalender vorhanden sind).

Arbeiten mit dem Navigationsbereich

Microsoft Outlook teilt die Funktionen in einzelne Gruppen (E-Mail, Kalender, Kontakte, Notizen, Aufgaben) auf. Die komplette elektronische Post (E-Mail) wird zudem über Ordner (*Posteingang*, *Postausgang* etc.) strukturiert. Zum Abrufen der Funktionen und Informationen wird in Outlook der am linken Fensterrand eingeblendete Navigationsbereich benutzt.

1 Um eine Funktion anzuwählen, klicken Sie im Navigationsbereich auf die betreffende Schaltfläche.

Je nach Auswahl blendet Microsoft Outlook dann im oberen Teil des Navigationsbereichs die hier gezeigte Ordnerstruktur der Funktionsgruppe *E-Mail*, ein Kalenderblatt oder ein Formular mit Optionen (z. B. zur Pflege der Aufgaben) ein.

2 Wählen Sie dann einen der betreffenden Einträge im Navigationsbereich aus, um die Funktion bzw. Informationen im rechten Teil des Outlook-Anwendungsfensters abzurufen.

Auf die Details dieser einzelnen Funktionen wird auf den nachfolgenden Seiten eingegangen.

Anpassen des Navigationsbereichs

Der Navigationsbereich stellt im oberen Teil Informationen zur aktuell gewählten Funktion (z. B. E-Mail-Ordnerstruktur) und im unteren Bereich die Schaltflächen der verfügbaren Funktionsgruppen bereit.

Der Bereich zur Gruppenanzeige innerhalb des Navigationsbereichs kann angepasst werden. Ziehen Sie den Trenner mit der Maus nach oben oder nach unten.

Fehlen (wegen Platzmangels) Schaltflächen in der Anzeige des Navigationsbereichs, blendet Microsoft Outlook deren Symbole am unteren Rand ein.

> **Hinweis**
>
> Über die Schaltfläche *Ordnerliste* können Sie eine Liste aller von Outlook verwalteten Ordner im Navigationsbereich einblenden. Auf die Schaltfläche *Verknüpfungen* gehe ich nachfolgend noch näher ein.

Möchten Sie einzelne Schaltflächen im Navigationsbereich ein- oder ausblenden?

1 Um die Zahl der Gruppenschaltflächen im Navigationsbereich anzupassen, klicken Sie auf *Schaltflächen konfigurieren*.

2 Im angezeigten Menü wählen Sie entweder den Befehl *Weitere Schaltflächen anzeigen* oder *Weniger Schaltflächen anzeigen*, um die Höhe des Navigationsbereichs mit den Funktionskategorien zu vergrößern bzw. zu reduzieren.

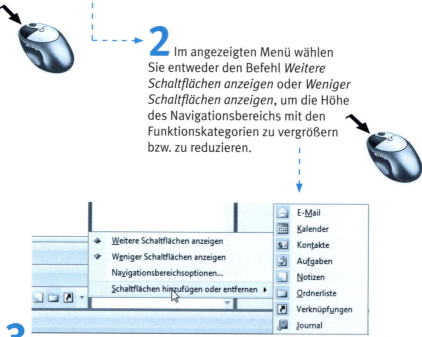

3 Oder Sie klicken im Menü auf *Schaltflächen hinzufügen oder entfernen* und wählen im Untermenü die gewünschte Schaltfläche aus.

Microsoft Outlook wird beim letzten Schritt die betreffende Schaltfläche zur Ansicht im Navigationsbereich hinzufügen bzw. das bereits angezeigte Symbol ausblenden.

Hinweis

Sie können auch mit der rechten Maustaste auf eine der Schaltflächen klicken und im Kontextmenü den Befehl *Navigationsbereichsoptionen* wählen. Im daraufhin geöffneten gleichnamigen Dialogfeld listet Outlook die verfügbaren Schaltflächen auf. Durch Setzen oder Löschen der Markierung der zugehörigen Kontrollkästchen können Sie die Schaltflächen ein-/ausblenden.

Verknüpfung im Navigationsbereich anlegen

Die Schaltfläche *Verknüpfungen* im Navigationsbereich ermöglicht Ihnen, schneller auf bestimmte Informationen zuzugreifen.

1 Klicken Sie auf die Schaltfläche *Verknüpfungen*.

Outlook blendet dann die bereits angelegten Verknüpfungen im oberen Teil des Navigationsbereichs ein (hier *Outlook Heute* und *Microsoft Office Online*).

2 Klicken Sie auf einen Verknüpfungseintrag, um die zugehörigen Informationen im Outlook-Fenster abzurufen.

Über den Eintrag *Outlook Heute* können Sie direkt auf ein Formular zugreifen, das Hyperlinks zum Abrufen des Kalenders, der E-Mails und Aufgaben enthält. In der Rubrik *Verknüpfungen* können Sie auch persönliche Verknüpfungen anlegen, über die Sie beispielsweise auf den Posteingang und auf die Termine zugreifen können.

Neue Gruppe hinzufügen
Neue Verknüpfung hinzufügen

1 Um eine neue Gruppe unter *Verknüpfungen* einzurichten, klicken Sie auf den im Navigationsbereich eingeblendeten Hyperlink *Neue Gruppe hinzufügen*.

2 Anschließend tippen Sie einen Namen für die Verknüpfung in das eingeblendete Textfeld ein und bestätigen dies über die ⏎-Taste.

Die neue Gruppe wird als Überschrift im Navigationsbereich angezeigt. Sie können anschließend Verknüpfungen anlegen und durch Ziehen per Maus dieser Gruppe zuordnen. Über das Kontextmenü einer Gruppe (mit der rechten Maustaste anwählen) lassen sich Gruppen umbenennen und löschen. Möchten Sie eine neue **Verknüpfung definieren**?

Neue Gruppe hinzufügen
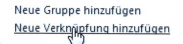
Neue Verknüpfung hinzufügen

1 Klicken Sie auf den im Navigationsbereich eingeblendeten Hyperlink *Neue Verknüpfung hinzufügen*.

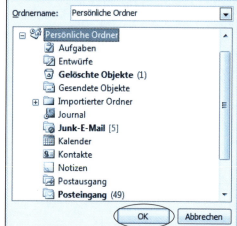

2 Wählen Sie im Dialogfeld *Zu Navigationsbereich hinzufügen* den Namen des zu verknüpfenden Ordners per Mausklick aus, und bestätigen Sie dies über die *OK*-Schaltfläche.

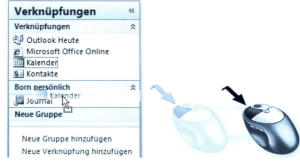

3 Ziehen Sie die neue Verknüpfung mit der Maus
zur gewünschten Gruppe (hier *Born persönlich*).

Anschließend genügt es, wenn Sie die Schaltfläche *Verknüpfungen* im Navigationsbereich anwählen. Alle Verknüpfungen erscheinen im oberen Teil des Navigationsbereichs, und Sie können die gewünschten Informationen zur Anwahl einer Verknüpfung im Outlook-Fenster abrufen. Auf diese Weise können Sie sich eine persönliche Struktur innerhalb der Navigationsleiste zusammenstellen.

E-Mail-Bearbeitung mit Outlook

Das Versenden elektronischer Post (E-Mail) gehört zu den häufigen Tätigkeiten im Büroalltag. Microsoft Outlook bietet eine Funktion zur Verwaltung ein-/ausgehender Nachrichten. Sofern Ihr System über einen Zugang zum Internet/Intranet verfügt und entsprechend eingerichtet ist, können Sie die E-Mail-Funktionen von Outlook zur Postbearbeitung nutzen.

So senden/empfangen Sie Nachrichten

Elektronische Post wird über so genannte Mailserver zwischen Absender und Empfänger ausgeliefert. Diese Mailserver können lokal in einem Intranet des Unternehmens oder global im Internet betrieben werden. Microsoft Outlook fungiert dabei als Client, der lediglich Ihr Posteingangsfach auf Mailservern (z. B. per Internet) auf eingetroffene Nachrichten abfragt und diese dann lokal auf Ihren Computer in den Ordner *Posteingang* herunterlädt. Gleichzeitig kann Microsoft Outlook neu erstellte Nachrichten im Postausgangsfach des Mailservers ablegen, damit diese Nachrichten von dem Mailserver zum Empfänger weitertransportiert werden.

Hinweis

Um E-Mails zu versenden bzw. zu empfangen, benötigen Sie ein E-Mail-Konto, und Outlook muss zum Nachrichtenaustausch eingerichtet sein. Ein solches E-Mail-Konto wird im Intranet durch den Netzwerkadministrator eingerichtet und verwaltet. Beim Internetzugang über einen Provider teilt Ihnen dieser die E-Mail-Adresse mit. In *Kapitel 11* lernen Sie, wie Sie die Daten des E-Mail-Kontos in Outlook konfigurieren können. Nachfolgend wird davon ausgegangen, dass Sie ein E-Mail-Konto im Internet/Intranet haben und dass Ihr Rechner zum Zugriff auf dieses Konto eingerichtet ist. Microsoft Outlook lässt sich zudem so einrichten, dass gleichzeitig mehrere E-Mail-Konten auf verschiedenen Mailservern verwaltet werden.

Das Versenden neuer E-Mails und das Abholen eingetroffener Nachrichten lässt sich so konfigurieren, dass Outlook dies zyklisch durchführt. Hierzu ist aber eine ständige Online-Verbindung erforderlich. Trifft dies bei Ihnen zu, brauchen Sie die folgenden Zeilen nicht mehr zu lesen.

Falls Sie aber per Modem, ISDN-Karte oder über eine DSL-Verbindung mit Zeittakt ins Internet gehen oder mehr Kontrolle über Outlook behalten wollen, sollten Sie das Programm so konfigurieren, dass Nachrichten nur auf Anforderung während einer Online-Sitzung mit dem Mailserver ausgetauscht werden. Die Konfiguration ist in *Kapitel 11* beschrieben.

Um in Microsoft Outlook eine Verbindung zum Mailserver herzustellen und die Funktion zum Empfangen bzw. zum Versenden von Nachrichten aufzurufen, gehen Sie in folgenden Schritten vor:

1 Stellen Sie ggf. eine (Internet-) Verbindung her, starten Sie Outlook, wählen Sie in der Navigationsleiste die Gruppe *E-Mail*, und markieren Sie in der Rubrik *E-Mail-Ordner* den Eintrag *Persönliche Ordner*.

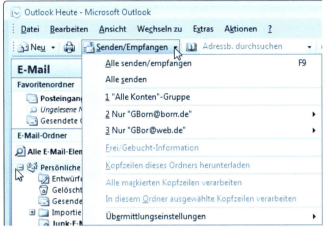

2 Klicken Sie in der Symbolleiste des Outlook-Anwendungsfensters auf die Schaltfläche *Senden/Empfangen*.

Alternativ können Sie die Funktionstaste F9 drücken oder das Menü der Schaltfläche öffnen und eines der eingerichteten Mailkonten über den zugehörigen Befehl auswählen.

Outlook benutzt die bestehende Internetverbindung oder aktiviert eine Internetverbindung und tauscht die geschriebenen Nachrichten des Postausgangs mit dem (oder den) Postserver(n) aus. Im Posteingang des Servers vorliegende Nachrichten werden ebenfalls abgeholt. Microsoft Outlook benutzt dabei die beiden Ordner *Posteingang* und *Postausgang*, um die ein- bzw. ausgehenden Nachrichten lokal zu speichern. Der Status des Nachrichtenaustauschs zwischen Outlook und dem Postserver wird durch ein Dialogfeld angezeigt. Über die Schaltfläche *Details* lassen sich zwei Registerkarten *Aufgaben* und *Fehler* mit den durchgeführten Aufgaben sowie einem eventuellen Fehlerstatus abrufen. Hier wurden zwei E-Mail-Konten konfiguriert, wobei das Abholen neuer Mails (wegen einer fehlenden Online-Verbindung) zu Fehlern führte.

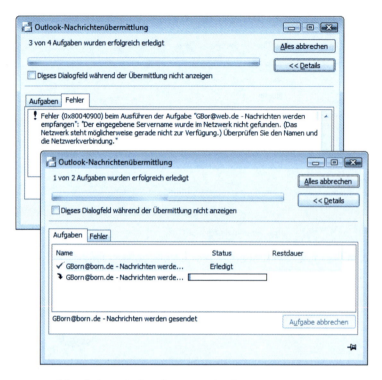

Der genaue Ablauf der Verbindungsaufnahme sowie des Nachrichten-austauschs hängt von den Outlook-Einstellungen sowie vom benutzten Internet-/Intranetzugang ab. Beispielsweise kann es sein, dass vor jedem Zugriff auf den Mailserver ein Benutzername samt Kennwort abgefragt wird.

Nachrichten im Posteingang lesen

Nachdem Microsoft Outlook eine Verbindung zum Mailserver aufgebaut hat, werden alle abgeholten Nachrichten im lokalen Posteingang abgelegt. Um die eingetroffenen Nachrichten zu sichten und zu bearbeiten, gehen Sie folgendermaßen vor:

1 Klicken Sie im Outlook-Navigations-bereich auf die Schaltfläche *E-Mail*.

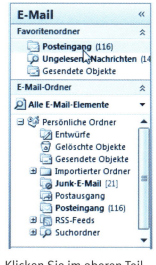

2 Klicken Sie im oberen Teil des Navigationsbereichs auf das Symbol des Posteingangs.

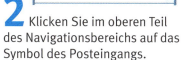

Sie können dabei das betreffende Symbol sowohl in der Kategorie *Favoritenordner* als auch in der Rubrik *E-Mail-Ordner* anwählen. Auf die gleiche Weise lassen sich auch die Inhalte der anderen Ordner (z. B. *Entwürfe*, *Junk-E-Mail* etc.) anzeigen.

Hinweis

Outlook verwaltet alle eingegangenen Nachrichten im Ordner *Posteingang*. Die im Namen des Symbols in Klammern aufgeführte Zahl gibt Ihnen die im Posteingang enthaltenen ungelesenen Nachrichten an. Wird in der Navigationsleiste der Ordner *Ungelesene Nachrichten* angezeigt? Klicken Sie auf dessen Symbol, werden Ihnen alle ungelesenen E-Mails (siehe die folgenden Seiten) in einer eigenen Liste angezeigt.

Outlook blendet im Anzeigebereich (**Nachrichtenliste**) des Fensters eine Liste aller im lokalen Posteingang (bzw. im angewählten Ordner) eingegangenen Nachrichten ein. Für jede Nachricht ist eine Zeile reserviert, in der verschiedene Informationen wie Absender, Betreff und Statusangaben zur Nachricht aufgeführt sind (siehe die folgenden Abschnitte).

Nachrichtenliste ———————   ——— Lesebereich für Nachricht

3 Klicken Sie jetzt auf eine dieser Zeilen mit den einge- gangenen Nachrichten.

Outlook zeigt den Inhalt der aktuell markierten Nachricht im **Lesebereich** an.

Hinweis

Der Lesebereich lässt sich über den Untermenübefehl *Lesebereich/Aus* des Menüs *Ansicht* bei Bedarf ausblenden. Weiterhin können Sie im Untermenü von *Ansicht/Lesebereich* festlegen, ob der Lesebereich rechts oder unterhalb der Nachrichtenliste angezeigt wird.

Wer etwas mehr Informationen in der Nachrichtenliste benötigt, stellt Outlook über den Befehl *Lesebereich/Unten* des Menüs *Ansicht* so um, dass Nachrichten- liste und Lesebereich untereinander angezeigt werden.

Anschließend können Sie die Breite der Nachrichtenliste zusätzlich vergrößern, indem Sie den Fensterteiler (zwischen Nachrichtenliste und Aufgabenleiste) per Maus in die gewünschte Richtung ziehen.

Wer noch mehr Komfort benötigt, klickt in der am rechten Rand gezeigten Aufgabenleiste auf die *Schließen*-Schaltfläche. Dann verschwindet die Spalte mit der Aufgabenleiste, in der ein Kalendernavigator, Termine und Erinnerungen eingeblendet werden. Benötigen Sie die Aufgabenleiste wieder? Diese lässt sich im Menü *Ansicht* über die Befehle *Aufgabenleiste/Normal* wieder anzeigen.

Bei umfangreichen Nachrichten ist die Anzeige im Lesebereich recht umständlich. Möchten Sie die Nachricht in einem eigenen Fenster sehen? Dies ist beispielsweise auch vorteilhaft, um Anlagen zur Nachricht zu speichern oder die Nachricht zu beantworten (siehe die nachfolgenden Seiten).

4 Doppelklicken Sie in der Nachrichtenliste auf die Nachricht.

Outlook öffnet jetzt ein eigenes Fenster zur Bearbeitung der Nachricht. Der Kopfbereich enthält die Angaben über den Absender, den Betreff etc. Wurden Anlagen an die Nachricht angehängt, wird dies ebenfalls im Kopfbereich der Nachricht vermerkt. Sie können diese Anlagen als Dateien speichern oder öffnen (siehe unten).

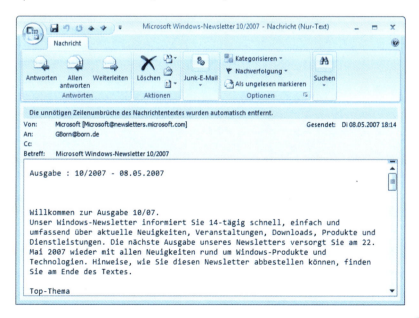

Über die Schaltfläche *Schließen* in der rechten oberen Ecke des Fensters lässt sich das Nachrichtenfenster schließen.

Die Symbole in der Nachrichtenliste

Der Inhalt der E-Mail-Ordner wird in der Nachrichtenliste zeilenweise aufgeführt. Diese Nachrichtenliste enthält z. B. bei der Anzeige des Posteingangs neben der Absenderangabe, dem Betreff, dem Empfangsdatum und der Größe weitere hilfreiche Informationen in Form von Symbolen. Ob diese Informationen in separaten Spalten, wie hier gezeigt, oder in verdichteter Form (wie auf den vorherigen Seiten dargestellt) erscheinen, hängt von der Breite der Nachrichtenliste ab. Nur wenn die Nachrichtenliste genügend breit ist, unterteilt Outlook diese in die hier gezeigten Spalten.

Microsoft Outlook benutzt verschiedene Symbole innerhalb der Nachrichtenliste, um bestimmte Statusangaben anzuzeigen.

- Ein stilisiertes Ausrufezeichen ❗ oder ein nach unten zeigender Pfeil signalisieren die Priorität einer Nachricht. Der Absender kann beim Erstellen mit Outlook eine normale, erhöhte oder niedrige »Wichtigkeit« (Priorität) vergeben. Meist bleibt diese Spalte aber leer, da die Nachrichten mit normaler Priorität versehen sind.

- Eine stilisierte Glocke 🔔 in der Nachrichtenliste erinnert an die Bearbeitung von Nachrichten, die vom Benutzer entsprechend mit einer Erinnerungsfunktion versehen wurden. Die Glocke wird nur dargestellt, wenn der Bearbeitungstermin noch in der Zukunft liegt. Ist der Erinnerungstermin verstrichen, verschwindet das Symbol der Glocke und die Nachrichtenzeile wird rot eingefärbt.

- Am Symbol eines stilisierten Briefumschlags erkennen Sie, ob diese Nachricht bereits gelesen 📨 oder noch ungelesen ✉ ist. Weiterhin lassen sich dort signierte oder verschlüsselte Nachrichten oder Anfragen erkennen. Den Symbolen überlagerte kleine Pfeile zeigen darüber hinaus an, ob Nachrichten beantwortet oder weitergeleitet wurden (siehe folgende Abschnitte).

■ Eine stilisierte Büroklammer 🖉 als Symbol zeigt Ihnen an, dass die Nachricht eine Anlage in Form von einer oder mehreren Dateien enthält.

■ Eine stilisierte Fahne 🚩 weist darauf hin, dass die betreffende Nachricht vom Benutzer als zu verfolgen gekennzeichnet wurde (z. B. weil noch Klärungen erforderlich sind).

Die Nachrichtenliste enthält weitere Spalten mit diversen Informationen. Sie können Nachrichten per Kontextmenübefehl Kategorien zuordnen. Kategorien werden in einer eigenen Spalte mit einem farbigen Symbol 🔵 dargestellt.

Den Status einer Nachricht ändern

Sobald Sie eine Nachricht in der Nachrichtenleiste des Posteingangs anklicken, wird deren Symbol in der Statusspalte auf »gelesen« umgesetzt (d. h., das Symbol ändert sich). Haben Sie eine Nachricht irrtümlich angeklickt, Ihnen fehlt aber die Zeit zum Lesen? Dann setzen Sie den Status einfach auf »ungelesen« zurück:

1 Klicken Sie die Zeile mit der Nachricht mit der rechten Maustaste in der Nachrichtenliste an.

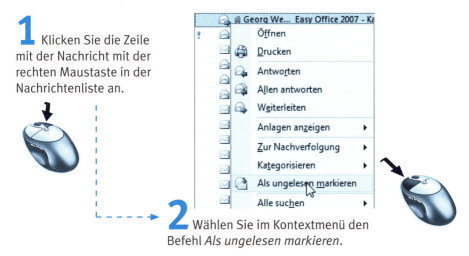

2 Wählen Sie im Kontextmenü den Befehl *Als ungelesen markieren*.

Outlook setzt das Symbol in der zweiten Spalte der Nachrichtenleiste für die betreffende Nachricht auf ⬛ zurück. Möchten Sie eine **Nachricht bis zur** endgültigen **Erledigung verfolgen**?

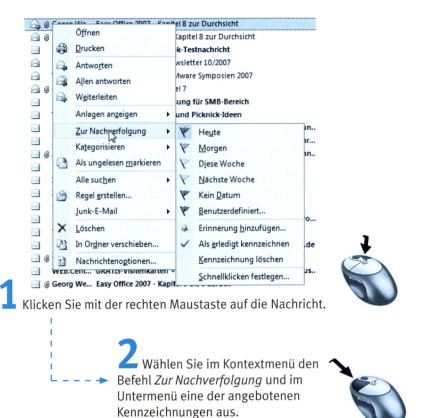

1 Klicken Sie mit der rechten Maustaste auf die Nachricht.

2 Wählen Sie im Kontextmenü den Befehl *Zur Nachverfolgung* und im Untermenü eine der angebotenen Kennzeichnungen aus.

Sie können die **Nachricht** über die Untermenübefehle **mit** verschiedenfarbigen **Flaggen versehen oder als erledigt kennzeichnen**. Über den Befehl *Kennzeichnung löschen* des Kontextmenüs lässt sich das Symbol aus der letzten Spalte wieder entfernen. Möchten Sie an die **Bearbeitung** einer **Nachricht erinnert werden**?

1 Klicken Sie mit der rechten Maustaste in der Nachrichtenliste auf die Zeile mit der Nachricht.

2 Wählen Sie im Kontextmenü den Befehl *Zur Nachverfolgung* und im Untermenü den Befehl *Erinnerung hinzufügen*.

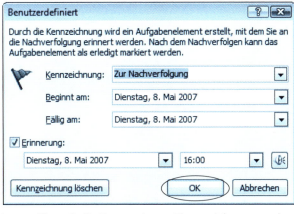

3 Legen Sie ggf. die Kategorie zur Kennzeichnung und das Fälligkeitsdatum fest. Schließen Sie das Dialogfeld über die *OK*-Schaltfläche.

Bei Ablauf der Fälligkeit erinnert Outlook Sie in einem automatisch eingeblendeten Dialogfeld an die Nachverfolgung der Nachricht.

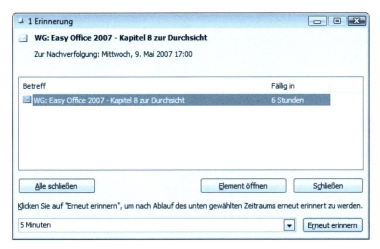

Sie können sich dann über die betreffende Schaltfläche erneut erinnern lassen, die Erinnerungsfunktion über die *Schließen*-Schaltfläche beenden oder das Element zum Bearbeiten öffnen.

Hinweis

Ist die Aufgabenleiste im Outlook-Fenster zu sehen? Dann finden Sie auch die Liste der zur Erinnerung vorgesehenen E-Mail-Nachrichten in der Aufgabenleiste. Am Symbol der stilisierten Glocke erkennen Sie zukünftige Erinnerungstermine, während eine in rot gehaltene Zeile auf bereits verstrichene Erinnerungszeitpunkte hinweist.

Nachrichten in Kategorien ordnen

Neben der Nachverfolgung der Nachrichten mittels stilisierter Fähnchen oder der Erinnerung bietet Microsoft Outlook noch eine mächtige Funktion zur Verwaltung eingehender Nachrichten: die Möglichkeit zur Zuweisung von Kategorien und die Option zur sortierten Anzeige der Nachrichtenliste nach Kategorien. Um Nachrichten in Kategorien einzuordnen, sind nur wenige Mausklicks erforderlich:

1 Klicken Sie mit der rechten Maustaste auf die gewünschte Nachrichtenzeile, und wählen Sie im Kontextmenü den Befehl *Kategorisieren*.

2 Markieren Sie im Untermenü einen der Befehle, um die gewünschte Kategorie zuzuweisen.

Auf diese Weise können Sie den Nachrichten unterschiedliche Kategorien zuweisen.

Hinweis

Wählen Sie den Kontextmenübefehl *Kategorisieren/Alle Kategorien*, erscheint das hier gezeigte Dialogfeld *Farbkategorien*. Durch Markieren der Kontrollkästchen in der Liste können Sie eine Nachricht gleich in mehrere Kategorien einordnen. Wählen Sie eine Kategorie in der Liste aus, lässt sich deren Farbe über das gleichnamige Listenfeld anpassen.

Weiterhin können Sie über die Schaltflächen bestehende Kategorien umbenennen und löschen sowie neue Kategorien anlegen oder mit Tastenkombinationen belegen. Das Dialogfeld wird über die *OK*-Schaltfläche geschlossen.

Bei Bedarf können Sie auch einen **Suchordner für** die vergebenen **Kategorien anlegen**. Wählen Sie den Kontextmenübefehl *Kategorisieren/Kategoriensuchordner erstellen*, erscheint das hier gezeigte Dialogfeld *Neuer Suchordner*. Lassen Sie die Markierung auf »Kategorisierte E-Mail«, und klicken Sie die *OK*-Schaltfläche an. Dann wird in der Navigationsleiste in der Rubrik *E-Mail-Ordner* ein Unterord-

ner *Suchordner/Kategorisierte E-Mail* angelegt. Dieser Ordner enthält nur solche E-Mails, die einer Kategorie zugeordnet sind.

Der Vorteil dieser Kategorien wird bei der Verwaltung sehr vieler Nachrichten sichtbar.

1 Klicken Sie mit der rechten Maustaste auf die Kopfzeile der Nachrichtenliste, und wählen Sie im Kontextmenü den Befehl *Anordnen nach*.

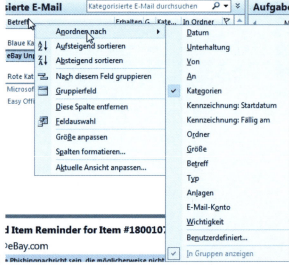

2 Markieren Sie im Untermenü den Befehl *Kategorien* (oder irgendeinen anderen Befehl).

Bei Bedarf können Sie die Schritte mehrfach durchführen und mehrere Kriterien zum Anordnen markieren. Wirksame Kriterien werden durch ein Häkchen im Kontextmenü gekennzeichnet.

Microsoft Outlook sortiert dann die Einträge der Nachrichtenliste nach diesen Kriterien. Der Befehl *In Gruppen anzeigen* des Kontextmenüs *Anordnen nach* bewirkt dabei eine zusätzliche Gruppenbildung. Hier wurden Nachrichten nach den zugewiesenen Kategorien zusammengefasst und über Gruppen angezeigt.

Hinweis

In der Navigationsspalte ist zudem der auf den vorherigen Seiten erwähnte Suchordner *Kategorisierte E-Mail* zu sehen, über den sich die Kategorienansicht ebenfalls abrufen lässt.

Nach Nachrichten suchen

Gelegentlich kommt es aber vor, dass Sie nach bestimmten Nachrichten suchen müssen. Hier unterstützt Microsoft Outlook Sie über eine eigene Funktion.

1 Wählen Sie in der Navigationsleiste den gewünschten E-Mail-Ordner oder die Kategorie *Alle E-Mail-Elemente*.

2 Klicken Sie in der Kopfzeile der Nachrichtenliste auf das Suchfeld *Sofort-suche*, und tippen Sie den Suchbegriff ein.

Bereits während der Eingabe filtert Microsoft Outlook alle Nachrichten und listet nur solche Einträge in der Nachrichtenliste auf, in denen der Suchbegriff vorkommt.

Hinweis

Um wieder die ungefilterte Darstellung zu erhalten, klicken Sie auf die Schaltflä-che *Suche löschen* des Sofortsuchfelds. Die rechts daneben befindliche Schalt-fläche oder der Befehl *Sofortsuche* im Menü *Extras* des Microsoft Outlook-Fens-ters stellt ein Untermenü mit Befehlen für weitere Suchoptionen bereit. Über den Befehl *AutoVorschau* im Menü *Ansicht* können Sie Microsoft Outlook anweisen, einen mehrzeiligen Kopftext in der Nachrichtenleiste anzuzeigen.

Anlagen zur Nachricht auspacken

Nachrichten lassen sich weitere Dateien (Fotos, Programme, Dokumente etc.) als Anlage anheften.

Eine Nachricht mit Anlage wird in der Nachrichtenliste mit einer stilisierten Büroklammer markiert.

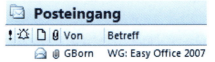

Die Anlagen einer Nachricht sollten Sie möglichst niemals direkt durch ei-nen Doppelklick öffnen, sondern erst speichern. Dann kann die Anlage vor dem Öffnen ggf. durch ein Virenschutzprogramm überprüft werden. Zum Ablegen einer Anlage in einem lokalen Ordner gehen Sie folgendermaßen vor:

1 Doppelklicken Sie in der Nachrichtenliste auf die gewünschte Nachrichtenzeile. Outlook öffnet die Nachricht in einem eigenen Fenster.

2 Klicken Sie mit der rechten Maustaste auf die Anlage im Kopfbereich des Nachrichtenfensters und wählen Sie im Kontextmenü den Befehl *Speichern unter.*

3 Sobald sich das Dialogfeld *Anlage speichern* öffnet, wählen Sie den Zielordner, passen ggf. den Dateinamen für die Anlage an und bestätigen die Auswahl über die *Speichern*-Schaltfläche.

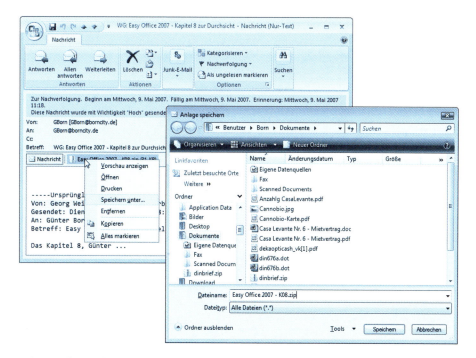

Microsoft Outlook speichert die Anlage als Datei im betreffenden Ordner. Sie können nun die Datei einer Virenprüfung unterziehen und dann mit der zugehörigen Anwendung öffnen.

Hinweis

Sie können in der Nachrichtenliste eine Zeile auch mit der rechten Maustaste anwählen und im Kontextmenü den Befehl *Anlagen anzeigen* und im Untermenü die betreffende Anlage anklicken. Dann öffnet sich ein Dialogfeld, über dessen Schaltflächen Sie die Anlage speichern oder direkt öffnen können. Wegen der latenten Virengefahr ist das direkte Öffnen der Anlage aber zu vermeiden. Im Hinblick auf Sicherheitsaspekte sollten Sie im Übrigen Anlagen von Nachrichten, deren Sinn oder Absender unklar ist, niemals öffnen. Löschen Sie stattdessen die komplette Nachricht samt Anlage ungelesen (siehe die folgenden Seiten).

Eine Nachricht beantworten oder weiterleiten

Haben Sie eine Nachricht empfangen, die Sie an Dritte weiterreichen möchten? Soll die Nachricht beantwortet werden? Dies ist mit Outlook kein Problem:

1 Doppelklicken Sie in der Nachrichtenliste auf die Nachrichtenzeile.

Der Nachrichtentext wird jetzt in einem eigenen Fenster angezeigt. Der Kopfbereich enthält die Angaben über den Absender, den Betreff etc. In diesem Kopf erscheint ggf. auch ein Hinweis zur Nachverfolgung der Nachricht mit der gewählten Kategorie. Über die drei Schaltflächen der Symbolleiste können Sie jetzt die Nachricht zur Beantwortung oder Weiterleitung vorbereiten. Die Nachricht soll jetzt einmal beantwortet werden.

2 Klicken Sie auf die Schaltfläche *Antworten* der angezeigten Registerkarte *Nachricht*.

Outlook öffnet ein neues Fenster, in dem der Text der empfangenen Nachricht bereits vorgegeben ist. Dies erleichtert dem Empfänger die Bearbeitung Ihrer Antwort, da der Bezug auf seine Nachricht gleich mitgeliefert wird. Bei vielen E-Mails pro Tag ist dies eine äußerst nützliche Option. Weiterhin ist im Feld *An* die Empfängeradresse bereits angegeben.

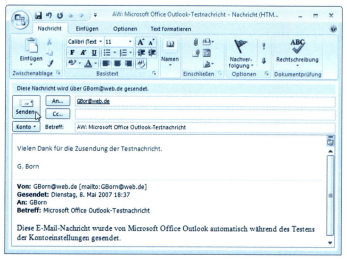

3 Fügen Sie jetzt den Antworttext zur Nachricht hinzu, formatieren Sie diesen ggf., passen Sie bei Bedarf den Betreff an.

Auf Wunsch können Sie den Text über die betreffende Schaltfläche der Registerkarte *Nachricht* einer Rechtschreibprüfung unterziehen. Weiterhin lassen sich über die Schaltflächen der Gruppe *Optionen* Nachrichten zur Nachverfolgung kennzeichnen oder in ihrer Dringlichkeit hoch- bzw. herabstufen. Sind mehrere E-Mail-Konten unter Outlook eingerichtet? Dann können Sie die Menüschaltfläche *Konto* (oberhalb des Nachrichtentexts) öffnen und das zum Versenden der Nachricht zu verwendende Absenderkonto wählen.

4 Klicken Sie in der Symbolleiste auf die Schaltfläche *Senden*, um das Fenster der Nachricht zu schließen.

Outlook legt die neue Nachricht im Postausgang ab oder verschickt sie direkt (je nach Einstellung von Outlook).

Was bedeuten die Zusatzfelder Cc und Bcc?

Wenn Sie sich intensiver mit dem Versenden von E-Mails befassen und in Outlook ggf. verschiedene Konten eingerichtet haben, sollten Sie sich mit den Feinheiten der E-Mail-Adressierung auskennen. Eine Nachricht kann an mehrere Empfänger verschickt werden. Standardmäßig weist das Fenster zum Schreiben neuer Nachrichten hierzu die Felder *An* und *Cc* auf. Mehrere Empfängeradressen werden durch Semikola getrennt in die beiden Felder eingetragen. Klicken Sie auf die Schaltfläche *An* bzw. *Cc*, öffnet Outlook zudem ein Dialogfeld *Namen auswählen: xxxx*, über welches Sie E-Mail-Adressen aus den Windows-Kontakten, dem Windows-Adressbuch oder aus den Outlook-Kontakten in das betreffende Feld übernehmen können.

Aber dies ist noch nicht alles, denn es gibt die Möglichkeit, weitere Felder wie *Von* und *Bcc* im Kopfbereich des Nachrichteneditors zu nutzen.

Hier sehen Sie den Kopfbereich des Nachrichteneditor-Fensters mit der Registerkarte *Optionen* der Multifunktionsleiste und den neuen Feldern *Von* und *Bcc*.

Einblenden lassen sich diese beiden Felder, indem Sie auf der Registerkarte *Optionen* die Schaltflächen *Bcc anzeigen* und *Anzeigen aus* anklicken. Was haben aber die einzelnen Felder für eine Bedeutung bzw. wofür lassen sie sich nutzen?

■ Das Feld *Von* ist hilfreich, falls Sie als Stellvertreter Zugriff auf die E-Mails einer anderen Person erhalten (z. B. die Nachrichten werden automatisch an Sie weitergeleitet). Im Feld *Von* können Sie dann die E-Mail-Adresse dieser Person eintragen, um den Anschein zu erwecken, dass die Antwort von diesem Empfänger stammt.

■ Das Feld *An* dient zur Aufnahme eines oder mehrerer Hauptadressaten der E-Mail. Die E-Mail-Adressen sind dann durch Semikola zu trennen.

■ Das Feld *Cc* ermöglicht Ihnen, Kopien einer Nachricht an einen oder mehrere Empfänger zur Kenntnis zu geben. Die Buchstaben Cc stehen für Carbon Copy, also den von klassischen Schreibmaschinen bekannten Kohlepapierdurchschlag.

■ Interessant ist das Feld *Bcc*, welches ebenfalls eine oder mehrere durch Semikola getrennte Empfängeradressen aufnehmen kann. Die drei Buchstaben stehen für Blind Carbon Copy, d. h., die Adressen dieses Felds werden den tatsächlichen Empfängern der E-Mail nicht angezeigt.

Wo liegt denn nun das Problem? Verschicken Sie E-Mails an mehrere Empfänger, sehen diese sämtliche Adressaten, die Sie in die Felder *An* und *Cc* eingetragen haben! Auf diese Weise sind schon E-Mail-Kontaktdaten aus Kundenlisten ungewollt bei der Konkurrenz gelandet oder E-Mailadressen durch verseuchte Systeme an Spammer gelangt oder zum Virenversand benutzt worden. Möchten Sie so etwas gleich im Ansatz verhindern? Der Pfiff besteht darin, in das Feld *An* lediglich die eigene E-Mail-Adresse und alle Empfänger statt in *An* oder *Cc* in das Feld *Bcc* einzutragen. Dann bekommen alle im Feld *Bcc* eingetragenen Empfänger eine Kopie dieser E-Mail, ohne dass Sie Ihre E-Mail-Adressliste offen legen müssen.

Hinweis

In der Gruppe *Format* der Registerkarte *Optionen* finden Sie drei Schaltflächen, um das Format der E-Mail festzulegen. Sie können dabei zwischen *Nur Text*, *HTML-Mail* und *Rich-Text* wählen. Die beiden letztgenannten Varianten ermöglichen Ihnen, Textbereiche der Nachricht über die Schaltflächen und Elemente der Registerkarte *Text formatieren* mit Formaten zu versehen.

Weiterleiten und Allen antworten

Neben der Schaltfläche *Antworten* weist die Gruppe *Antworten* der Registerkarte *Nachricht* in der Multifunktionsleiste des Nachrichtenfensters noch zwei weitere Schaltflächen zur Bearbeitung von E-Mails auf.

Erhalten Sie eine Nachricht, die über die Felder *An* und *Cc* an mehrere Empfänger gerichtet ist? Um allen diesen Empfängern eine Antwort zukommen zu lassen, klicken Sie auf die Schaltfläche *Allen antworten*. Outlook kopiert dann den Nachrichtentext samt Betreff und dem Vorspann »AW:« im Betreff in das Fenster des Nachrichteneditors.

Zudem trägt Outlook gleich alle Empfängeradressen der Ursprungsnachricht in die betreffenden Felder der neuen Nachricht ein. Sie brauchen dann nur noch den Antworttext zu ergänzen und die *Senden*-Schaltfläche anzuklicken.

Der andere Fall tritt auf, wenn Sie eine Nachricht mit einem Kommentar an einen weiteren Empfänger weiterleiten möchten. In diesem Fall klicken Sie auf die Schaltfläche *Weiterleiten*. Dann wird die empfangene Nachricht in ein neues Fenster kopiert und die Betreffzeile um den Vorspan »WG:« erweitert. Sie müssen dann aber die Empfängeradresse im Feld *An* explizit nachtragen. Wie dies funktioniert, wird weiter hinten in diesem Kapitel im Abschnitt »Eine neue Nachricht verfassen« behandelt.

Hinweis

Microsoft Outlook markiert das Briefsymbol des Originals einer beantworteten oder weitergeleiteten Nachricht in der Nachrichtenliste. Ein nach links zeigender Pfeil vor dem Briefsymbol signalisiert, dass die Nachricht beantwortet wurde. Der nach rechts zeigende Pfeil im Briefsymbol steht für eine weitergeleitete Nachricht.

Nachrichten drucken, verschieben, löschen

Eingegangene Nachrichten werden bei Anwahl des Ordners *Posteingang* als Liste im Microsoft Outlook-Fenster aufgeführt. Vermutlich möchten Sie nicht mehr benötigte Nachrichten löschen oder vielleicht deren Inhalte ausdrucken. Zudem können Sie Nachrichten in getrennten Ordnern ablegen. Nachfolgend möchte ich Ihnen kurz einige Techniken zur Handhabung dieser Nachrichten zeigen.

1 Zum Drucken einer Nachricht markieren Sie diese durch einen Mausklick in der Nachrichtenliste.

2 Anschließend klicken Sie in der Symbolleiste des Outlook-
Fensters auf die *Drucken*-Schaltfläche.

Dies startet sofort den Ausdruck des Nachrichtentexts auf dem Standard-
drucker. Um das *Drucken*-Dialogfeld für die markierte Nachricht zu öffnen,
drücken Sie die Tastenkombination Strg+P oder klicken im Menü *Datei*
den Befehl *Drucken* an. Dieses Dialogfeld **ermöglicht** Ihnen u. a. die **Auswahl des zu verwendenden Druckers**.

Möchten Sie die Nachricht aus dem Posteingang (oder einem anderen
E-Mail-Ordner) in einen anderen E-Mail-Ordner verschieben?

1 Doppelklicken Sie in der
Nachrichtenliste des Posteingangs auf die Nachricht.

Outlook öffnet das Fenster zur Anzeige der Nachricht. Neben den auf den
vorherigen Seiten vorgestellten Schaltflächen zur Beantwortung der E-Mail
enthält die Symbolleiste weitere nützliche Schaltflächen.

2 Zum Ablegen der Nachricht in einen anderen Ordner wählen Sie in der Gruppe *Aktionen* der Registerkarte *Nachricht* die Menüschaltfläche *In Ordner verschieben*.

Sobald das Menü der Schaltfläche erscheint, rufen Sie den gewünschten Befehl auf. Sie finden beispielsweise Befehle mit den Namen der Ordner *Posteingang*, *Gelöschte Objekte* und *Junk-E-Mail*, um die Nachricht direkt in diese Ordner zu verschieben.

3 Möchten Sie die Nachricht in einen anderen Ordner verschieben oder kopieren, wählen Sie im Menü der Schaltfläche den Befehl *Anderer Ordner* oder *In Ordner kopieren*.

4 Wählen Sie im Dialogfeld *Element verschieben nach* (bzw. *Element kopieren nach*) den Outlook-Zielordner aus, und schließen Sie dann das Dialogfeld über die *OK*-Schaltfläche.

Über die Schaltfläche *Neu* können Sie Ihre eigenen Ordner in Outlook anlegen.

Das Programm verschiebt bzw. kopiert anschließend die Nachricht in den gewählten Ordner. Beim Verschieben verschwindet der Eintrag in der Nachrichtenliste des Quellordners (z. B. im *Posteingang*).

> **Hinweis**
>
> Haben Sie die empfangene Nachricht per Doppelklick zum Lesen in einem eigenen Fenster geöffnet?
>
> Dann können Sie in der Symbolleiste für den Schnellzugriff des Fensters über die beiden nebenstehend gezeigten Schaltflächen *Vorheriges Element* und *Nächstes Element* in der Nachrichtenliste blättern.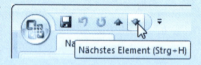
>
> Ein Mausklick auf die Schaltflächen zeigt die jeweils folgende oder vorhergehende Nachricht im Fenster an.

Benötigen Sie eine **Nachricht** nicht mehr, können Sie diese über die *Löschen*-Schaltfläche **entfernen**. Sie finden diese Schaltfläche sowohl im Nachrichten- als auch im Outlook-Fenster. Outlook verschiebt die Nachricht in den Ordner *Gelöschte Objekte*, der sich über das Symbol des Papierkorbs in der Ordnerliste *E-Mail-Ordner* des Navigationsbereichs abrufen lässt. Näheres zum Löschen weiterer Objekte und zum Leeren des Ordners *Gelöschte Objekte* finden Sie im nächsten Kapitel.

Eine neue Nachricht verfassen

Möchten Sie eine neue Nachricht verfassen? Dies ist in Outlook mit wenigen Schritten erledigt:

1 Klicken Sie in der Symbolleiste des Outlook-Fensters auf das kleine Dreieck neben der Schaltfläche *Neu*, und wählen Sie im Menü den Befehl *E-Mail-Nachricht*. - - - - - - - →

Hinweis

Outlook passt die Bedeutung der Schaltfläche *Neu* in Abhängigkeit vom jeweils geöffneten Ordner an. Haben Sie den Ordner *Postausgang* geöffnet, erstellt die Schaltfläche *Neu* sofort eine neue Nachricht.

Microsoft Outlook öffnet das Fenster zum Erstellen der Nachricht. Sie müssen nun die Felder des neuen Nachrichtenfensters mit Daten füllen.

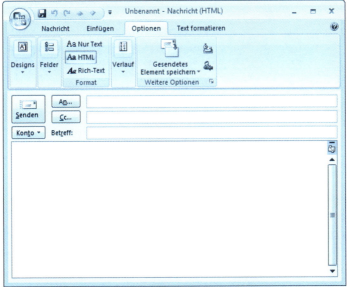

2 Klicken Sie in das Textfeld neben der Schaltfläche *An*, und tragen Sie in dieses Feld die Empfängeradresse ein.

Es muss sich dabei um eine gültige E-Mail-Adresse handeln, andernfalls bekommen Sie die Nachricht nach dem Versenden als unzustellbar zurück. Bei Bedarf können Sie mehrere Adressen, getrennt durch Semikola (;), in die Zeile *An* eintragen, um die Nachricht an mehrere Empfänger zu verteilen.

Ist Ihnen die manuelle Eingabe der E-Mail-Adressen zu aufwändig? Auf den folgenden Seiten erfahren Sie, wie sich die Funktion *Kontakte* zur Pflege eines Adressbuchs nutzen lässt. Häufig sind die Empfänger in der Liste der Kontakte samt E-Mail-Adresse bereits eingetragen. Dann lässt sich die E-Mail-Adresse sehr einfach in das Feld *An* übernehmen.

1 Klicken Sie auf die Schaltfläche An... .

Outlook zeigt das Dialogfeld *Namen auswählen* mit Einträgen der Kontaktliste.

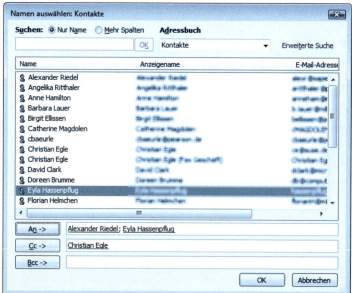

2 Wählen Sie einen Namen mit gültiger E-Mail-Adresse in der Liste der Kontakte aus.

3 Klicken Sie auf die Schaltfläche *An ->*.

Die ausgewählten Adressen werden in das betreffende Feld übernommen. Sie können die obigen Schritte durchaus mehrfach ausführen und mehrere Empfänger in die Felder *An, Cc* und *Bcc* eintragen. Sobald Sie das Dialogfeld über die *OK*-Schaltfläche schließen, übernimmt Outlook die Adressangaben in das Nachrichtenfenster. Abschließend müssen Sie noch den Betreff und den Text der Nachricht eingeben:

4 Klicken Sie im Nachrichtenfenster in das *Betreff*-Feld, und tippen Sie dort einen kurzen Bezug zur Nachricht ein.

5 Klicken Sie in den unteren Textbereich, und tippen Sie den Text der Nachricht ein.

Das Ergebnis könnte dann wie nebenstehend gezeigt aussehen. Hier wurden die Felder *An*, *Cc* und *Betreff* benutzt. Der Textbereich enthält eine einfache Nachricht.

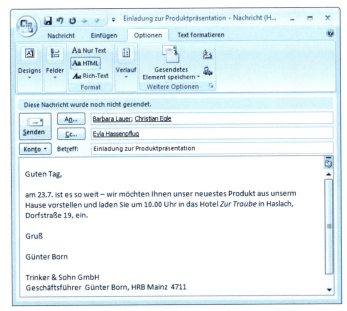

> **Achtung**
>
> Bei geschäftlichen E-Mails sollten Sie darauf achten, dass die gesetzlichen Pflichtangaben für Geschäftsbriefe im Text enthalten sind (siehe auch `www.heise.de/resale/artikel/84557/0`).

6 Sind mehrere E-Mail-Konten - - - - - - - - → eingerichtet, können Sie in der Symbolleiste des Nachrichtenfensters auf die Schaltfläche *Konto* klicken. Wählen Sie dann im angezeigten Menü den Befehl mit dem Namen des Absenderkontos aus. Verzichten Sie auf diesen Schritt, setzt Outlook automatisch die Absenderadresse des Standardkontos ein.

7 Bei Bedarf können Sie den Text der Nachricht durch Anklicken der Schaltfläche *Rechtschreibung* der Registerkarte *Nachricht* bzw. durch Drücken der Taste F7 einer Rechtschreibprüfung unterziehen, Anlagen anhängen (siehe unten) etc.

Die Priorität (Wichtigkeit) der Nachricht lässt sich über die beiden nebenstehend gezeigten und am rechten Rand der Gruppe *Optionen* befindlichen Schaltflächen der Registerkarte *Nachricht* der Multifunktionsleiste höher oder tiefer stufen.

Diese geänderte Priorität wird dem Empfänger in der Nachrichtenliste angezeigt (siehe vorhergehende Seiten).

8 Ist die Nachricht fertig, klicken Sie abschließend auf die mit *Senden* bezeichnete Schaltfläche im Fenster des Nachrichteneditors.

Je nach Einstellung verschickt Microsoft Outlook die Nachricht sofort oder legt diese im lokalen Postausgang ab. Wird die Nachricht lokal zwischengespeichert, müssen Sie später online gehen und den Postausgang zum Mailserver übertragen lassen (siehe »So senden/empfangen Sie Nachrichten«).

Hinweis

Bei der E-Mail-Kommunikation, speziell im Privatbereich, haben sich bestimmte Regeln (als Netiquette bezeichnet) herausgebildet, die Sie beachten sollten. Zeit ist Geld. Durch die Schnelligkeit des Mediums E-Mail herrschen etwas andere Sitten als bei der Geschäftskorrespondenz. Zweck der E-Mail ist die schnelle Information zu einem Sachverhalt. E-Mails sollten deshalb kurz gefasst werden (der Empfänger mit vielen Nachrichten pro Tag dankt es Ihnen). Mit aus der englischen Sprache abgeleiteten Abkürzungen wie BTW (by the way) oder FYI (for your information) spart der Absender zwar Tipparbeit – wegen der missverständlichen Interpretationsmöglichkeiten bin ich jedoch kein Freund solcher Kürzel. In E-Mails finden sich manchmal auch Zeichen der Art :-), die allgemein als **Smileys** bezeichnet werden. Es handelt sich um stilisierte »Gesichter«, die um 90 Grad nach links gekippt sind. Mit diesen Smileys lassen sich Emotionen innerhalb der Nachricht ausdrücken (eine E-Mail ist selten so förmlich gehalten wie ein geschriebener Brief). Smileys ermöglichen Ihnen, dem Empfänger einen Hinweis zu geben, wie der Text gemeint war. Hier eine Kostprobe solcher Smileys:

:-) Freude/Humor   :-(traurig
;-) Augenzwinkern   :-o   Überraschung/Schock

Das Zeichen <g> (grin) steht für ein Grinsen. Achten Sie beim Schreiben darauf, dass Wörter oder Textstellen nicht durchgehend mit Großbuchstaben versehen sind. Dies gilt allgemein als Ausdruck für »schreien«, der Empfänger könnte dies also übel nehmen.

Eine Nachricht mit Briefpapier versehen

Die obige Nachricht besteht aus einem einfachen Text ohne weitere Formatierung. Da sich E-Mails immer mehr zum bevorzugten Kommunikationsmedium entwickeln, bietet Outlook Ihnen auch die Option zur Formatierung der Nachricht. Zudem lässt sich der Nachricht ein Briefpapier mit einem Motiv unterlegen.

1 Um die Nachricht auf Briefpapier zu erstellen, wechseln Sie im Fenster des Nachrichteneditors zur Registerkarte *Optionen* der Multifunktionsleiste.

2 Stellen Sie sicher, dass in der Gruppe *Format* die Schaltfläche *HTML* oder *Rich-Text* angewählt ist.

3 Öffnen Sie den Katalog der Schalt-fläche *Designs*, und wählen Sie eines der eingeblendeten Designs aus.

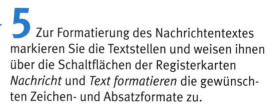

4 Bei Bedarf können Sie über die restlichen Schaltflächen der Gruppe *Designs* noch die Designschriftarten, die Seitenfarbe etc. auswählen.

5 Zur Formatierung des Nachrichtentextes markieren Sie die Textstellen und weisen ihnen über die Schaltflächen der Registerkarten *Nachricht* und *Text formatieren* die gewünsch-ten Zeichen- und Absatzformate zu.

Die betreffenden Techniken haben Sie bereits bei Word kennengelernt.

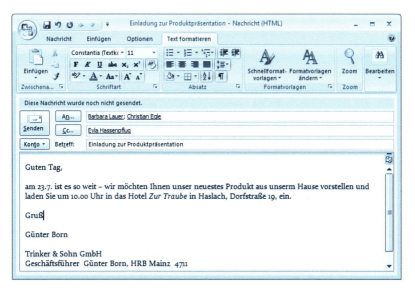

Anhänge an Nachrichten anfügen

Möchten Sie eine oder mehrere Dateien an die Nachricht anhängen und versenden?

1 Klicken Sie in der Multifunktionsleiste des neuen Nachrichtenfensters auf die in der Gruppe *Einschließen* der Registerkarte *Nachricht* sichtbare Schaltfläche *Datei anfügen*.

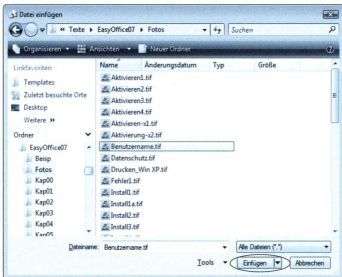

2 Wählen Sie im Dialogfeld *Datei einfügen* die gewünschte(n) Datei(en) aus, und klicken Sie auf die Schaltfläche *Einfügen*.

Mehrere Dateien markieren Sie, indem Sie diese bei gedrückter ⟨Strg⟩-Taste anklicken.

> **Hinweis**
>
> Über das kleine Dreieck neben der Schaltfläche *Einfügen* öffnen Sie ein Menü, in dem Sie alternativ den Befehl *Als Text einfügen* wählen können. Dann wird die Datei nicht als Anlage, sondern als Text eingefügt. Dies macht aber nur bei wenigen Dokumenten Sinn.

Das Fenster mit der Nachricht sieht anschließend so aus. In der Zeile *Angefügt* sehen Sie das Symbol der angehängten Datei.

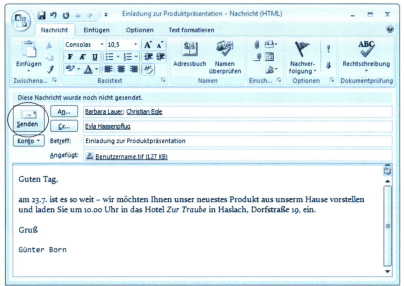

3 Ist die Nachricht fertig, klicken Sie auf die im Fenster eingeblendete Schaltfläche *Senden*.

Die Nachricht wird jetzt in den Postausgang (je nach Konfiguration entweder lokal oder auf dem Postausgangsserver) übertragen.

Phishing- und Spam-Schutz in Outlook

Ein Problem bei öffentlich bekannten E-Mail-Adressen ist, dass die betreffenden Posteingänge mit Werbemüll (auch als Junk-E-Mail oder Spam bezeichnet) überschwemmt werden. Zudem werden die Besitzer von E-Mail-Postfächern Opfer von Phishing-Angriffen, bei denen Betrüger über E-Mails versuchen, dem Opfer sensible Zugangsdaten für Internetbanking, eBay-Konten etc. zu entlocken. Microsoft Outlook besitzt aber Funktionen, um unerwünschte E-Mails automatisch auszufiltern und Phishing-Mails zu identifizieren.

■ Wählen Sie eine Nachricht im Posteingang oder öffnen Sie diese durch einen Doppelklick auf den Eintrag in der Nachrichtenliste, prüft Outlook den Nachrichteninhalt auf entsprechende Phishing-Techniken. Wird die

Nachricht als verdächtig eingestuft, erscheint ein deutlicher Hinweis im Lesebereich bzw. im Fenster mit der Nachricht. Sofern Sie nicht sicher sind, dass es sich um keine Phishing-Mail handelt, empfiehlt es sich, die Nachricht zu löschen!

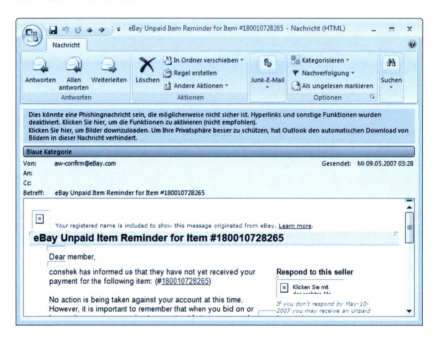

■ Eine ähnliche Technik wendet Outlook bereits beim Empfang neuer Nachrichten zur Spam-Erkennung an. Enthält die Nachricht Spam-Elemente oder bestimmte Ausdrücke und Absenderkennungen, wird sie automatisch in den Ordner *Junk-E-Mail* einsortiert. Nachrichten in diesem Ordner sollten Sie mit doppelter Vorsicht behandeln und im Zweifelsfall ebenfalls ungelesen löschen. Vermeiden Sie vor allem, angehängte Anhänge mit angeblichen Zusatzinformationen zu öffnen! Häufig verbergen sich Trojaner oder andere Schadprogramme in diesen Dateien, und der Absender spekuliert auf die Unvorsichtigkeit des Benutzers, um den Rechner zu infizieren. Nur wenn die Nachricht erkennbar nicht zur Kategorie *Junk-E-Mail* gehört, können Sie in der Symbolleiste des Outlook-Fensters auf die Schaltfläche *Keine Junk-E-Mail* klicken und dann das eingeblendete Dialogfeld über die *OK*-Schaltfläche schließen.

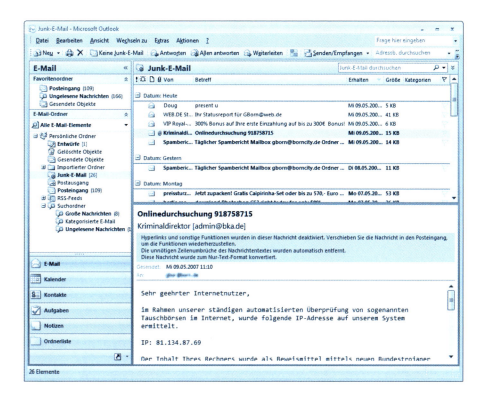

Lassen Sie den gesunden Menschenverstand beim Öffnen eintreffender E-Mails walten. Auch wenn eine Nachricht nicht als Phishing-Mail erkannt wird, heißt dies nicht, dass diese sicher ist. Wie Sie die Filter für Junk-E-Mails anpassen, wird nachfolgend gezeigt.

> **Hinweis**
>
> Viele Anbieter von E-Mail-Konten stellen Spam-Filter auf den Servern bereit. In diesem Fall sollten Sie die betreffenden Funktionen nutzen, um Junk-E-Mail auszufiltern und erst gar nicht durch Outlook in das lokale Postfach herunterladen zu lassen. Halten Sie 2007 Microsoft Office System über die Update-Funktion auf dem aktuellsten Stand, um das Ausnutzen bekannter Sicherheitslücken in den Office-Anwendungen zu erschweren. Installieren Sie sich auf dem Rechner ein gutes Virenschutzprogramm, welches auch E-Mails auf Viren, Trojaner und andere Schadprogramme überwacht. Achten Sie darauf, dass auch dieses Virenschutzprogramm aktuell ist.

Filterbedingungen für Spam setzen

Die Spam-Filter in Outlook versagen gelegentlich und klassifizieren erwünschte E-Mails als Spam, lassen aber Junk-E-Mails mitunter unerkannt durch. Sie müssen dann den Junk-E-Mail-Filter trainieren bzw. dessen Regeln anpassen.

1 Haben Sie eine unerwünschte Werbemail erhalten, die im Posteingang gelandet ist, klicken Sie diese mit der rechten Maustaste in der Nachrichtenliste an.

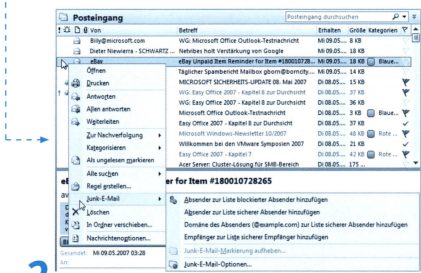

2 Wählen Sie im Kontextmenü den Befehl *Junk-E-Mail*, und klicken Sie im Untermenü auf den gewünschten Befehl.

Eine Möglichkeit besteht darin, den Absender über den betreffenden Befehl zur Liste der blockierten Absender hinzuzufügen. Immer wenn eine E-Mail von diesem Absender kommt, wird diese bei entsprechender Einstellung des Junk-E-Mail-Filters sofort in den Ordner *Junk-E-Mail* verschoben. Leider hilft diese Strategie höchstens, um E-Mails nerviger Zeitgenossen automatisch zu blockieren. Die Versender von Spam kennen diese Option und verändern die Absenderangabe bei jeder Massensendung geringfügig (z. B. *Test12@domain.com*, *Test234@domain.com* etc.).

Hinweis

Arbeiten Sie in einer Umgebung, in der ein definierter Kreis von Kommunikationspartnern feststeht? Dann empfiehlt es sich, mit Positivlisten zu arbeiten. Fügen Sie die Absender und Empfänger von Nachrichten über die Kontextmenübefehle *Absender zur Liste sicherer Absender hinzufügen* und *Empfänger zur Liste sicherer Empfänger hinzufügen* zum Spam-Filter hinzu. Bei Bedarf können Sie sogar die Domain-Adressen kompletter Mailserver in diese Liste aufnehmen (z. B. *@siemens.com*).

Microsoft Outlook unterwirft zukünftig alle eintreffenden Nachrichten einer Überprüfung. Nachrichten, die von gesperrten Absendern kommen, werden automatisch in den Ordner *Junk-E-Mail* verschoben (ggf. erhalten Sie eine Benachrichtigung). Zudem können Sie Outlook anweisen, dass auch alle Nachrichten, die nicht von sicheren Absendern bzw. Empfängern (oder den angegebenen Domänen) stammen, in diesen Ordner wandern.

1 Wählen Sie im Menü *Aktionen* des Outlook-Fensters den Befehl *Junk-E-Mail* und im Untermenü den Befehl *Junk-E-Mail-Optionen*.

2 Passen Sie im Dialogfeld *Junk-E-Mail-Optionen* die Einstellungen auf der Registerkarte *Optionen* entsprechend an, und schließen Sie das Dialogfeld über die *OK*-Schaltfläche.

Über die Optionsfelder können Sie den Grad des Junk-E-Mail-Schutzes vorgeben. Die Kontrollkästchen ermöglichen Ihnen, zusätzliche Sicherheitsoptionen einzuschalten.

Je nach gewählter Option lassen sich alle Mails, die nicht in der Liste der sicheren Kommunikationspartner aufgeführt sind, automatisch in den Ordner *Junk-E-Mail* ablegen. Sie müssten dann von Zeit zu Zeit nachsehen, ob nicht eine für Sie wichtige Nachricht irrtümlich als Spam erkannt wurde. Über die restlichen Registerkarten des Dialogfelds *Junk-E-Mail-Optionen* können Sie die Liste der sicheren Absender und Empfänger sowie blockierten E-Mail-Adressen bzw. Absender einsehen und pflegen.

E-Mail-Regeln zur besseren Filterung

Die Junk-E-Mail-Funktion in Microsoft Outlook ist allerdings recht grob und versagt, falls Sie E-Mails von vielen neuen Absendern (z. B. potentiellen Interessenten für Produktangebote) erhalten. Dann müssen Sie die Nachrichten gezielt über Schlüsselwörter filtern. Diese Filter lassen sich auch benutzen, um E-Mails mehrerer Postfächer automatisch in bestimmte Ordner einsortieren zu lassen.

1 Wählen Sie im Menü *Extras* des Outlook-Fensters den Befehl *Regeln und Benachrichtigungen*.

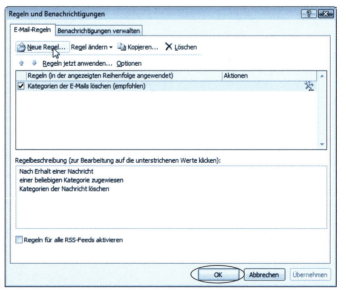

2 Klicken Sie auf der Registerkarte *E-Mail-Regeln* auf die Schaltfläche *Neue Regel*, legen Sie dann die gewünschten Regeln fest, und schließen Sie das Dialogfeld über die *OK*-Schaltfläche.

Anschließend führt Sie ein Regel-Assistent mittels einfacher Dialoge durch die Schritte zur Definition der Kriterien.

3 Legen Sie im Regel-Assistent die gewünschten Optionen fest.

Über die Schaltflächen *Weiter* und *Zurück* lässt sich zwischen den Dialogen blättern.

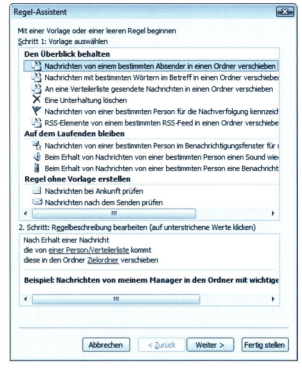

■ Im oberen Teil des Dialogfelds wählen Sie lediglich eine der vom Regel-Assistent angebotenen Optionen aus der Liste aus.

■ Bei einer neuen Regel bietet der Assistent im Folgedialog ggf. eine Reihe von Filterkriterien (z. B. Absenderadresse, bestimmter Text in der Betreffzeile etc.) an. Markieren Sie einfach die Kontrollkästchen der gewünschten Kriterien.

■ Die Regelbeschreibung lässt sich im unteren Teil (Feld *2. Schritt*) des Dialogfelds bearbeiten. Klicken Sie auf den betreffenden Hyperlink, öffnet sich ein weiteres Dialogfeld, in das Sie Filterkriterien komfortabel eingeben können.

Sobald Sie auf die Schaltfläche *Fertig stellen* klicken, wird der Assistent die Regeln in Outlook übernehmen. Das Programm führt die Regeln immer dann aus, wenn eine Nachricht eintrifft (oder falls Sie dies konfiguriert haben, auch beim Versenden von Nachrichten).

> **Hinweis**
>
> Es führt an dieser Stelle zu weit, auf alle E-Mail-Funktionen in Outlook einzuge-
> hen oder Beispiele für Filterkriterien zu diskutieren. Beachten Sie auch, dass
> Outlook nicht mit jedem Online-Dienst zusammenarbeiten kann. Details finden
> Sie in der Programmhilfe und in der Zusatzliteratur.

Kontakte verwalten

Outlook besitzt eine eigene Funktion zur Verwaltung von Kontakten – da-
hinter steckt letztlich das Konzept eines Adressbuchs. Sie können darin
aber nicht nur einfache Adressen mit Anschrift und Telefonnummer aufnehmen. Die Funktion verwaltet zusätzlich die E-Mail-Adressen der eingetragenen Personen und ermöglicht auch sonst, vielfältige Informationen
zu sammeln.

Kontakte nachschlagen

Benötigen Sie schnell die Adresse eines Geschäftspartners? Möchten Sie
eine Telefonnummer oder E-Mail-Adresse nachschlagen? Dies geht alles,
falls die betreffenden Personen in der Kontaktliste eingetragen sind.

1 Klicken Sie in der
Outlook-Navigations-
leiste auf die Schalt-
fläche *Kontakte*.

Microsoft Outlook
öffnet das Fenster
mit den bereits ein-
getragenen Kontak-
ten.

Über die Optionsfelder des Formulars im Navigationsbereich können Sie festlegen, wie die Einträge in der Spalte *Kontakte* anzuzeigen sind (z. B. als Visitenkarte).

Bei der Darstellung als Adress- oder Visitenkarte werden die Kontakte, ähnlich wie bei einem Register für Visitenkarten, nach den Anfangsbuchstaben der Einträge geordnet aufgelistet. Bei wenigen Einträgen passen alle in das Fenster. Bei einer umfangreicheren Kontaktliste können Sie ähnlich wie bei einem Telefonregister gezielt nachschlagen, indem Sie auf die Schaltflächen des Registers am rechten Rand der Spalte *Kontakte* klicken.

Benötigen Sie nähere Informationen zur betreffenden Person?

2 Doppelklicken Sie auf den Eintrag in der Kontaktliste.

Outlook öffnet das untenstehende Fenster mit verschiedenen Registerkarten.

Auf der Registerkarte *Kontakt* finden Sie die wichtigsten Angaben zu Adresse, Telefonnummer, E-Mail-Adresse etc. Einige Felder können mit mehrfachen Angaben belegt werden (z. B. mehrere E-Mail-Adressen oder Telefonnummern).

3 Klicken Sie auf die Felder, und tragen Sie anschließend den Wert in das zugehörige Feld ein.

Möchten Sie einen **Mehrfachwert** in eines der Felder **eintragen**, sind folgende Zusatzschritte notwendig.

2 Tragen Sie anschließend den Wert in das zugehörige Feld ein.

1 Klicken Sie auf die Schaltfläche links neben dem Feld, und wählen Sie im eingeblendeten Menü die gewünschte Kategorie aus.

Sofern Sie neue Daten auf den Registerkarten eingetragen haben, lassen sich diese direkt über die Schaltfläche *Speichern & schließen* der Gruppe *Aktionen* auf der Registerkarte *Kontakt* der Multifunktionsleiste in den Kontakten ablegen.

Neue Kontakte anlegen

Um einen neuen Kontakt anzulegen, gibt es mehrere Möglichkeiten.

Sie können die Schaltfläche *Neu* in der Outlook-Symbolleiste verwenden. Wählen Sie ggf. im Menü der Schaltfläche den Befehl *Kontakt*.

Haben Sie das Fenster *Kontakte* bereits geöffnet, klicken Sie auf die *Office*-Schaltfläche und wählen im Menü den Befehl *Neuer Kontakt*.

1 Rufen Sie einen der obigen Befehle zum Anlegen des neuen Kontakts auf.

Outlook öffnet das Dialogfeld *Kontakte* mit den Registerkarten zum Definieren des neuen Kontakts.

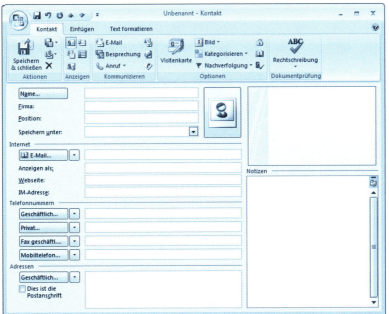

2 Ergänzen Sie die Felder mit den verfügbaren Daten auf den verschiedenen Registerkarten.

3 Zum Speichern klicken Sie auf die Schaltfläche *Speichern & schließen* der Registerkarte *Kontakt*.

Das Feld *Name* dient sowohl zur Aufnahme des Vor- als auch des Nachnamens. Da Outlook den Inhalt des Ordners *Kontakte* nach dem ersten Buchstaben sortiert, sollten Sie die Eingabe in der Reihenfolge Nachname, Vorname eintragen. Andernfalls bekommen Sie Probleme beim Auffinden des Kontakts in Outlook.

Sind Sie sich unsicher, wie ein Wert einzutragen ist? Dann klicken Sie auf die Schaltfläche (z. B. *Name*) links neben dem Feld. Outlook öffnet ein Dialogfeld, in dem Sie die Werte in separate Eingabefelder eingeben können. Wie Sie Einträge wie Kontakte in Outlook löschen, wird im nächsten Kapitel erläutert.

Hinweis

Möchten Sie die E-Mail-Adresse von empfangenen Nachrichten in die Liste der Kontakte übernehmen?

Öffnen Sie die betreffende E-Mail im Nachrichtenfenster (siehe oben), klicken Sie mit der rechten Maustaste auf die Absenderangabe (Zeile *Von*), und wählen Sie im Kontextmenü den Befehl *Zu Outlook-Kontakten hinzufügen*. Anschließend können Sie die Kontaktangaben wie gewohnt ergänzen und speichern.

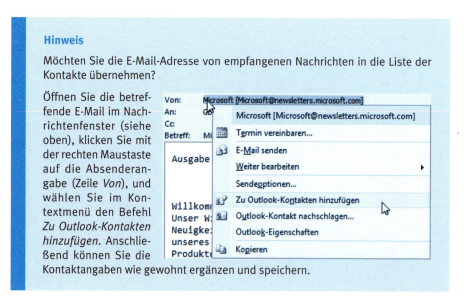

Im nächsten Kapitel erfahren Sie, wie sich Microsoft Outlook zur Verwaltung weiterer Büroaufgaben nutzen lässt.

Testen Sie Ihr Wissen

Zur Überprüfung Ihres Wissens sollten Sie die folgenden Aufgaben lösen. Die Antworten finden Sie in Klammern angegeben.

▪ **Kontrollieren Sie die eingegangenen E-Mails.**

(Wählen Sie im Navigationsbereich die Schaltfläche *E-Mail*. Laden Sie bei Bedarf die neue Post durch Anklicken der Schaltfläche *Senden/ Empfangen* vom Mailserver. Klicken Sie im Navigationsbereich auf das Symbol *Posteingang*. Doppelklicken Sie auf neue Nachrichten, um diese zu lesen.)

▪ **Setzen Sie eine gelesene E-Mail auf »ungelesen« zurück.**

(Klicken Sie in der Nachrichtenliste die Nachricht mit der rechten Maustaste an. Wählen Sie im Kontextmenü den Befehl *Als ungelesen markieren*.)

▪ **Verschieben Sie eine E-Mail in den Ordner *Junk-E-Mail*.**

(Ziehen Sie die betreffende Nachricht aus der Nachrichtenliste per Maus zum Ordner *Junk-E-Mail* im Navigationsbereich. Sobald Sie die Maustaste loslassen, wird die Nachricht verschoben.)

▪ **Definieren Sie einen neuen Kontakt.**

(Öffnen Sie in der Outlook-Symbolleiste das Menü der Schaltfläche *Neu*, und wählen Sie im Menü den Befehl *Kontakt*. Im Dialogfeld des Kontakts ergänzen Sie die Kontaktdaten auf den betreffenden Registerkarten und schließen das Ganze über die Schaltfläche *Speichern & schließen* ab.)

Das können Sie schon

Das lernen Sie neu

Kapitel 10

Büroorganisation mit Outlook

Microsoft Outlook ist so etwas wie der »Organizer« für Ihren Schreibtisch. Denn neben Funktionen zur Verwaltung Ihrer E-Mails und zur Kontaktpflege bietet das Programm Kalender, Notizblock, Aufgabenliste und Wiedervorlage. Dieses Kapitel zeigt Ihnen, wie Sie Termine, Aufgaben oder Notizen mit Outlook erfassen, verwalten und abrufen. Nach der Lektüre können Sie Outlook zur Organisation Ihres Büros einsetzen.

Outlook für Notizen

Kennen Sie die Situation, dass der Schreibtisch mit vielen kleinen Zettelchen oder Haftnotizen übersät ist? Wohl jeder fertigt sich solche Notizen als Gedankenstütze an. Wie wäre es, wenn Sie zukünftig diese Notizen direkt mit Outlook pflegen? Das Programm verfügt dazu über eine entsprechende Funktion.

So legen Sie Notizen an

Möchten Sie eine kurze Notiz anfertigen? Outlook bietet Ihnen dazu verschiedene Varianten an. Sie können z. B. die Schaltfläche *Neu* in der Symbolleiste des Outlook-Fensters verwenden. Oder Sie wählen den folgenden Weg.

1 Klicken Sie im Outlook-Navigationsbereich auf die Schaltfläche *Notizen*, um die Liste der Notizen im Outlook-Fenster anzuzeigen.

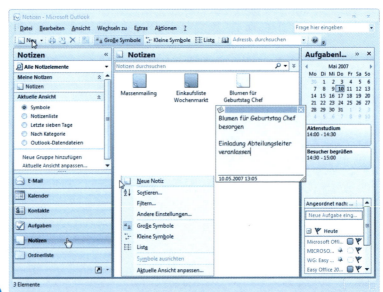

2 Klicken Sie mit der rechten Maustaste auf eine freie Stelle der Notizenliste, und wählen Sie im Kontextmenü den Befehl *Neue Notiz*.

3 Anschließend tippen Sie den Text für die neue Notiz ein.

Sobald Sie auf die Schaltfläche *Schließen* ☒ in der rechten oberen Ecke des Notizenfensters klicken, schließt Outlook das Fenster und legt die Notiz in der Notizenliste ab.

Notizen abrufen

Um die bereits angefertigten Notizen abzurufen, sind nur wenige Maus-klicks erforderlich.

1 Klicken Sie in der Outlook-Navigationsleiste auf die Schalt-fläche *Notizen*.

Outlook zeigt den Inhalt des Ordners *Notizen* an. Die bereits definierten Notizen sehen Sie als kleine Symbole. Der Anfang der Notiz wird dabei als Symboltitel in der Anzeige eingeblendet.

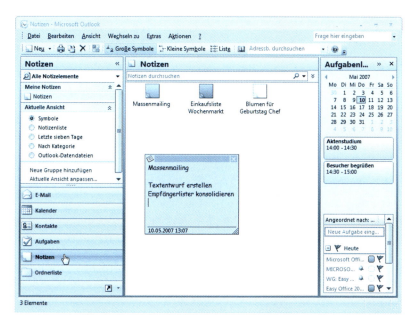

2 Um den gesamten Inhalt der Notiz anzusehen, wählen Sie das Symbol per Doppelklick an.

Geöffnete Notizen werden als kleines Fenster dargestellt. Sie können den Text der Notiz jederzeit ergänzen, indem Sie im Fenster an die gewünschte Textstelle klicken und dann den Text eingeben. Die Notiz schließen Sie über die Schaltfläche ☒ in der rechten oberen Ecke des Fensters.

Weitere Funktionen für Notizen

Möchten Sie weitere Funktionen (Drucken, Löschen, Kategorisieren etc.) für Notizen abrufen?

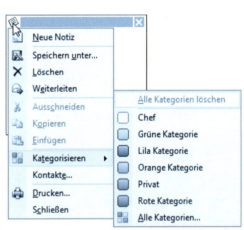

1 Klicken Sie mit der Maus auf das Systemmenü des Notizfensters.

2 Wählen Sie im Menü den gewünschten Befehl.

In diesem Menü finden Sie Befehle, um eine neue **Notiz** anzulegen, zu **drucken**, zu **löschen**, zu **speichern** oder per E-Mail weiterzuleiten.

Über den Befehl *Kategorisieren* können Sie die Notizen per Untermenü bestimmten Kategorien zuordnen. Über den Befehl *Alle Kategorien* öffnen Sie ein Dialogfeld, in dem Sie die vordefinierten Kategorien auch umbenennen können. So wurde z. B. die Kategorie *Chef* in der obigen Abbildung angelegt. Outlook färbt die Notizen mit der für die Kategorie vorgesehenen Farbe.

Hinweis

Über die in der Navigationsleiste sichtbaren Optionsfelder der Kategorie *Aktuelle Ansicht* können Sie übrigens die Darstellung des Notizenbereichs anpassen und statt Symbolen z. B. die hier gezeigte Notizenliste abrufen.

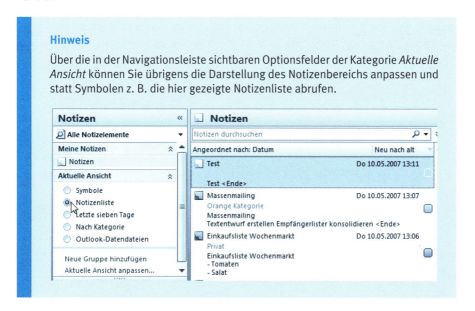

Aufgaben und Vorgänge verwalten

Ein anderes Thema ist die Erledigung anstehender Aufgaben bzw. Vorgänge im Büroalltag. Zu einem bestimmten Zeitpunkt muss ein Bericht oder ein Protokoll erstellt sein. Oder die Bearbeitung bestimmter E-Mails ist zeitabhängig. Termine sind einzuhalten, Rechnungen müssen auf Zahlungseingänge überprüft werden etc. In einem gut geführten Büro gibt es für viele Vorgänge eine Wiedervorlage, manches wird im Terminkalender eingetragen, und vieles gerät schlicht und ergreifend in Vergessenheit. Lassen Sie sich bei der Erledigung anstehender Vorgänge und Aufgaben von Microsoft Outlook unter die Arme greifen. Tragen Sie die Aufgaben in das Programm ein, und informieren Sie sich über anstehende Vorgänge bzw. lassen Sie sich erinnern.

So sehen Sie die anstehenden Aufgaben und Vorgänge

Benötigen Sie einen Überblick über die anstehenden Aufgaben bzw. Vorgänge? Der untere Teil der Aufgabenleiste zeigt Ihnen eine Liste der unerledigten Vorgänge. Sie können alle definierten Aufgaben bzw. Vorgänge abrufen.

1 Klicken Sie in der Outlook-Nagivationsleiste auf das Symbol der Kategorie *Aufgaben*.

Outlook zeigt den Inhalt des Ordners *Aufgaben* in der mittleren Spalte des Dokumentfensters als Vorgangsliste an.

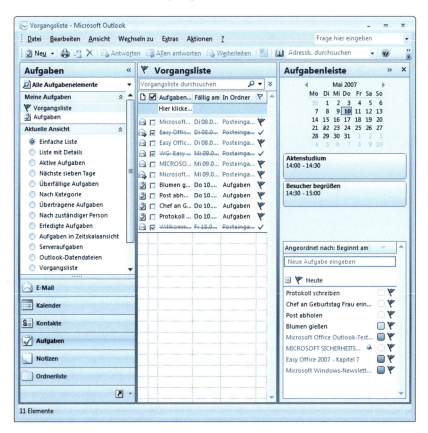

2 Markieren Sie ggf. eines der Optionsfelder im oberen Teil des Navigationsbereichs,
um die Anzeige nach bestimmten Kriterien zu
sortieren oder zu filtern.

Die in der Vorgangsliste gezeigte Spalte *Fällig am* gibt den Termin an, zu
dem die Aufgabe erledigt sein sollte.

Hinweis

Outlook unterscheidet noch zwischen
Aufgaben (die Sie definieren) und so
genannten Vorgängen (z. B. Bearbeitung einer E-Mail). Wählen Sie die Kategorie *Aufgaben* in der Navigationsleiste, können Sie im oberen Bereich
in der Rubrik *Meine Aufgaben* die
Einträge *Vorgangsliste* und *Aufgaben*
anklicken.

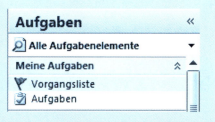

Abhängig von der Auswahl zeigt die mittlere Spalte des Outlook-Fensters dann
die Vorgangsliste oder die reine Aufgabenliste. In der Vorgangsliste werden
sowohl Aufgaben als auch Vorgänge eingeblendet. Aufgaben erkennen Sie am
eingeblendeten Symbol (ein stilisiertes Klemmbrett mit einem roten Häkchen im
Vordergrund).

So legen Sie eine neue Aufgabe an

Möchten Sie einen neuen Eintrag zur Aufgabenliste hinzufügen? Auch hier
bietet Outlook wieder mehrere Varianten an, die mehr oder weniger bei
allen Funktionen gleich sind.

Ist der Ordner mit den Aufgaben geöffnet, genügt ein
Mausklick auf die Schaltfläche *Neu*. Andernfalls wählen
Sie den betreffenden Befehl im Menü der Schaltfläche
Neu an.

Oder Sie klicken mit der rechten Maustaste auf eine freie
Stelle der Vorgangsliste und verwenden den Kontext-
menübefehl *Neue Aufgabe*, um eine neue Aufgabe festzulegen. In beiden
Fällen erscheint das im folgenden Abschnitt gezeigte Dialogfeld *Aufgabe*

mit den Registerkarten *Aufgabe* und *Einfügen* etc. zur Eingabe des Betreffs sowie zum Setzen der Fälligkeiten und des Bearbeitungsstatus. Wie Sie die Aufgabe und deren Eigenschaften (Fälligkeit, Bearbeitungszustand etc.) bearbeiten, wird nachfolgend gezeigt.

> ### Hinweis
>
> Vermutlich ist Ihnen dies aber alles zu kompliziert. Aufgabenlisten werden gewöhnlich so geführt, dass lediglich ein Stichwort aufgeschrieben wird. Und genau diese Vorgehensweise lässt sich auch in Outlook nutzen.
>
> Klicken Sie im unteren Bereich der Aufgabenleiste auf das Textfeld *Neue Aufgabe eingeben*, und tippen Sie, wie hier gezeigt, einfach den Aufgabentitel ein. Wenn Sie die ⏎-Taste drücken, wird die Aufgabe in die Vorgangsliste eingetragen. Bei Bedarf können Sie dann, wie im folgenden Abschnitt gezeigt, Fälligkeiten etc. definieren.

Aufgaben bearbeiten und abschließen

Sie können sich Details (z. B. den Bearbeitungszustand) anzeigen lassen. Oder Sie markieren eine Aufgabe (bzw. einen Vorgang) als abgeschlossen.

1 Um eine Aufgabe oder einen Vorgang als erledigt zu markieren, wählen Sie einen Anzeigemodus für die Vorgangsliste, in dem die Spalte *Status* erscheint.

2 Klicken Sie in der Vorgangsliste in der Spalte *Status* auf den gewünschten Eintrag, und wählen Sie im Listenfeld den Wert *Erledigt*.

Microsoft Outlook stellt dann die Zeile mit der Aufgabe bzw. dem Vorgang in den meisten Anzeigemodi durchgestrichen dar. In einigen Anzeigemodi (z. B. Aktive Aufgaben oder Vorgangsliste) werden erledigte Aufgaben sogar ausgeblendet.

3 Um die **Fälligkeit anzupassen**, klicken Sie in der Vorgangsliste in der Spalte *Fällig am* auf die gewünschte Aufgabe. Anschließend legen Sie im eingeblendeten Kalenderblatt den neuen Fälligkeitstermin fest.

Befindet sich eine Aufgabe oder der Vorgang bereits in Bearbeitung, und möchten Sie den **Bearbeitungsstand anpassen**?

4 Klicken Sie in der Spalte *% erledigt* auf die gewünschte Aufgabe, und tippen Sie den Bearbeitungsstand als Wert zwischen 0 und 100 % ein.

Hinweis

Alternativ können Sie eine Aufgabe oder einen Vorgang in der Vorgangsliste mit der rechten Maustaste anwählen. Im Kontextmenü finden Sie die Befehle zur Bearbeitung der Nachrichten, zur Kategorisierung, zum Drucken etc.

1 Möchten Sie **Details** zu einer Aufgabe **festlegen**, doppel-klicken Sie auf den Eintrag in der Aufgaben- oder Vorgangsliste.

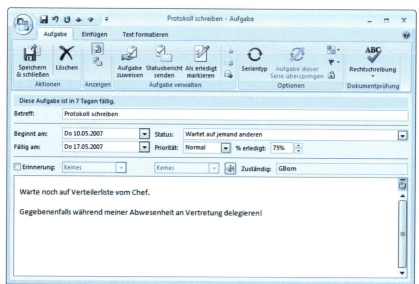

2 Tragen Sie dann die Details in die Felder des von Outlook geöffneten Fensters zur Bearbeitung des Aufgabenstatus ein.

Das Listenfeld *Status* lässt sich auf verschiedene Werte von »Nicht begonnen« bis »Erledigt« setzen. Im Feld *Priorität* lässt sich die Dringlichkeit der Aufgabe verändern, und im Feld *% erledigt* können Sie ebenfalls angeben, welcher Anteil der Aufgabe bereits erledigt ist.

Möchten Sie sich an die **Fälligkeit** der Aufgabe **erinnern** lassen?

1 Klicken Sie auf die Schaltfläche neben dem Feld *Fällig am*, und legen Sie im eingeblendeten Kalenderblatt das Fälligkeitsdatum fest.

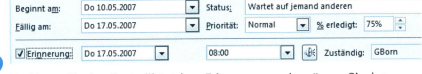

2 Markieren Sie das Kontrollkästchen *Erinnerung*, und ergänzen Sie das Datum und die Uhrzeit für die Erinnerung.

3 Schließen Sie das Dialogfeld über die Schaltfläche *Speichern & schließen*.

Outlook überwacht in der Zukunft liegende Termine und **erinnert** Sie auf Wunsch **an** die **Fälligkeit**.

Ist der gesetzte Termin erreicht, erinnert Outlook Sie über das nebenstehende Dialogfeld an die noch ausstehende Aufgabe. Über die Schaltfläche *Erneut erinnern* können Sie den Vorgang auf Wiedervorlage legen.

Die **Wiedervorlagezeit** lässt sich über das Listenfeld neben der Schaltfläche *Erneut erinnern* **setzen**. Die Schaltfläche *Element öffnen* öffnet das Dialogfeld mit der Aufgabenbeschreibung. Klicken Sie auf *Schließen*, wird die Wiedervorlage beendet – Sie erhalten keine weiteren Erinnerungen.

Aufgaben delegieren

Microsoft Outlook ermöglicht Ihnen, Aufgaben an andere Mitarbeiter zu delegieren.

1 Öffnen Sie die Aufgabe durch einen Doppelklick auf die Zeile in der Vorgangsliste.

2 Wählen Sie auf der Registerkarte *Aufgabe* des Aufgabenfensters die in der Gruppe *Aufgabe verwalten* sichtbare Schaltfläche *Aufgabe zuweisen*.

Microsoft Outlook generiert jetzt intern eine Art E-Mail, der die Aufgabe zugeordnet wird.

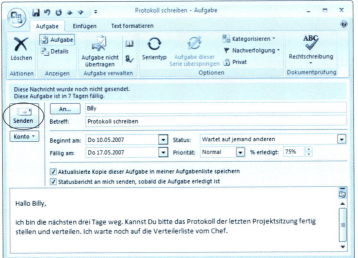

3 Ergänzen Sie im Dialogfeld die Empfängeradresse, bestimmen Sie die Optionen für Fälligkeiten, Status etc., und fügen Sie ggf. einen Text hinzu.

4 Klicken Sie auf die Schaltfläche *Senden*, um die Aufträge an den vorgesehenen Empfänger zu delegieren.

Arbeitet der Empfänger ebenfalls mit Microsoft Outlook, erhält er beim Abrufen der nächsten E-Mails eine entsprechende Benachrichtigung.

Er kann dann die Nachricht anklicken und die Delegation der Aufgabe im Lesebereich annehmen oder ablehnen. Zudem lässt sich der Text der Nachricht bearbeiten.

Derjenige, der die Aufgabe delegiert, wird im Posteingang über die Ablehnung bzw. Annahme informiert. Eine Annahme der Delegierung führt dazu, dass die Aufgabe beim Delegierenden als nicht mehr verantwortlich geführt wird. Der Annehmende kann die Aufgabe aber nach Bearbeitung zurückgeben oder weiterreichen. Das Ganze funktioniert wie die Kommunikation per E-Mail. Microsoft Outlook verwaltet aber zusätzlich die Optionen für die Aufgaben und kann auch Eigenschaften wie Fälligkeiten etc. verfolgen. Wird eine Aufgabe vom Empfänger akzeptiert, trägt Outlook diese in die Liste der Aufgaben ein. Über die Schaltfläche *Statusbericht senden* auf der Registerkarte *Aufgabe* im Fenster einer geöffneten Aufgabe kann der betreffende Benutzer sogar einen automatisierten Statusbericht an denjenigen, der die Aufgabe delegiert hat, versenden. Eine abgeschlossene Aufgabe wird automatisch dem Delegierenden als E-Mail gemeldet. Zudem setzt Outlook automatisch den Status in der Aufgabenliste der Beteiligten auf erledigt.

Arbeiten mit dem Kalender

Zentraler Bestandteil von Outlook ist die Kalenderfunktion. Über diesen Kalender können Sie Ihre Termine planen, Aufgaben verwalten etc.

Kalenderfunktionen abrufen

Um sich über anstehende Termine zu informieren oder den Kalender einzusehen, gehen Sie in folgenden Schritten vor.

1 Um die Kalenderfunktionen aufzurufen, klicken Sie im Navigationsbereich auf die Schaltfläche *Kalender*.

In der Navigationsleiste erscheint im linken oberen Teil das Kalenderblatt mit der Monatsübersicht. Das aktuelle Tagesdatum ist farbig markiert. Outlook blendet zudem ein Kalenderblatt in der rechten Spalte mit dem Ansichtsbereich ein. Hier ist die Tagesdarstellung des Kalenders im Ansichtsbereich zu sehen.

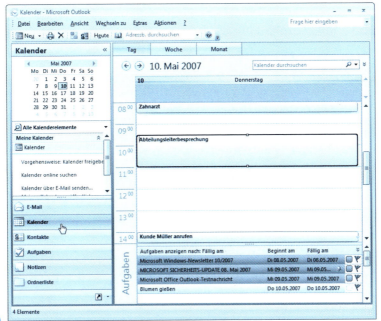

2 Um zwischen der Tages-, Wochen- oder Monatsansicht umzuschalten, klicken Sie einfach auf die oberhalb des Ansichtsbereichs sichtbaren Registerreiter.

3 Um ein bestimmtes Datum im Terminkalender einzusehen, klicken Sie im Navigationsbereich auf das betreffende Datum des Monatskalenders.

Im Ansichtsbereich wird dann das Kalenderblatt in der gewählten Ansicht (Tag, Woche, Monat) eingeblendet.

> **Hinweis**
>
> Über die Kopfzeile des in der Navigationsleiste sichtbaren Kalenderblatts mit der Monatsanzeige können Sie zwischen den Monaten eines Jahres blättern. Klicken Sie auf die blau eingefärbte Kopfzeile, erscheint ein Menü zur direkten Auswahl der Monate. Über die nach links oder rechts zeigenden Dreiecke der Kopfzeile lässt sich monatsweise vor- oder zurückblättern. Klicken Sie in der Symbolleiste des Outlook-Fensters auf die mit *Heute* beschriftete Schaltfläche, springt die Kalenderanzeige auf den aktuellen Monat zurück und das aktuelle Tagesdatum wird in der Monatsübersicht markiert.

Termine in den Kalender eintragen

Das Eintragen neuer Termine in den Kalender ist mit wenigen Mausklicks erledigt.

1 Markieren Sie ggf. im Monatskalender der Navigationsleiste den gewünschten Tag.

2 Danach klicken Sie im Kalenderblatt der Tagesansicht auf die betreffende Zeile und tippen den Text für den Termin ein.

Sie können beliebig viel Text in einer Terminzeile unterbringen. Der Text wird beim Eintippen in der Zeile nach links weggescrollt. Bei längeren Texten sind diese aber in der Terminseite nicht mehr lesbar.

Hinweis

Um ggf. einen längeren Eintrag abzurufen, zeigen Sie mit der Maus auf die betreffende Zeile. Outlook blendet den Text des eingetragenen Termins als QuickInfo ein.

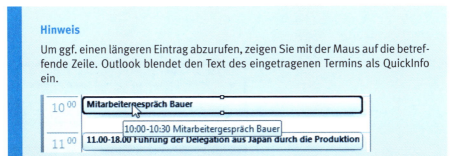

3 Möchten Sie einen Termin verschieben? Dann klicken Sie auf die betreffende Zeile und ziehen diese per Maus nach oben oder nach unten.

Der Terminrahmen ist standardmäßig in Abschnitte zu je 30 Minuten unterteilt.

1 Um die **Zeitspanne** für **Einträge anzupassen**, klicken Sie mit der rechten Maustaste auf die Zeitspalte des Kalenders.

2 Wählen Sie im Kontextmenü das gewünschte Intervall für die Einteilung des Terminkalenders aus.

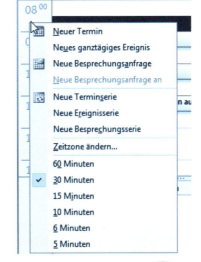

3 Möchten Sie **mehrere Zeitintervalle** für einen Termin
belegen, klicken Sie vor dem Eintragen auf das erste leere
Feld und ziehen die Maus bei gedrückter linker Maustaste
zum untersten Feld des Intervalls. Sobald die Terminzeilen
reserviert sind, tragen Sie den Termin ein.

11 00	**11.00-18.00 Führung der Delegation aus Japan durch die Produktionsanlage und abschließende Diskussion**
12 00	
13 00	

4 **Um** bestehende **Termineinträge** auf der Zeitachse
auszudehnen, klicken Sie auf den Termin und ziehen
dann den Rahmen vertikal in die gewünschte Richtung.

Sind Sie zu bestimmten Zeiten abwesend oder sind bestimmte **Termine**
durch wiederkehrende Ereignisse belegt bzw. möchten Sie diese **vorsorglich freihalten**? Dann können Sie die betreffenden Zeilen im Terminkalender entsprechend blockieren.

1 Ziehen Sie als Erstes
die Markierung der betreffenden Terminspalte so weit
auf, dass diese als ein Termineintrag angezeigt wird.

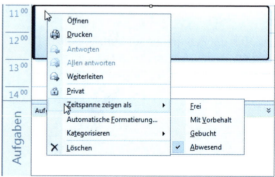

2 Klicken Sie den Termineintrag mit der rechten
Maustaste an, wählen Sie im Kontextmenü den Befehl
Zeitspanne anzeigen als und im Untermenü eine der
angezeigten Optionen.

Der markierte Terminbereich wird dann am linken Rand farbig kodiert. Bei Bedarf können Sie noch einen Kommentar der Art »Abwesend, wg. Urlaub« etc. eintragen. Greifen Dritte zur Terminabstimmung auf den Terminkalender zu, wird der blockierte Terminbereich angezeigt.

1 Möchten Sie einen **Termin mit** zusätzlichen **Optionen versehen**, wählen Sie die Zeile im Terminplan per Doppelklick an.

Outlook öffnet das Fenster *Termin* mit verschiedenen Registerkarten zur Terminbearbeitung.

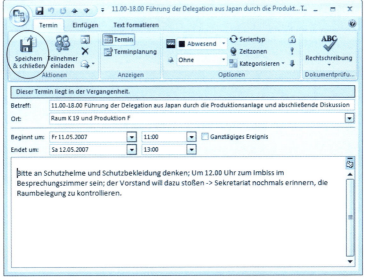

2 Tragen Sie auf der Registerkarte *Termin* den Betreff im gleichnamigen Feld ein, ergänzen Sie die restlichen Einträge, und klicken Sie dann auf die Schaltfläche *Speichern & schließen*.

Sie können beispielsweise einen Ort eintragen, an dem der Termin stattfindet. Weiterhin lassen sich der Anfang und das Ende des Termins über die betreffenden Felder des Fensters festlegen. Zusätzlich finden Sie ein umfangreicheres Textfeld, in dem Sie freie Texte als Anmerkungen zum Termin ablegen können.

Die Gruppe *Optionen* der Registerkarte *Termin* enthält verschiedene Listenfelder und Schaltflächen, um spezielle Optionen zu vereinbaren. Das Listenfeld *Anzeigen als* der Gruppe ermöglicht Ihnen z. B., einem Zeitraum im Terminkalender einen Status (Beschäftigt, mit Vorbehalt, Abwesend, Frei) zuzuordnen. Das Listenfeld *Erinnerung* zeigt verschiedene Zeitspannen, die festlegen, wie viele Minuten, Stunden oder Tage Sie vor dem Termin erinnert werden möchten. Über die Schaltfläche *Serientyp* der gleichen Gruppe öffnen Sie einen Zusatzdialog, in dem Sie zyklisch wiederkehrende Termine im Terminkalender einplanen können.

Hinweis

Um eine **Besprechung mit** anderen **Teilnehmern abzustimmen**, können Sie im Fenster *Termin* auf der gleichnamigen Registerkarte der Multifunktionsleiste die Schaltfläche *Teilnehmer einladen* wählen. Daraufhin öffnet sich ein Dialogfeld zur Auswahl der E-Mail-Adressen dieser Teilnehmer. Beim Absenden wird eine E-Mail an die Teilnehmer übertragen. Benutzen diese ebenfalls Microsoft Outlook, erscheint ein Nachrichtenfenster mit Elementen, über die sich die Einladung annehmen, ablehnen oder mit Vorbehalt annehmen lässt. Outlook sorgt dann dafür, dass der Einladende eine E-Mail mit Rückmeldungen erhält. Zudem wird der Termin in die Terminkalender der Teilnehmer eingetragen. Dem Einladenden wird im Terminkalender zudem angezeigt, wenn Eingeladene die Teilnahme ablehnen, annehmen oder unter Vorbehalt zusagen.

Öffnen Sie einen auf diese Weise koordinierten Termin, lässt sich eine Besprechung über die Schaltfläche *Einladung stornieren* der Gruppe *Aktionen* auf der Registerkarte *Besprechung* jederzeit vom Einladenden absagen. Outlook sorgt dann für den Abgleich der Outlook-Daten auf den Rechnern der Eingeladenen. Über die beiden Schaltflächen *Termin* und *Terminplanung* der Gruppe *Anzeigen* der Registerkarte *Termin* können Sie zwischen den hier gezeigten Darstellungen umschalten. Im Modus *Terminplanung* werden die Termine farbig mit einem Zeitstrahl im Tagesplan dargestellt.

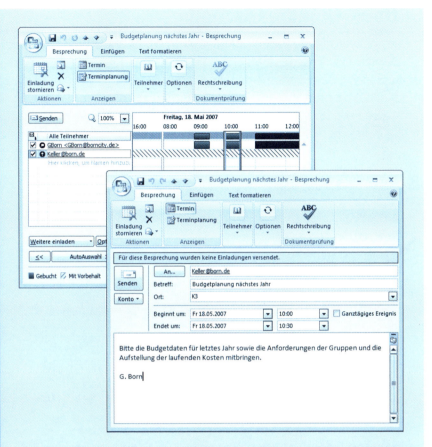

Und hier noch ein paar **Tipps zum Zeitmanagement** und zur Organisation des Tagesablaufs (mit oder ohne Outlook): Sammeln Sie die Aufgaben für Ihren Tagesplan, und schätzen Sie den Zeitbedarf. Analysieren Sie die Tätigkeiten nach dem ABC-Prinzip (A = wichtige Aufgaben, B = durchschnittlich wichtig, C = weniger wichtig, ggf. kürzen/streichen), und setzen Sie Prioritäten. Bringen Sie die Aufgaben (nach dem Pareto-Prinzip) in eine Reihenfolge. 20 % des Zeitaufwands bringen 80 % der Ergebnisse, d. h., Wichtiges zuerst erledigen! Reservieren Sie Zeit für wiederkehrende Aufgaben (z. B. Besprechungen). Machen Sie sich einen Wochen- oder Monatsplan für zu erledigende Aufgaben. Ermitteln Sie Zeitfresser im Tagesablauf, und eliminieren Sie diese. Erledigen Sie Ihre Kommunikation rational (z. B. per E-Mail). Lassen Sie im Terminplan Pufferzeit für Unvorhergesehenes (60:40-Regel, d. h., 60 % der Zeit wird verplant, der Rest ist frei für unerwartete und spontane Aktivitäten). Nutzen Sie die Möglichkeiten von Outlook zur Nachkontrolle/Wiedervorlage.

Outlook-Objekte löschen

In Outlook werden die Daten (E-Mails, Notizen, Aufgaben etc.) als Objekte bezeichnet. Das Löschen von Objekten läuft bei allen Funktionen gleich ab. Sobald Sie das Symbol einer Funktion in der Outlook-Leiste anklicken, öffnet das Programm den zugehörigen Ordner im Dokumentfenster. Gleichzeitig wird eine Symbolleiste im Anwendungsfenster eingeblendet. Um ein Objekt zu löschen, sind folgende Schritte erforderlich:

1 Markieren Sie das Objekt (E-Mail, Notiz, Aufgabe, Termin etc.) im Outlook-Fenster.

2 Dann klicken Sie in der Symbolleiste auf die *Löschen*-Schaltfläche, oder drücken Sie die Tastenkombination Strg+D bzw. die Entf-Taste.

Outlook verschiebt das betreffende Objekt (d. h. die zugehörigen Daten) in den Ordner mit dem Namen *Gelöschte Objekte*. Dieser Ordner wird mit dem Symbol eines Papierkorbs in der Outlook-Ordnerliste dargestellt.

> **Hinweis**
>
> Haben Sie irrtümlich ein Objekt (Termin, E-Mail, Notiz etc.) gelöscht? Solange noch nichts anderes gemacht wurde, können Sie den letzten Befehl mittels der Tastenkombination Strg+Z zurücknehmen und somit das gelöschte Objekt restaurieren. Bemerken Sie das Malheur erst später?

Klicken Sie in der Navigationsleiste auf die Gruppe *Ordnerliste*, und markieren Sie dann in der Ordnerstruktur der Navigationsleiste den Ordner *Gelöschte Objekte*. Sobald der Ordnerinhalt in der mittleren Spalte des Dokumentfensters aufgelistet wird, können Sie das zu restaurierende Element per Maus aus dieser Liste in den gewünschten Ordner der in der Navigationsleiste angezeigten Ordnerstruktur zurückschieben.

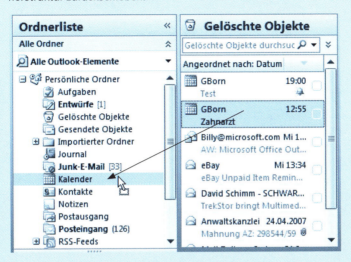

Alternativ können Sie den Kontextmenübefehl *In Ordner verschieben* des gelöschten Objekts wählen und dann den Zielordner im angezeigten Zusatzdialog wählen.

Da Outlook die gelöschten Objekte letztlich in einem Ordner speichert, müssen Sie diesen von Zeit zu Zeit leeren, um freien Speicherplatz auf dem Datenträger zu schaffen.

1 Rufen Sie die Ordnerliste in der Navigationsleiste über die betreffende Gruppenschaltfläche ab.

2 Klicken Sie mit der rechten Maustaste auf das Symbol des Ordners *Gelöschte Objekte*, und wählen Sie im Kontextmenü den Befehl *Ordner „Gelöschte Objekte" leeren*.

Wenn Sie dann die Sicherheitsabfrage über die *Ja*-Schaltfläche bestätigen, entfernt Outlook die betreffenden Objekte und gibt den Festplattenspeicher frei.

Hinweis

An dieser Stelle möchte ich die Einführung in Outlook beenden. Das Programm ist in seiner Funktionalität so mächtig, dass aus Platzgründen nur eine grobe Einführung an dieser Stelle möglich war. Für weitergehende Informationen möchte ich auf die Programmhilfe bzw. auf speziell auf Outlook abgestimmte Bücher verweisen.

Testen Sie Ihr Wissen

Zur Überprüfung Ihres Wissens sollten Sie die folgenden Aufgaben lösen.
Die Antworten finden Sie in Klammern angegeben.

■ **Erstellen Sie eine Notiz.**

(Klicken Sie im Navigationsbereich auf das Symbol *Notizen*. Wählen Sie die Schaltfläche *Neu* in der Symbolleiste, und geben Sie den Text in das Fenster der Notiz ein.)

■ **Tragen Sie einen Termin für den 25. September um 9:00 ein.**

(Wählen Sie in der Navigationsleiste das Symbol *Kalender*, und suchen Sie im Kalenderblatt den 25. September. Markieren Sie das Datum per Mausklick. Im Kalender lässt sich über die Schaltflächen zwischen den Monaten hin und her blättern. Klicken Sie im Terminkalender auf die Zeile 9:00, und tragen Sie den Termin ein.)

■ **Legen Sie eine Aufgabe mit aktivierter Erinnerung an.**

(Klicken Sie in der Navigationsleiste auf das Symbol *Aufgaben*. Doppelklicken Sie in der Aufgaben- oder Vorgangsliste auf eine freie Zeile. Geben Sie auf der Registerkarte *Aufgabe* des angezeigten Fensters den Betreff ein. Aktivieren Sie das Kontrollkästchen *Erinnerung*, und legen Sie die Erinnerungszeit fest.)

Kapitel 11

Installation und Anpassung

Dieses Kapitel zeigt Ihnen, wie Sie Microsoft Office installieren, ggf. Funktionen hinzufügen oder entfernen und wie Sie Office reparieren können. Weiterhin erfahren Sie, wie sich bestimmte Eigenschaften der Office-Programme anpassen lassen. Dies ermöglicht Ihnen, die Programme optimal auf Ihre Bedürfnisse abzustimmen.

Office installieren und warten

Vor der ersten Benutzung müssen Sie Microsoft Office installieren und die gewünschten Programme einrichten. Der Lieferumfang der einzelnen Komponenten hängt dabei von der erworbenen Office-Version ab (siehe auch die Erläuterungen in *Kapitel 1*). Später möchten Sie vielleicht Funktionen hinzufügen oder entfernen. Auch diese als Wartung bezeichnete Funktion lässt sich mit wenigen Mausklicks abrufen. Nachfolgend wird die Installation und Wartung des Produkts kurz erläutert.

Microsoft Office installieren

Microsoft Office wird in der Regel auf einem bzw. mehreren Datenträgern ausgeliefert. Bei der **Installation werden** die **Programmdateien auf** eine **Festplatte** Ihres Computers **kopiert und Verknüpfungen** im **Startmenü eingerichtet**. Zur Installation muss der Rechner die **Mindestanforderungen** bezüglich Hard- und Software für Office erfüllen. Auf dem Rechner muss ein Betriebssystem (Windows XP, Windows Vista bzw. ein Nachfolger dieser Betriebssysteme) installiert sein. Weiterhin benötigen Sie einen Rechner, der über genügend Prozessorleistung, Arbeitsspeicherkapazität und freie Festplattenkapazität verfügt. Die genauen Anforderungen finden Sie in der Produktbeschreibung.

> **Achtung**
>
> Vor der Installation sollten Sie wichtige Daten der Festplatte sichern und alle momentan ausgeführten Programme beenden.

Die eigentliche Installation ist recht einfach, ein Assistent führt Sie durch die wenigen Schritte.

1 Legen Sie das Installationsmedium in das Laufwerk ein.

Sobald Windows den Datenträger erkennt, startet es automatisch das Installationsprogramm. Klappt dies einmal nicht, rufen Sie das Programm *Setup.exe* im Hauptordner des Installationsmediums direkt auf (z. B. im Ordnerfenster durch einen Doppelklick auf das Symbol der Datei). Das Programm meldet sich mit einem Startdialog und bereitet die Installation vor. Dabei wird das System überprüft. Anschließend meldet sich der Setup-Assistent, der Sie durch die Schritte der Installation begleitet.

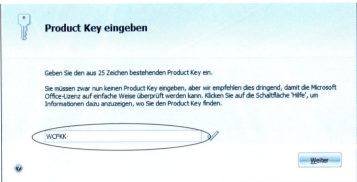

2 Geben Sie im hier gezeigten Dialogfeld den Produktschlüssel ein, und klicken Sie auf die Schaltfläche *Weiter*.

Hinweis

Der Produktschlüssel ist auf der Hülle der Produktverpackung aufgebracht und wird zur Überprüfung Ihrer Lizenzierung benötigt. Nur mit einer gültigen Office-Lizenz sind Sie zur Nutzung der Programme berechtigt.

In allen Dialogfeldern des Installations-Assistenten können Sie übrigens auf die in der linken unteren Ecke sichtbare Hilfe-Schaltfläche klicken. Sie erhalten dann zusätzliche Informationen über die Hilfeseite.

3 Lesen Sie in einem Folgedialog die Lizenzbedingungen, markieren Sie das Kontrollkästchen *Ich stimme den Bedingungen dieses Vertrags zu*, und klicken Sie auf die Schaltfläche *Weiter*.

4 Anschließend können Sie wählen, ob ein Update einer vorhandenen Office-Version oder eine Anpassung des Installationsumfangs durchzuführen ist.

Die Schaltfläche *Update* des Dialogfelds ermöglicht Ihnen, ein Update einer vorhandenen Office-Version durchzuführen, während über *Anpassen* der Installationsumfang festgelegt wird. Die anschließend angezeigten Dialogfelder hängen dabei von der gewählten Schaltfläche ab.

5 Haben Sie sich für ein Update entschieden, können Sie auf der Registerkarte *Update* über Optionsfelder vorgeben, ob die frühere Office-Version beibehalten oder überschrieben werden soll.

Die unterste Option gibt Ihnen auch die Möglichkeit, durch Markieren der freigegebenen Kontrollkästchen installierte Office-Anwendungen selektiv zu entfernen. Die Schaltfläche *Update* startet dann die Installation.

Haben Sie die Schaltfläche zum Anpassen des Installationsumfangs gewählt, können Sie vorgeben, welche Office-Anwendungen und -Funktionen auf dem System zu installieren sind.

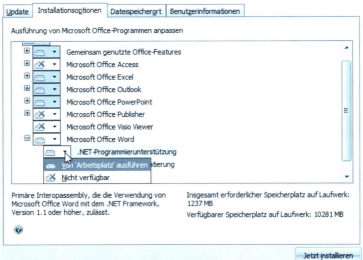

6 Wählen Sie in diesem Dialogfeld die zu installierenden Office-Komponenten auf der Registerkarte *Installationsoptionen* aus.

Über die Pluszeichen vor den Office-Komponenten können Sie den Zweig mit den Optionen erweitern. Jede Komponente besitzt am rechten Rand einen kleinen, nach unten zeigenden Pfeil, über den Sie ein Menü öffnen können. Im Menü lässt sich wählen, ob die Komponente zu installieren oder nicht zu installieren ist. Abgewählte Komponenten werden durch ein rotes Kreuz dargestellt. Im unteren Teil des Dialogfelds wird der benötigte Speicherplatz zur Installation eingeblendet. In einem weiteren Schritt wird das Installationsziel abgefragt.

7 Passen Sie ggf. das Installationsverzeichnis über die Schaltfläche *Durchsuchen* an, und klicken Sie erneut auf die Schaltfläche *Jetzt installieren*.

Achten Sie auch hier bei Auswahl eines anderen Laufwerks, dass genügend freie Kapazität zur Installation vorhanden ist.

8 Tragen Sie in diesem Dialogfeld Ihren Namen sowie (wenn Sie möchten) Ihre Initialen ein, und wählen Sie dann die Schaltfläche *Jetzt installieren*.

Die Angaben im letzten Dialogfeld werden in den Office-Programmen zur automatischen Vervollständigung bestimmter Informationen benutzt.

Hinweis

In den letzten Dialogfeldern können Sie jederzeit eine der angezeigten Registerkarten anklicken, um Korrekturen an den Eingaben vorzunehmen.

Sind alle Eingaben getätigt und besitzt der Installations-Assistent die benötigten Informationen, beginnt die Installation. Der Assistent kopiert die Dateien auf die Festplatte und richtet Office ein. Sie werden durch eine Fortschrittsanzeige über den Status bzw. die Schritte informiert. Besteht eine Internetverbindung, können Sie in einem weiteren Dialogschritt zu Office-Online wechseln und ggf. Programmaktualisierungen herunterladen. Über die *Schließen*-Schaltfläche dieses Dialogfelds lässt sich das Setup beenden.

Hinweis

Zur Benutzung müssen Sie **Microsoft Office** einmalig nach der Installation entweder per Internet oder per Telefon beim Hersteller **aktivieren** (andernfalls lässt sich Office nicht nutzen).

Das Dialogfeld zur Aktivierung erscheint automatisch beim ersten Aufruf von Microsoft Office. Sie können über Optionsfelder wählen, ob eine Aktivierung per Internet oder per Telefon erfolgen soll. Die Schaltfläche *Weiter* führt Sie durch die entsprechenden Dialogfelder. Bei der Internetaktivierung verläuft der Vorgang der Aktivierung weitgehend automatisch.

Microsoft Office Aktivierungs-Assistent

Microsoft Office Professional 2007

Aktivierungs-Assistent

Vielen Dank für die Installation von Microsoft Office Professional 2007. Sie müssen die Installation aktivieren, um alle Features verwenden zu können. Der Assistent wird Ihnen bei dem Aktivierungsvorgang behilflich sein.

Wie möchten Sie die Software aktivieren?

◉ Ich möchte die Software über das Internet aktivieren (empfohlen).

○ Ich möchte die Software telefonisch aktivieren.

Falls Sie jetzt nicht aktivieren, können Sie die Software 24 Mal verwenden, bevor viele der Features nicht mehr verfügbar sind. Klicken Sie auf 'Hilfe', um weitere Informationen zu erhalten.

Datenschutzbestimmungen/Impressum

| Hilfe | | Zurück | Weiter | Abbrechen |

Ist über Ihren Computer kein Internetzugang möglich, können Sie auch eine telefonische Registrierung wählen. Dann teilt Office Ihnen in einem Dialogfeld eine Prüfsumme sowie eine kostenlose Telefonnummer mit, unter der die Registrierung möglich ist. Sie müssen die angezeigte Prüfsumme per Telefon (über die Tasten Ihres Telefons, d. h., Tonwahl muss am Telefon aktiviert sein) an die Registrierungsstelle übermitteln und bekommen von dieser einen mehrstelligen Freischaltschlüssel mitgeteilt (legen Sie etwas zum Schreiben bereit, da die Ansage des Freischaltschlüssels vom Sprachcomputer sehr zügig erfolgt). Falls Sie Probleme beim Mitschreiben des Freischaltcodes haben, lassen Sie die Ansage wiederholen oder brechen Sie die Aktivierung ab und wiederholen die Prozedur erneut. Tragen Sie anschließend den übermittelten Schlüssel in das angezeigte Dialogfeld ein, um das Produkt zu aktivieren.

Installation anpassen, reparieren, entfernen

Benötigen Sie Office nicht mehr und möchten das Programm vom Rechner entfernen? Ist Office durch die Installation verschiedener Programme, durch Systemabstürze oder durch Löschen von Dateien beschädigt? Dann können Sie die Installation reparieren lassen. Oder fehlen Ihnen Programme aus Microsoft Office, die noch nicht installiert wurden? In diesem Fall müssen Sie den Installationsumfang nachträglich anpassen. Dies lässt sich weitgehend mit den gleichen Schritten durchführen.

1 Beenden Sie alle momentan laufenden Windows-Anwendungen, und melden Sie sich unter einem Benutzerkonto mit Administratorenrechten an.

2 Öffnen Sie (z. B. über das Startmenü) die Systemsteuerung, und wählen Sie den Befehl zum Installieren bzw. Entfernen von Software.

In Windows XP finden Sie hierzu beispielsweise das Symbol *Software* in der Systemsteuerung, welches Sie per Doppelklick anwählen. Im dann eingeblendeten Dialogfeld *Software* klicken Sie auf die am linken Rand befindliche Schaltfläche *Programme ändern oder entfernen*.

In Windows Vista wählen Sie in der Systemsteuerung den Befehl *Programme* und in der Folgeseite den Befehl *Programme und Funktionen*.

3 Sobald das hier gezeigte Fenster erscheint, markieren Sie den Eintrag für Office 2007.

4 Um das Paket zu entfernen, können Sie die Schaltfläche *Deinstallieren* anklicken und dann die Anweisungen in den angezeigten Dialogfeldern befolgen.

Möchten Sie das **Paket reparieren** oder **im Funktionsumfang anpassen**?

1 Wählen Sie im Fenster *Programme und Funktionen* die Schaltfläche *Ändern*.

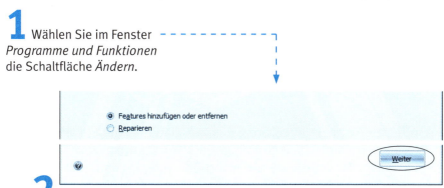

2 Markieren Sie im anschließend geöffneten Dialogfeld eines der beiden Optionsfelder, und klicken Sie danach auf die *Weiter*-Schaltfläche.

Wurde das Optionsfeld *Reparieren* gewählt, erscheint ein Folgedialog mit einer Fortschrittsanzeige, und das Setup-Programm führt eine Reparatur der Installation aus. Sie müssen dann warten, bis die Reparatur erfolgreich ausgeführt wurde, um den Abschlussdialog manuell über die betreffende *Schließen*-Schaltfläche zu beenden.

Haben Sie bei der Erstinstallation nicht alle Office-Komponenten installiert, oder stellen Sie nachträglich fest, dass Sie nicht alle Programme benötigen? Sie können den Funktionsumfang nachträglich anpassen, indem Sie in dem in Schritt 2 gezeigten Dialogfeld das Optionsfeld *Features hinzufügen und entfernen* markieren.

Dann erscheint nach Anwahl der *Weiter*-Schaltfläche dieses Dialogfeld mit der Registerkarte *Installationsoptionen*.

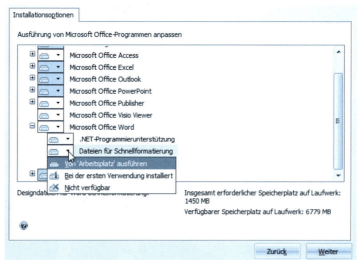

3 Legen Sie in der Liste die zu entfernenden oder hinzuzufügenden Office-Anwendungen und -Funktionen fest, und klicken Sie auf die Schaltfläche *Weiter*.

Setup führt dann eine Anpassung des Installationsumfangs aus und informiert Sie in einem Dialogfeld mit einer Fortschrittsanzeige über den Ablauf. Auch hier müssen Sie den Abschlussdialog manuell über die *Schließen*-Schaltfläche beenden. Anschließend ist in beiden Fällen ein Systemneustart durchzuführen. Danach können Sie wieder mit den Office-Anwendungen arbeiten.

Symbolleiste für den Schnellzugriff anpassen

In *Kapitel 1* wurde kurz erläutert, wie Sie über ein Menü zusätzliche Schaltflächen zur Symbolleiste für den Schnellzugriff einblenden können.

Es genügt, die betreffende Schaltfläche anzuklicken und im eingeblendeten Menü einen der Befehle anzuwählen.

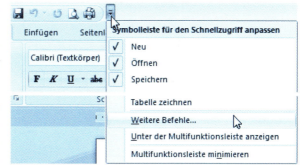

Ein Häkchen vor dem Befehl steht für eine eingeblendete Schaltfläche. Der Befehl *Multifunktionsleiste minimieren* blendet die Leiste aus. Über den Befehl *Unter der Multifunktionsleiste anzeigen* können Sie die Symbolleiste für den Schnellzugriff aus der Kopfzeile in den Bereich direkt oberhalb des Dokuments verlagern. Beim erneuten Öffnen des Menüs finden Sie Befehle, um die Multifunktionsleiste erneut einzublenden oder die Symbolleiste für den Schnellzugriff in die Titelleiste zu verlagern.

Sie haben zusätzlich die Möglichkeit, die Reihenfolge der Schaltflächen in der Symbolleiste für den Schnellzugriff vorzugeben und Trennzeichen einzufügen.

1 Starten Sie eine der Office-Anwendungen, öffnen Sie das Menü der Symbolleiste für den Schnellzugriff, und wählen Sie den Befehl *Weitere Befehle*.

2 Führen Sie im angezeigten Dialogfeld *xxxx-Optionen* die gewünschten Anpassungen an der Symbolleiste für den Schnellzugriff durch, und schließen Sie das Dialogfeld über die *OK*-Schaltfläche.

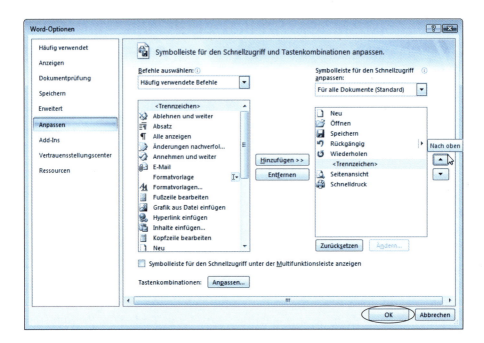

Die Zeichen *xxxx* in *xxxx-Optionen* stehen hier als Platzhalter für die benutzte Office-Anwendung (z. B. *Word-Optionen*). Das Dialogfeld zeigt links die Liste *Befehle auswählen* mit allen Schaltflächen der betreffenden Anwendung. Rechts finden Sie die Liste der Schaltflächen, die in der Symbolleiste für den Schnellzugriff enthalten sind.

■ Markieren Sie einen Eintrag in der linken Liste *Befehle auswählen*, können Sie die Schaltfläche, das Element oder ein Trennzeichen über die Schaltfläche *Hinzufügen* in die rechte Liste übertragen und damit in die Symbolleiste für den Schnellzugriff aufnehmen.

■ Entfernen lässt sich ein Element der Symbolleiste für den Schnellzugriff, indem Sie den Eintrag in der rechten Liste *Symbolleiste für den Schnellzugriff anpassen* auswählen und die Schaltfläche *Entfernen* anklicken.

■ Markieren Sie einen Eintrag in der rechten Liste *Symbolleiste für den Schnellzugriff anpassen*, können Sie diesen über die am rechten Dialogfeldrand sichtbaren Schaltflächen mit dem nach oben bzw. unten zeigenden Pfeil vertikal in der Liste verschieben. Damit lässt sich die Position des betreffenden Elements in der Symbolleiste für den Schnellzugriff verändern.

Mittels des linken Listenfelds *Befehle auswählen* können Sie bei Bedarf gezielt auf Befehlsgruppen (z. B. Elemente der Registerkarte *Start*) zugreifen. Das rechte Listenfeld ermöglicht die Festlegung, ob sich die Anpassung auf alle Dokumente der Anwendung oder nur auf das aktuell geladene Dokument beziehen soll. Die Schaltfläche *Zurücksetzen* holt den Installationszustand der Leiste zurück.

Word-Optionen

Die Optionen für das Programm Word lassen sich in den Word-Optionen anpassen. Zum Aufrufen des Dialogfelds und zum Anpassen der Optionen gehen Sie folgendermaßen vor.

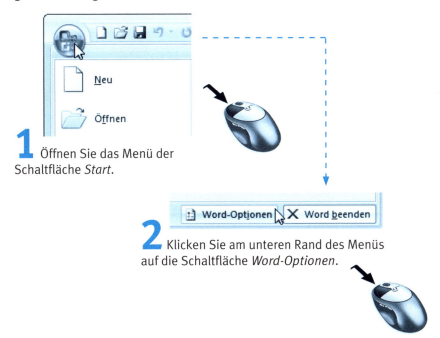

1 Öffnen Sie das Menü der Schaltfläche *Start*.

2 Klicken Sie am unteren Rand des Menüs auf die Schaltfläche *Word-Optionen*.

Microsoft Word blendet daraufhin das Dialogfeld *Word-Optionen* im Vordergrund ein. Das Dialogfeld ist zweigeteilt: In der linken Spalte finden Sie die Kategorien der verfügbaren Word-Optionen, während der rechte Teil des Dialogfelds die Optionen der gewählten Kategorie anzeigt.

3 Wählen Sie in der linken Spalte die gewünschte Kategorie aus, passen Sie im rechten Teil die gewünschten Optionen an, und schließen Sie das Dialogfeld über die *OK*-Schaltfläche.

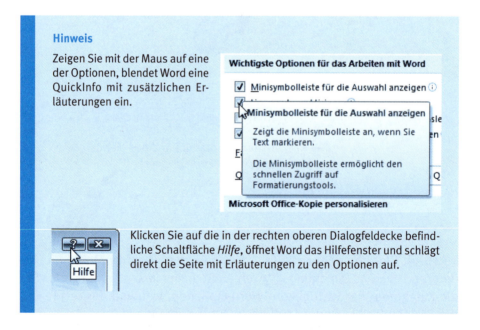

Hinweis

Zeigen Sie mit der Maus auf eine der Optionen, blendet Word eine QuickInfo mit zusätzlichen Erläuterungen ein.

Klicken Sie auf die in der rechten oberen Dialogfeldecke befindliche Schaltfläche *Hilfe*, öffnet Word das Hilfefenster und schlägt direkt die Seite mit Erläuterungen zu den Optionen auf.

Nachfolgend möchte ich Ihnen noch einige Hinweise zu nützlichen Optionen in verschiedenen Kategorien geben.

■ In der Kategorie *Häufig verwendet* finden Sie u. a. die Felder, um den Benutzernamen sowie die Initialen nachträglich einzutragen. Dies ist z. B. hilfreich, wenn diese Angaben während der Installation vergessen wurden.

■ Die Kategorie *Anzeigen* listet die Optionen zur Seitenanzeige, zur Anzeige von Formatierungszeichen und zum Anpassen der Druckoptionen auf. Optionen zur Bearbeitung, zum Ausschneiden, Kopieren und Einfügen oder zur Anzeige finden sich auch in der Kategorie *Erweitert*.

■ Möchten Sie den Pfad zum Speicherort oder das Format, welches beim Speichern von Dokumenten genutzt wird, einstellen? Dann wählen Sie die Kategorie *Speichern* und legen dann die gewünschten Optionen über die betreffenden Listen- und Textfelder fest. Sollen Kopien zur Dokumentwiederherstellung nach Systemabstürzen angefertigt werden, markieren Sie das Kontrollkästchen *AutoWiederherstellen-Info speichern alle* und tragen das Zeitintervall in Minuten ein. Bei einem Absturz versucht Word, beim nächsten Aufruf automatisch eine restaurierte Fassung des letzten Dokuments zu öffnen.

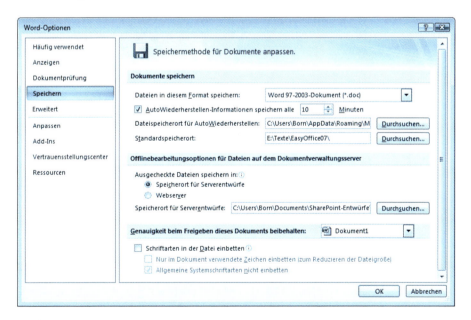

Möchten Sie einem **Schriftstück** eine **Dokumentvorlage** zur Gestaltung **zuweisen**, sind allerdings einige trickreiche Schritte erforderlich.

1 Wählen Sie in den Word-Optionen die Kategorie *Add-Ins*, und setzen Sie den Wert des Listenfelds *Verwalten* auf »Vorlagen«.

2 Sobald Sie auf die Schaltfläche *Gehe zu* klicken, wird das Dialogfeld mit den Word-Optionen geschlossen und das Dialogfeld *Dokumentvorlagen und Add-Ins* erscheint.

3 Über die Schaltfläche *Anfügen* auf der Registerkarte *Vorlagen* können Sie die gewünschte Vorlagendatei in einem zusätzlichen Dialogfeld auswählen.

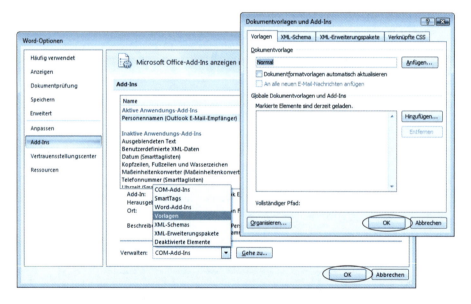

Bei Bedarf können Sie noch das Kontrollkästchen *Dokumentformatvorlage automatisch aktualisieren*, damit die neuen Formate ggf. wirksam werden. Sobald Sie das Dialogfeld über die *OK*-Schaltfläche schließen, wird die Dokumentvorlage dem Dokument zugeordnet.

Rechtschreibprüfung/AutoKorrektur

Die AutoKorrektur und die Rechtschreibprüfung werden von allen Office-Anwendungen verwendet, lassen sich daher auch in allen Anwendungen über deren Optionen anpassen. Hier die Schritte, um die Anpassungen in Word vorzunehmen.

1 Rufen Sie das Dialogfeld ------→ *Word-Optionen* über die betreffende Schaltfläche im Menü der *Office*-Schaltfläche auf (siehe vorheriger Abschnitt).

2 Wählen Sie in der linken Spalte des Dialogfelds *Word-Optionen* die Kategorie *Dokumentprüfung*, passen Sie anschließend im rechten Teil des Dialogfelds die Optionen für die Rechtschreibkorrektur an, und klicken Sie zur Übernahme auf die *OK*-Schaltfläche.

Möchten Sie verhindern, dass Word den Text bereits während der Eingabe auf Schreibfehler überprüft, löschen Sie die Markierung des Kontrollkästchens *Rechtschreibung während der Eingabe überprüfen*. Die Korrektur von Internet- und Dateiadressen durch die Rechtschreibprüfung wird verhindert, sobald das betreffende Kontrollkästchen *Internet- und Dateiadressen ignorieren* markiert ist. Setzen Sie die Markierung auf *Deutsch:*

Neue Rechtschreibung verwenden, um die Rechtschreibkorrektur an die geänderten Regeln anzupassen.

> **Hinweis**
>
> Word merkt sich, wenn Sie bei einem Dokument eine Rechtschreibprüfung durchgeführt haben. Die betreffenden Dokumentstellen werden dann nur noch überprüft, wenn sie geändert wurden. Müssen Sie ein Dokument erneut überprüfen (z. B. weil Sie Schreibfehler irrtümlich als richtig eingestuft haben)? Dann klicken Sie im Dialogfeld auf die Schaltfläche *Dokument überprüfen*. Word setzt dann den Korrekturstatus zurück, und die Rechtschreibprüfung bearbeitet wieder den gesamten Text.

AutoKorrektur/AutoFormat anpassen

Die AutoKorrektur überwacht Ihre Eingaben auf Schreibfehler und korrigiert ggf. falsch geschriebene Begriffe automatisch. Diese Korrektur erfolgt über interne Listen und steht in Office-Programmen wie Word, Excel, PowerPoint etc. zur Verfügung. Office wird mit einer vordefinierten Liste an Korrekturvorschlägen ausgeliefert. Sie haben aber jederzeit die Möglichkeit, die Einstellungen für die AutoKorrektur anzupassen.

1 Öffnen Sie das Dialogfeld *Word-Optionen*, und wählen Sie die Kategorie *Rechtschreibung* (siehe oben). Dann klicken Sie im Dialogfeld auf die Schaltfläche *AutoKorrektur-Optionen*.

2 Anschließend wählen Sie im Eigenschaftenfenster *AutoKorrektur* die gewünschte Registerkarte (z. B. *AutoKorrektur* oder *AutoFormat*) und passen die gewünschten Optionen an.

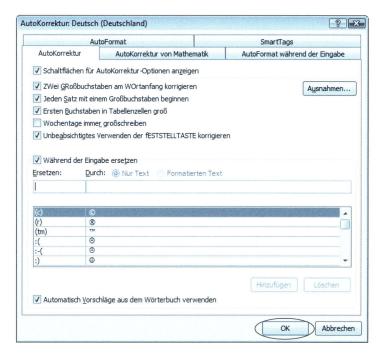

■ Zum Löschen eines AutoKorrektur-Eintrags wählen Sie diesen auf der betreffenden Registerkarte in der Liste an. Sie können ggf. über die Bildlaufleiste in der AutoKorrektur-Liste blättern. Anschließend klicken Sie auf die Schaltfläche *Löschen*.

■ Möchten Sie einen Begriff in der AutoKorrektur-Liste korrigieren, wählen Sie diesen ebenfalls in der Liste an. Der Begriff wird dann oberhalb der Liste in zwei Textfeldern angezeigt. In der linken Spalte steht der falsch geschriebene Begriff, während die rechte Spalte die Korrektur enthält. Passen Sie ggf. die Schreibweise an, und wählen Sie die Schaltfläche *Ersetzen*.

■ Um einen neuen Begriff in die Liste einzufügen, tragen Sie den falschen Ausdruck in das Feld *Ersetzen* ein. Fügen Sie dem Feld *Durch* den richtig geschriebenen Text hinzu, und klicken Sie auf die Schaltfläche *Hinzufügen*.

3 Sobald alle Korrekturen vorgenommen wurden, schließen Sie die Registerkarte über die *OK*-Schaltfläche.

So schön die AutoKorrektur ist, in manchen Fällen geht diese Korrektur schief. Sie können die Korrektur zwar durch Drücken der Tastenkombination Strg+Z aufheben. Aber dies ist oft ziemlich störend. Hier hilft Ihnen die Pflege der Liste mit den AutoKorrektur-Ausnahmen.

1 Klicken Sie auf der Registerkarte *AutoKorrektur* auf die
Schaltfläche *Ausnahmen*.

Das betreffende Programm öffnet daraufhin das Dialogfeld *AutoKorrektur-
Ausnahmen* mit mehreren Registerkarten.

2 Aktivieren Sie die gewünschte Registerkarte,
tragen Sie den Text der Ausnahme ein, und fügen Sie
diesen über die Schaltfläche *Hinzufügen* in die Liste ein.
Schließen Sie das Dialogfeld über die *OK*-Schaltfläche.

Mit der Schaltfläche *Löschen* lässt sich ein markierter Eintrag aus der Liste entfernen.

Die Registerkarten *AutoFormat* und *AutoFormat während der Eingabe* im Dialogfeld *AutoKorrektur* bieten Ihnen verschiedene Optionen, um die Formatierung eines Word-Textes während der Eingabe durchzuführen.

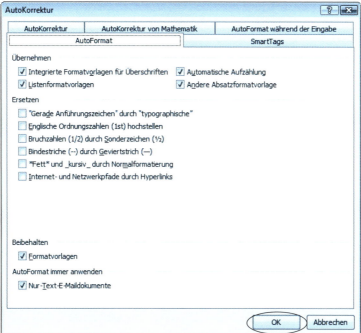

1 Legen Sie die gewünschten Optionen über die Kontrollkästchen der Registerkarte fest.

2 Schließen Sie die Registerkarte über die *OK*-Schaltfläche.

Word nimmt dann bei der Eingabe der betreffenden Buchstabenkombinationen automatisch eine Formatierung vor.

Excel anpassen

Ähnlich wie bei Word ermöglicht Ihnen auch Excel, verschiedene Eigenschaften über das Dialogfeld *Excel-Optionen* anzupassen.

1 Zum Aufrufen gehen Sie wie bei Word vor: Öffnen Sie das Menü der *Office*-Schaltfläche, und klicken Sie auf die Schaltfläche *Excel-Optionen*.

2 Wählen Sie im Dialogfeld die gewünschte Kategorie in der linken Spalte aus, setzen Sie die Optionen, und schließen Sie das Dialogfeld über die *OK*-Schaltfläche.

Berechnungsoptionen finden Sie in der Kategorie *Formeln,* indem Sie die Optionen in der entsprechenden Gruppe im rechten Teil des Dialogfelds wählen. Im Modus *Automatisch* rechnet Excel das Arbeitsblatt bei jeder Eingabe in eine Zelle neu durch. Bei umfangreichen Arbeitsblättern mit vielen Formeln können Sie die Option *Manuell* wählen und die Funktionstaste F9 zur Neuberechnung nutzen.

Hinweis

In den Excel-Kapiteln hatte ich Ihnen erläutert, dass die Zellen mit Buchstaben und Zahlen adressiert werden. Nach der ersten Zelle A1 wird diese Bezugsart auch als A1-Bezugsart bezeichnet. Markieren Sie das Kontrollkästchen *Z1S1-Bezugsart* in der Gruppe *Arbeiten mit Formeln* der Kategorie *Formeln*, erfolgt die Adressierung der Zeilen und Spalten mit Zahlen.

Ansichts- und Bearbeitungsoptionen werden über die Kategorie *Erweitert* festgelegt.

■ Die Darstellung des Excel-Fensters lässt sich über die Gruppe *Anzeige* beeinflussen. Löschen Sie z. B. die Markierung des Kontrollkästchens *Bearbeitungsleiste anzeigen*, falls Sie diese Leiste unterdrücken möchten.

■ Die Zahl der im Menü zur *Office*-Schaltfläche angezeigten zuletzt verwendeten Dokumente lässt sich über ein Drehfeld dieser Gruppe beeinflussen. In der Kategorie finden Sie auch Kontrollkästchen, um die Gitternetzlinien ein-/auszublenden. Die Anzeige der Blattregisterkarten unterdrücken Sie, wenn Sie die Markierung des gleichnamigen Kontrollkästchens löschen.

■ Das Kontrollkästchen *Markierung nach Drücken der Eingabetaste verschieben* sowie das zugehörige Listenfeld der Gruppe *Optionen bearbeiten* legen z. B. fest, wohin der Eingabefokus beim Drücken der ⏎-Taste bei Zelleingaben wechselt (siehe *Kapitel 5*).

■ Mit der Option *Die folgende Anzahl Blätter aufnehmen* der Gruppe *Beim Erstellen neuer Arbeitsmappen* der Kategorie *Häufig verwendet* ermöglichen Sie Excel, zwischen 1 und 255 Arbeitsblätter in einer neuen Mappe anzulegen.

Das Feld *Standardspeicherort* der Gruppe *Arbeitsmappen speichern* der Kategorie *Speichern* ermöglicht Ihnen, den Pfad zu dem Ordner einzustellen, den Excel bei der Anwahl des Dialogfelds *Öffnen* verwendet. In der gleichen Gruppe können Sie über das Listenfeld *Dateien in diesem Format speichern* vorgeben, mit welchem Dateiformat Excel Arbeitsmappen standardmäßig speichern soll.

Benutzerdefinierte Listen anlegen

In den Kapiteln zu Excel hatte ich Ihnen gezeigt, wie Sie mit der Funktion AutoAusfüllen elegant Zeilen oder Spalten mit Vorgabewerten füllen. Die Funktion muss hierzu aber Informationen zur Reihenbildung kennen. Bei Zahlen der Art 1, 2, 3 etc. ist diese leicht zu bestimmen. Schwierig wird es aber bei Wortfolgen wie Tages- oder Monatsnamen. Denkbar wäre es auch, dass Sie eine benutzerdefinierte Liste mit Namen der Mitarbeiter einer Abteilung haben. Wird jetzt eine Tabelle mit diesen Namen benötigt, könnte die Funktion AutoAusfüllen gute Dienste leisten. Möchten Sie Ihre benutzerdefinierten Listen für AutoAusfüllen anlegen? Dann gehen Sie in Excel folgendermaßen vor:

1 Öffnen Sie das Dialogfeld *Excel-Optionen* über die gleichnamige Schaltfläche im Menü zur *Office*-Schaltfläche.

2 Klicken Sie in der linken Spalte auf die Kategorie *Häufig verwendet*, und wählen Sie im rechten Teil des Dialogfelds die Schaltfläche *Benutzerdefinierte Listen bearbeiten*.

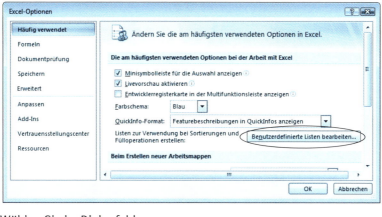

3 Wählen Sie im Dialogfeld
Benutzerdefinierte Listen in der
gleichnamigen Spalte den Eintrag
»Neue Liste«.

4 Klicken Sie in die Liste *Listen-
einträge*, und tippen Sie die gewünschten Begriffe ein. Sie können
die Begriffe durch Drücken der
⟨↵⟩-Taste in Zeilen aufteilen oder
mittels Kommata trennen.

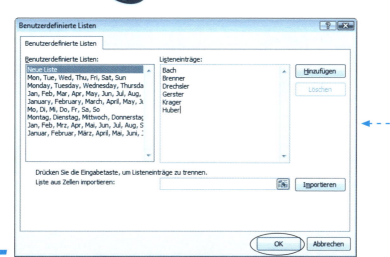

5 Klicken Sie auf die Schaltfläche *Hinzufügen*, und schließen Sie die
Registerkarte über die *OK*-Schaltfläche.

Nach dem Betätigen der *Hinzufügen*-Schaltfläche steht Ihnen die neue
Liste in der AutoAusfüllen-Funktion zur Verfügung.

> **Hinweis**
>
> Bei umfangreichen Listen ist die Eingabe in die Liste auf der Registerkarte recht umständlich. Legen Sie die Liste in einer Tabellenspalte an. Dann können Sie die Einträge ggf. in der gewünschten Reihenfolge sortieren. Auf der Registerkarte *Benutzerdefinierte Listen* legen Sie im Feld *Liste aus Zellen importieren* den Zellbereich mit den Vorgabewerten fest. Dann klicken Sie auf die Schaltfläche *Importieren*. Excel übernimmt anschließend die Werte in die benutzerdefinierte Liste.

PowerPoint anpassen

Auch PowerPoint lässt sich wie Word oder Excel über das Dialogfeld *PowerPoint-Optionen* anpassen. Der Aufruf erfolgt auf die gleiche Art wie bei Word und Excel über die betreffende Schaltfläche des *Office*-Menüs. Die Optionen zur Bearbeitung, zum Anzeigen, zur Bildschirmpräsentation oder zum Drucken finden Sie im rechten Teil des Dialogfelds, sobald Sie die Kategorie *Erweitert* im Dialogfeld *PowerPoint-Optionen* anklicken.

Beim Speichern kann PowerPoint die
Dateien in unterschiedlichen Formaten ablegen. Dies ermöglicht ggf.
die Weiterverarbeitung durch ältere
PowerPoint-Versionen. Dieses Format,
den Standardordner zum Speichern
und andere Optionen können Sie über
die Kategorie *Speichern* im Dialogfeld

Hinweis

Viele Optionen (z. B. zur Steu-
erung der Rechtschreibeigen-
schaften) besitzen zwischen
Word, PowerPoint und Excel die
gleiche Bedeutung.

PowerPoint-Optionen bestimmen. Über das Kontrollkästchen *AutoWieder-
herstellen-Informationen alle* können Sie PowerPoint zum Anlegen einer
Sicherheitskopie veranlassen, die in bestimmten Zeitintervallen aktualisiert wird. Die Optionen werden beim Schließen des Dialogs mittels der
OK-Schaltfläche übernommen.

Outlook anpassen

Outlook wird zwar bei der Installation eingerichtet. Dies heißt aber nicht,
dass es nichts anzupassen oder einzustellen gäbe. Im Gegenteil, das Programm fordert bereits beim ersten Aufruf bestimmte Informationen an. Der
folgende Abschnitt enthält einige Hinweise zur Anpassung von Outlook.

Hinweis

Beim erstmaligen Aufruf von Outlook fehlen diesem die Konfigurationsinfor-
mationen (z. B. Angaben zu E-Mail-Konten). Daher erscheint automatisch das
Dialogfeld eines Assistenten, welcher Sie durch die Schritte zur Konfigurierung
eines E-Mail-Kontos begleitet. Sie können den Assistenten abbrechen und später
gemäß den nachfolgenden Schritten die E-Mail-Konten einrichten.

Ein E-Mail-Konto einrichten

Haben Sie den Assistenten beim ersten Start von Outlook abgebrochen,
können Sie die Daten zum Zugriff auf das E-Mail-Konto auch nachträglich
eintragen:

1 Starten Sie Outlook, und wählen Sie im – – – – – – – – ➤
Menü *Extras* den Befehl *Kontoeinstellungen*.

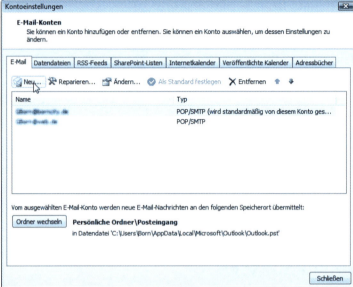

2 Klicken Sie auf der Registerkarte *E-Mail* des Dialogfelds *Konto-einstellungen* auf die Schaltfläche *Neu*.

Jetzt startet ein Assistent, der Sie durch die Konfigurierung des Kontos führt.

> **Hinweis**
>
> Um die Daten eines bereits eingerichteten E-Mail-Kontos einzusehen und zu pflegen, können Sie dessen Eintrag auf der Registerkarte *E-Mail* per Doppel-klick anwählen. Dann wird ein Dialogfeld *Internet-E-Mail-Einstellungen* mit den Kontoeinstellungen geöffnet. Über die Schaltfläche *Als Standard festlegen* der Registerkarte können Sie ein markiertes Konto als Standard bestimmen. Dieses wird beim E-Mail-Versand standardmäßig als Absender eingetragen. Weiterhin finden Sie auf der Registerkarte Schaltflächen, um ein markiertes Konto zu lö-schen oder in der Liste nach oben oder unten umzustufen. Bei mehreren Konten werden diese in der aufgeführten Reihenfolge beim Senden/Empfangen von E-Mails abgearbeitet.

3 Markieren Sie im ersten Dialogschritt die Option *Microsoft Exchange, POP3, IMAP oder HTTP*, und bestätigen Sie über die *Weiter*-Schaltfläche.

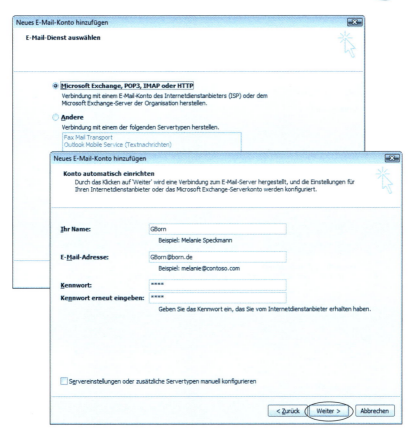

4 Geben Sie im nächsten Dialogfeld die Daten des E-Mail-Kontos (Name, E-Mail-Adresse, Kennwort) ein, und klicken Sie auf die Schaltfläche *Weiter*.

Der Assistent versucht dann, eine Verbindung zum E-Mail-Server anhand der bekannten Daten herzustellen und das Konto automatisch einzurichten. Dies wird im Dialogfeld *Konfiguration* animiert angezeigt.

5 Kann die automatische Kontenkonfiguration nicht durchgeführt werden, klicken Sie auf die Schaltfläche *Zurück*, markieren das Kontrollkästchen *Servereinstellungen oder zusätzliche Servertypen manuell konfigurieren* und bestätigen erneut mit der *Weiter*-Schaltfläche.

- - - - - ►

6 Wählen Sie im Dialogfeld *E-Mail-Dienst auswählen* die gewünschte Option (z. B. *Internet-E-Mail*), und klicken Sie wiederum auf die *Weiter*-Schaltfläche.

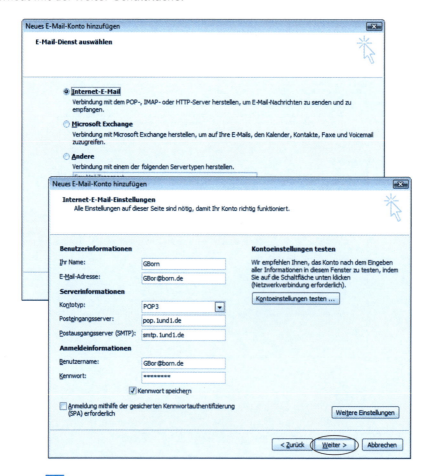

7 Tragen Sie nun im erweiterten Dialogfeld *Internet-E-Mail-Einstellungen* die Kenndaten des E-Mail-Kontos ein, und bestätigen Sie die *Weiter*-Schaltfläche.

Hinweis

Die üblichen Internet-E-Mail-Konten werden typischerweise über das POP3- und SMTP-Protokoll verwaltet. Eine andere Option für Web-E-Mail könnte IMAP oder HTTP sein. Die genauen Daten des Servers sowie das benötigte Protokoll und Einstelloptionen erhalten Sie von Ihrem Provider. Zum Testen der Einstellungen stellen Sie nach dem Ausführen von Schritt 7 eine Internetverbindung her und klicken auf die Schaltfläche *Kontoeinstellungen testen*. Outlook prüft daraufhin die Kontoeinstellung und zeigt den Status in einem Dialogfeld an. Manche Provider verlangen zum Postversand eine Kennwortauthentifizierung. Wählen Sie dann die Schaltfläche *Weitere Einstellungen*, und markieren Sie im Dialogfeld *Postausgangsserver* die benötigte Option (z. B. *Der Postausgangsserver (SMTP) erfordert Authentifizierung* oder *Vor dem Senden bei Posteingangsserver anmelden*). Auf der Registerkarte können Sie ggf. auch Ihren Benutzernamen und Ihr Kennwort zur Anmeldung am Postausgangsserver hinterlegen. Bei Problemen konsultieren Sie bitte den Verwalter Ihres Systems oder Ihren Internetprovider, um die korrekten Anmeldedaten zu erfahren.

Bei korrekten Kontoeinstellungen wird eine Testmail über den E-Mail-Server verschickt, und Sie erhalten in einem Dialogfeld eine entsprechende Statusmeldung.

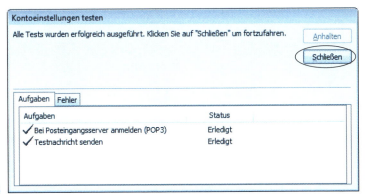

8 Klicken Sie auf die *Schließen*-Schaltfläche, wählen Sie im Dialogfeld des Assistenten die Schaltfläche *Weiter* und im Folgedialog die Schaltfläche *Fertig stellen*.

Der Assistent speichert nun die Kontendaten für Outlook. Bei Bedarf können Sie die obigen Schritte für mehrere Konten ausführen.

Konten vom E-Mail-Versand ausnehmen

Klicken Sie auf die Schaltfläche *Senden/Empfangen*, tauscht Outlook alle erstellten Nachrichten mit dem Mailserver aus und holt neue Post ab. Dies erfolgt für alle konfigurierten Konten. Je nach Konto kann dies aber zu Problemen führen oder unerwünscht sein. Beim Freemail-Anbieter Web.de ist z. B. eine Abfrage des POP3-Postfachs nur im Abstand von 15 Minuten zulässig.

1 Wählen Sie im Outlook-Fenster im Menü *Extras* den Befehl *Senden/Empfangen* und im Untermenü *Übermittlungseinstellungen* den Befehl *Senden-Empfangen-Gruppen definieren*.

2 Markieren Sie den Eintrag der gewünschten Gruppe. Bei Bedarf können Sie die Markierung des Optionsfelds *Diese Gruppe bei der Übermittlung mit einbeziehen* löschen, um eine automatische Übermittlung zu blockieren.

3 Alternativ markieren Sie den Eintrag der gewünschten Gruppe und klicken auf die Schaltfläche *Bearbeiten*.

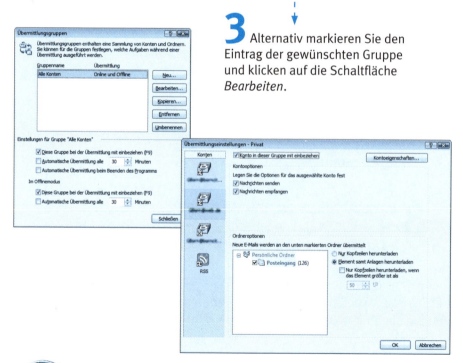

4 Wählen Sie im Dialogfeld *Übermittlungseinstellungen* das gewünschte Konto (in der linken Leiste) aus, und löschen Sie die Markierung des Kontrollkästchens *Konto in dieser Gruppe mit einbeziehen*.

Sobald Sie die Dialogfelder über die *OK-* Schaltfläche schließen, werden die Einstellungen aktiviert. In den obigen Abbildungen sind einige Konten von der automatischen Mailübermittlung ausgenommen. Sie können über das Menü *Extras* und das Untermenü *Senden/Empfangen* das Konto manuell anwählen, um Post abzuholen oder zu versenden.

> **Hinweis**
>
> Weitere Details zum Verwalten der E-Mail-Daten etc. entnehmen Sie bitte der Outlook-Hilfe.

Andere Outlook-Optionen

Outlook ermöglicht Ihnen, für die verschiedenen Funktionen die Eigenschaften zur Bearbeitung und Anzeige einzustellen.

1 Um die restlichen Optionen in Outlook zu setzen, wählen Sie im Menü *Extras* den Befehl *Optionen*.

Im Dialogfeld *Optionen* werden verschiedene Registerkarten zum Anpassen der Optionen eingeblendet. Auf der Registerkarte *Einstellungen* finden Sie die Optionen für die einzelnen Outlook-Funktionen.

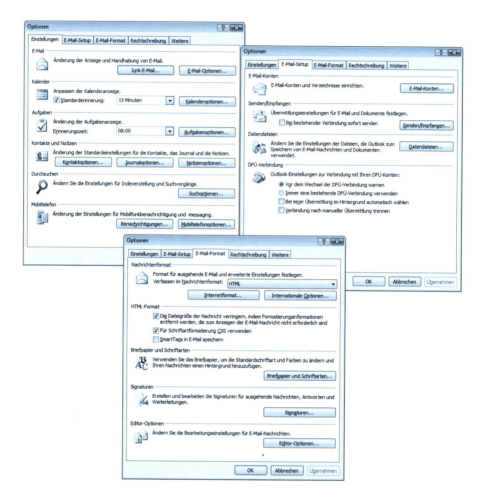

2 Klicken Sie auf die Schaltfläche der einzelnen Optionen, und legen Sie dann die Eigenschaften im angezeigten Dialogfeld fest.

Das Nachrichtenformat für Ihre E-Mails bestimmen Sie auf der Registerkarte *E-Mail-Format* in der Gruppe *Nachrichtenformat*. Sie können die Ausgaben auf reinen Text, auf HTML-Seiten oder auf ein spezielles Outlook-Format einstellen.

Auf der Registerkarte *E-Mail-Setup* finden Sie die Optionen zum Einrichten der E-Mail-Konten, zum Senden/Empfangen und zur DFÜ-Verbindung. Löschen Sie z. B. die Markierung des Kontrollkästchens *Bei bestehender Verbindung sofort senden*, um die Nachrichten im lokalen Postausgangsordner zu sammeln.

> **Hinweis**
>
> Auf den anderen Registerkarten finden Sie weitere Optionen zum Anpassen des Programms. Detaillierte Informationen über die Optionen der Steuerelemente der einzelnen Registerkarten liefert die Direkthilfe. Damit möchte ich die Beschreibung von Microsoft Office beenden. Hinweise zum Auf- und Abbauen der Internetverbindung finden Sie in den Easy-Titeln zu Windows oder bei Ihrem Internetanbieter. Zudem liefert die Hilfe der jeweiligen Office-Anwendungen Informationen zu den einzelnen Funktionen.

Kleine Pannenhilfen

Windows und Office

Eine Verknüpfung wurde irrtümlich gelöscht

Haben Sie eine Verknüpfung irrtümlich gelöscht, können Sie sofort danach das Kontextmenü mit der rechten Maustaste öffnen und den Befehl *Rückgängig: Löschen* wählen. Andernfalls müssen Sie die Verknüpfung aus dem Startmenü neu erstellen (siehe *Kapitel 1*).

Ein Office-Programm fehlt im Startmenü

Sie müssen Office reparieren. Wie dies funktioniert, wird in *Kapitel 11* gezeigt.

Eine Office-Programmfunktion fehlt

Fehlt ein Programm, obwohl dies auf der Office-Packung aufgeführt ist? Das Programm oder die Funktion wurde bei der Installation abgeschaltet. Sie müssen die Funktion in Office hinzufügen (siehe *Kapitel 11*).

Ein Fenster ist verschwunden

Sehen Sie in der Taskleiste nach. Meist wird das Fenster lediglich durch ein anderes Fenster verdeckt. Andernfalls drücken Sie mehrfach die Tastenkombination [Alt]+[⇆], um zwischen den Fenstern zu wechseln. Bei Excel kann das Dokumentfenster auch durch ein anderes Dokumentfenster verdeckt werden. Wählen Sie den Eintrag des Fensters im Menü *Fenster*.

Ein Dokumentfenster lässt sich nicht in den Vordergrund holen oder nicht bearbeiten

Klicken Sie auf ein im Hintergrund befindliches Dokumentfenster, tut sich nichts. Oder ein Dokumentfenster erlaubt keine Eingaben. Vermutlich ist noch ein Dialogfeld geöffnet, welches aber von einem anderen Fenster verdeckt wird. Minimieren Sie die Fenster im Vordergrund, und schließen Sie das Dialogfeld. Dann lässt sich das Programmfenster wieder anwählen bzw. das enthaltene Dokument bearbeiten.

Im Fenster ist nicht alles zu sehen

Manchmal ist das Fenster zu klein. Sie können dann über die Bildlaufleisten im Fenster blättern und die nicht sichtbaren Inhalte anzeigen.

Eine Schaltfläche in der Multifunktionsleiste wird abgeblendet angezeigt und funktioniert nicht

Die Office-Programme zeigen zwar die Elemente auf den Registerkarten der Multifunktionsleiste an, das heißt aber noch nicht, dass ein bestimmter Befehl im aktuellen Kontext auch Sinn macht. In Excel werden beispielsweise viele Befehle bei der Eingabe in eine Zelle gesperrt. Beenden Sie die letzte Aktion, und versuchen Sie, den Befehl erneut anzuwählen.

Eine Schaltfläche fehlt

Vielleicht wurde diese Schaltfläche auf der Registerkarte ausgeblendet, weil das Fenster zu schmal ist. Vergrößern Sie die Fensterbreite, damit Office die Schaltflächen zu Gruppen expandieren kann.

Probleme beim Drucken

Der Drucker funktioniert nicht

Beim Ausdruck erscheint eine Meldung mit einem Hinweis auf eine Störung am Drucker. Beheben Sie die Störung, und versuchen Sie den Ausdruck erneut. Zum Beheben der Druckerstörung sollten Sie die folgenden Punkte überprüfen:

- Ist der Drucker eingeschaltet, und erhält er Strom?
- Ist das Druckerkabel zwischen Rechner und Drucker richtig angeschlossen?
- Ist der Drucker auf **Online** gestellt?
- Hat der Drucker genügend Papier, Toner, Tinte?
- Gibt es eine Störung am Drucker (z. B. Papierstau)?
- Haben Sie beim Netzwerkdruck vielleicht einen falschen Drucker ausgewählt?
- Ist der Druckertreiber richtig eingerichtet (z. B. Auswahl der Druckeranschlüsse)?

Querdruck oder falscher Papierschacht

Die Druckausgaben erfolgen quer auf dem Blatt, oder es wird ein falscher Papierschacht zum Einzug benutzt. In diesem Fall müssen Sie die Druckoptionen von Querformat auf Hochformat umstellen bzw. den Papierschacht wechseln (im Menü der *Office*-Schaltfläche den Befehl *Drucken* wählen und im Dialogfeld die Druckoptionen anpassen).

Word-/Excel-/PowerPoint-Probleme

Word: Grafiken werden nur als Rahmen gedruckt

In diesem Fall ist die Funktion *Platzhalter für Grafiken anzeigen* oder *Entwurfsqualität verwenden* eingeschaltet. Öffnen Sie das Dialogfeld *Word-Optionen* über die *Office*-Schaltfläche, und wählen Sie die Kategorie *Erweitert*. Heben Sie die Markierung des Kontrollkästchens *Platzhalter für Grafiken anzeigen* bzw. *Entwurfsqualität verwenden* auf.

Word: Tabellenrahmen fehlen im Ausdruck

Die Gitternetzlinien für Tabellen werden nur auf dem Bildschirm angezeigt. Möchten Sie Gitternetzlinien beim Ausdruck haben, markieren Sie die Tabelle, und weisen Sie ihr über die Schaltfläche *Rahmenlinie* eine entsprechende Umrahmung zu (siehe *Kapitel 3*).

Word, Excel: Die Gitternetzlinien für Tabellen fehlen in der Anzeige

Wählen Sie in Word auf der Registerkarte *Entwurf* der Multifunktionsleiste die Option *Gitternetzlinien anzeigen* im Menü der Schaltfläche *Rahmen* (siehe z.B. *Kapitel 3*).

Word: Im Dokument erscheint der Text { ... }

Die geschweifte Klammer enthält die Definition der Feldfunktion. Markieren Sie die Stelle, und drücken Sie die Tastenkombination $\boxed{\text{Alt}}$+$\boxed{\text{F9}}$. Jetzt wird der Feldwert eingeblendet. Ist die Anzeige bei jedem Laden des Dokuments erneut vorhanden? Dann öffnen Sie das Dialogfeld *Word-Optionen*, wählen die Kategorie *Erweitert* und löschen in der Gruppe *Dokumentinhalt anzeigen* die Markierung des Kontrollkästchens *Feldfunktionen an Stelle von Werten anzeigen*.

Excel: Zellen enthalten den Wert

Die Zellenbreite reicht zur Darstellung des Werts nicht aus. Vergrößern Sie die Tabellenspalte über den Spaltentrenner.

Excel: Der eingegebene Wert wird anders dargestellt

Dieser Effekt tritt auf, wenn die Zelle ein anderes Zellformat enthält (z. B. weil Sie vorher eine Uhrzeit eingetragen, den Wert aber gelöscht haben). Markieren Sie die Zelle, und setzen Sie das Zellformat über den Kontextmenübefehl *Zellen formatieren* auf Standard zurück (siehe *Kapitel 6*).

Excel: Nachkommastellen verschwinden bei der Anzeige

Excel unterdrückt standardmäßig Nachkommastellen, wenn der Wert o ist. Markieren Sie die Zelle, und weisen Sie ihr zwei Dezimalstellen über die Schaltfläche *Dezimalstellen hinzufügen* zu (siehe Excel-Kapitel).

Excel: In den Tabellenzellen erscheinen Formeln

Drücken Sie die Tastenkombination `Strg`+`#`, um zwischen der Anzeige der Werte und der Formelanzeige umzuschalten.

Excel: Bei der Eingabe wird die Tabelle nicht neu berechnet

Die automatische Berechnung ist abgeschaltet. Drücken Sie die Funktionstaste `F9`, oder schalten Sie die automatische Berechnung über die Excel-Optionen wieder ein (siehe auch *Kapitel 11*).

PowerPoint: Wie lässt sich das Layout einer Folie verändern?

Sie möchten das Layout oder das Design einer Folie oder mehrerer Folien ändern: Klicken Sie dazu mit der rechten Maustaste auf die Folie, und wählen Sie im Kontextmenü den Befehl *Layout*. Anschließend können Sie die betreffenden Folienlayouts in einem Katalog wählen.

Lexikon

Absatz
Zusammenhängender Textbereich in Word, der durch Drücken der ⏎-Taste mit einer Absatzmarke abgeschlossen wird.

Access
Microsoft-Datenbankprogramm, nicht in allen Office-Versionen enthalten.

Account
Berechtigung, sich an einen Computer per Datenleitung anzumelden und z. B. im WWW zu surfen.

Adresse
Speicherstelle im Adressbereich (Hauptspeicher) des Computers oder Angabe zur Lage einer **Webseite** bzw. der Empfänger einer **E-Mail**.

ANSI-Zeichen
ANSI ist die Abkürzung für American National Standards Institute. ANSI-Zeichen definieren die unter Windows verwendeten Zeichen.

Anwendungsprogramm
Programme, die zum Arbeiten am Computer benutzbar sind (z. B. Word, Excel, Access, Corel Draw etc.).

Arbeitsspeicher
Dies ist der Speicher (RAM) im Computer. Die Größe wird in Megabyte angegeben.

Assistent
Programm, welches den Benutzer beim Lösen einer Aufgabe unterstützt.

AutoFormat
Funktion in Word und Excel, mit der sich ein Dokument oder ein Tabellenbereich automatisch mit einer Formatierung versehen lässt.

AutoKorrektur
Funktion in Office-Programmen, die Tippfehler bei der Eingabe erkennt und automatisch korrigiert.

AutoText
Word-Funktion, mit der sich über Kürzel wie »mfg« ganze Textbausteine (z. B. »Mit freundlichen Grüßen«) abrufen lassen.

Backslash
Das Zeichen \ (wird zum Trennen von Ordnernamen benutzt).

Backup
Bezeichnung für die Datensicherung (Dateien werden auf Datenträger gesichert).

Benutzeroberfläche
Darunter versteht man die Art, wie der Rechner Informationen vom Benutzer annimmt und seinerseits Informationen anzeigt. Windows besitzt zum Beispiel eine grafische Oberfläche mit Symbolen und Fenstern.

Betriebssystem
Dies ist das Programm (z. B. Windows), welches sich nach dem Einschalten des Computers meldet.

Bit
Dies ist die kleinste Informationseinheit in einem Computer (kann den Wert 0 oder 1 annehmen). 8 Bit werden zu einem Byte zusammengefasst.

Bitmap
Format, um Bilder oder Grafiken zu speichern. Das Bild wird wie auf dem Bildschirm in einzelne Punkte aufgeteilt, die zeilenweise gespeichert werden.

Booten
Starten des Computers.

Browser
Ein Programm, mit dem sich die Seiten im World Wide Web anzeigen lassen.

Byte
Ein Byte ist die Informationseinheit, die aus 8 Bit besteht. Ein Byte erlaubt, Zahlen von 0 bis 255 darzustellen.

Chip
Allgemeine Bezeichnung für einen elektronischen Baustein.

ClipArt
Grafikdatei mit stilisierten Motiven. Im Lieferumfang von Office ist eine Fülle von ClipArts enthalten, die sich in beliebige Dokumente einfügen lassen.

CPU
Englische Abkürzung für **Central Processing Unit**, die Recheneinheit des Computers.

Cursor
Dies ist der Positionszeiger auf dem Bildschirm (Symbol: Pfeil, Hand, senkrechte Linie, Sanduhr etc.).

Datei
In einer Datei (engl.: File) werden Daten auf Disketten oder Festplatten gespeichert.

Dateityp
Legt fest, von welchem Programm eine Datei bearbeitet werden kann (z. B. DOCX- und DOC-Dateien für Word, EXE-Dateien sind Programme, XLSX- und XLS-Dateien gehören zu Excel etc.).

Datenbank
Programme zur Speicherung, Verwaltung und Abfrage von Daten (wie z. B. Microsoft Access).

DFÜ
Abkürzung für Datenfernübertragung.

Dokumentvorlage
Vorlagedatei, die in Word zum Anlegen eines neuen Dokuments benutzt wird.

Dialogfeld
Fenster in Windows, in dem Eingaben abgefragt werden.

Download
Herunterladen von Daten per **Modem** z. B. aus dem Internet auf Ihren Rechner.

Drag&Drop
Technik unter Windows, bei der ein Objekt bei gedrückter Maustaste zu einem anderen Objektsymbol (z. B. Fenster oder Papierkorb) gezogen wird. Las-

sen Sie die Maustaste über dem Symbol los, führt Windows eine Aktion aus (z. B. Datei löschen oder kopieren).

Editor
Programm zum Erstellen und Bearbeiten einfacher Textdateien.

Electronic Mail (E-Mail)
Nachrichten, die auf elektronischem Wege verschickt werden.

Excel
Name eines Tabellenkalkulationsprogramms von Microsoft.

Font
Englischer Name für eine Schriftart.

Formatierung
So wird bei einem Dokument die Auszeichnung des Textes (mit Fettschrift, Unterstreichung etc.) genannt. Bei einer Diskette oder einem Datenträger bedeutet Formatieren, dass dieses Medium zur Aufnahme von Dateien vorbereitet wird (Inhaltsverzeichnis anlegen und Datenträger ggf. löschen).

Formatvorlage
Siehe Dokumentvorlage.

Freeware
Software, die kostenlos benutzt und nur kostenlos weitergegeben werden darf.

FTP
FTP steht für **File Transfer Protocol**. Dies ist eine Funktion im Internet, mit der sich Dateien zwischen Computern übertragen lassen.

Gbyte
Abkürzung für Gigabyte (entspricht 1.000 Megabyte).

GIF
Grafikformat, welches für Grafiken in Webseiten benutzt wird.

Hardware
Als Hardware werden alle Teile eines Computers bezeichnet, die sich anfassen lassen (Gegenteil ist Software).

Homepage
Startseite einer Person/Firma im World Wide Web. Von der Startseite gehen Hyperlinks zu weiteren Webseiten.

HTML
HTML steht für **Hypertext Markup Language**, das Dokumentformat im World Wide Web.

Hyperlink
Verweis in einem HTML-Dokument zu einer anderen Webseite.

Internet
Weltweiter Verbund von Rechnern in einem Netzwerk.

Intranet
Firmeninternes Netzwerk, welches auf der Technologie des Internets aufsetzt.

JPEG
Grafikformat, welches für Grafiken in Webseiten benutzt wird.

Kilobyte
Dies ist die Maßeinheit für 1.024 Byte.

Kontrollkästchen

Viereckiges Steuerelement in einem Dialogfeld, welches sich durch Anklicken markieren lässt. Ein markiertes Kontrollkästchen entspricht einer gewählten Option.

Kursiv

Eine Textformatierung, bei der Buchstaben leicht schräg dargestellt werden.

LAN

LAN heißt **Local Area Network** und bezeichnet ein Netzwerk innerhalb einer Firma (Gegenstück ist ein Wide Area Network).

Listenfeld

Steuerelement, welches über eine Liste die Auswahl einer vorgegebenen Option erlaubt.

Lotus 1-2-3

Tabellenkalkulationsprogramm der Firma Lotus, die zwischenzeitlich von IBM übernommen wurde.

Makro

Modul, welches aufgezeichnete oder eingetippte Befehle zur Bedienung des Programms enthält. Bei der Makrowiedergabe werden die Befehle automatisch ausgeführt. Erlaubt eine Automatisierung bestimmter Vorgänge.

Mbyte

Abkürzung für Megabyte (1 Million Byte).

Modem

Zusatzgerät, mit dem ein PC Daten über eine Telefonleitung übertragen und empfangen kann. Wird z. B. zum Internetzugriff benötigt.

Multimedia

Techniken, bei denen am Computer Texte, Bilder, Video und Sound integriert werden.

Netzwerk

Verbindung zwischen Rechnern, um untereinander Daten austauschen zu können.

Newsgroups

Diskussionsgruppen zu bestimmten Themen im Internet.

OLE

Abkürzung für Object Linking and Embedding, eine Technik, die das Einfügen von Objekten (Daten und Funktionen) anderer Programme in ein Dokument ermöglicht.

Optionsfeld

Rundes Steuerelement in einem Dialogfeld, welches sich durch Anklicken markieren lässt. Optionsfelder treten immer in einer Gruppe auf. Ein Optionsfeld der Gruppe lässt sich markieren.

Outlook

Windows-Programm zum Erstellen, Versenden, Lesen und Empfangen von E-Mails. Enthält zusätzlich Kalender, Aufgabenliste, Notizblock etc. als Funktionen zur Organisation des Büroablaufs.

Parallele Schnittstelle

Anschluss zwischen einem Computer und einem Gerät (meistens ein Drucker).

Path (Pfad)
Gibt den Weg von einer Festplatte zu einer Datei in einem bestimmten Ordner an (z. B. *C:\Text\Briefe*).

Prozessor
Anderer Name für die CPU.

Public Domain
Public Domain ist Software, die öffentlich zugänglich ist und mit Erlaubnis des Autors frei kopiert oder weitergegeben werden darf (siehe auch Freeware).

QWERTY-Tastatur
Dieser Name bezeichnet eine englische Tastatur (die ersten sechs Tasten der zweiten Reihe ergeben das Wort QWERTY).

RAM
RAM (engl. für Random Access Memory) ist der Name für die Bausteine, aus denen der Hauptspeicher eines Rechners besteht.

Scanner
Dies ist ein Zusatzgerät, mit dem sich Bilder oder Schriftstücke in den Computer einlesen lassen.

Schriftart
Name der Schrift, zur Darstellung der Buchstaben eines Textes (Arial, Times, Courier etc.).

Schriftgrad
Größe eines Buchstabens in einem Text.

Server
Hauptrechner in einem Netzwerk.

Shareware
Software, die kostenlos weitergegeben und zu Testzwecken eingesetzt werden darf. Bei einer regulären Benutzung muss die Software beim Programmautor gegen eine meist geringe Gebühr registriert werden. Damit hat der Benutzer die Möglichkeit, die Software vorher ausgiebig zu testen. Der Autor kann auf aufwendige Verkaufswege verzichten und daher die Software meist preiswert anbieten.

Software
Das ist ein anderer Name für die Programme.

Tabellenkalkulation
Dies sind Programme, mit denen sich Berechnungen in Tabellenform sehr einfach machen lassen.

Textverarbeitung
Dies sind Programme für das Erstellen von Briefen, Berichten, Büchern und so weiter (z. B. WordPad oder Microsoft Word).

TrueType-Schriften
Spezielle von Microsoft entwickelte Technologie zur Abbildung von Schriftarten.

Typografie
Die Lehre von der Gestaltung von Schriftstücken.

Unix
Unix ist ein Betriebssystem, welches auf vielen Großrechnern läuft.

URL
Abkürzung für **Uniform Resource Locator** (Adresse einer Webseite).

VBA
Abkürzung für Visual Basic für Applikationen. Dies ist die Programmiersprache unter Office, in der auch Makros aufgezeichnet oder programmiert werden.

Verknüpfung
Technik unter Windows, mit der ein Verweis auf ein anderes Objekt in einem Ordner oder in einem Dokument hinterlegt wird. Durch Anklicken der Verknüpfung wird das Objekt geöffnet.

Viren
Programme, die sich selbst verbreiten und in andere Programme kopieren. Meist stören Viren den Computer bei einem bestimmten Ereignis (z. B. an einem bestimmten Tag).

Webseite
Dokument im HTML-Format.

WWW
World Wide Web, Teil des Internets, über den sich Texte und Bilder mit einem **Browser** sehr leicht abrufen lassen.

XLSX, XLS
Dateinamenerweiterung für Excel-Dateien.

Zeichensatz
Die Zeichencodes, die auf dem Rechner zur Verfügung stehen (ASCII, ANSI).

Zwischenablage
Speicher unter Windows, der zum Austausch von Daten zwischen Programmen genutzt wird.

Stichwortverzeichnis